ANNALES
ALGÉRIENNES.

ANNALES
ALGÉRIENNES

NOUVELLE ÉDITION,
REVUE, CORRIGÉE ET CONTINUÉE JUSQU'A LA CHUTE D'ADB-EL-KADER ;

AVEC UN APPENDICE,
Contenant le Résumé de l'Histoire de l'Algérie de 1848 à 1854
et divers Mémoires et Documents ;

PAR

E. PELLISSIER DE REYNAUD.

TOME TROISIÈME.

PARIS,
LIBRAIRIE MILITAIRE,
J. DUMAINE, LIBRAIRE-ÉDITEUR DE L'EMPEREUR,
Rue et Passage Dauphine, 30.

ALGER.—LIBRAIRIE BASTIDE.
Octobre 1854.

ERRATA DU TOME III.

Page 50, ligne 6, au lieu de *qui ne soit,* lisez : *qui soit.*
— 260 — 20, au lieu de *Rassanta,* lisez : *Rassauta.*
— 285 — 17, au lieu de *on n'en savait pas assez,* lisez : *on en savait assez.*
— 300 — 10, au lieu de *Bacchus,* lisez : *Bocchus.*
— 319 — 20, au lieu de *auxquels elles,* lisez : *auxquelles ils.*
— 558 — 25, au lieu de *âgés de 21 ans,* lisez : *âgés de 25 ans.*
— 599 — 9, au lieu de *14 juillet 1830,* lisez : *14 juillet 1836.*

ANNALES ALGÉRIENNES.

LIVRE XXXIII.

Le général de Rumigny en Afrique.—Mohammed-ben-Abdallah-Oulad Sidi-Chirk se révolte contre l'Émir.—Occupation de Tlemcen.— Le général Lamoricière à Mascara.—Soumission de tous les pays situés entre Mascara et la mer.—Expédition de Frenda. — Soumission des tribus du Chélif inférieur. — Guerre du général Bedeau contre Abd-el-Kader dans l'arrondissement de Tlemcen.— Pacification de cette contrée que l'Émir est obligé d'abandonner. —Administration du général Bedeau à Tlemcen.—Expédition du général Lamoricière à Sfide.—Expédition de Toriche.—Expédition de Godjilah.—Expédition de Taguin.—Abd-el-Kader incendie El-Bordj.—Affaire de Loba.—Courses chez les Flitta.

Vers la fin de l'année 1841, M. le général Bugeaud demanda un congé de quelques mois que le soin de ses affaires privées lui rendait nécessaire. Le Gouvernement le lui accorda sans difficulté ; mais, pensant qu'il y aurait quelque inconvénient à laisser, pendant son absence, un commandement aussi étendu que celui de l'Algérie entre les mains d'un simple maréchal de camp, il crut devoir envoyer de France un lieutenant général pour remplir l'intérim. M. de Rumigny, qui s'était fort bravement conduit dans la campagne de 1840, fut désigné. Ce choix ne fut dicté, à ce qu'il paraît, que par une pensée de bienveillance pour cet officier général, qui approchait de l'âge où, d'après la loi, il devait entrer dans le cadre de réserve, et que l'exercice, quelque court qu'il fût, d'un commandement en chef aurait permis de soustraire à cette nécessité. Mais l'opposition affecta de ne pas voir la chose ainsi : les journaux de ce parti proclamèrent que ce n'était pas à un simple intérim qu'était appelé M. de Rumigny ; qu'il allait remplacer définitivement M. Bugeaud, dont ils se prirent à faire l'éloge, ajoutant qu'il était tombé en disgrâce uniquement parce qu'il faisait trop bien en Algérie. Pour bien comprendre la manœuvre de l'opposition dans cette circonstance, il faut savoir que, peu de temps auparavant, une feuille quotidienne avait publié des lettres attribuées au roi Louis-Philippe, et que, parmi ces lettres, il en était une dont le but aurait été de faire espérer à l'Angleterre que la France ne coloniserait point l'Algérie. Cette lettre a été constamment désavouée ; mais, serait-elle authentique, qu'il ne serait pas extrêmement logique d'en conclure que le Gouvernement ait réellement nourri de secrètes pensées d'abandon. Il est, en politique, bien des cas où un homme d'Etat présente des espérances qu'il est loin de vouloir réaliser ; mais l'opposition voulut prendre la chose du plus mauvais côté, et, s'appuyant sur cette pièce, elle considéra le prétendu rappel de M. Bugeaud comme un commencement d'abandon.

Le général Bugeaud, de son côté, n'était pas sans inquiétude : M. de Rumigny, en arrivant, soit présomption, soit indiscrétion, laissa échapper quelques paroles qui semblaient donner de la consistance aux bruits que l'on faisait courir ; il fit si bien que le gouverneur général, craignant de perdre la place en la quittant, ou choqué de l'apparence et de la simple supposition d'une disgrâce, déclara brusquement qu'il renonçait à son congé et qu'il ne partirait point. M. de Rumigny, devenu inutile, déclara à son tour qu'il attendrait à Alger les ordres du Gouvernement.

Pendant que cette sorte de lutte entre ces deux officiers généraux occupait le public algérien et l'égayait quelquefois par des scènes d'un haut comique, la province d'Oran était le théâtre d'événements qui eurent aussi leur côté ridicule. Muley-Cheik, agha des Grossel pour Abd-el-Kader, supportait avec peine l'autorité de Bou-Hamidi; cette autorité lui devint même si odieuse que, pour s'y soustraire, il résolut de se révolter contre l'Émir, dont il n'avait jamais reçu que des bienfaits. Afin de pouvoir opposer à l'influence religieuse d'Abd-el-Kader une influence de même nature, il mit en avant un certain Mohammed-ben-Abdallah, taleb de la Zaouïa de Sidi-Yacoub, parent des Oulad-sidi-Chirk. Avec le nom de cet homme, à qui il affecta de laisser le premier rang, il parvint à attirer à lui une partie des Beni-Amer et des gens des montagnes de Trara. Le colonel Tempoure, commandant supérieur d'Oran, instruit de cet événement par Mustapha-ben-Ismaël, avec lequel Muley-Cheik et Mohammed-ben-Abdallah s'étaient hâtés de se mettre en relations, entra aussitôt en campagne pour soutenir cette levée de boucliers. Il eut, le 25 décembre, une entrevue avec ce dernier près de l'Isser; Mohammed avait avec lui 200 cavaliers, et annonçait en avoir laissé un bien plus grand nombre à Seba-Chiourk. Le colonel, ébloui par cette dignité extérieure dont les Musulmans d'un certain rang savent s'envelopper, entraîné d'ailleurs par l'exemple de Mustapha-ben-Ismaël, qui paraissait croire à la réalité de cette nouvelle puissance, et peut-être aussi rendu un peu crédule par le désir fort naturel de terminer à lui seul une affaire importante, le colonel Tempoure, dis-je, vit dans Mohammed-ben-Abdallah un antagoniste redoutable pour Abd-el-Kader, et conclut avec lui une espèce d'alliance verbale, offensive et défensive. Ils se séparèrent ensuite fort satisfaits l'un de l'autre ; mais comme le temps était extrêmement mauvais, que les troupes que le colonel avait avec lui souffraient beaucoup de ces horribles pluies d'Afrique, qui sont moins des pluies que des torrents, celui-ci se hâta de leur faire reprendre le chemin d'Oran. Aussitôt que ce mouvement de retraite se fut manifesté, les Aghouat, peuplade du Sahara établie chez les Beni-Amer, se disposèrent à quitter aussi le pays. Ces Arabes s'étaient déclarés pour Mohammed-ben-Abdallah, mais leur qualité d'étrangers leur faisait craindre d'être abandonnés par leurs voisins lorsqu'Abd-el-Kader viendrait à reparaître ; ne voulant donc pas rester exposés à sa vengeance, ils suivirent les troupes françaises jusque dans les environs d'Oran, où ils s'établirent. Cette émigration aurait dû faire comprendre au colonel Tempoure que son allié n'était pas aussi puissant qu'il voulait bien le croire ; cependant, toujours bercé des mêmes illusions, il n'en resta pas moins convaincu qu'il venait de susciter à Abd-el-Kader un rival capable, à lui seul, de le réduire au néant. Pendant quelques jours, il ne fut question que du nouveau sultan : c'est le titre sous lequel on voulut bien le désigner. Les rapports relatifs à son apparition sur la scène politique étant arrivés à Paris en même temps que les lettres concernant l'affaire du général de Rumigny, le ministre invita le gouverneur général à se rendre dans la province d'Oran, et à confier pendant son absence le commandement des troupes de celle d'Alger à M. de Rumigny, qui, de cette manière, ne paraîtrait pas n'avoir fait qu'une simple promenade en Afrique.

Le général Bugeaud arriva à Oran par mer le 14 janvier. Après la rentrée du colonel Tempoure, Abd-el-Kader qui, pendant que cet officier tenait la campagne, était resté enfermé à Tlemcen, avait fait invasion chez les Beni-Amer, comme l'avaient fort bien prévu les Aghouat, et en avait enlevé les principaux cheiks. Le prétendu sultan, tremblant à son approche, avait jugé prudent de chercher un refuge auprès des Français avec le peu de monde qui était resté auprès de lui. C'est ainsi que se terminèrent, et son règne et les illusions, fort excusables du reste, de M. Tempoure. Pour ne pas laisser les troupes et les indigènes de la province d'Oran sous l'impression d'une entreprise avortée et ridicule, le gouverneur général résolut de marcher lui-même sur Tlemcen. A cet effet, il partit d'Oran, le 24 janvier, avec une brigade assez forte. Il ne rencontra sur sa route que les difficultés que lui opposèrent quelques rivières grossies par la pluie, et peu de jours après, il arbora sur le Méchouar le drapeau français qu'il en avait fait descendre quatre ans auparavant. La ville avait été abandonnée la veille par Abd-el-Kader et par la population; mais, dès le lendemain, quelques familles commencèrent à y rentrer. Du 2 au 5 février, le général parcourut les environs de cette place pour rassurer les populations des campagnes, et les détourner de suivre l'Émir dans sa retraite; ces Arabes ne lui montrèrent que des dispositions pacifiques; mais ils assurèrent qu'ils ne pourraient faire une soumission complète qu'autant que les Français occuperaient Tlemcen, et les mettraient ainsi à l'abri des attaques de l'Émir. Le gouverneur s'y étant décidé appela de Mostaganem le général Bedeau, à qui il confia le commandement de ce point important. Il avait pris avec lui, en partant d'Oran, le malheureux sultan de M. Tempoure, pensant pouvoir en tirer quelque service ; mais ce personnage ne parvint à rallier qu'une soixantaine de cavaliers, tant les esprits s'étaient promptement détachés de lui. Cependant le gouverneur l'établit à Tlemcen avec le titre de khalifa. Dans les commencements, il fut plus embarrassant qu'utile au général Bedeau, qui enfin lui fit comprendre que sans plus se mêler de rien, il devait vivre en paix et en joie au moyen du traitement qui lui avait été alloué, ce à quoi il parut se résigner assez philosophiquement ; mais plus tard, on l'engagea à aller faire le pèlerinage à la Mecque (1).

Avant de quitter Tlemcen, le général Bugeaud alla ravager le fort de Sebdou, situé à deux très-petites journées de cette ville, à l'entrée du pays d'Angad. Il y arriva le 9 février ; Bou-Hamedi l'avait évacué la veille ; on y trouva sept pièces de canon, dont deux avaient été récemment fondues à Tlemcen. Le gouverneur, plein d'une juste confiance dans l'habileté de l'officier entre les mains duquel il remettait le pays nouvellement conquis,

---

(1) Mohammed-ben-Abdallah, ayant quitté la Mecque et s'étant mis en relations avec les Turcs, ceux-ci résolurent de l'employer à troubler l'Algérie, après la révolution de Février, où ils crurent voir une cause d'affaiblissement pour nous. En 1849, ils le firent partir pour la Tripolitaine, où il arriva avec Izzet-Pacha, gouverneur de cette province. De Tripoli, Mohammed-ben-Abdallah se rendit par Gadamès dans le Sahara algérien, où il a en effet causé du trouble. C'est lui qui a été désigné, dans ces derniers temps, sous la qualification de cherif d'Ouargla.

revint ensuite à Oran et de là à Alger, où il arriva le 24 février. Il fit exposer sur la principale place de cette ville les canons pris sur l'ennemi, ou pour mieux dire abandonnés par lui. Ces trophées d'un succès qui, quoique facile, n'en était pas moins important, produisirent un grand effet sur l'esprit des indigènes de l'Algérie centrale, qui virent qu'il n'était plus d'asile d'où on ne pût chasser Abd-el-Kader.

Pendant l'absence du général Bugeaud, le général de Rumigny avait fait opérer quelques courses dans les montagnes de Khachna, dans celles de Blida et chez les Hadjoutes. Au retour du gouverneur, il fut chargé de conduire un convoi à Médéa, après quoi il rentra en France. Quant à nous, nous allons ramener le lecteur dans la province d'Oran, avec le désir de ne pas trop le fatiguer par le récit des opérations militaires qui eurent lieu simultanément sur trois points principaux de cette province, Mascara, Mostaganem et Tlemcen, événements qui, nous l'en prévenons, ne lui offriront pas grand intérêt; mais l'historien n'est pas, comme le poëte, maître de sa matière. Au surplus, si l'on veut pénétrer au fond des choses, on peut trouver à s'instruire dans l'étude des faits que nous allons raconter. Il faut pour cela oublier un instant ces savantes et dramatiques batailles que les peuples civilisés se livrent entre eux, et considérer que cette stratégie de buissons, où nous allons nous enfoncer plus que jamais, est après tout une des conditions de cette guerre, autrement féconde en résultats pour l'avenir que l'Européen progressif semble être appelé à faire désormais partout au Musulman stationnaire; heureux quand, dans cette lutte, le premier n'oublie pas que le second fait aussi partie de l'humanité!

La marche des événements nous a conduit déjà jusqu'à l'occupation de Tlemcen ; mais nous sommes maintenant obligé de revenir un peu sur nos pas pour raconter ce qui s'était passé, avant cette prise de possession, à Mascara et à Mostaganem.

Nous avons vu, dans le livre XXXI, que le général Lamoricière avait reçu ordre de s'établir à Mascara avec la majeure partie de sa division, c'est-à-dire dix bataillons d'infanterie formant deux brigades commandées par les colonels Thiéry et de La Torré, et quelques centaines de spahis. Il arriva à sa destination, le 2 décembre 1841, après un léger combat de cavalerie contre les troupes de Ben-Tami. A cette époque, ce chef bloquait Mascara ; peu de temps auparavant, il avait enlevé le troupeau de la garnison de cette place qui se trouvait dans une situation peu satisfaisante. Abd-el-Kader était sur la Djediouia, affluent de gauche du Chélif, entre la Mina et l'Oued-Riou, position centrale entre la province d'Oran et celle d'Alger, dans un pays riche qui n'avait point encore souffert de la guerre. Le général, dès son arrivée à Mascara, reconnut que les approvisionnements ne suffisaient pas aux besoins de ses troupes. Comme les fours et les moulins étaient même en nombre insuffisant, il fut décidé qu'on ne distribuerait que deux rations de pain pour trois jours, et que le reste serait donné en grains que le soldat moudrait lui-même avec des moulins à bras, pour en faire des galettes à la manière des Arabes. Cependant comme il y avait également pénurie de grains, on se mit à faire des courses chez les tribus voisines pour en obtenir ; il en résulta quelques petits combats, dans l'un desquels l'aga des Hachem fut tué. La plus importante de ces expéditions eut lieu, le 14 décembre, sur les Beni-

Chougran et les Oulad-Sidi-Daho; on leur tua 80 hommes, on leur fit 200 prisonniers, et on leur enleva un peu de bétail, dont on commençait aussi à manquer.

La présence du général Lamoricière à Mascara eut pour principal résultat d'éloigner un peu de cette ville Mustapha-ben-Tami et de séparer d'Abd-el-Kader les tribus situées entre Mascara, Mostaganem et Oran; ces tribus, abandonnées à elles-mêmes, songèrent dès lors à se soumettre. L'Émir quitta dans ce moment sa position de Djediouia et se dirigea sur Tlemcen, car ce fut à cette époque qu'éclata la révolte de Mohammed-ben-Abdallah. Le général Bedeau, qui commandait à Mostaganem, partit de cette ville dès qu'il en reçut la nouvelle, pour aller, comme nous avons vu que l'avait fait le colonel Tempoure, appuyer ce mouvement insurrectionnel. Arrivé à l'Habra, il reçut de la part des Bordjia des propositions qui suspendirent sa marche : toute la partie de cette puissante tribu qui habitait la plaine offrait de se soumettre immédiatement; celle de la montagne hésitait, ou plutôt semblait demander l'honneur d'une espèce d'attaque. Quelques troupes qu'on fit marcher contre elle l'ayant satisfaite à cet égard, la tribu entière fit sa soumission, à la condition que ses cavaliers seraient admis dans les rangs des spahis irréguliers et traités comme les Douair et les Zmela à notre solde. Les Bordjia demandèrent en outre l'autorisation de s'établir provisoirement sur le territoire de Mazagran, pour être moins exposés aux entreprises des autres tribus, dans le cas où celles-ci ne suivraient pas leur exemple. Le général Bedeau y consentit, et, renonçant au projet de se porter vers Mohammed-ben-Abdallah, projet contrarié d'ailleurs par la pluie, qui avait rendu le Sig infranchissable, il les conduisit et les installa lui-même dans leurs nouveaux campements. Bientôt après les Beni-Chougran et toutes les petites tribus à l'est de l'Habra firent également leur soumission, ainsi que les Garaba, ces Hadjoutes de la province d'Oran. Ces derniers traitèrent directement avec le général Bugeaud, qui venait d'arriver dans cette ville pour son expédition de Tlemcen.

Après toutes ces soumissions, le général Lamoricière, assuré sur ses derrières, s'occupa d'étendre son rayon d'opérations. Il ne put le prolonger bien loin dans le mois de janvier, qui fut extrêmement pluvieux; mais dès le commencement de février, le général Bedeau lui ayant amené un convoi qui lui était devenu bien nécessaire, et le temps s'étant un peu amélioré, il prit plus d'essor. Il avait toujours en face Mustapha-ben-Tami, homme éclairé et habile dans le conseil, mais que son défaut de bravoure personnelle rendait timide dans l'exécution. Ce chef agissait principalement avec les Hachem, dont les forces, tant en cavalerie qu'en infanterie, ont été évaluées à 10,000 hommes par le général Lamoricière; il avait de plus 300 fantassins et 150 spahis réguliers. Ben-Klika, aga des Sdama, avait relevé les ruines de Takdemt, où 200 fantassins gardaient la famille d'Abd-el-Kader.

Le 1ᵉʳ février, Tefenchi, agha des Hachem-Cheraga, ayant attaqué les Bordjia d'Eghrès, pour les punir de leur acte de soumission, le général Lamoricière marcha contre ces Hachem, campés alors sur l'Oued-Zelampta, les surprit au point du jour, et leur enleva un riche butin, dont une partie servit à indemniser les Bordjia de leurs pertes. Le 4, il se porta à sept lieues au sud de Mascara, sur les gorges d'Ankrouf où il savait que Mustapha-ben-

Tami avait un dépôt de munitions de guerre ; mais, à l'exception de quelques barils de poudre, l'ennemi eut le temps de l'évacuer. Le général ayant appris sur cette position qu'une partie des populations fugitives était dans les gorges d'Ouzalal, au delà de la forêt de Nozmote, alla l'y surprendre dans la nuit du 6 au 7. On fit à ces gens-là plusieurs prisonniers, parmi lesquels se trouvait le marabout Sidi-Kada-ben-Moktar. Rentré à Mascara le 9, le général Lamoricière se servit de ce personnage pour entrer en négociation avec les Hachem-Cheraga, chez lesquels il lui savait beaucoup d'influence. Après plusieurs pourparlers la soumission de cette tribu paraissait certaine, lorsqu'il lui arriva des lettres d'Abd-el-Kader qui changèrent ses dispositions. L'Émir lui annonçait qu'il était lui-même sur le point de traiter avec un agent qu'on lui avait envoyé de Paris ; qu'ainsi ceux qui étaient fatigués de la guerre seraient bientôt satisfaits, mais qu'une fois en paix avec les Français, il ferait sentir son indignation aux tribus que trop de précipitation auraient conduites à vouloir traiter séparément.

Il y avait dans ce qu'annonçait Abd-el-Kader quelque chose de vrai : à peine arrivé en Afrique, le général Bugeaud avait envoyé auprès de lui un agent secret, qui était un certain Nicolas Manucci, un de ces levantins chez qui une ignorance barbare s'allie à une extrême dextérité, et des vices turpides à des qualités très-louables. Cet homme avait mission ou d'amener Abd-el-Kader à une soumission complète, manifestée par une remise considérable d'armes et de chevaux de guerre, ou de corrompre ses principaux lieutenants. Dans le courant de 1841 et 1842, il alla souvent du général Bugeaud à Abd-el-Kader, et d'Abd-el-Kader au général. Il était auprès de l'Émir, lorsque la lettre dont nous venons de parler fut écrite.

Voyant qu'il n'avait plus rien à attendre de la voie des négociations, le général Lamoricière ne tarda pas à se remettre en campagne. Le 16, il se porta sur les Metchachine, fraction des Hachem-Garaba qui habite la vallée de l'Oued-Hammam. Il força ces Arabes à la soumission et s'assura par là des communications faciles et directes avec Oran. Le gros des Hachem-Garaba s'était replié sur la rive gauche de l'Oued-Hounet, un des affluents de l'Oued-Hammam, au delà des gorges de Kersout vers le midi. On marcha vers cette position le 26; mais il y eut, avant d'y arriver, un petit engagement avec quelques cavaliers qui observaient la route, et le bruit de cette escarmouche donna l'éveil aux Hachem qui s'éloignèrent. Quelques-uns, sous la conduite d'Ali-bou-Taleb, oncle de l'Émir, se portèrent chez les Djafra ; les autres, en plus grand nombre, restèrent avec Mustapha-ben-Tami, et continuèrent à s'avancer vers le sud. On poursuivit ceux-ci jusqu'à Aïn-Manaa, à quatre lieues au sud-ouest de Saïda, mais on ne put les atteindre. La colonne française rentra à Mascara le 8 mars, ramenant quelques prisonniers.

Le 10, le général Lamoricière sortit de nouveau, et comme les Hachem-Garaba étaient un peu revenus vers le nord, il se retrouva bientôt sur leurs traces. Par suite de la chasse qu'il leur donna, les uns, avec Ben-Tami, se retirèrent chez les Flitta, et les autres auprès de Ben-Klika, chez les Sedama. Le général Lamoricière résolut de marcher successivement contre ces deux tribus. Il manda au général d'Arbouville qui avait remplacé, à Mostaganem, le général Bedeau, de venir le joindre à Fortassa sur le territoire des Flitta où il se rendit de son côté; la jonction eut lieu le 22; il n'en résulta que quelques soumissions partielles. Les deux généraux se séparèrent de nouveau dès le lendemain. Le général d'Arbouville descendit dans la vallée du Chélif, et le général Lamoricière marcha sur Frenda à travers le pays des Sedama, dont la principale fraction, les Bou-Ziri, eut extrêmement à souffrir; on leur tua plus de 80 hommes, on leur enleva plus de 12,000 têtes de bétail, et on leur prit un grand nombre de femmes et d'enfants.

Le 26, les Bou-Ziri étant venus faire leur soumission, on leur rendit leurs femmes, leurs enfants et leurs troupeaux. Le même jour, la colonne française arriva à Frenda. Cette ville, qui est de la grandeur de Mascara, est bâtie sur un escarpement de roches, au point culminant d'un haut plateau. Toute la colonne trouva à s'y loger; elle s'y reposa le 27. Les habitants fugitifs et les tribus des environs firent leur soumission. Le 28, le général Lamoricière reprit la route de Mascara où il arriva sans événement.

Le général d'Arbouville, qui de Fortassa s'était dirigé sur la vallée du Chélif, y déboucha le 28 par Dar-ben-Arach, entre l'Oued-Riou et la Djediouia. Il reçut dans cette vallée la soumission des tribus qui, en 1836, avaient si bien accueilli le général Perrégaux, de celle surtout des Oulad-Sidi-el-Aribi; il rentra à Mostaganem le 1ᵉʳ avril. Peu de jours après, il alla relever avec sa brigade à Mascara les troupes du général Lamoricière qui rentrèrent momentanément à Oran.

Avant d'aller plus loin, voyons ce que faisait pendant ce temps-là à Tlemcen le général Bedeau que le gouverneur général y avait établi; ce général avait en face

Abd-el-Kader lui-même. Après la prise de Tlemcen l'Émir n'avait pu se résoudre à abandonner complétement une contrée limitrophe du Maroc, qui lui fournissait un appui moral et assez souvent même matériel. Il s'était établi dans les montagnes de Trara. Le 6 mars, le général Bedeau marcha contre lui avec 2,500 hommes d'infanterie, trois pièces de montagne, les irréguliers du général Mustapha, et une partie des cavaliers des Beni-Amer. Le 7, il passa la Tafna. Le 8, il arriva à Nédrouma. Cette ville kbaïle, qui compte près de 5,000 habitants, est située sur le versant septentrional des montagnes, et domine le pays de Souhalia. La population, travaillée depuis quelques jours par les émissaires du général, n'avait pas fui à l'approche de nos troupes, comme il était presque continuellement arrivé aux autres populations urbaines de l'Algérie; elle fit tous les actes de soumission qu'on lui demanda, y compris la remise d'otages. Le général la traita de son côté avec une juste bienveillance, et s'abstint d'introduire ses troupes dans la ville. Abd-el-Kader voyant cette ville perdue pour lui, abandonna sa position en toute hâte, en se dirigeant vers la haute Tafna. Le général français prit la même direction plutôt dans le but de châtier quelques tribus qui lui avaient fourni du secours que dans l'espérance de l'atteindre. Le 11, il eut un petit combat assez vif contre les Kbaïles de Kef dont il enleva les troupeaux, et à qui il prit des femmes et des enfants. Le 15, il rentra à Tlemcen ramenant quelques centaines d'habitants fugitifs de cette ville.

Abd-el-Kader dans sa retraite s'était porté sur les terres du Maroc. Il y réunit, par la coopération ou au moins avec le consentement des autorités du pays, les guerriers des Beni-Snassen et de quelques autres tribus, et, au bout de quelques jours, il reparut sur le territoire de l'Algérie. Le 20 mars, ses coureurs eurent un petit engagement, à El-Bridj, avec les cavaliers du général Mustapha. Le général Bedeau était en marche pour se rendre sur ce point, lorsqu'il apprit que l'Émir débouchait sur la Tafna moyenne avec 1,500 cavaliers et plus de 5,000 fantassins. Il revint aussitôt sur ses pas et se porta vers Hanaya, où ses irréguliers battirent l'avant-garde de l'Émir. Laissant sur ce point ses bagages sous la garde de trois bataillons, il s'avança ensuite vers la Sikak, où il se trouva en face d'Abd-el-Kader. Comme l'ennemi était très-supérieur en nombre, surtout en cavalerie, le général Bedeau crut devoir lui laisser l'initiative de l'attaque. Les Marocains se présentèrent d'abord avec une apparence de résolution, mais ils tournèrent le dos dès les premières décharges. Les spahis réguliers de l'Émir, qui n'étaient pas plus de deux cents, se conduisirent seuls en gens de cœur ; ils perdirent le quart de leur monde. Nos pertes furent légères. Parmi nos morts fut le capitaine Guide, du 10e bataillon de tirailleurs. Ce combat eut lieu le 21. Abd-el-Kader, battu, se retira sur le marabout de Sidi-Ibrahim. Le général Bedeau rejoignit les bagages et passa la nuit au lieu où il les avait laissés. Le lendemain, il marcha sur Sidi-Ibrahim ; mais l'Émir en était déjà parti. La colonne française rentra ensuite à Tlemcen.

Les Marocains, découragés, abandonnèrent pour la plupart Abd-el-Kader ; mais il parvint bientôt à faire de nouvelles recrues par le moyen de Sidi-Hamza, homme très-influent parmi les tribus limitrophes. Dès les premiers jours d'avril, il reparut sur la rive gauche de la Tafna. Le général Bedeau sortit de Tlemcen le 4 ; mais il ne le rencontra pas, et le mauvais temps le força de rentrer sans avoir rien fait. Le 9, ayant appris que les cavaliers de l'Émir avaient passé la Tafna, il se remit en campagne e se porta au confluent de cette rivière et de l'Oued-Zeithoun. A la vue de la colonne française, les coureurs de l'Émir repassèrent la Tafna, que nos irréguliers franchirent sur leurs traces. Il y eut entre les uns et les autres un petit combat, que quelques obus tirés de la rive droite firent cesser. Comme la Tafna était trop enflée par les pluies pour que l'infanterie pût la passer, le général resta dans sa position jusqu'au 11. Ce jour-là, voyant que les eaux ne diminuaient pas, il feignit de se mettre en retraite. A peine s'était-il éloigné d'un quart de lieue que, ainsi qu'il l'avait prévu, toute la cavalerie de l'Émir se jeta sur la rive gauche; le général, faisant alors volte-face, fit charger cette cohue par les irréguliers et par un escadron du 2ᵉ de chasseurs d'Afrique, commandé par le lieutenant colonel Sentuary. L'ennemi fut mis en pleine déroute et poursuivi jusque dans la rivière. Sidi-Hamza fut blessé et pris.

Ce nouvel échec réduisit encore Abd-el-Kader au noyau de spahis qu'il avait avec lui; mais toujours supérieur à sa fortune, sa constance n'en fut pas ébranlée. Décidé à n'abandonner qu'à la dernière extrémité une contrée qui le mettait en communication avec le Maroc et aussi avec Gibraltar, d'où il paraît certain qu'à diverses époques il a tiré des munitions, il parvint à réunir encore quelques milliers de Kbaïles des pays de Msirda, Souhalia et Trara. Il vint avec ces forces bloquer Nédrouma, qui nous était restée fidèle. Le général Bedeau courut aussitôt au secours de cette place. Le 29 avril, il attaqua les troupes de l'Émir à la position de Bab-el-Taza, et les mit en pleine déroute.

Il leur tua plus de deux cents hommes et leur fit soixante-dix prisonniers.

Après ce succès, qui fut décisif, le général Bedeau, exploitant avec habileté l'esprit public des Kbaïles qui est essentiellement républicain et fédératif, fit comprendre aux habitants des montagnes dont il venait de chasser Abd-el-Kader, que le patronage de la France serait la meilleure garantie pour leur liberté. Se posant moins en maître qu'en allié, il se montra à eux comme le restaurateur de leur indépendance que la politique de l'Émir ne tendait qu'à anéantir. Ayant ainsi posé franchement la question dans des termes que peu de gens avaient compris avant lui en Afrique, où nous avons plus besoin de la pacification que de la soumission des Kbaïles, il leur proposa une ligue contre Abd-el-Kader. La ville de Nédrouma et plusieurs tribus du Trara s'empressèrent d'y entrer. Quelques autres tribus de cette contrée et les Oulassa ayant voulu rester en état d'hostilité, le général marcha contre eux vers le milieu de mai. Après quelques faibles engagements, ils comprirent la folie de leur conduite, et se soumirent à un état de choses qui ménageait tous les intérêts. Abd-el-Kader, vaincu tout à la fois par les armes et par la sage politique du général Bedeau, ramené d'ailleurs vers Mascara par la crainte de voir la constance des Hachem céder à l'activité dévorante du général Lamoricière, quitta la contrée, où il laissa cependant son lieutenant, Bou-Hamedi, avec cinq à six cents cavaliers.

Débarrassé de l'Emir, le général Bedeau s'occupa aussitôt à consolider par la paix ce qu'il avait obtenu par la guerre. La ville de Tlemcen sortit de ses ruines et se repeupla; de bonnes relations s'établirent entre les Français et les indigènes. Instruit de tout, mais assez sage pour discerner ce qu'il devait affecter de ne pas voir, il ne tint jamais grand compte ni des exigences toujours exorbitantes des vainqueurs, ni de la mauvaise humeur quelquefois irritante des vaincus. Par cette conduite supérieure aux petites passions des masses, il usa celles-ci, et parvint en peu de mois à faire, du pays le plus récemment conquis, une des contrées les plus soumises de l'Algérie.

Il restait un point à régler, savoir nos relations avec le Maroc, dans lesquelles les derniers événements avaient jeté de l'aigreur et de la méfiance. Le général Bedeau eut à ce sujet une entrevue avec le kaïd d'Oucheda, qui prétendit que son gouvernement avait d'abord ignoré les secours que des tribus de son territoire avaient fournis à Abd-el-Kader, mais qu'aussitôt qu'il avait été instruit de la vérité par les plaintes de notre consul à Tanger, il avait pris des mesures sévères pour empêcher à l'avenir toute violation de la neutralité. Les excuses du kaïd étaient d'autant plus frivoles qu'il avait reçu en dépôt dans sa place les notables enlevés de chez les Beni-Amer par Abd-el-Kader, ce qui prouvait bien que le gouvernement marocain n'était point aussi innocent que cet agent voulait bien le dire; mais enfin, c'était un désaveu, et on dut s'en contenter, notre intérêt n'étant pas d'amener une rupture ouverte avec l'empire de Maroc. Les Beni-Amer détenus à Oucheda furent remis en liberté; il fut convenu que le commerce serait libre sur la frontière, et que les émigrés qui voudraient rentrer en Algérie auraient toute faculté de le faire.

Après cette entrevue, qui eut lieu le 3 juin, le général Bedeau alla visiter le pays de Souhalia jusqu'à Msirda, et reçut partout les assurances les plus pacifiques. Tous les Kbaïles de ces contrées entrèrent dans la ligue de Nédrouma. Le général ramena ensuite ses troupes à Tlemcen, où il ne les occupa plus, pendant tout le reste de l'été, qu'à des travaux d'établissement.

L'Emir était encore aux prises avec le général Bedeau, lorsque le général Lamoricière, après avoir pourvu ses troupes dans les magasins d'Oran d'objets d'équipement et d'habillement, en échange de ceux dont cinq mois de fatigues incessantes avaient rendu le remplacement indispensable, partit de cette ville le 28 avril, et se dirigea de nouveau sur Mascara. Il fit un grand détour vers l'ouest et traversa tout le pays des Djaffra. Pendant ce temps, le général d'Arbouville qui, comme nous l'avons dit, l'avait remplacé à Mascara, s'avança jusqu'à Saïda. Ces deux généraux ramenèrent de leurs courses plusieurs familles des Hachem-Garaba qui parurent consentir assez volontiers à s'établir de nouveau sur le territoire qu'elles avaient abandonné. Ils rentrèrent simultanément à Mascara d'où le général d'Arbouville retourna à Mostaganem avec sa brigade, destinée à former la principale force d'une expédition que le gouverneur général devait diriger en personne. Il s'agissait de remonter toute la vallée du Chélif, et de commencer ainsi à établir par terre des communications entre les troupes de la province d'Oran et celles de la province d'Alger, qui jusqu'alors n'en avaient eu que par mer.

Dans ce but, le général Bugeaud envoya quelques renforts à Mostaganem ; il s'y rendit lui-même dans les premiers jours de mai. Sidi-Allal-Moubarek et Ben-Arach avaient attaqué Sidi-el-Aribi sur le Chélif et venaient de l'obliger de se replier sur la Mina. Cette circonstance décida le général Bugeaud à hâter son mouvement. Il partit de Mostaganem, le 14 mai, à la tête de près de 5,000 hommes; il se porta d'abord sur la Mina où il s'arrêta jusqu'au 17. Le 18, ayant réuni à sa colonne près de 2,000 Arabes auxiliaires commandés par El-Mezari, il se jeta sur la rive droite du Chélif dans le pays de Dahra, dans le but de châtier quelques tribus qui se montraient hostiles, les Beni-Zerouel principalement. Il y eut ce jour-là quelques engagements entre notre cavalerie et ces indigènes. Le 19, l'armée pénétra sur le territoire des Beni-Zerouel et y fit du butin et quelques prisonniers. Le gros de la tribu s'était retiré dans des cavernes que je ne saurais mieux comparer qu'à celles de la Palestine dont parle l'historien Joseph, et que l'on voit figurer plus tard dans l'histoire des croisades. On ne jugea pas à propos d'aller l'y attaquer, et l'on commença à remonter le Chélif à petites journées. Après avoir visité la ville Mazouna, que l'on trouva presque complétement dégarnie d'habitants, l'armée repassa sur la rive gauche chez les Oulad-Sidi-el-Aribi. Le 24, elle arriva sur le territoire des Sbiah. Cette tribu remuante, alors aussi attachée à Abd-el-Kader qu'elle lui avait été hostile précédemment, était sous les armes. Cependant deux cheiks, ennemis personnels de l'Émir, ayant fait espérer sa soumission, le général Bugeaud se décida à ajourner l'attaque. Il en résulta une journée de repos dont il profita pour proclamer avec pompe khalifa de la vallée du Chélif Abd-Allah-Oulid-Sidi-el-Aribi, qu'il venait d'élever à cette dignité.

Le lendemain 26, les Sbiah ayant taillé en pièces quelques Arabes qui se rendaient à notre camp, il n'hésita plus à les attaquer. Les Sbiah payèrent cher leur fidélité à l'Émir; tournés par nos colonnes, chargés par notre cavalerie, ils perdirent plus de 200 de leurs plus braves guerriers, et la plus grande partie de leurs troupeaux. Réduits aux abois, ils vinrent le lendemain faire leur soumission et implorer la pitié du vainqueur.

Cette affaire terminée, l'armée alla coucher sur les ruines d'El-Senam. Le 29, elle arriva sur l'Oued-Fedda, et le 30, sur l'Oued-Rouina, où elle fit jonction avec la division d'Alger, qui venait d'y arriver conduite par le général Changarnier.

Comme les opérations qui suivirent cette jonction nous éloigneraient trop de la province d'Oran, nous en renvoyons les détails au livre suivant. Nous nous contenterons de dire dans celui-ci que la brigade du général d'Arbouville, après s'être avancée jusqu'à Blida avec le gouverneur général, reprit la route de Mostaganem où elle rentra paisiblement vers la fin de juin.

Au moment où l'expédition du Chélif allait se mettre en marche, le général Lamoricière avait reçu ordre d'opérer dans le sud de sa province, parallèlement à cette rivière, pour couvrir les flancs du corps d'armée du gouverneur général. A cet effet, il sortit de Mascara le 15 mai, traversa le pays des Hachem-Cheraga, eut, le 22, un petit combat insignifiant de cavalerie, et arriva le 23 à Takdemt qu'il trouva abandonné. Pendant qu'il s'occupait à détruire ce que les Arabes y avaient reconstruit après les dévastations de l'année précédente, il reçut des députés des Oulad-Chérif, tribu située plus au sud, qui l'engagèrent à continuer à s'avancer dans cette direction, promettant que leurs compatriotes s'uniraient à nous comme l'avaient fait, l'année dernière, les Arabes de l'Yacoubia qui nous étaient restés fidèles, et avaient plusieurs fois envoyé des détachements de leur cavalerie au général Lamoricière. Ce général hésita d'autant moins à accepter les propositions de ces nouveaux alliés, qu'il désirait poursuivre le plus loin possible la famille d'Abd-el-Kader, laquelle, après avoir été forcée d'abandonner Takdemt, se dirigeait vers le Sahara. Il s'avança jusqu'à quelques lieues des sources du Chélif; il reçut en effet la soumission des Oulad-Chérif et de quelques autres tribus. Il revenait sur ses pas, lorsqu'on lui apporta une assez fâcheuse nouvelle : Abd-el-Kader, repoussé de l'arrondissement de Tlemcen par le général Bedeau, avait reparu dans celui de Mascara ; sa présence ayant réveillé les sympathies de la partie des Hachem qui avaient paru se rallier à nous, ces Arabes s'étaient réunis de nouveau à leur Emir vénéré, et il était à craindre que d'autres tribus ne suivissent cet exemple. L'avis d'un tel événement fit hâter le pas au général Lamoricière, qui rentra à Mascara le 2 juin. L'Emir s'en était éloigné après avoir fait le vide autour de cette place.

Abd-el-Kader avait conduit chez les Djaffra les Hachem-Garaba qu'il venait de reconquérir. Le général Lamoricière, instruit du fait, marcha, le 5 juin, contre ces deux tribus qui décampèrent à son approche et se dirigèrent vers le sud. Il les poursuivit jusqu'à Sfide où il arriva le 9. Comme les fugitifs se trouvaient dans un pays sans ressources, acculés au Chot, vaste lac salé qu'il leur était très-difficile de franchir, il s'arrêta dans cette position. Il n'aurait pu arriver jusqu'à eux sans s'exposer à manquer d'eau, et il espérait que cette même privation les forcerait à se soumettre. En effet, le 12 juin, les Djaffra, abandonnant les Hachem-Garaba, vinrent lui demander merci, et obtinrent de lui l'autorisation de retourner sur

ces humaines, il était cependant impossible de les maintenir toujours en action. Il fallait donc, à des époques prévues, les ramener sur les bases d'opération. Mais l'expérience avait appris à nos généraux à dissimuler ces mouvements rétrogrades, par des marches circulaires qui, jusqu'au dernier moment, laissaient les Arabes en doute sur leurs intentions. Le général d'Arbouville agit conformément à cette tactique; néanmoins il fut attaqué dans sa marche du 30 par une réunion assez considérable d'indigènes, qui lui tua et lui blessa quelques hommes, mais qu'il n'eut pas cependant grande peine à repousser. Le 31, on se battit encore un peu à son arrière-garde. Il suspendit son mouvement le 1er et le 2 septembre; il le reprit le 3, et fut de nouveau attaqué le 4 au défilé de Sidi-Thifour où il y eut un engagement assez vif. Le 5, nouveau combat auquel mit fin une charge vigoureuse conduite par le lieutenant-colonel Sentuary. La colonne arriva le même jour sur la Mina; le 7, elle rentra à Mostaganem.

Le général Bugeaud s'était rendu dans cette ville. Il y réunit les trois maréchaux de camp de la province d'Oran où, si ce n'est à Tlemcen, la marche des affaires paraissait redevenir un peu embarrassée. Après une conférence de quelques heures, il les congédia. Le général Lamoricière se rendit aussitôt sur l'Oued-Addad, où il avait laissé le colonel de La Torré. Y ayant réuni toutes ses forces, il les conduisit à la position de Torich, où il attendit quelques jours les Harar et Karoubi, chef des Oulad-Khalif, à qui il avait écrit de venir l'y joindre. Il était en relations amicales avec ces tribus du sud depuis sa marche sur Godjilah. Il apprit à Torich qu'Abd-el-Kader était sur la Djediouia; néanmoins, au lieu d'aller

droussa. Malgré l'extrême chaleur, le général n'hésita pas à se remettre en campagne, quoiqu'il lui en coûtât beaucoup d'arracher ses troupes, dans une saison aussi défavorable, au repos qu'elles commençaient seulement à goûter, et qu'elles avaient mérité par tant de fatigues. Il s'arrêta quelques jours à Médroussa où des détachements de nos anciens alliés de l'Yacoubia, ainsi que des Sedama et autres vinrent le joindre. Il s'avança ensuite jusqu'à la position de Torich, sur le plateau du Sersou, en avant de Takdemt. L'Emir observait ses mouvements en se tenant hors de sa portée ; mais dès que la colonne française, qui ne pouvait toujours avancer, commença à rétrograder vers le nord, il s'en rapprocha et pendant trois jours il tirailla avec notre arrière-garde. Le 1er septembre, le général Lamoricière repassa la Mina ; l'ennemi s'étant engagé entre lui et cette rivière, il le fit charger par sa cavalerie qui lui tua quelques hommes ; ce petit combat arrêta l'Emir. Le général rentra à Mascara le 5 ; mais il laissa sur l'Oued-Adad le colonel de La Torré, avec quelques troupes pour protéger les Sedama et ceux des Hachem qui étaient revenus à nous.

Le général d'Arbouville n'était pas resté oisif pendant que le général Lamoricière opérait dans le sud de la province. Parti de Mostaganem le 18 août, il se porta dans le pays des Flitta. Le 25, sa cavalerie attaqua les Oulad-Sidi-Yahia à qui elle enleva du butin et fit une centaine de prisonniers. Le 28, le général arriva à Krenag-el-Guetta sur l'Oued-Riou où il séjourna le 29. Le 30, il se remit en marche pour revenir sur ses pas. Bien que, sous l'administration du général Bugeaud, nos troupes fussent devenues extrêmement mobiles, et que leurs besoins eussent été restreints jusqu'aux dernières limites des forces humaines, il était cependant impossible de les maintenir toujours en action. Il fallait donc, à des époques prévues, les ramener sur les bases d'opération. Mais l'expérience avait appris à nos généraux à dissimuler ces mouvements rétrogrades, par des marches circulaires qui, jusqu'au dernier moment, laissaient les Arabes en doute sur leurs intentions. Le général d'Arbouville agit conformément à cette tactique; néanmoins il fut attaqué dans sa marche du 30 par une réunion assez considérable d'indigènes, qui lui tua et lui blessa quelques hommes, mais qu'il n'eut pas cependant grande peine à repousser. Le 31, on se battit encore un peu à son arrière-garde. Il suspendit son mouvement le 1er et le 2 septembre; il le reprit le 3, et fut de nouveau attaqué le 4 au défilé de Sidi-Thifour où il y eut un engagement assez vif. Le 5, nouveau combat auquel mit fin une charge vigoureuse conduite par le lieutenant-colonel Sentuary. La colonne arriva le même jour sur la Mina; le 7, elle rentra à Mostaganem.

Le général Bugeaud s'était rendu dans cette ville. Il y réunit les trois maréchaux de camp de la province d'Oran où, si ce n'est à Tlemcen, la marche des affaires paraissait redevenir un peu embarrassée. Après une conférence de quelques heures, il les congédia. Le général Lamoricière se rendit aussitôt sur l'Oued-Addad, où il avait laissé le colonel de La Torré. Y ayant réuni toutes ses forces, il les conduisit à la position de Torich, où il attendit quelques jours les Harar et Karoubi, chef des Oulad-Khalif, à qui il avait écrit de venir l'y joindre. Il était en relations amicales avec ces tribus du sud depuis sa marche sur Godjilah. Il apprit à Torich qu'Abd-el-Kader était sur la Djediouia; néanmoins, au lieu d'aller l'y chercher, il préféra se mettre à la poursuite des populations émigrantes, qui composaient une masse de plus de 50,000 individus, y compris les Hachem-Cheraga. Il espérait qu'Abd-el-Kader, pour les défendre, viendrait à lui, et qu'il se laisserait engager dans une affaire décisive. La colonne française, accompagnée d'un grand nombre d'auxiliaires arabes, prit donc cette direction. Elle bivouaqua aux sources du Chélif, le 24 septembre. Continuant ensuite sa marche dans des régions sauvages, et presque sans eau, elle arriva, le 50, à Taguin. Cette localité est à soixante lieues de Mascara, sur la route d'Aïn-Madi. C'est une oasis précieuse pour les Arabes de ces contrées désolées. Les Harar, les Oulad-Khalif, les Oulad-Chaïb, les Nouaïl, qui en sont voisins, se la sont souvent disputée par les armes. Les Oulad-Khalif y ont possédé un petit fort qui est maintenant en ruines. Les populations émigrantes avaient une telle avance, que, renonçant à les poursuivre plus loin, le général Lamoricière revint vers le nord. Nos auxiliaires, tant en allant qu'en revenant, enlevèrent une immense quantité de grains des silos qui se trouvèrent sur leur passage. Le 8 octobre, l'armée étant arrivée dans le bassin de l'Oued-Riou, à Aïn-Terrid, près des ruines de Loha, Abd-el-Kader, qui ne s'était pas encore montré, vint subitement à paraître. Il tomba sur les auxiliaires dispersés à la recherche des silos ; mais ceux-ci furent promptement secourus par les Douair du général Mustapha, et plus encore par les chasseurs d'Afrique et par nos spahis réguliers, conduits par le lieutenant-colonel Sentuary et par le commandant Montauban. L'ennemi, chargé avec fureur et poursuivi pendant près de trois lieues par ces deux officiers supérieurs, eut cent hommes tués ; vingt-six prisonniers et deux cent chevaux restèrent entre nos mains. Abd-el-Kader-ben-Rebah, un des aghas de l'émir, fut pris. L'émir lui-même, dont le cheval s'abattit, courut les plus grands dangers.

L'armée passa la journée du lendemain à Loha. On s'occupa ensuite pendant quelques jours à vider les silos du pays. Comme la contrée est extrèmement fertile, on y trouva plus de 8,000 charges de chameau. Les Arabes, soumis ou censés l'être, accoururent de toutes parts pour s'en gorger. Le chef d'Aïn-Madi, le fameux Tedjini, qui s'était mis en correspondance avec le général, envoya 2,000 chameaux pour enlever, lui aussi, sa part de butin. Il est à croire que les populations émigrantes en enlevèrent également et qu'elles rentrèrent ainsi dans une partie de leurs biens.

Abd-el-Kader, que nous venons de voir en scène le 8 octobre, n'avait pas suivi le mouvement de M. Lamoricière : convaincu que l'émigration avait assez d'avance pour ne pas être atteinte, il était resté entre l'Ouenseris et le Chélif. Il dominait de là, de toute son influence, la nombreuse tribu des Flitta, où nos généraux avaient bien obtenu quelques soumissions partielles et momentanées, mais qui, en masse, n'en était pas moins encore un foyer de résistance. Le général d'Arbouville s'y porta le 18 septembre; il y fit du dégât. Le khalifa Abd-Allah lui ayant ensuite donné avis qu'il était menacé dans la vallée du Chélif, il se rabattit de son côté en descendant la vallée de la Djediouia, au débouché de laquelle il eut, le 25, un petit engagement de cavalerie contre les Sbiah, qui s'étaient de nouveau rattachés à l'Émir. Après cela, il revint sur la Mina, où plusieurs fractions de tribus soumises s'étaient concentrées. Il fut contraint de s'y arrêter quelques jours, pour faire venir de Mostaganem des approvisionnements dont il avait besoin. Pendant ce temps, Abd-el-Kader, voyant le général Lamoricière fort loin et le général d'Arbouville arrêté, se jeta sur le gros village ou plutôt la petite ville d'El-Bordj, à laquelle il mit le feu pour punir de leur défection les Bordjia, dont elle peut être considérée comme la capitale. Quelques jours auparavant, il avait fort maltraité la partie soumise des Sedama. Après son expédition d'El-Bordj, il revint chez les Beni-Ourak, d'où il était parti pour l'effectuer. Il quitta ce poste de nouveau pour aller inquiéter la marche du général Lamoricière à son retour de Taguin, et ce fut alors qu'eut lieu l'affaire de Loha dont nous venons de parler.

Le général d'Arbouville, après avoir reçu de Mostaganem le convoi qu'il en attendait, ravagea pendant plusieurs jours le pays des Flita. A la fin d'octobre, il était à Mostaganem, et le général de Lamoricière à Mascara. L'Émir, plus fatigant que redoutable, était revenu chez les Beni-Ourak, d'où il observait leurs mouvements, ayant d'ailleurs à s'occuper de ce qui se passait derrière lui, dans la province d'Alger et celle de Tittery.

Le général Lamoricière ne resta pas longtemps en repos à Mascara. Sur la nouvelle qu'Abd-el-Kader menaçait de nouveau les Sedama soumis, il partit, le 27 octobre, pour se porter à leur secours. Il s'établit à Mechara-Assa, à cinq lieues à l'ouest de Takdemt. Il y resta jusqu'au 15 novembre. Pendant ce temps, la tribu des Kralfa fit sa soumission. Le 18, le général rentra à Mascara ; mais il laissa trois bataillons sur l'Oued-el-Abd.

Dès le 22 novembre, le général Lamoricière, instruit qu'Abd-el-Kader avait reparu chez les Flitta, se remit en campagne. Le 9 décembre, il eut une petite affaire contre une partie de cette tribu qui vint se soumettre pour échapper à une destruction totale. Ayant ensuite appris que la division d'Alger opérait chez les Beni-Ourak, il manœuvra pour se rapprocher de cette contrée, et, le 18, il eut dans la vallée de l'Oued-Riou une autre affaire contre la tribu des Allouya. Le colonel de la Torré et le chef d'escadron Martinprey furent blessés dans ce combat. Le lecteur doit connaître le premier de ces deux officiers par le combat de Boudouaou qui a illustré son nom ; le second, aussi distingué comme savant que comme militaire, était chargé du service topographique. Le 30 décembre, la division du général Lamoricière rentra à Mascara, ramenant quelques familles de Hachem-Cheraga.

Le général Gentil, qui avait depuis peu remplacé à Mostaganem le général d'Arbouville, agit conjointement avec le général Lamoricière contre les Flitta, et rentra en même temps que lui.

La tranquillité publique ne fut pas troublée dans l'arrondissement de Tlemcen dans les derniers mois de 1842. Quelques sorties toutes pacifiques du général Bedeau constatèrent cet état de choses. A la même époque, des ponts furent jetés sur la Mina, l'Isser et le Rio-Salado.

LIVRE XXXIV.

Opérations militaires dans la province d'Alger.— Mort héroïque du sergent Blandan. — Soumission de plusieurs tribus. — Affaire de Titteri et pacification de la contrée. — Expédition vers l'Ouenseris et combat sur l'Oued-Fodda.— Expédition contre les Kbaïles de l'est. — Expédition sur les Beni-Ouragh.—Affaires de la province de Constantine. — Expédition de Tebessa. — Affaires de Sétif.—Affaires de Bône.—Affaires de Bougie.

Je ne me suis occupé, dans le livre précédent, que des affaires de la province d'Oran en 1842 ; je dois dire maintenant ce qui se passa, dans la même période, sur les autres parties du théâtre d'une lutte que sa monotonie rend peu brillante, il faut l'avouer, mais dont l'issue est si importante pour l'humanité et la civilisation. Il ne s'agit pas ici, comme sur d'autres points du globe où les Européens ont porté leurs armes, d'intérêts mercantiles placés en première ligne et traînant à leur suite, comme accessoires, quelques intérêts d'un ordre plus relevé : en Algérie, ce sont les intérêts moraux de la chrétienté, du monde progressif, qui sont l'âme de l'entreprise; les avantages matériels que l'on peut en retirer ne viennent qu'après. La France obéit, en cela, à l'impulsion de ses instincts assez habituellement généreux. Elle a marché au but à travers une série d'événements dont quelques-uns sont par eux-mêmes glorieux pour nos armes, mais dont la plupart, je dois le confesser, sont d'une vulgarité aussi fâcheuse pour l'écrivain que pour le lecteur. Je passerai sur ceux-ci avec autant de rapidité qu'il me sera possible de le faire, sans nuire à l'ensemble du tableau. C'est une règle dont j'ai toujours cherché à ne pas m'écarter, et à laquelle j'ai surtout besoin de me soumettre dans ce livre.

Le général Bugeaud, après son expédition de Tlemcen, fit, dans le mois d'avril, une incursion chez les Beni-Menasser, qui se maintenaient toujours en état d'hostilité contre la garnison de Cherchel. Il fit quelque dégât dans les propriétés d'El-Berkani, et, au bout de quelques jours, il se replia sur Cherchel, d'où il retourna par mer à Alger. Le général Changarnier, chargé de ramener à Blida les troupes qu'on en avait tirées pour cette expédition, alla fouiller le bois des Karesas, où il tua quelques Hadjoutes. Plusieurs familles d'émigrés de Beni-Kelil s'étant rendues à lui, il les ramena dans nos lignes. Le territoire de la Maison-Carrée et le village de Guerouaou avaient été assignés comme demeures provisoires aux émigrés rentrés, qui commençaient à être en assez grand nombre. Les soldats appelèrent plaisamment Beni-Ramassés cette population hétérogène.

Le 11 avril, 22 hommes chargés de la correspondance entre Bouffarik et Blida, commandés par le sergent Blandan, du 26ᵉ de ligne, se trouvèrent subitement enveloppés par 300 cavaliers arabes envoyés en course par Ben-Salem. Sommé de mettre bas les armes, Blandan répondit par un coup de fusil qui renversa le chef indigène qui lui faisait cette proposition; un combat acharné s'engagea alors entre ces deux troupes de forces si inégales. Blandan, succombant à trois blessures, donna pour dernier ordre à ses intrépides compagnons celui de se défendre jusqu'à la mort. Cet ordre fut entendu; dix-sept de ces vaillants soldats tombèrent successivement; les cinq qui restaient combattaient encore, lorsque des secours, accourus de Mered et de Bouffarik, vinrent mettre fin à cette lutte désespérée. Un monument, destiné à perpétuer le souvenir de ce fait glorieux, a été élevé au village de Mered à ces 22 braves, dont voici les noms : Blandan, Leclair, Giraud, Elie, Béald, Leconte, Zanher, Kamachar, Père, Laurent, Bourrier, Michel, Laricourt, Bire, Girard, Estal, Marchand, Monot, Villars, Lemercier, Ducasse, Ducros. Ce dernier était un chirurgien militaire qui allait rejoindre son régiment à Blida.

Le 27 avril, le général Changarnier partit de nouveau de Blida pour aller conduire un convoi de ravitaillement à la garnison de Miliana ; il fit, chemin faisant, une incursion dans le pays des Hadjoutes, d'où il ramena encore plusieurs familles d'émigrés. Pendant son absence, le colonel Morris, qui commandait à Bouffarik, eut une petite affaire contre un parti de cavalerie que Ben-Salem avait envoyé dans la Métidja. Rentré à Blida le 6 mai, le général Changarnier en repartit le 9, pour aller conduire un convoi à Médéa, où avait commandé tout l'hiver le colonel Mocquerey, qui venait d'être nommé maréchal de camp. Dans cette marche, le général Changarnier fit une petite incursion chez les Mouzaïa qui, malgré leurs fréquentes pertes, se montraient toujours hostiles. Le 16 mai, conjointement avec le colonel Reveu qui commandait à Coléa, il fit une nouvelle course chez les Hadjoutes. Il partit ensuite avec la majorité des forces de la division d'Alger pour se porter sur la vallée du Chélif, où il fit jonction, ainsi que nous l'avons dit dans le livre précédent, avec le général Bugeaud et les troupes de Mostaganem. Cette réunion des forces de deux provinces que les soldats s'étaient presque habitués à considérer comme n'appartenant pas au même continent, produisit un grand effet sur leur esprit et excita au plus haut degré leur enthousiasme ; cet effet ne fut pas moindre sur celui des indigènes. Voulant mettre à profit ces heureuses dispositions, le gouverneur général résolut de sillonner le plus de terrain possible en se rabattant sur Blida ; en conséquence, il prescrivit au général Changarnier de se porter sur la Chiffa par le pays des Beni-Menasser, tandis qu'il se rendrait lui-même sur le même point par la route la plus directe. D'après ces dispositions, le général Changarnier se sépara de lui le 1er juin, et alla bivouaquer, le même jour, à l'Oued-Bedda, sur la rive droite du Chélif. Le lendemain, il se porta à la Dachera d'Ahmed-ben-Tadj, à travers un pays tellement difficile, que son arrière-garde n'y arriva qu'à la nuit, tandis que l'avant-garde y fut établie dès huit heures du matin, pays du reste admirable par ses sauvages beautés. Le 3, il franchit les sommets du mont Mahali et s'établit sur le versant septentrional de cette montagne, en vue de la mer et du beau littoral de Cherchel. Dans la journée du 4, son arrière-garde fut attaquée un instant par quelques centaines de Kbaïles. Il bivouaqua, ce jour-là, sur l'Oued-Tiffès. Le 5, il eut un combat d'arrière-garde plus vif que celui de la veille et alla coucher sur l'Oued-Kalaa. Le 6, il atteignit l'Oued-Hachem, et le 7, l'Oued-Djer, au point où cette rivière sort des montagnes et entre dans la Métidja. Le général Bugeaud venait d'arriver dans la plaine, après avoir parcouru, sans événements dignes de remarque, la corde du grand arc de cercle décrit par le général Changarnier. Parvenus au point où ils se trouvaient alors, ces deux généraux devaient, d'après ce qui avait été convenu entre eux, agir de concert contre les Mouzaïa ; mais cette tribu, s'attendant à l'orage qui la menaçait, avait fait dès la veille sa soumission entre les mains du colonel Gauja, commandant de Blida. Les deux généraux se rabattirent alors sur les montagnes de Soumatha, des Bou-Halouan et des Beni-Menad ; ils y pénétrèrent de divers côtés par plusieurs colonnes ; ils commençaient à leur faire éprouver tous les maux auxquels les lois de la guerre soumettent les populations récalcitrantes, lorsque ces montagnards, par une soumission plus prompte que sincère, s'en épargnèrent la plus grande partie. Cet exemple fut suivi par les Beni-Salah et par les turbulents Hadjoutes eux-mêmes, dont les plus braves cavaliers cependant allèrent rejoindre Abd-el-Kader, dont les malheurs et la constance étaient si dignes de raviver les sympathies des âmes fortes.

Après ces divers événements, le général Bugeaud rentra à Alger ; les troupes de Mostaganem retournèrent dans cette localité, comme nous l'avons déjà dit, par le chemin qu'elles venaient de parcourir ; le général Changarnier resta à Blida où il se prépara à de nouvelles expéditions. Un petit échec se mêla à cette série de succès : le chef de bataillon Bisson, qui commandait à Miliana, crut devoir sortir de cette place avec une très-faible colonne pour se porter chez les Beni-Menacer, le 7 juin, au moment où le général Changarnier débouchait dans la Métidja. Il enleva d'abord beaucoup de bétail à ces Kbaïles qui ne s'attendaient pas à cette nouvelle attaque. Mais, bientôt revenus de leur surprise et s'apercevant du petit nombre de leurs adversaires, ils reprirent ce qu'on venait de leur enlever et forcèrent le commandant Bisson à une retraite très-pénible où il perdit quarante-trois hommes tués dont cinq officiers, savoir : les capitaines Oliardi, Saint-Jean de Pointis, les lieutenants Berthemot, Projeand et Hézard. Il eut, en outre, plusieurs blessés; il reçut lui-même trois coups de feu. Il était sorti de sa place avec moins de six cents hommes, et s'était avancé, sans but bien déterminé, beaucoup plus loin que la sagesse ne le voulait. Le résultat de cette action irréfléchie enfla tellement le courage des Beni-Menacer, que nous allons les voir presque continuellement en scène, pendant le reste de l'année.

Le général Changarnier, après avoir donné quelques jours à l'organisation des tribus récemment soumises, des Hadjoutes surtout à qui on donna pour kaïd Sid-Ali-ben-Lekal de la famille de Moubarek, se remit en campagne pour retourner chez les Beni-Menacer. Arrivé sur le Bou-Roumi le 17 juin, il y reçut la visite de Sidi-el-Bagdadi-ben-el-Chérif, chef puissant de Djendel, qui s'était mis en relation avec nous sous le général Voirol; il en a déjà été question plusieurs fois dans cet ouvrage. Ce cheik venait offrir la soumission de la plupart des tribus du haut Chélif retirées pour lors dans les montagnes de Matmata et qui, assurait-il, n'attendaient plus que la présence d'une colonne française pour se détacher d'Abd-el-Kader. A cette importante nouvelle, le général Changarnier n'hésita pas à se porter sur le Chélif. Les choses se passèrent comme El-Bagdadi le lui avait annoncé; toutes les tribus désignées par ce chef firent leur soumission. Mais d'autres populations, plus dévouées à l'Emir, s'étaient ralliées à Sidi-Mohammed-ben-Allal, son lieutenant, qui les entraînait vers le sud. Le général Changarnier se mit à leur poursuite à travers le pays des Aïad, et le 1ᵉʳ juillet, sa cavalerie, commandée par le colonel Korte, les atteignit à Aïn-Tesemsil, à douze lieues au sud de l'Ouenseris. Après un combat court mais très-vif, où nos chasseurs eurent onze hommes tués, le colonel Korte se trouva maître de quarante à quarante-cinq mille têtes de bétail et de près de trois mille prisonniers de tout sexe et de tout âge. Comme cette masse de gens et d'animaux aurait extrêmement gêné la colonne française dans sa marche, le général Changarnier rendit la liberté aux prisonniers et remit le bétail aux Arabes des tribus soumises. Cela fait, il reprit la route de Blida où il rentra le 14 juillet. En passant auprès de Miliana, il ordonna au commandant de cette place de faire une petite tournée dans la vallée du Chélif, aussitôt qu'il se serait éloigné, afin que les Arabes vissent qu'il y avait toujours des troupes en mouvement. Ce commandant était le lieutenant-colonel Saint-Arnaud, qui avait remplacé le chef de bataillon Bisson.

Après leur rentrée à Blida, les troupes du général Changarnier furent employées, dans le restant de juillet et dans le mois d'août, à ouvrir une route dans l'étroite vallée de la Chiffa, pour établir une communication moins pénible que celle du col de Mouzaïa, entre la Métidja et le plateau de Médéa. Les travaux de l'enceinte continue furent entièrement abandonnés. Cette puérile conception était tombée depuis quelque temps dans le plus complet discrédit, et excitait les sarcasmes de M. Bugeaud lui-même, qui n'avait paru l'adopter que pour ne pas choquer l'opinion de quelques personnes plus puissantes que lui, et un peu aussi par complaisance pour le général Berthois, son collègue à la Chambre des Députés. Ce général du génie avait été envoyé en Afrique pour en déterminer l'exécution. Dès qu'elle fut résolue, et que toute polémique eut cessé à cet égard, le temps, comme il arrive toujours en France, fit justice de ce projet insensé.

Pendant les quatre premiers mois de l'année 1842, la garnison de Médéa ne remplit qu'un rôle passif dans les affaires de l'Algérie. Par suite de cette imprévoyance et de cet esprit de destruction qui nous caractérisent dans les commencements de toute occupation, cette ville n'était plus qu'un amas de décombres. Lorsque le temps des regrets et des reconstructions fut arrivé, le général Mocquercy, qui la commandait, eut assez à faire des travaux matériels dont ses prédécesseurs lui avaient légué le soin. Ce commandant supérieur fut remplacé dans les premiers jours de mai, par le colonel Comman du 55° de ligne. Il se trouva que ce dernier officier, à en juger par sa conduite et par les événements, était précisément l'homme qui convenait à la province de Tittery. Peu de jours après son arrivée, il apprit qu'une masse considérable de troupeaux, appartenant à des populations qui fuyaient devant le général Bugeaud, lequel arrivait alors de Mostaganem, se trouvait à l'entrée méridionale de la gorge de la Chiffa. Il se porta aussitôt sur ce point, enleva quelques centaines de têtes de bétail et une trentaine de prisonniers dont vingt-deux femmes. Ces captifs furent traités avec toute sorte d'humanité; dès le lendemain, il les renvoya chez eux, en les chargeant de dire à leurs compatriotes qu'il ne demandait pas mieux que de vivre en paix avec eux, et qu'il était en mesure de leur faire, selon qu'ils choisiraient la paix ou la guerre, autant de bien que de mal. Ces ouvertures, appuyées par des faits et par la marche de la colonne du général Bugeaud, amenèrent d'heureux résultats: deux jours après, une foule d'Arabes se présentèrent au marché de Médéa, et plusieurs tribus écrivirent pour entrer en accommodement. Sur ces entrefaites, le colonel Comman reçut un petit renfort de six cents hommes, ce qui lui permit d'aller au secours des Mouzaïa qui, tout nouvellement soumis, étaient menacés par El-Barkani. La promptitude et l'efficacité de ce secours, accordé avec empressement à des alliés de si fraîche date, redoublèrent la confiance des tribus de Tittery. Nous avons vu, dans les volumes précédents, qu'à diverses époques ces tribus s'étaient montrées extrêmement disposées à se rallier aux Français, et que depuis dix ans nous les aurions eues avec nous, si notre marche avait été plus assurée et nos plans moins incertains. Elles étaient alors extrêmement foulées par leur khalifa El-Barkani, qui les obligeait de suppléer, tant en hommes qu'en argent, aux vides que laissaient dans ses troupes et dans ses coffres les portions de territoire déjà soustraites à la domination de l'Emir. La charge devenait chaque jour plus lourde; mais elles ne pouvaient la secouer qu'en se rattachant aux Français qu'elles avaient vus prendre et abandonner tant de fois Médéa, que craignant quelque nouvelle variation dans notre politique, elles hésitèrent longtemps à se rapprocher d'eux. Enfin, la conduite du colonel Comman ayant fait naître leur confiance, elles se décidèrent à changer de parti. Soit qu'elles voulussent donner avant tout un gage de leur sincérité, soit qu'elles ne fussent poussées que par un sentiment de haine contre El-Barkani, elles manifestèrent ce changement par une brusque attaque contre ce chef, qui perdit tous ses bagages dans cette affaire et fut contraint de s'enfoncer dans le Sahara. Les Haouara, les Righa, les Ouzra et les Hassen-ben-Ali vinrent faire ensuite leur soumission à Médéa même. Seize autres tribus firent la leur deux jours après, 25 juin, à Berouaghia, où il y eut une réunion générale de tous ces Arabes, présidée par le colonel Comman.

Mohammed-ben-el-Akhdar de la tribu des Oulad-Moktar fut le chef arabe qui parut avoir pris la part la plus active à cette révolution. Il était neveu de Ben-Aouda-el-Moktari, dont il a été plusieurs fois question dans les *Annales algériennes*. Après ces heureux résultats, le colonel Comman s'avança jusqu'à Boghar, tant pour appuyer le mouvement que faisait alors le général Changarnier dans cette direction, que pour augmenter la confiance des tribus soumises. Cette marche fut toute pacifique. Le colonel étant ensuite rentré avec sa colonne, envoya à Alger les chefs arabes qui venaient de reconnaître d'une manière si éclatante notre domination. Ils y arrivèrent le 2 juillet, et y furent reçus avec beaucoup de solennité. On forma des tribus soumises de Tittery, trois aghaliks, en imitant l'organisation adoptée par Abd-el-Kader, savoir : l'aghalik du sud, qui eut pour agha Mohammed-ben-el-Akhdar, celui de l'est, qui fut donné à El-Akhdar-ben-el-Hadj, et celui du sud-ouest ou Tell à la tête duquel on mit deux aghas, un supérieur ou bach-agha, Ahmed-Moul-el-Oueld, et un inférieur Amar-ben-el-Hadj-el-Arbi.

On fit aussi des aghaliks des tribus qui s'étaient soumises au général Changarnier; on en fit même quatre. Le premier fut celui des Hadjoutes, comprenant cette tribu et toutes celles dont elle est le centre; Abd-el-Rhaman-ben-Thifour en fut le chef. L'aghalik de Braz, comprenant les tribus qui avoisinent Miliana, fut le second, et eut à sa tête Ali-ben-Bazry-el-Kalay; le troisième ou aghalik des Beni-Zoug-Zoug, reçut pour chef Bou-Zian-ben-Kouider; le quatrième enfin, ou aghalik des Aïad eut pour agha Amer-ben-Ferhat. Tout cela n'avait, du reste, que fort peu de consistance.

Vers le milieu de juillet, le général de Bar fit, au sud et à l'est de la province de Tittery, une promenade qui n'eut de remarquable que la découverte des ruines d'Achir, berceau des Zeirites. Les mouvements militaires furent ensuite suspendus pendant tout le mois d'août et une partie de celui de septembre ; mais dès que les chaleurs redevinrent supportables, les troupes se remirent en campagne. Le général Changarnier fut envoyé de nouveau dans la vallée du Chélif, où il existait encore assez de tribus hostiles, pour qu'on ne pût pas considérer comme accomplie cette jonction des provinces d'Alger et d'Oran, qui avait été le but de l'expédition du mois de mai. Ce général, après avoir châtié, le 12 septembre, quelques Arabes récalcitrants de la rive gauche du Chélif, revint sur la rive droite. Les Braz, qui n'étaient encore que très-incomplétement soumis, parurent se rallier à lui. Guidé ensuite par les Tachta, qui se soumirent également, il marcha contre les Beni-Rached, à qui il fit éprouver quelques pertes sans pouvoir toutefois les amener à la soumission. Repassant ensuite sur la rive gauche, il vint s'établir sur l'Oued-Fodda. Voici quelle était la situation politique de la contrée où il se trouvait : les tribus dont El-Bagdadi avait été chargé d'offrir la soumission et qui, en effet, s'étaient soumises deux mois auparavant, ainsi que nous l'avons dit, avaient eu pour but principal dans cette démarche de pouvoir faire en paix leurs moissons. Ce travail achevé, quelques esprits recommencèrent à s'échauffer. Néanmoins, les chefs, à qui l'organisation du général Bugeaud donnait une position qui leur convenait, leur prêchant les avantages de la paix, ils étaient maintenus dans un équilibre que la moindre secousse pouvait détruire, mais aussi que la présence de nos troupes pouvait faire passer à un état complet de repos. Amer-ben-Ferath, dont les tribus étaient le plus en suspens, comprit fort bien la question. En conséquence, il engagea le général à s'avancer jusque chez les Aïad, déclarant que, sans cette démonstration, il lui serait impossible de rester dans son aghalik. Le général Changarnier, dont la mission était précisément de soutenir les nouvelles autorités, se rendit facilement à ses raisons et se mit à remonter l'Oued-Fodda pour se porter dans son district. Le 19 septembre, il fut attaqué avec acharnement, dans la partie la plus étroite de la vallée de cette rivière, par 3 à 4,000 Kbaïles, qui, sans mettre en péril sérieux sa petite colonne, en gênèrent cependant la marche et lui firent éprouver des pertes très-sensibles. Le général bivouaqua ce jour-là dans la vallée même dont les Kbaïles cherchaient à lui interdire l'accès. Le lendemain, le combat recommença, mais avec moins d'acharnement que la veille. Après deux heures de marche, la vallée s'étant élargie, quelques charges de cavalerie déterminèrent la retraite des montagnards, dont les pertes étaient très-considérables. Les nôtres s'élevèrent à une quarantaine de morts et au double de blessés. Le général fit ensuite opérer plusieurs courses sur les flancs de l'Ouenseris, d'où l'on ramena 7 à 8,000 têtes de bétail. Il s'avança après cela jusqu'à Teniet-el-Had, et rentra, par la vallée de l'Oued-Darder, à Miliana, où il arriva le 29.

Pendant qu'il était en campagne sur le Chélif, le général de Bar parcourut le pays des Beni-Menacer, et pénétra jusque chez les Gouraïa, à deux journées de marche de Cherchel, sans avoir eu une amorce à brûler.

L'expédition du général Changarnier ayant prouvé que les habitants des montagnes de l'Ouenseris tenaient toujours pour Abd-el-Kader, le gouverneur général résolut de marcher contre eux en personne. Mais il voulut auparavant se présenter dans l'est de la province d'Alger, où il n'avait pas encore paru. Cette partie du pays était toujours gouvernée, au nom de l'Émir, par Ben-Salem, son khalifa de Sebaou. Les Beni-Mouça et les gens de Khachna étaient rentrés en assez grand nombre sur leur ancien territoire et s'étaient ainsi remis sous notre domination ; mais tout ce qui était au delà continuait à vivre en dehors de notre influence. Cependant Ben-Salem venait d'être abandonné par son agha, Omar-Mahiddin. Ce chef s'était réuni au colonel Comman, qui, dans le courant de septembre, s'était porté deux fois sur le territoire des Beni-Soliman menacé par Ben-Salem : ce fut après cet événement que le général Bugeaud marcha contre ce khalifa. Le général se mit en mouvement le 30 septembre ; il prit la route de Hamza, où il arriva le 10 octobre. Dans ce trajet, il détruisit deux petits forts ou bourdj abandonnés, Bel-Keroub et Bordj-el-Aribi. Le colonel Leblond, du 48ᵉ de ligne, fut tué auprès du premier dans une légère fusillade d'arrière-garde. C'était un officier fort recommandable, qui fut vivement regretté de l'armée. En quittant Hamza, le général Bugeaud se rapprocha du Djurdjura et reçut la soumission des Oulad-bel-Aziz, qui occupent les premières pentes de cette haute montagne. Le 12, étant sur le territoire des Nezlioua, il aperçut sur un plateau élevé un gros rassemblement de Kbaïles au milieu desquels était Ben-Salem. Ne voulant pas l'attaquer dans une position qui paraissait très-forte et ayant cherché vainement à l'attirer dans le bas, il le dispersa à coups de canon. Il continua ensuite sa marche et rentra à Alger le 19. Dans cette expédition, le gouverneur eut pour auxiliaire Omar-Mahiddin, et reçut plusieurs soumissions qui eurent pour résultat de rétablir les relations commerciales entre Alger et des contrées fertiles, dont l'état d'hostilité était, depuis trois ans, très-préjudiciable aux marchés de cette ville. Omar-Mahiddin fut nommé khalifa de Sebaou, poste qu'avait désiré lui donner le général Damrémont. Cependant Ben-Salem, quoique bien affaibli, se soutint dans les plus âpres montagnes.

Pendant que le gouverneur général opérait contre Ben-Salem, le général Changarnier parcourait la province de Titteri. Il partit, le 13 octobre, de Médéa où il s'était rendu après son expédition du Chélif, et alla coucher à Berouaghia le même jour. Le 14, il bivouaqua à l'Oued-Chair, et, le 15, à Sour-el-Djouab, où existent des ruines considérables. La tribu des Djouab et celle des Oulad-Taan firent leur soumission. Le 16, le général Changarnier bivouaqua chez les Oulad-Meriem, qui firent également leur soumission après une très-courte résistance. Le 17, il arriva chez les Oulad-Fereha qui se hâtèrent de suivre l'exemple des autres tribus. Le 18, il parvint sur l'Oued-Gargour, au nord du Djebel-Dira. Les Oulad-Berkat, les Oulad-Deris et les Oulad-Seramat se soumirent. Le général contourna ensuite le Djebel-Dira, traversa le territoire des Adaoura, qui firent ce qu'avaient fait leurs voisins, et alla bivouaquer, le 20, sur l'Oued-Merdjah. Il était là en vue des frontières de la province de Constantine, à trois journées de marche de Msilah. Il n'alla pas plus loin et rentra à Médéa le 24, après avoir ainsi franchi les limites du Tell, qui, dans cette direction, finit au Djebel-Dira, au delà duquel le Sahara commence. Le général Changarnier fut toujours accompagné d'un nombre considérable d'auxiliaires dans cette course, qui fit parcourir à nos troupes un pays qui leur était encore inconnu.

Le mois d'octobre, si activement employé par les troupes de la province d'Alger et de Titteri, ne le fut pas moins par la garnison de Miliana. Le lieutenant-colonel Saint-Arnaud qui la commandait, plus heureux ou plus prudent que son prédécesseur, obtint des succès contre les Beni-Menacer de l'ouest. Il marcha ensuite au secours d'Amer-ben-Ferath, qui se disait menacé par Mohammed-ben-Allal, et s'avança jusqu'à moitié chemin de Takdemt; mais il ne rencontra nulle part d'ennemis sérieux. Il ne rentra à Miliana que le 6 novembre.

Bien que le résultat de toutes ces petites courses n'annonçât pas que l'agitation qui s'était manifestée quelques semaines auparavant parmi les tribus du Chélif se fût accrue, le général Bugeaud n'en persista pas moins dans son projet d'expédition vers l'Ouenseris, qu'il considérait avec raison comme un refuge toujours prêt à recevoir Abd-el-Kader. Il partit, le 25 novembre, de Miliana avec toutes ses forces actives, qu'il avait réunies sous cette place. Il en forma trois colonnes, dites de droite, du centre et de gauche. La colonne de gauche, commandée par le colonel Korte, passa immédiatement le Chélif en face de Miliana. Les deux autres descendirent jusqu'au pont, qu'elles franchirent, et arrivèrent ensemble à l'Oued-Rouina; là, elles se séparèrent. Celle du centre, sous les ordres du général Changarnier, remonta cette rivière ; celle de droite, dirigée par le gouverneur général, ayant sous ses ordres immédiats le duc d'Aumale, nommé récemment maréchal de camp, descendit jusqu'à Souk-el-Tenin sur l'Oued-Fodda. Le rendez-vous des troi colonnes était désigné à l'Oued-Ksab, à quelques lieues à l'ouest du grand pic de l'Ouenseris. Le général Changarnier y arriva le premier. Il eut à traverser les champs de bataille du 19 et du 20 septembre; mais il ne trouva cette fois que des populations soumises ou du moins effrayées, de sorte qu'il n'eut pas à combattre.

Le colonel Korte, qui avait manœuvré par les pentes sud de l'Ouenseris, eut quelques engagements d'arrière-garde ; mais il ne tarda pas à se réunir au général Changarnier.

Le gouverneur général remonta l'Oued-Fodda. Dans la nuit du 29, il détacha le colonel Yousouf sur l'Oued-Isli pour châtier les Oulad-Kosseir, qui, après avoir fait comme tant d'autres leur soumission lors de la première expédition du Chélif, s'étaient derechef, comme tant d'autres encore, ralliés à Abd-el-Kader. Yousouf ramena de cette expédition épisodique près de deux cents prisonniers, que le général Bugeaud, qu'ils auraient embarrassé, fit relâcher en les chargeant de porter à leurs compatriotes des paroles de conciliation. Le lendemain, la colonne traversa le pays des Rihat, qui restèrent paisibles. Le 1er décembre, elle eut un petit engagement d'arrière-garde, et, le 2, elle arriva au rendez-vous général.

Les mouvements combinés du général Bugeaud n'avaient amené aucun résultat bien saillant. Quelques coups de fusil insignifiants et quelques soumissions de circonstance plus insignifiantes encore étaient tout ce qu'on avait obtenu. Le gouverneur résolut donc de pousser plus avant : les trois colonnes se séparèrent de nouveau, et un second rendez-vous leur fut assigné au marché du Khamis des Beni-Ouragh, sur l'Oued-Riou. La colonne de gauche revint au Souk-el-Tenin, où avait été établi un dépôt de vivres. De là, elle se dirigea sur le rendez-vous général, où elle arriva, le 9, après une alternative de coups de fusil et de soumissions sans conséquence ; elle y trouva le général Changarnier qui y était arrivé la veille. Ce général avait eu un instant devant lui Abd-el-Kader en personne, et avait vainement cherché à l'atteindre avec la partie la plus mobile de ses forces. L'Emir, laissant quelques troupes sous les ordres d'El-Barkani qui se trouvait avec lui, s'était rejeté vers le sud, sur le territoire des Aïad, où il enleva la famille de notre agha, Amer-ben-Ferath.

La colonne de gauche arriva la dernière à l'Oued-Riou. Elle eut à soutenir quelques combats d'arrière-garde, dont un assez sérieux, le 10 décembre. Elle détruisit deux villages kbaïles, Kharnachil et Hardjaïl, perdit peu de monde et en tua assez à l'ennemi ; mais Abd-el-Kader, habile à profiter du moindre avantage, ayant fait grand trophée d'un méchant affût de montagne qu'on avait été obligé de laisser entre les mains de l'ennemi, le mulet qui le traînait ayant été tué, les Kbaïles se crurent presque vainqueurs. Ceux à qui on avait eu affaire appartenaient la plupart à la grande tribu des Beni-Ouragh, au milieu de laquelle Abd-el-Kader s'était rendu après sa pointe sur les Aïad. Le gouverneur ayant réuni sous les ordres du général Changarnier la colonne de gauche et celle du centre, attaqua cette tribu de deux côtés à la fois. Les mesures furent si bien prises que ces montagnards, se sentant enveloppés, passèrent aussitôt de l'arrogance au découragement le plus complet. Leur chef, Mohammed-ben-Hadj, ayant vu fuir Abd-el-Kader, reconnut que toute résistance serait inutile et se présenta à notre avant-garde, demandant à être conduit au gouverneur général. Arrivé en sa présence, il lui dit avec beaucoup de noblesse qu'il avait servi longtemps avec conviction et zèle la cause de l'Émir, mais que le sort lui imposait à cette heure un autre devoir, celui de sauver ses gens d'une ruine totale; qu'en conséquence, il offrait sa soumission pleine, entière et sincère, s'engageant à remettre ses enfants comme ôtages entre les mains des Français. Le ton de franchise virile de cet homme plut au général Bugeaud. Il lui répondit qu'il acceptait sa soumission, le tenait quitte des ôtages et ne voulait d'autre garantie que sa parole. Cette parole ayant été donnée, le gouverneur fit retirer ses troupes et se replia, le 17 décembre, sur l'Oued-Riou, où il séjourna le 18. Il fit partir de ce point, pour retourner dans la province d'Alger avec une partie de ses forces, M. le duc d'Aumale, qui arriva sans événements dignes de remarque à sa destination. Le général Changarnier eut ordre d'aller s'emparer de Tenez; quant au gouverneur lui-même, il se dirigea sur Mostaganem, avec l'intention de se rendre par mer sur le point dont il venait d'ordonner la prise de possession; mais lorsqu'il se présenta devant Tenez avec deux bateaux à vapeur quelques jours après, il n'y trouva, au lieu des troupes du général Changarnier, qu'une lettre qui lui annonçait qu'elles avaient passé outre. Ce général n'avait pas trouvé que cette localité offrît des ressources suffisantes pour qu'on pût l'occuper immédiatement; en conséquence, il avait conduit ses troupes à Cherchel, et de là à Blida, où elles arrivèrent le 4 janvier. Il n'eut pas un coup de fusil à tirer dans tout le trajet du Chélif à cette ville, trajet que la pluie et la nature du terrain rendirent du reste très-difficile; mais les populations paraissaient partout découragées et lasses de la guerre. Le hakem et le cadi de Tenez s'étaient portés à sa rencontre avec empressement, ainsi que la plupart des chefs des tribus qu'il traversa. Le gouverneur général rentra à Alger en quittant la rade de Tenez, où il ne s'arrêta qu'un instant, voyant que ses ordres n'avaient pu être exécutés.

Il ne se passa rien qui mérite de fixer l'attention, dans la province de Constantine, dans les quatre premiers mois de l'année 1842, si ce n'est que le colonel Briche, commandant du cercle de Philippeville, se rendit à Bône par terre avec une faible colonne et en revint sans coup férir, ayant ainsi établi des communications intérieures entre ces deux points importants de l'occupation française. Zerdoude, obligé d'abandonner l'Edough depuis l'expédition du général Randon dans ces montagnes, s'était porté dans celles de Djidjeli.

Vers les premiers jours de mai, le général Négrier s'était établi chez les Harakta, où sa présence avait enfin déterminé la soumission entière de cette tribu. Le rapport de cette petite expédition arriva à Paris fort à propos pour le général Négrier, qui se trouvait alors en butte aux attaques des journaux, et même de la tribune, au sujet de plusieurs actes acerbes qu'on lui reprochait. Nous avons déjà parlé de quelques-uns de ces actes, qui furent tels, que le ministère avait dû, par des ordres formels, modérer la rigueur de ce général, rigueur nulle part moins nécessaire que dans une province où notre domination était presque partout acceptée sans répugnance. Il y a sans doute des mesures sévères, que la raison approuve et que le droit des gens consacre ; mais il ne faut pas faire des supplices un système politique ; il ne faut pas qu'un homme qui a en main un immense pouvoir, croie grandir encore en coupant des têtes. Il est, au contraire, à désirer, lorsqu'il est forcé d'en venir là, qu'il ait dans le cœur, ou au moins dans l'esprit, une pensée qui lui montre cette extrémité comme un aveu un peu humiliant d'impuissance morale : car le premier venu, si on le suppose revêtu d'une autorité dictatoriale, peut couper des têtes; il n'y a rien à cela de difficile, ni qui ne soit au-dessus de l'intelligence la plus vulgaire; c'est ce que fait le plus grossier pacha turc; mais savoir faire en sorte qu'on ne soit pas obligé d'en couper, voilà ce qui n'appartient qu'à un homme supérieur, et ce qui constitue un triomphe aussi flatteur pour l'esprit que doux pour le cœur.

Pendant que le général Négrier était chez les Harakta, les Kbaïles, excités par Zerdoud, attaquèrent simultanément le camp d'El-Arouch, le blockaus d'El-Dis, et la place de Djidjeli. Il est presque superflu de dire qu'ils furent partout repoussés, car le lecteur doit savoir maintenant aussi bien que nous de quelle nature sont ces attaques des Africains contre des postes fermés. Le 27 mai, le général Négrier, qui était ce jour-là à Aïn-Babouche, en partit pour se porter sur la petite ville de Tebessa, et alla bivouaquer le même jour à Aïoun-el-Rebaa, sur l'Oued-Tourouch. Il s'arrêta sur ce point le 28 et le 29. Le 30, il traversa l'Oued-Tourouch, franchit le Djebel-Amama, descendit dans le bassin de l'Oued-Meskiana, et campa sur la droite de cette rivière, à la limite du territoire des Harakta et de celui des Oulad-Sidi-Yahia-bou-Taleb. Le 31, après une marche de douze lieues, il arriva à Tebessa à six heures du soir. Le kaïd et le cadi de cette ville allèrent à sa rencontre avec les notables du lieu, et lui montrèrent les dispositions les plus pacifiques et les plus soumises. Tebessa est l'antique Theveste, ainsi que l'indique une inscription très-apparente qui fut recueillie par un des membres de la commission scientifique, et qui a fixé les incertitudes des archéologues sur ce point important de géographie ancienne. Le général Négrier y passa deux jours, pendant lesquels il reçut la soumission des Oulad-Sidi-Yahia-bou-Taleb et des bourgades voisines de Bekaria et Ioukkous.

Le général Négrier quitta Tebessa, le 3 juin, pour se rapprocher de Constantine, en prenant un autre chemin que celui qu'il avait suivi en allant. Il longea pendant sept lieues l'Oued-Chabro; il allait passer sur la rive droite de ce cours d'eau, lorsque son arrière-garde fut attaquée par quelques centaines d'Arabes Hanencha, qui furent facilement repoussés. Le 4, le général campa à trois lieues au delà de l'Oued-Meskiana, et le 5 sur l'Oued-Tourouch. Il y séjourna, le 6, pour prélever une contribution sur la partie des Harakta, sur le territoire de laquelle il se trouvait. Le 7, lorsqu'il quitta cette localité, son arrière-garde fut attaquée par les Hanencha, conduits par El-Haznaoui, à qui s'étaient joints plusieurs Harakta, malgré la soumission récente de cette tribu. L'ennemi fut repoussé. Le soir, la colonne française coucha sur l'Oued-Mraa. Le 8, elle s'établit sur l'Oued-Meris, où elle attendit un convoi de vivres qui devait lui arriver de Constantine. Le général Négrier ayant reçu ce convoi se porta, le 15, dans les montagnes des Oulad-Djebara, qui avaient pris part, le mois précédent, à l'attaque du camp d'El-Arouch; il châtia cette tribu, ainsi que celles des Guerfa et des Sdrasa, qui se trouvaient dans le même cas; il rentra à Constantine le 17. Il envoya une partie des forces qui venaient d'opérer avec lui au général Levasseur, à Philippeville; ce dernier fit, avec ce renfort, quelques courses chez les Beni-Salah et les Beni-Isaac, qui s'étaient soulevés à la voix de Zerdoud.

Dans le mois de mai, le général Randon fit une expédition contre les Oulad-Dham, tribu du cercle de Ghelma qui avait commis quelques actes d'hostilité et accueilli des déserteurs de la légion étrangère. Il eut avec eux, le 11 mai, une affaire où ils perdirent beaucoup de monde, et où fut tué, de notre côté, M. Gay, lieutenant de spahis, fils et frère de deux femmes honorablement connues dans le monde littéraire, madame Sophie Gay et madame Delphine de Girardin. Trois jours après ce combat, le commandant Frény, du corps des zouaves, qui battait le pays avec une partie de la colonne expéditionnaire, ayant imprudemment morcelé ses forces, fut attaqué, au moment où il ne lui restait sous la main que 200 hommes, par plus de 1200 Arabes, auxquels il opposa une résistance bien digne de lui faire pardonner sa faute. Le général Randon vint à son secours, et le délivra de la position périlleuse où l'avait mis son imprévoyance, et d'où son éclatante bravoure aurait peut-être été insuffisante à le tirer.

A Sétif, le général Sillègue, qui depuis quelque temps commandait sur ce point, fit vers la même époque une tournée de dix-sept jours au milieu de la tranquillité la plus parfaite. Dans le mois d'août, il poussa une grande reconnaissance sur la route de Bougie; il espérait pouvoir établir des communications directes et régulières entre Bougie et Sétif, au moyen des intelligences qu'il croyait s'être ménagées dans ces montagnes; mais, le 26, il fut attaqué par les Kbaïles, et, quoique vainqueur dans le combat, il dut renoncer à son projet.

Après le combat du 26 août, le général Sillègue, appelé dans le sud de son arrondissement pour la rentrée des contributions, se rencontra avec un ennemi que depuis longtemps on ne voyait plus en scène. Cet ennemi n'était autre qu'Ahmed-Bey, qui avait reparu dans le Zab, depuis que l'autorité du khalifa d'Abd-el-Kader y avait été détruite, sans que celle de Ben-Ganah y eût été solidement établie; le général Sillègue eut un petit engagement avec lui à Aïn-Rumel, le 16 septembre, et mit en fuite sa petite troupe.

A Bougie, où commandait le chef de bataillon du Courtial, il y eut dans le mois de mai un petit combat sans importance, le 25 août : Zerdoud, qui était venu tenter fortune de ce côté-là, ayant réuni un nombre considérable de Kbaïles, attaqua nos postes extérieurs avec assez de vigueur. Il fut repoussé et perdit beaucoup de monde.

Il ne se passa plus rien de remarquable dans la province de Constantine jusqu'à la fin de l'année 1842; tout le centre de cette province était parfaitement soumis ; il n'existait un peu d'agitation qu'aux extrémités; elle était produite au nord par Zerdoud, à l'est par El-Hasnaoui, à l'ouest par Ben-Omar, et au sud par Ahmed-Bey et un peu par un certain Mohammed-el-Hadj-el-Sghir, qui avait pris le titre de khalifa d'Ab-el-Kader après la mort de Farath-ben-Saïd, récemment assassiné dans une querelle particulière. Ce personnage avait encore peu de consistance et se tenait prudemment à Sidi-Okba sans trop faire de bruit.

LIVRE XXXV.

Insurrection dans la vallée du Chélif et chez les Beni-Menacer. — Expéditions diverses pour la comprimer. — Fondation d'Orléansville.—Occupation de Tenez, de Boghar, de Teniet-el-Had et de Tiaret. — Dispersion de la Smala d'Abd-el-Kader. — Combat de Sidi-Rached. — Surprise du camp d'Abd-el-Kader. — Excursion au Sahara.—Défaite et mort de Ben-Allal.—Abd-el-Kader se retire sur les terres de l'empire de Maroc.

A peine le général Bugeaud était-il rentré à Alger, après sa seconde expédition du Chélif, qu'Abd-el-Kader reparaissait dans les contrées que nos troupes venaient de parcourir. Il tomba d'abord sur les Attaf qui s'étaient les premiers rapprochés de nous, et ravagea cruellement leur territoire. Un fils d'El-Bagdadi fut tué dans cette tourmente; le cadi de la tribu fut mis à mort judiciairement comme traître à l'Islamisme. Après cette sanglante exécution, l'Emir descendit en vainqueur le Chélif, s'empara de la personne de Mohammed-bel-Hadj, ce kaïd des Beni-Ouragh qui avait mis tant de noblesse et de bonne foi dans sa soumission aux Français, et fit marcher vers Cherchel son lieutenant El-Barkani qui n'eut pas de peine à faire insurger les Kbaïles de cette populeuse contrée. Instruit de ces fâcheux événements, le gouverneur général fit partir aussitôt pour Miliana le général Changarnier et pour Cherchel le général de Bar. Ce dernier, après deux petits engagements, le 23 et le 24 janvier, fut obligé de reculer devant l'insurrection, qui gagnait ses derrières et menaçait la Métidja. Il alla prendre position à l'entrée de cette plaine, à la Zaouïa de Sidi-Moussa, le 27 janvier. Le gouverneur général se décida alors à marcher en personne. Il arriva par mer à Cherchel le 28.

Le colonel Picouleau alla remplacer, avec cinq bataillons, à Sidi-Moussa, le général de Bar, qui rejoignit avec toutes ses forces le gouverneur général à Cherchel. Ce dernier, le 30 au matin, marcha avec toutes les troupes qu'il avait réunies, vers l'ouest du territoire de la tribu des Beni-Menacer, ses derrières étant couverts par le colonel Picouleau. Il marchait sur deux colonnes, ravageant et brûlant tout ce qui se trouvait sur son passage. Le 1er février, les Kbaïles attaquèrent notre avant-garde où se trouvait en ce moment le gouverneur général, dont le cheval reçut une balle en plein poitrail et tomba roide mort. Le 4, le corps d'armée bivouaqua à Souk-el-Had chez les Beni-Ferah, au sein de montagnes très-élevées. Nos troupes furent assaillies dans cette position par une furieuse tempête, accompagnée de neige et de grêle, qui les fit beaucoup souffrir. Le 5, elles descendirent dans une vallée du pays des Akrebel que ses habitants n'avaient point abandonnée. Ils protestèrent de leur dévouement à notre cause, et se sauvèrent ainsi du pillage et de la destruction. Les troupes trouvèrent chez eux une température plus douce que celle des montagnes qu'elles venaient de quitter, et y prirent un peu de repos. Le soir, elles bivouaquèrent sur l'Oued-Kelellel, non loin de la mer. Le temps étant redevenu mauvais dans la nuit, et la crue des torrents menaçant de rendre bientôt les communications impossibles, il fallut songer à rentrer à Cherchel, où l'on arriva le 7, après des fatigues inouïes.

Le général Bugeaud avait envoyé au colonel Saint-Arnaud l'ordre de venir à lui de Miliana avec ses forces disponibles, mais le mauvais temps ne permit pas que cette jonction eût lieu. M. de Saint-Arnaud, après avoir eu contre les Beni-Ferah un petit engagement où ils eurent le dessous, et s'être avancé jusqu'à Haïnda, rentra à Miliana le jour même où le général Bugeaud rentrait à Cherchel.

Le duc d'Aumale, après la seconde expédition du Chélif, avait été envoyé à Médéa pour commander sur ce point. A la première nouvelle de l'insurrection, il reçut l'ordre de se porter au midi de sa province, vers le haut Chélif, pour contenir les tribus de cette contrée dont une surtout, celle des Oulad-Antar, donnait de sérieuses craintes. Il partit de Médéa le 22 janvier et arriva à Boghar le 26. Le même jour, les troupeaux et les tentes de deux cheiks suspects des Oulad-Antar furent enlevés par les Arabes auxiliaires, que conduisait le kaïd de cette tribu même, lequel était resté dans le devoir, malgré les suggestions de ces deux hommes. Les chefs de toutes les autres tribus vinrent alors renouveler leur serment de fidélité. Le même jour, Abd-el-Salem-ben-Merzouk, fils du cheik des Beni-Aïch, vint informer le prince que les tentes et la maison de Mohammed-ben-Allal étaient au milieu de sa tribu, gardées par Djeloul-ben-Ferah qui ne s'attendait à rien moins qu'à une attaque du côté de Boghar, toute son attention étant fixée sur les mouvements des troupes de Miliana alors en marche vers Teniet-el-Had. Le duc d'Aumale, profitant de cet avis, partit de Boghar le 27; le 28, les tentes de Ben-Allal furent enlevées après un petit engagement où le kaïd des Abid fut tué de notre côté. Ben-Allal était à peu de distance avec sa cavalerie; mais il n'osa engager une affaire, et se mit en retraite sur Takdemt. Le duc d'Aumale rentra de son côté à Médéa.

Pendant que le prince marchait sur Boghar, le colonel Saint-Arnaud se portait vers Teniet-el-Had, et le général Changarnier arrivait dans l'arrondissement de Miliana. Les mouvements de troupes effectués par ces deux officiers tinrent le lieutenant d'Abd-el-Kader éloigné du Chélif moyen. Rencontrant plus haut le duc d'Aumale, il lui fallut opérer sa retraite dans la direction que je viens de dire. Pendant ce temps l'Emir, ayant traversé le Chélif inférieur, s'était établi dans le Dahra. En passant devant Mazouna, il tenta un coup de main contre cette petite ville, mais vigoureusement repoussé par les Koulouglis, il dut renoncer à son projet.

Nous avons laissé le gouverneur général à Cherchel. Il en partit le 10 février pour retourner à Alger, en y laissant le général de Bar, avec mission de reprendre les opérations dès que le temps le permettrait. Peu de jours après son départ, le général de Bar se remit en campagne, et s'avança vers l'ouest, recevant la soumission équivoque de quelques tribus et ravageant le territoire de quelques autres. Le 25, il rentra à Cherchel. Pendant ce temps, le colonel Picouleau était aux prises, au sud de cette ville, avec un fort rassemblement de Kbaïles de la tribu des Beni-Menacer, à la tête desquels se trouvaient les fils d'El-Barkani. Après quelques engagements assez vifs, il dut se replier sur Cherchel pour se ravitailler. Le 18, il marcha de nouveau à l'ennemi; mais le rassemblement s'était dispersé, et les fils d'El-Barkani s'étaient retirés dans la partie la plus élevée des montagnes.

Le colonel Saint-Arnaud étant venu se joindre au co-

lonel Picouleau, avec les troupes disponibles de Miliana, ces deux officiers supérieurs se dirigèrent sur Cherchel après avoir parcouru une grande étendue de pays sans brûler une amorce. Ces diverses opérations parurent avoir assuré la soumission de la contrée insurgée. Quelques contributions furent payées, et l'autorité de Mohammed-Saïd-el-Ghobrini, que le gouverneur avait nommé agha des tribus situées à l'Ouest des Beni-Menacer, fut reconnue par celles de ces tribus où nos colonnes pénétrèrent. Cependant, lorsque le colonel Saint-Arnaud eut quitté Cherchel pour retourner à Miliana, quatre fractions des Beni-Menacer l'attaquèrent avec vigueur dans les plus hautes montagnes et lui firent éprouver quelques pertes. « Il paraît, dit le général Bugeaud dans son rapport
« sur cet événement, qu'on ignorait l'existence de ces
« quatre fractions ; car, le général de Bar et le colonel
« Picouleau m'assuraient que toutes les fractions de cette
« puissante tribu étaient soumises. »

Le gouverneur ayant acquis la certitude que les Beni-Menade avaient fourni un contingent aux Beni-Menacer dans leur prise d'armes, résolut de châtier cette tribu. En exécution des ordres qu'il donna, elle fut enveloppée, le 5 mars, par les troupes du général Changarnier venues de Miliana, et par celles du général de Bar parties de Cherchel. Lui-même se porta d'Alger avec toute la cavalerie au pied des montagnes, pour lui fermer l'entrée de la plaine. Pris dans ce cercle mouvant, qui se resserrait autour d'eux, les Beni-Menade furent conduits devant le gouverneur général avec leurs troupeaux, leurs femmes et leurs enfants. Après leur avoir reproché d'un ton sévère la déloyauté de leur conduite, il leur dit que quoiqu'ils méritassent le traitement le plus rigoureux, il voulait bien leur pardonner pour cette fois; puis ayant choisi pour otages les trente-six chefs de famille les plus influents et les plus compromis, il renvoya le reste et rendit les troupeaux.

Après cette petite expédition plus politique que militaire, car il n'y eut pas un coup de fusil de tiré, les troupes restèrent momentanément dans leurs cantonnements, moins la colonne du général de Bar qui retourna à Cherchel. A quelques jours de là, le combat que le colonel Saint-Arnaud avait eu à soutenir en retournant à Miliana étant connu, ce général se porta de nouveau à l'ouest de Cherchel. Il eut presque continuellement à combattre contre des groupes de Kbaïles poussés en avant par le bataillon régulier d'El-Barkani, et qui, à son retour, suivirent son arrière-garde jusqu'à quelques lieues de Cherchel. Il y rentra moins convaincu probablement de la pacification de la contrée qu'il ne l'avait été peu de temps auparavant.

Pendant que les événements dont nous venons de rendre compte avaient lieu dans la province d'Alger et dans celle de Tittery, le général Gentil, ayant eu avis, à Mostaganem, des mouvements d'Abd-el-Kader, partit de cette place, le 8 janvier, et alla prendre position sur la Mina, à Bel-Hassel. Il fit de là quelques courses sur les populations qui paraissaient vouloir se rallier à l'Émir, entre autres chez les Oulad-Sabeur; il était appuyé par Abd-Alla-el-Aribi, dont la fidélité fut inébranlable. Le 13 février, il se trouvait à Dar-ben-Arach, lorsqu'il apprit qu'Abd-el-Kader menaçait de nouveau Mazouna. Il résolut aussitôt de se porter au secours de cette ville; mais comme le Chélif, grossi par les pluies, était en ce moment inguéable pour l'infanterie, il ne prit avec lui que sa cavalerie, composée des Arabes auxiliaires, et 200 chasseurs du 2ᵉ régiment commandés par le colonel Marey. On arriva à cinq heures du soir devant Mazouna. L'ennemi tint peu et se mit en retraite vers le bas de la rivière, que le général Gentil fut obligé de repasser le lendemain, dans la crainte d'être séparé de son infanterie par la crue des eaux qui augmentaient à vue d'œil. Il offrit aux Koulouglis un asile à Mostaganem, s'ils craignaient une nouvelle attaque contre laquelle l'état de la rivière ne lui permettrait probablement pas de les défendre ; mais ils répondirent qu'ils sauraient bien se défendre eux-mêmes, ce qui leur était arrivé en effet un mois auparavant, ainsi que nous l'avons vu.

Peu après, Abd-el-Kader quitta le Dahra, et passant la rivière au-dessus de Mazouna et des Oulad-Sidi-el-Aribi, il retourna chez les Beni-Ouragh, en faisant couvrir son flanc droit par son lieutenant Abd-el-Kader-ben-Klika. Le 25 février, celui-ci dirigea une attaque sur les Oulad-Souide, tribu soumise de la vallée du Chélif. Quelques cavaliers ennemis coururent d'abord sur le kaïd de cette tribu et, le pistolet au poing, voulurent le forcer de donner aux siens l'ordre de se rendre ; mais ce brave Arabe fit entendre au contraire le cri : *Aux armes!* et tomba mort, renouvelant ainsi le dévouement de d'Assas. Ben-Klika fut repoussé avec pertes. Après cet événement, le général Gentil, ayant eu connaissance de la marche de l'Émir, se porta sur la Djediouïa pour le séparer, autant que possible, de la tribu des Flitta.

Les troupes de Mascara, pendant que celles d'Alger, de Tittery, de Miliana et de Mostaganem cherchaient à agir plus ou moins directement contre Abd-el-Kader et ses lieutenants, se bornèrent, dans le mois de janvier, à faire des courses longues et pénibles pour vider des silos et ramener sur leurs territoires des tribus émigrées, qui les quittaient de nouveau aussitôt que la force ne les comprimait plus. Je m'abstiendrai d'entrer dans les détails de ces opérations. Je me contenterai de dire qu'elles conduisirent le général Lamoricière jusqu'à Toriche, et que ce général, en revenant sur Mascara, où il rentra le 29 janvier, laissa sur la Haute-Mina, le colonel Renault, avec cinq bataillons, pour couvrir ou plutôt pour garder les populations qu'il avait ramenées au nord de cette rivière. Dans le mois de février, il fit une course sur l'Oued-Riou; on se borna encore à vider des silos, sans rien entreprendre de sérieux sur le territoire des Beni-Ouragh où l'Émir était alors. Rentré de nouveau à Mascara, le 4 mars, il envoya le colonel Géry jeter un pont sur le Bas-Chélif, sage et excellente mesure qui devait permettre à la brigade de Mostaganem d'agir en tout temps sur le Dahra. Le colonel Géry fut attaqué, dès les premiers moments de son opération, par les Beni-Zerouel, qu'il repoussa vigoureusement. Les travaux furent poussés avec activité et bientôt terminés.

Le 15 mars, le pont étant achevé, le général Gentil se porta sur la rive droite du Chélif et pénétra dans les montagnes des Beni-Zerouel, qu'il trouva presque complétement dégarnies d'habitants. Poussant plus avant, il arriva, le 19, à Sidi-Lekhal, chez les Oulad-Krelouf. Cette localité est une zaouïa consacrée au marabout dont elle porte le nom. Il y existe un vaste fondouk pour les voyageurs, édifice carré comme toutes les constructions de ce genre, et composé d'une multitude de petits appartements ouvrant sur la cour et adossés au mur d'enceinte. Une nombreuse population était entassée dans ce fondouk. Sommés de se rendre, avec promesse de la vie sauve, ces indigènes répondirent par des coups de fusil. Il fallut donc avoir recours à la force, et le 32e de ligne fut lancé contre le fondouk. Il fut facile de monter sur les terrasses par le mur d'enceinte qui était très-bas; mais quand il fallut descendre dans l'intérieur, nos soldats hésitèrent assez longtemps. Mais enfin, émus par les généreux reproches de leur colonel et entraînés par l'exemple du capitaine Hardouin et du sergent Devin, qui se jetèrent les premiers au milieu de l'ennemi, ils se précipitèrent de tous côtés dans la cour du fondouk, où une mêlée affreuse s'engagea. Malheureusement nos soldats, exaspérés par la résistance qu'ils rencontrèrent, ne surent pas se modérer, et grand nombre de femmes périrent dans les petites chambres du fondouk. Cette affaire, qui eut un douloureux retentissement en France, fit tomber entre nos mains 700 prisonniers et un butin considérable.

Il ne s'était rien manifesté d'alarmant chez les Kbaïles de l'est, dans les premiers jours de l'insurrection de l'ouest. Cependant, vers la fin de février, le gouverneur général, informé que Ben-Salem les appelait aux armes, prescrivit au duc d'Aumale de se porter de ce côté. Le prince partit de Médéa, le 1er mars. Le 11, ayant été rejoint chez les Beni-Djead par Omar-ben-Mahiddin et ses cavaliers, il attaqua la tribu des Nezlioua, qui s'était toujours montrée hostile, et fit sur elle un butin considérable. N'ayant reçu des autres tribus de cette contrée que des assurances de soumission, il rentra à son quartier général.

Ce qui venait de se passer dans la vallée du Chélif fit

prendre au général Bugeaud la détermination d'y établir, entre Miliana et Mostaganem, un camp permanent, pouvant devenir un jour une ville. Il fit choix de la localité appelée par les Arabes El-Asnam, où les Romains ont eu un établissement dont on voit encore les ruines. Ce point, bien choisi sous tous les rapports, n'était qu'à 45 kilomètres de Tenez, et par conséquent de la mer. Le gouverneur général s'y porta par Miliana et y arriva le 26 avril. Il avait avec lui 6 bataillons, 500 cavaliers, un convoi de 120 voitures et de près de 400 mulets. Le 27, le général Gentil lui amena un second convoi de 70 voitures et de 1,800 mulets. Cet immense matériel était nécessaire pour l'établissement et l'approvisionnement du nouveau camp dont l'emplacement fut choisi le même jour et dont le commandement fut confié au colonel Cavaignac. Les chefs du territoire et de la petite ville de Medjadja, voisine d'El-Asnam, se hâtèrent de faire leur soumission.

Le 28 avril, le général Bugeaud fit partir pour Miliana les voitures vides sous l'escorte de deux bataillons; le général Gentil reprit, avec les siennes, la route de Mostaganem : quant au gouverneur, il se porta sur Tenez, qu'il avait également résolu d'occuper. Le terrain est difficile entre El-Asnam et Tenez ; nos troupes durent, sur plusieurs points, mettre la main à la pioche pour s'ouvrir un passage. Du reste, à l'exception d'un petit combat de cavalerie contre Ben-Khosbili, nommé chef du Dahra par Abd-el-Kader, il n'y eut pas de résistance de la part des habitants. Le général Bugeaud arriva devant Tenez le 30 avril, et fit arrêter les troupes à une lieue de la ville, qui s'empressa de se mettre à sa discrétion. Ne voulant ni déposséder, ni même gêner les habitants, il choisit pour son établissement un emplacement commode et vacant qui dominait tout à la fois et la plage et la ville. Du 1ᵉʳ au 7 mai, les troupes furent occupées aux divers travaux d'installation. Le 9, le général Bugeaud reprit la route d'El-Asnam avec sa colonne, moins ce qui en fut distrait pour la garnison de Tenez, dont le commandement fut confié au commandant de Vouë, du 15ᵉ de ligne. Les Kbaïles les plus voisins de la ville avaient fait leur soumission et même fourni des bêtes de somme pour nos convois; mais, pour que les communications fussent assurées entre les deux nouveaux établissements, il fallait obtenir celle des tribus qui pouvaient avoir action sur la route. La plus dangereuse de ces dernières était celle des Sbiah. Elle se mit en fuite à notre approche, ainsi que quelques autres peuplades hostiles; mais le gouverneur mit à sa poursuite sa cavalerie, qui lui tua quelques hommes et fit sur elle un butin considérable. On ramena aussi près de 2,000 prisonniers de tout sexe et de tout âge, qui furent rendus peu de temps après, lorsque les Sbiah et leurs voisins eurent fait leur soumission, ou plutôt qu'ils l'eurent renouvelée, car nous les avons déjà vus une fois aux pieds du vainqueur. Les troupes furent ensuite occupées aux travaux de la route, entre El-Asnam et Tenez. Leur infatigable général alla passer quelques jours à Alger pour y expédier quelques affaires administratives. Le 25 mai, il était de retour à Tenez et se remit aussitôt en campagne. Avant de le suivre dans cette seconde série d'opérations, il est à propos de jeter les yeux sur les autres parties du théâtre de la guerre.

Les garnisons de Cherchel et de Miliana firent, dans les mois d'avril et de mai, quelques sorties insignifiantes.

El-Barkani tenait toujours le pays d'où l'on croyait l'avoir expulsé dès le mois de février. Le général Changarnier, agissant d'après les ordres du gouverneur général, alla établir un camp permanent à Teniet-el-Had. Cette position est la clef des vallées par lesquelles on peut déboucher de l'ouest sur le Chelif moyen, en suivant la corde du grand arc de cercle que décrit cette rivière au-dessus de Miliana. Il y laissa le colonel Korte, et se porta ensuite vers l'Oued-Fodda où il eut quelques engagements heureux avec les troupes de Ben-Allal. Ayant ensuite refoulé une masse considérable de Kbaïles sur le grand pic de l'Ouenseris, il les y bloqua jusqu'à ce que la faim et la soif les contraignissent de se rendre à discrétion, ce qui eut lieu le 19 mai. Près de 2,000 de ces montagnards défilèrent devant lui et mirent bas les armes. Le général, ne voulant pas s'embarrasser de cette masse de prisonniers qu'il aurait fallu nourrir, les renvoya chez eux.

Le 6 avril, le général Lamoricière sortit de Mascara dans le but de former un camp permanent à la position de Tiaret, vers la haute Mina. Il se livrait à des travaux de route, entre Sidi-Ali-ben-Omar et le camp projeté, lorsqu'il apprit, par une lettre du colonel Géry qu'il avait laissé à Mascara pour y commander en son absence, que l'Émir venait de faire invasion dans la plaine d'Eghrès. Abd-el-Kader, en effet, ayant quitté les Beni-Ouragh, s'était porté sur le sud-ouest, avait rallié à lui quelques tribus de l'Yacoubia, s'était ensuite dirigé chez les Djaffra qui n'étaient pas restés sourds à sa voix, et, enfin, était entré dans la plaine d'Eghrès sous Mascara même. Il y avait eu un petit engagement avec le 56ᵉ de ligne, pendant lequel presque tous les Hachem avaient passé de son côté, ces Hachem après lesquels on avait tant couru, qu'on avait eu tant de peine à ramener sur leurs terres, qui avaient fourni la matière de tant de bulletins. Après ce succès, l'Émir était allé prendre position sur l'Oued-Foufot, à dix-huit lieues au sud de Mascara, avec 400 fantassins et 2,000 chevaux, ayant fait filer sur sa Smala, qui était en arrière, les douars nombreux qui venaient de se rallier à lui. Ces nouvelles ne changèrent rien aux projets du général Lamoricière. Comme il avait déjà eu vent des mouvements de l'Émir sur l'Yacoubia, il avait, quelques jours auparavant, donné des ordres pour que le général Bedeau se portât sur les Djaffra, et pour que Mustapha-ben-Ismaël, qui était à Oran, allât avec toute sa cavalerie renforcer le colonel Géry à Mascara. Confiant dans l'efficacité de ces mesures, il continua sa marche sur Tiaret où il établit le camp projeté. Il donna le commandement de ce poste à M. Maissiat, chef de bataillon au 41e de ligne.

Lorsque le maréchal Clauzel présenta au Gouvernement son plan de conquête générale pour l'Algérie en 1856, l'occupation directe ne devait comprendre, outre le littoral, que les villes centrales du Tell, depuis Tlemcen jusqu'à Constantine. Après bien des tergiversations, ces villes étaient enfin occupées en 1842. Mais, malgré cette occupation, la guerre continuant toujours, on fut conduit à penser qu'il était nécessaire d'établir, sur les limites méridionales du Tell, une seconde ligne de places parallèle à celle du centre, places destinées à dominer directement les tribus extrêmes du Tell, et indirectement celles du Sahara, à qui elles pourraient à volonté ouvrir ou fermer les portes de la contrée d'où elles tirent leurs grains et sans laquelle elles ne sauraient vivre. La disposition des ruines que les Romains ont laissées sur le sol de l'Algérie prouvait que ces habiles conquérants s'étaient établis dans ce pays d'après ce système ; enfin, Abd-el-Kader, dirigé par les inspirations de son puissant esprit, avait agi comme les Romains, ainsi que l'attestaient ses établissements de Sebdou, Saïda, Takdemt, Boghar et Taza. Cependant, en 1841 encore, nous étions si loin de croire que nous aussi nous entrerions dans cette voie, que nous détruisîmes systématiquement, autant qu'il nous fut possible, ces mêmes établissements que nous devions occuper à peu près tous un peu plus tard. Certes, si notre vue s'était étendue un peu plus loin à cette époque, nous aurions pu faire économie de temps, de fatigue et d'argent. Tiaret n'était pas au nombre des points que l'Émir avait occupés; mais nous aurions pu, avec tout autant d'avantage, nous établir à Takdemt, qui n'en est qu'à quelques kilomètres. De même, l'occupation de Taza aurait été tout aussi utile que celle de Teniet-el-Had. Bientôt nous allons voir nos troupes à Boghar, à Saïda, à Sebdou, au milieu même des ruines amoncelées par leurs mains. L'établissement des postes de la lisière du Tell obligea d'en avoir d'intermédiaires pour la sûreté des communications ou plutôt pour le ravitaillement de nos colonnes de marche, aussi les appela-t-on postes-magasins. Le général Lamoricière en établit un à Sidi-Ali-ben-Omar, entre Mascara et Tiaret, et le général Changarnier un autre sur l'Oued-Rouina.

Cependant les ordres envoyés par le général Lamoricière à Tlemcen et à Oran avaient été exécutés : Mustapha-ben-Ismaïl arriva à Mascara avec sa cavalerie ; le général Bedeau, entrant le 27 avril chez les Djaffra, se mit en communication avec le colonel Géry. L'Émir se retira alors plus au sud, vers le haut Chélif. Le 13 mai, le général

Bedeau surprit, chez les Djaffra, le bivouac de Zethouni, nouveau chef qu'Abd-el-Kader venait de donner à cette tribu. Il lui tua une quarantaine d'hommes et le fit lui-même prisonnier.

A Titteri, les Adoura et les Oulad-Alane, tribus du sud-est de cette province, étaient en querelle ; les tribus voisines ayant pris fait et cause pour l'un ou pour l'autre parti, il en résultait des désordres dont Ben-Aouda-el-Moktari comptait profiter dans l'intérêt de l'Émir. Le duc d'Aumale, voulant faire cesser cet état de choses, se porta au milieu de ces tribus, où il arriva le 20 avril. Après un petit combat de cavalerie contre les Rahman, principaux fauteurs du trouble, il apaisa le désordre et se replia sur Médéa. Il y était à peine rentré qu'il reçut l'ordre d'occuper Boghar, et de se servir ensuite de ce point, comme base d'opération, pour manœuvrer vers le haut Chélif, de manière à surprendre, s'il était possible, la Smala d'Abd-el-Kader, que l'on savait être dans ces parages. La vigueur avec laquelle ce jeune prince accomplit cette mission en fit le plus intéressant épisode de la campagne de 1843.

Après s'être assuré de la position de Boghar où il établit un dépôt considérable de munitions de guerre et de bouche, et où il laissa une garnison de 250 hommes, le duc d'Aumale partit de ce poste le 10 mai, avec 1,300 fantassins, 600 chevaux et un convoi de près de 800 chameaux et mulets, portant un approvisionnement de vingt jours de vivres. D'après des renseignements qui lui furent donnés par le kaïd des Oulad-Aïad, il dut croire que la Smala était dans les environs de Godjilah ; il se porta donc sur cette petite ville où il arriva le 14 au matin, après une marche de nuit. Il sut là que la

Smala était à Ouessek-ou-Rekaï à 15 lieues au sud-ouest. Le prince se dirigea sur ce point, mais il apprit en route qu'elle avait levé le camp la veille au soir, et s'était portée sur Taguin, avec l'intention de se rendre dans le Djebel-Amour. Abd-el-Kader, disait-on, observait, avec 25 cavaliers seulement, les mouvements du général Lamoricière, et paraissait ne rien craindre de la colonne du prince qu'il croyait arrêtée à Boghar. La précision de ces indications semblait en garantir l'exactitude ; d'ailleurs dans ces contrées brûlées une source est nécessairement un lieu d'étape ; le prince avait donc quelques chances de rencontrer à Taguin ce qu'il cherchait. Prenant aussitôt son parti, il forma deux subdivisions de sa colonne ; l'une, à la tête de laquelle il se mit, fut composée de la cavalerie, des zouaves et de l'artillerie de montagne ; l'autre, composée de deux bataillons d'infanterie et de cinquante chevaux, devait escorter le convoi sous les ordres du lieutenant-colonel Chadeysson. Après une halte de quelques heures, les colonnes partirent ensemble ; la première eut bientôt gagné les devants. Le 16, à la pointe du jour, on saisit quelques traînards de la Smala. Trompé par les indications qu'ils donnèrent, le prince fit avec la cavalerie une reconnaissance vers le sud. Voyant qu'il ne découvrait rien dans cette direction, il reprit celle de Taguin ; mais ce mouvement l'éloigna considérablement des zouaves et de l'artillerie. Vers onze heures le kaïd des Aïad, envoyé en avant pour reconnaître l'emplacement de l'eau, revint au galop annonçant que la Smala tout entière était établie à la source même de Taguin. Un repli de terrain la cachait à notre petite colonne, mais on n'en était pas à plus d'un kilomètre. La Smala était composée de 500 Douars présentant une population de plus de 20,000 âmes, dont 5,000 guerriers. L'attaquer avec 500 cavaliers sans le secours des zouaves et de l'artillerie, qui ne pouvaient pas arriver avant deux heures, était téméraire sans doute; mais attendre ou battre en retraite était peut-être plus périlleux encore; car les guerriers de la Smala n'auraient pas manqué de se réunir, et ils auraient pu mettre nos gens dans une position très-critique. Le plus sûr paraissait donc être de profiter du premier moment de surprise, et de fondre tête baissée sur l'ennemi; c'était aussi le parti le plus honorable; le duc d'Aumale n'hésita pas un instant à le prendre. Le lieutenant-colonel Morris chargea à droite avec les chasseurs; le colonel Yousouf à gauche avec les spahis, et le prince se porta sur le centre avec une petite réserve. On aurait de la peine à se faire une juste idée de la confusion qui régna pendant une heure au milieu de cette foule surprise ainsi au sein de la plus profonde sécurité. Les guerriers ennemis n'ayant pas eu le temps de se réunir furent réduits à se défendre individuellement dans l'intérieur même du camp. Les cris des femmes, les pleurs des enfants, le bruit des armes de tant de combats individuels, remplissaient l'air d'un horrible fracas, au milieu duquel se perdait la voix des chefs. Enfin les assaillants étant trop peu nombreux pour tout prendre, firent une coupure dans cette ville ambulante, chassèrent devant eux la partie qu'ils avaient séparée de la masse, et laissèrent fuir le reste; 300 guerriers arabes furent tués; 3,000 prisonniers, hommes, femmes et enfants, quatre drapeaux, un canon et un immense butin, furent les trophées de la victoire. La mère et la femme d'Abd-el-Kader se sauvèrent sur un mulet escortées par quelques cavaliers. La première avait tenu pendant quelques instants, en suppliante, l'étrier du colonel Yousouf, qui, après l'avoir rassurée, sans la connaître, la perdit de vue. A quatre heures l'infanterie arriva ; elle avait fait 50 lieues en 36 heures.

Le 17, le prince séjourna à Taguin pour donner un peu de repos à la colonne. Les tentes et le butin qu'on ne put transporter furent brûlés. Le duc d'Aumale se replia ensuite sur Boghar et de là sur Médéa, d'où sa prise fut conduite à Alger. Parmi les prisonniers se trouvaient la famille entière de Mohammed-ben-Allal-Embarek, celle d'El-Karoubi, premier secrétaire de l'Émir, et celles de plusieurs autres chefs influents. On mit à part toutes ces personnes de marque au nombre de plus de deux cents, et on les envoya aux îles Sainte-Marguerite sur les côtes de Provence. Les autres, appartenant à des tribus des environs de Mascara, furent embarqués pour la province d'Oran où on les réinstalla sur le territoire qu'ils avaient abandonné pour suivre l'Émir.

Pendant que le duc d'Aumale manœuvrait vers le haut Chélif, le général Lamoricière avait fait quelques mouvements en avant de Tiaret. Il est manifeste qu'il dut y avoir un moment où la Smala et Abd-el-Kader lui-même se trouvèrent entre les deux généraux, et qu'avec plus d'accord dans les opérations, la guerre pouvait être finie du coup. Mais, tandis que le duc d'Aumale manœuvrait avec une heureuse rapidité, le général Lamoricière perdit du temps à terminer je ne sais quel différend survenu entre deux tribus arabes ; ensuite le manque d'eau et d'herbe le força à se replier trop tôt sur Tiaret. Cependant, le 19 mai, le hasard lui fit rencontrer près de Loha un des débris de la Smala ; c'étaient plusieurs Douars de la plaine d'Eghrès qui y furent ramenés, après avoir été pillés au préalable par les cavaliers de Mustapha-ben-Ismaël. Ils seraient morts de faim, si le général Lamoricière, après les avoir replacés une fois encore sur leur territoire, ne leur eût fait distribuer des secours.

En revenant de cette expédition Mustapha-ben-Ismaël, dont la présence à Mascara ne paraissait plus nécessaire, reçut l'autorisation de retourner à Oran. En traversant le territoire suspect des Flita il entendit quelques coups de fusil à l'arrière-garde. Il s'y transporta aussitôt, mais il y était à peine arrivé qu'il tomba mort frappé d'une balle. Quoique le coup fût parti de quelques enfants perdus, 40 ou 50 au plus qui tiraillaient au hasard, la panique s'empara des cavaliers de Mustapha, qui d'ailleurs chargés d'un riche butin ne songeaient plus guère qu'à le mettre en sûreté. Ils abandonnèrent lâchement le corps de leur général et se débandèrent. Les premiers qui arrivèrent à Oran répandirent le trouble et la douleur dans les tentes des Douair et Zmela campés autour de la ville. Ils annonçaient un massacre général ; aussitôt de toute part l'air retentit des hurlements lugubres des femmes ; mais peu à peu tous ceux que l'on croyait morts vinrent successivement les faire cesser par leur présence. Mustapha-ben-Ismaël manqua seul. Telle fut la fin de cet homme qu'une basse jalousie contre Abd-el-Kader avait jeté dans nos rangs. Il était d'une bravoure éclatante, mais d'un caractère dur et rapace. Il passa les dernières années de sa vie dans les regrets du passé, cherchant du reste à s'assurer par tous les expédients de l'avarice et de la cupidité un avenir qui lui échappait. Il avait près de quatre-vingts ans lorsqu'il fut tué. Sa tête fut portée à Abd-el-Kader.

Dans ce même mois de mai, si rempli d'événements

militaires, les annales du 2ᵉ régiment de chasseurs d'Afrique s'enrichirent d'un beau fait d'armes : dans une course que le général Gentil fit chez les Flita, 50 chasseurs, conduits par le capitaine Daumas, s'étant avancés trop loin, furent subitement attaqués par plus de 1,500 cavaliers ennemis ; ils gagnèrent avec peine le marabout de Sidi-Rached, situé sur un petit tertre, et là, mettant pied à terre, ils combattirent en fantassins, résolus de vendre chèrement leur vie. Le capitaine Favas était, avec 60 autres chasseurs, à quelque distance de ce point. Ses derrières à lui étaient libres, et l'ennemi si nombreux, qu'à la rigueur il aurait pu sans honte se replier sur l'infanterie ; mais ce vaillant officier, n'écoutant que son courage, prit l'énergique résolution d'aller partager le sort de ses camarades compromis. Il traversa, avec une rare intrépidité et un rare bonheur, la ligne ennemie, et rejoignit le capitaine Daumas, qui continuait à se défendre héroïquement ; malgré ce secours, les chasseurs auraient infailliblement succombé, sans l'arrivée d'un bataillon du 52ᵉ de ligne qui les délivra. En ajoutant cette glorieuse page à leur histoire, ils eurent 22 hommes tués et 30 blessés, dont 6 officiers sur les 7 qui étaient à leur tête. Ces officiers étaient, outre les capitaines Daumas et Favas, le lieutenant Lacaze et les sous-lieutenants Bruchard, Vidil, La Cocardière et Denoue. Le combat de Sidi-Rached eut lieu le 16 mai, le jour même de la prise de la Smala.

Revenons maintenant au gouverneur général. Rentré à Tenez le 25 mai, comme nous l'avons dit, il conduisit d'abord un grand convoi à El-Asnam, que l'on commença dès cette époque à appeler Orléansville; puis il se porta chez les Zatima, la plus puissante des tribus kbaïles à l'ouest de Cherchel et la moins disposée à reconnaître l'autorité de notre agha El-Gobrini. Il avait envoyé au préalable, aux commandants supérieurs de Miliana et de Cherchel, l'ordre de se rendre avec leurs troupes disponibles dans cette même contrée, d'où la réunion de toutes ces forces contraignit enfin El-Barkani à s'éloigner. Ce vieux lieutenant de l'Émir alla rejoindre Embarek au sud de l'Ouenseris. Cette affaire terminée, le gouverneur général revint à Orléansville. Il soumit toutes les tribus des environs de ce poste, et marcha ensuite sur les Beni-Ouragh.

Le 10 juin, le gouverneur général arriva sur le Khamis des Beni-Ouragh, où il avait donné rendez-vous au général Lamoricière et au général Bourjoly, qui venait de remplacer M. Gentil à Mostaganem. Le premier de ces deux officiers généraux se trouva seul au rendez-vous assigné ; une nouvelle apparition d'Abd-el-Kader, dont nous allons parler à l'instant, avait retenu le second. Le gouverneur général ayant partagé entre lui et M. de Bourjoly les forces dont il pouvait disposer dans ces contrées, et ayant établi au Khamis un poste permanent et un dépôt de munitions de guerre et de bouche, pénétra sur le difficile terrain des Beni-Ouragh en deux colonnes. A l'exception de deux petits combats, le 15 et le 18 juin, nos troupes ne rencontrèrent de la résistance nulle part. Le gouverneur général avait avec lui deux hommes très-influents du pays, Sid-Ahmed-Chérif, marabout très-vénéré, et Mohammed-bel-Hadj, qui avait été délivré de sa captivité par le brillant coup de main du duc d'Aumale, le 16 mai, le jour même où, d'après les ordres de l'Émir, il devait, dit-on, être mis à mort. Par le moyen de ces deux hommes, le gouverneur général parvint à réunir, le 19, sur l'Oued-Teleta, tous les notables des Beni-Ourag, à l'exception des Aadjema, une des fractions de cette importante tribu, qui en compte huit ; là, une soumission régulière fut discutée par les Beni-Ouragh, offerte par eux et acceptée par le gouverneur général. Sid-Ahmed fut déclaré khalifa pour la France de cette partie de l'Algérie, et eut pour agha le brave et recommandable Mohammed-bel-Hadj.

Le 20 juin, M. de Bourjoly se sépara du gouverneur général pour protéger l'arrivée d'un convoi au camp de Khamis, et marcha ensuite contre les Flita. Le gouverneur général se porta de sa personne vers les pentes sud des montagnes, sur le territoire des Kreich ; il fit là un butin considérable sur des tribus et des fractions de tribu qui fuyaient devant le général Lamoricière. Cet officier général, qui se trouvait peu éloigné de ce point, eut, le 28 juin, une entrevue avec le gouverneur général ; il lui apprit les événements que nous allons dire.

Après la catastrophe de Mustapha-ben-Ismaël, M. de Lamoricière s'était porté chez les Flita, qui, en grande partie, émigrèrent vers le sud ; mais ayant appris que l'Émir, revenu de l'étourdissement qu'avait produit la dispersion de la Smala, avait attaqué, le 8 juin, la tribu soumise des Harar, établie au sud de Tiaret, il s'était aussitôt porté sur ce point. A son approche, Abd-el-Kader s'était éloigné dans la direction de l'ouest. Le général, pour mettre les Harar à l'abri de nouvelles attaques, les établit dans la plaine d'Eghrès, dans la partie que la dépopulation de cette plaine laissait vacante. Il se disposait ensuite à se rapprocher du gouverneur général, ainsi qu'il en avait reçu l'ordre, lorsqu'il rencontra une immense colonne d'émigrés qui se dirigeait vers le sud ; il l'attaqua, fit sur elle beaucoup de butin, et la dispersa. C'était un des débris de cette colonne qui était tombée, le 20, entre les mains du gouverneur général. Les deux généraux réunis dirigèrent, le 30 juin, une attaque contre les Hallouïa; les Beni-Ouragh marchèrent avec eux.

Le 3 juillet, le général Bugeaud fut informé que Ben-Thami et Ben-Allal, lieutenants de l'Émir, n'étaient qu'à cinq lieues de son bivouac; il chercha vainement à surprendre le leur dans la nuit du 3 au 4, et les poursuivit non moins vainement les jours suivants en avant de l'Oued-Hardjem. Le manque de vivres le força ensuite à se replier sur Orléansville. Dans ce mouvement de retour, son arrière-garde eut à soutenir deux combats assez vifs, dans l'un desquels le colonel Renault, du 6ᵉ léger, fut grièvement blessé; le dernier de ces combats eut lieu, le 11, sur le territoire des Senadja, le jour même de la rentrée des troupes à Orléansville. Le 12 juillet, le gouverneur général laissa le commandement de sa colonne au colonel A. Pélissier, son chef d'état-major, et partit pour Tenez, d'où il retourna à Alger. Peu de jours après, il fut élevé à la dignité de maréchal de France, récompense un peu anticipée peut-être de la pacification non encore accomplie de l'Algérie.

Pendant que le général Lamoricière manœuvrait pour se rapprocher du gouverneur général, le colonel Géry, qui commandait une colonne vers le bassin supérieur de l'Oued-Abd, porta à Abd-el-Kader un coup terrible, qui fut bien près d'être le dernier. Cet officier supérieur, dont le corps valétudinaire renfermait une âme de feu et un cœur intrépide, informé, le 21 juin au soir, que l'Émir était campé à Djeda, dans le pays des Hassasna, à quatre lieues de lui, résolut de tenter de le surprendre dans cette position ; il s'y dirigea dans la nuit, et arriva au point du jour sur le camp de l'Émir, qui était mal gardé. La surprise aurait pu être complète ; malheureusement le colonel Géry, cédant à des conseils peu réfléchis, fit commencer l'attaque par les Arabes auxiliaires, qui, après avoir donné l'éveil au camp par leurs cris, tournèrent bride aux premiers coups de fusil. C'était évidemment trop exiger de ces hommes que de vouloir qu'ils coopérassent, d'une manière si directe, à la perte de celui qui avait été si longtemps l'objet de leur amour et de leur admiration. Notre cavalerie et notre infanterie, qui suivaient de près les auxiliaires, n'en culbutèrent pas moins en un clin-d'œil le camp ennemi ; l'Émir parvint à se sauver sur le premier cheval qui lui tomba sous la main. Jamais, dans tout le cours de cette guerre, il n'avait vu de si près la mort ou la captivité ; il perdit dans cette affaire 250 hommes tués, 140 prisonniers et tous ses bagages. Le colonel Géry prouva ce jour-là qu'il n'était pas impossible d'atteindre Abd-el-Kader, contrairement à l'opinion qui commençait à s'accréditer dans l'armée, où les uns croyaient à la réalité de cette impossibilité, vu la mobilité presque surnaturelle du nouveau Jugurtha, et où d'autres ne la faisaient consister que dans la mauvaise volonté supposée de quelques chefs, auxquels ils n'étaient pas éloignés de prêter les mêmes calculs que Marius prêtait à Métellus, et avec tout aussi peu de justice. Quoi qu'il en soit, le colonel Géry aurait eu de grandes chances de terminer la guerre, le 22 juin, s'il eût fait commencer la charge par ses chasseurs, au lieu d'engager d'abord ses Arabes.

Abd-el-Kader s'occupa ensuite de reconstituer sa Smala, et pour la pourvoir de grains, il fit faire la moisson sur les terres abandonnées depuis les dernières semailles. Cette opération lui réussit malgré tout ce que nous fîmes pour la troubler. Le 24 juillet, il alla attaquer un petit camp établi depuis quelque temps sur l'Oued-Hammam, pour protéger la construction d'un pont que l'on jetait sur cette rivière ; il fut repoussé, mais le commandant de ce camp, le chef de bataillon Leblond, du 6e léger, fut tué dans l'affaire.

Il y eut ensuite quelques courses insignifiantes chez les Djaffra, les Flita et d'autres tribus, dirigées par les généraux Lamoricière, Bedeau et Bourjolly. Le duc d'Aumale quitta l'Algérie ; en partant de Médéa, il laissa au colonel Yousouf la conduite de la colonne active des troupes de la province de Tittery. Cet officier fit quelques incursions sur les tribus du sud. Ces courses l'ayant rapproché de Teniat-el-Had, il se mit avec sa colonne sous les ordres du colonel Korte ; ces deux officiers réunis opérèrent, dans les premiers jours de juillet contre divers douars de ces contrées qui cherchaient à gagner la Smala d'Abd-el-Kader et à lui transporter le plus de grains possible. On fit quelque butin sur ces émigrés et on leur tua quelques hommes.

L'affaire de Taguin et la présence dans le haut Chélif des troupes françaises, qui, ayant formé des établissements permanents à Boghar, à Teniet-el-Had et à Tiaret, paraissaient ne plus devoir quitter ces régions, amenèrent tout naturellement de nouvelles relations entre nous et les tribus du Sahara. Il est en Algérie, depuis des siècles, un axiome politique qui est que les maîtres du Tell sont aussi les maîtres du Sahara, ce qui s'explique, comme nous l'avons déjà dit, par l'impossibilité où sont les tribus sahariennes de tirer leurs grains d'ailleurs que du Tell. Sous les Turcs, cela seul leur faisait payer l'impôt; car la quittance du receveur était la seule clef qui pût leur ouvrir les portes du pays aux céréales. Familiarisées avec cette idée, aussi ancienne que leur existence sociale, quelques-unes de ces tribus, celle d'El-Erbaa entre autres, étaient venues d'elles-mêmes offrir de payer l'impôt d'usage, afin que leurs relations commerciales avec le Tell ne fussent point interrompues; d'autres hésitaient; d'autres enfin paraissaient décidées à ne point séparer leur cause de celle de l'Émir. Afin de les réduire toutes à l'obéissance, le gouverneur général résolut d'envoyer une colonne française au milieu de ces populations chancelantes. Par ses ordres, 1,000 fantassins, 400 chasseurs ou spahis, une section d'artillerie de montagne, plus de 5,000 chameaux pour le transport des vivres et des munitions, enfin près de 2,000 cavaliers arabes auxiliaires, furent réunis à Boghar. Les fantassins étaient montés sur des mulets. Le commandement de cette colonne fut confié au colonel Yousouf, qui se mit en mouvement le 28 août. Les cheiks des Oulad-Mahdi, déjà unis d'intérêts avec nous, étaient venus se joindre à lui, ainsi que les Zenakhra, qui vinrent protester de leur soumission au nouvel ordre de choses que les armes avaient établi. A mesure qu'il avança dans le Sahara, le colonel Yousouf reçut successivement des déclarations analogues de presque toutes les tribus dont il traversa le territoire; les Oulad-Yakoub et les Oulad-Khelif se tinrent seuls à l'écart et se disposèrent même à aller se réunir à la Smala d'Abd-el-Kader. Surpris dans leur marche par la colonne française, ils perdirent presque tous leurs troupeaux. Leur soumission fut ensuite acceptée, mais ils furent contraints de livrer des ôtages.

Pendant que le colonel Yousouf, avec sa colonne mobile, opérait vers le sud, le colonel A. Pélissier, avec les troupes dont le gouverneur lui avait laissé le commandement, maintenait dans le devoir les tribus récemment soumises de l'Ouenseris; le général Lamoricière et le colonel Géry, appuyés sur leur droite par le général Bedeau, manœuvraient au midi et à l'ouest de Mascara. Le 24 août, le camp de l'Émir, dont il était personnellement absent dans ce moment, fut surpris, à l'entrée de la nuit, près d'Aïn-Mana, à l'ouest de Saïda, par la cavalerie du général Lamoricière, commandée par le colonel de Bourgon. On prit sa tente et celle de son fidèle lieutenant Ben-Allal, qui l'avait rejoint après avoir été chassé de l'Ouenseris au mois de juillet précédent. Les colonnes du général Lamoricière et du colonel Géry se réunirent un instant à Saïda après cette affaire. Cette jonction fit croire à l'Émir que, le pays en arrière étant dégarni de troupes, il pouvait tenter un coup de main vers Mascara; il résolut donc de profiter d'une circonstance qui lui parut favorable; mais en descendant la vallée de l'Oued-Saïda, dans la nuit du 29 au 30, il donna dans les grand'gardes du colonel Géry, qui, après s'être séparé de nouveau du général Lamoricière, était campé dans cette vallée. Comme il n'y avait pas un seul feu allumé dans le camp français, l'Émir ne s'aperçut de la présence de nos troupes qu'au *qui vive!* des factionnaires. Renonçant à son projet, il se jeta aussitôt sur la droite de l'Oued-Saïda, et s'éloigna rapidement. Instruit de ce mouvement, le général Lamoricière se rapprocha de Mascara et se porta à Ouizert, sur l'Oued-Traria. Il y établit un pont et un poste-magasin.

Le 12 septembre, le colonel Géry, au moment où il

quittait, à cinq heures du matin, la position d'Aïoun-el-Beranès, où il avait bivouaqué, pour se rendre sur l'Oued-Tifrit, apprit qu'Abd-el-Kader était depuis la veille au soir à Assian-Tircina, à deux lieues de là; il s'y dirigea aussitôt en toute hâte. Comme le point où était campé Abd-el-Kader était au milieu d'une plaine rase, il ne pouvait espérer d'y arriver sans être aperçu; mais, suppléant par la promptitude du mouvement au secret de la marche, il lança sa cavalerie au galop dès l'entrée de la plaine, et la suivit avec son infanterie au pas de course. Le camp fut enlevé, mais l'Émir eut le temps de monter à cheval et d'en sortir; il rallia à lui ses cavaliers, et se forma en arrière de son camp, faisant face à notre cavalerie, composée de deux escadrons, commandés par le capitaine Billoux. Il y eut là un engagement assez vif, où l'Émir parut constamment aux premiers rangs, mais auquel le feu de notre infanterie ne tarda pas à mettre fin. Abd-el-Kader se retira, laissant encore une fois ses bagages entre les mains du colonel Géry, et avec une perte considérable en hommes et en chevaux.

Le 22 septembre, le général Lamoricière, étant sur l'Oued-Foufot, fut informé que l'Émir se trouvait à six lieues de là, aux marabouts de Sidi-Yousef. Il prit aussitôt cette direction. Après une marche pénible dans un pays très-difficile, sa cavalerie, commandée par le colonel Morris, du 2e chasseurs d'Afrique, se trouva en face de l'ennemi, qui avait eu le temps de lever son camp. L'Émir avait avec lui un bataillon d'infanterie et plus de 500 cavaliers. Le brave Morris, quoiqu'il n'eût que 350 chevaux, n'hésita pas à prendre l'initiative de l'attaque, sans attendre notre infanterie, qui était encore fort en arrière. Il marcha de sa personne contre la cavalerie de

l'Émir, dont il fit en même temps charger l'infanterie
par deux escadrons commandés par le capitaine Cotte.
Ces deux charges furent d'abord vigoureusement repoussées ; il y eut même un instant de désordre. Le capitaine
Cotte, dont le cheval avait été tué, serait tombé entre les
mains des Arabes, sans un trompette nommé Escoffier,
qui lui donna le sien. M. Cotte ne voulut pas d'abord
accepter un acte de dévouement qui pouvait entraîner
la perte de son auteur; mais Escoffier lui dit avec une
noble et touchante simplicité : « Prenez, capitaine, pre-
« nez mon cheval, car ce n'est pas moi, c'est vous qui
« rallierez l'escadron. » Le généreux Escoffier fut pris
par les Arabes, qui eurent pour lui les égards que les
hommes, même les plus barbares, refusent rarement au
courage uni à la vertu. Il fut échangé l'année suivante,
et reçut la récompense de sa belle action. Nos cavaliers,
ralliés par leurs officiers, ne tardèrent pas à reprendre l'offensive, et bientôt l'arrivée de l'infanterie française détermina la retraite de l'ennemi. L'Émir perdit dans ce combat un de ses lieutenants, Abd-el-Baki, et six officiers
d'un rang inférieur. Après cette affaire, il se porta
chez les Beni-Amer, où il enleva quelques tentes de cette
tribu soumise, mais les Beni-Amer, soutenus par une
petite colonne française commandée par le chef de bataillon de Barral, du 15ᵉ léger, le harcelèrent dans sa retraite; il courut personnellement lui-même un assez
grand danger, car un de nos Arabes auxiliaires, appelé
Abd-el-Kader-ben-Hamedi, lui tira à bout portant un
coup de fusil qui rata. L'Émir lui riposta par un coup de
pistolet qui l'étendit mort.

L'été et l'automne se passèrent ainsi, dans la province
de Mascara, en une série de courses qui avaient enfin un

but bien marqué, Abd-el-Kader, et pouvaient toutes faire espérer un succès décisif, sa mort ou sa captivité. Nous avons vu qu'en effet l'Émir se trouva plusieurs fois bien près de sa perte.

Le général Bedeau avait presque continuellement opéré depuis le printemps dans le pays des Djaffra. Un poste-magasin avait été établi à Sidi-bel-Abbès, sur l'Oued-Mekarra, ce qui permettait à nos troupes de tenir longtemps la campagne dans cette contrée. Lorsque le général Bedeau la quitta pour retourner à Tlemcen, le colonel Tempoure l'y remplaça. A cette époque, Abd-el-Kader n'ayant plus rien à ramasser dans les champs, s'était rapproché de sa Smala; mais nos troupes avaient toujours en face son lieutenant Ben-Allal. Celui-ci cependant cherchait aussi à se rapprocher de la Smala; lorsque, le 11 novembre, il fut atteint dans sa retraite par le colonel Tempoure, sur l'Oued-Kacheba. Il fit de bonnes dispositions de défense; mais ayant vu son infanterie taillée en pièces et ses dernières ressources détruites, il prit la fuite avec quelques cavaliers. Chaudement poursuivi par le capitaine Cassaignole, des spahis, et par trois autres de nos cavaliers, il fit subitement volte-face, décidé à mourir les armes à la main. Dans cette lutte d'un contre quatre, Ben-Allal démonta le capitaine Cassaignole, tua un de ses assaillants, en blessa un autre, et succomba enfin sous les coups du brigadier Gérard. Les Français rendirent à ce vaillant ennemi les honneurs funèbres dus au rang qu'il avait occupé parmi les siens; par ordre du gouverneur général, son corps fut transporté à Coléa, où il fut déposé dans la sépulture de ses pères.

Outre la perte sensible du plus actif et du plus brave de ses lieutenants, le combat du 11 novembre coûta à

l'Émir 400 fantassins ou cavaliers réguliers tués, 564 prisonniers et trois drapeaux. Ses affaires parurent alors si complétement désespérées, que le maréchal Bugeaud put, avec une apparence de raison, dire quelques jours après dans un banquet public : « Après la campagne du prin-
« temps, j'aurais pu proclamer que l'Algérie était domptée
« et soumise ; j'ai préféré rester au-dessous de la vérité.
« Mais aujourd'hui, après le beau combat du 11 de ce
« mois, qui a détruit les restes de l'infanterie de l'Émir
« et fait tomber son premier lieutenant, je vous dis har-
« diment que la guerre sérieuse est finie. Abd-el-Kader
« pourra bien encore, avec la poignée de cavaliers qui
« lui restent, exécuter quelques coups de main sur les
« Arabes soumis de la frontière ; mais il ne peut rien tenter
« d'important. »

Ces confiantes paroles, auxquelles un avenir bien rapproché devait donner tant de démentis, ne paraissaient que justes alors. En effet, Abd-el-Kader était aux abois : sa Smala était réduite à la plus extrême misère. Dans cette triste position, forcé de songer avant tout à sa subsistance et à celle des siens, et ne pouvant plus rien entreprendre sur notre territoire, il attaqua, conjointement avec quelques cavaliers des tribus de la frontière, les Hamian, grande tribu de ces contrées alors en état d'hostilité avec l'empire de Maroc. Il fit sur eux un butin considérable et cinquante prisonniers qu'il envoya enchaînés à Oucheda. En remettant ainsi ces Arabes entre les mains du gouvernement marocain, il se posait, aux yeux des populations, en allié avoué d'Abd-el-Raman et engageait ce prince malgré lui. Ce coup de main ayant, en outre, provisoirement pourvu à ses besoins les plus pressants, il se mit à agiter par ses émissaires les tribus de l'arrondissement de Tlemcen, dont il resta de sa personne prudemment éloigné. Dans cet état de choses, le général Bedeau crut devoir se montrer dans les environs de Sebdou. A cet effet, il sortit de Tlemcen le 6 décembre, et parcourut le territoire des Beni-Snous, des Beni-bou-Saïd, des Beni-Smiel, des Beni-Ouriach et des Beni-Ornid. Il ne rencontra partout que des dispositions pacifiques, si ce n'est chez les Beni-Snous, dont une fraction se livra à des actes hostiles promptement et sévèrement réprimés.

Le général Bedeau se porta ensuite chez les Oulaça, dont deux fractions avaient prêté l'oreille aux émissaires de l'Émir. Il les fit rentrer dans le devoir et assura la tranquillité dans tout le Trara. L'Émir voulut profiter de son éloignement pour tenter quelques coups de main vers Tlemcen ; mais ayant rencontré chez les Beni-Lediel une résistance à laquelle il ne s'attendait pas, il se retira avec ses forces actives à Messiouen, à une journée au sud d'Oucheda. Sa Smala s'établit à Bouka-Cheba, au delà du Chot-el-Garbi. Dans cette position, Abd-el-Kader se livra à une série d'habiles intrigues qui devaient amener, l'année suivante, une collision entre la France et le Maroc ; mais, quoique l'horizon commençât à s'assombrir de ce côté, la province d'Oran, après tant d'agitations, jouit d'un repos complet à la fin de l'année 1843. Le gouverneur général, dans un voyage qu'il fit à Tlemcen à cette époque, ne trouva sur son chemin que des populations soumises, pleines en apparence de reconnaissance pour le nouveau régime sous lequel le sort des armes les avait placées.

Au mois d'octobre précédent, le gouverneur général s'était porté de nouveau dans l'Ouenseris dont les dispositions paraissaient suspectes. Quatre colonnes envahirent à la fois cette difficile contrée, par Miliana, Orléansville et Teniet-el-Had. On ne trouva de résistance nulle part. Les chefs de ces montagnards se rendirent même avec empressement auprès du maréchal Bugeaud pour protester de leur fidélité. Le maréchal leur donna pour agha Hadj-Hamed-ben-Salah, dont le dévouement parut le plus sincère. Dans la subdivision d'Orléansville, le colonel Cavaignac avait eu à sévir contre deux ou trois tribus. Dans celle de Mostaganem, la perfidie de quelques cavaliers de notre khalifa Abdallah, qui cherchaient une occasion de pillage, fut cause d'un malentendu et ensuite d'une collision avec la tribu des Hachacha ; mais on finit par s'entendre, et la paix fut rétablie par la punition des coupables. Ainsi la tranquillité la plus parfaite régnait en Algérie quand s'ouvrit l'année 1844.

LIVRE XXXVI.

Le général Baraguey-d'Hilliers à Constantine.—Mort de Zerdoude. —Expédition de Collo.—Soumission des Hanencha.—Le général Sillègue à Sétif. — Le duc d'Aumale prend le commandement de la province de Constantine. — Création de plusieurs villages Européens et nouveaux essais de colonisation. — Examen de divers actes administratifs.

Vers la fin de 1842, le général Baraguey-d'Hilliers avait remplacé à Constantine le général Négrier, qui avait été rappelé en France. Ce nouveau général, après avoir étudié l'état politique de la province dont le commandement lui était confié, résolut de travailler méthodiquement à l'extirpation des quatre causes de troubles qui y existaient encore et que nous avons indiquées à la fin du livre xxxiv. Il commença par Zerdoude et ses partisans, dont les plus ardents étaient les Kbaïles des montagnes des Zerdeza, qui, s'étendant entre la route de Constantine à Bône et celle de Philippeville à Constantine, avaient un action fâcheuse sur ces deux lignes de communication. Il les attaqua, dans le mois de février, par quatre côtés à la fois, avec des troupes venues de Constantine, de Bône, de Ghelma et de Philippeville. Entourés de toutes parts, ces montagnards, après avoir éprouvé des pertes considérables, se mirent à la discrétion du vainqueur. Au mois de mars, une expédition à peu près semblable fut dirigée contre celles des tribus de l'Edouk qui tenaient encore pour Zerdoude, et eut le même résultat. Ce fauteur d'insurrection, réduit à se cacher, fut trahi par son secrétaire qui, pour quelque argent, découvrit sa retraite, où il fut tué par des soldats qu'on y envoya.

Après la mort de Zerdoude, le général Baraguey-d'Hilliers pensa qu'il devait porter ses armes contre les Kbaïles des environs de Collo, qui s'étaient toujours maintenus à notre égard dans les dispositions les plus hostiles et les plus haineuses. Comme il l'avait fait pour les Zerdeza, il envahit leur pays simultanément par plusieurs points. Le colonel Barthélemy, partant de Philippeville, s'y porta par la crête des montagnes situées entre la mer et l'Oued-Ghelbi; le colonel Buttafoco, venant d'El-Arouch, avec des troupes de ce camp et d'autres tirées de Bône, y arriva par la vallée de cette rivière; enfin le général Baraguey-d'Hilliers y pénétra par la rive gauche de ce même cours d'eau. Le 10 avril, les trois colonnes se trouvèrent devant Collo, après plusieurs petits engagements assez vifs contre les Kbaïles. Quant aux habitants de la ville, qui depuis longtemps s'étaient mis en relations avec nous, ils se portèrent au devant du général et lui prodiguèrent des assurances de soumission. Le 14, M. Baraguey-d'Hilliers marcha contre les Beni-Toufout, la plus forte tribu de la contrée. Il y eut à livrer d'assez rudes combats du 15 au 19 avril. Ce jour-là surtout les Kbaïles déployèrent une audace et un acharnement extrêmes; ils eurent, à mon avis, les honneurs de la journée. Ils durent en être persuadés, lorsque, le lendemain, ils nous virent nous replier sur Collo, où le besoin de se ravitailler ramena nos troupes. N'ayant pu obtenir de ces montagnards la soumission qu'il leur demandait, le général ravagea toute la partie du pays qu'il parcourut, coupant même les arbres fruitiers partout où il en trouva. Le désir de faire cesser ces dévastations amena alors quelques soumissions partielles. Le général s'en contenta et quitta la contrée pour marcher contre El-Hasnaoui. Il pénétra sur le territoire soumis à l'influence de ce chef, le 25 mai, par l'ouest. Le même jour, les troupes de Bône, conduites par le colonel Senilhes, y arrivaient par le nord, et celles de Philippeville et de Ghelma, sous les ordres du colonel Herbillon, y entraient par Hadjara, en suivant une direction intermédiaire aux deux premières colonnes. El-Hasnaoui, instruit d'abord du mouvement qui s'opérait de Ghelma, et qu'il crut être le seul, se porta vers le colonel Herbillon; repoussé par celui-ci, il alla se heurter dans sa retraite contre le colonel Senilhes. Voulant se dégager de ce nouvel adversaire, il se jeta sur la gauche; mais, apprenant bientôt qu'il allait indubitablement rencontrer dans cette direction le général Baraguey-d'Hilliers, il franchit la frontière et se retira sur les terres de Tunis. Les Hanencha, abandonnés par l'homme qui, depuis quelques années, les entretenait dans un état permanent de révolte, se soumirent alors, payèrent les contributions, fort modérées du reste, qui leur furent imposées, et fournirent des ôtages.

Après la mort de Zerdoude et la disparition d'El-Hasnaoui, il restait au général Baraguey-d'Hilliers à éteindre complétement les faibles partis d'Ahmed-Bey et de Mohammed-bel-Hadj-el-Sghir, et à mettre fin aux petites agitations dont Ben-Omar était la cause, vers l'ouest de la province. Pour atteindre complétement le premier but, une expédition vers le mont Aurès et au Zab était nécessaire. Il n'était pas donné au général Baraguey-d'Hilliers de la faire, mais il chercha à la préparer, en se mettant en rapport avec El-Arbi-ben-Abou-Diaf et d'autres chefs de ces contrées. Pour ce qui est des petites agitations de l'ouest, plusieurs courses du général Sillègue y mirent fin, et firent rentrer Ben-Omar dans l'oubli et l'obscurité. Ces courses, qui eurent lieu au printemps, conduisirent le général Sillègue jusque sur les frontières de la province de Tittery, à travers l'Ouennougha. Au mois de septembre suivant, ce général reçut l'ordre de se porter, avec toutes ses forces disponibles, sur le Djebel-Dira, pour seconder un mouvement que devait effectuer sur cette montagne le général Marey, successeur de M. le duc d'Aumale à Médéa. Il s'agissait de mettre à la raison quelques tribus récalcitrantes. Le général Sillègue partit de Sétif le 21 septembre ; laissant les Biban à droite, il arriva, le 24, chez les Oulad-Trif, dans l'Ouennougha. Le 27, il arriva sur l'Oued-Djenan, où il se mit en communication avec le général Marey, arrivé de Médéa. L'attaque du Djebel-Dira eut le succès qu'on en espérait, et les deux généraux s'étant séparés, M. de Sillègue se porta sur Bou-Sada, en descendant l'Oued-el-Djenan et en passant par Tarmout, où se voient des ruines romaines fort considérables. Il arriva à Bou-Sada le 24 octobre. Cette ville, ou plutôt cette oasis, qui compte une population de près de 5,000 âmes, divisée en sept fractions, n'était pas dans un état de tranquillité très-satisfaisant : l'autorité du cheick Ahmed n'y était pas suffisamment consolidée ; les Oulad-Hamida, une des sept fractions, avaient quitté l'oasis à la chute du parti d'Abd-el-Kader et s'étaient établis dans une localité voisine, d'où ils exerçaient des actes de brigandage sur les routes qui y conduisent. Le général Sillègue s'arrêta quelques jours à Bou-Sada pour mettre fin à ces désordres, puis il se porta sur Msilah et ensuite à Sétif, où il rentra le 2 novembre. Dans cette longue incursion, qui fut de quarante-cinq jours, nos troupes n'eurent que deux ou trois fois à tirer quelques coups de fusil à l'arrière-garde contre de petits groupes de dissidents. Il était évident que partout l'immense majorité était pour nous ou au moins pour la paix.

Pendant que le général Sillègue rentrait de sa pacifique et utile expédition, le général Baraguey-d'Hilliers se laissa entraîner à un acte dont les suites réveillèrent dans le Zab le parti d'Abd-el-Kader. Les tribus du Sahara, à l'époque de leur voyage périodique du Tell, avaient éprouvé, en 1842, quelques pertes de la part des Zemoul qui leur avaient enlevé une certaine quantité de chameaux. Elles portèrent leurs plaintes à Constantine; mais elles ne purent se faire écouter, à cause de la grande faveur du kaïd Ali, chef des Zemoul, qui s'interposa entre leur réclamation et le général français. Les Sahari, n'ayant rien pu obtenir par les voies légales, eurent recours à la force : lors de leur voyage de 1843, ils pillèrent à leur tour les Zemoul ; aussitôt plaintes de ces derniers, appuyées cette fois par le kaïd Ali. Les Sahari ayant refusé de rendre ce qu'ils avaient pris, en disant qu'ils n'avaient fait qu'user de représailles, le général fit marcher contre eux deux escadrons français et la cavalerie arabe qui les surprirent au défilé de Batna, leur tuèrent une soixantaine d'hommes et leur enlevèrent la plus grande partie de ce qu'ils possédaient. Ben-Ganah avait été retenu à Constantine pendant cette expédition ; lorsqu'il voulut reparaître chez les Sahari, ils l'accusèrent de trahison, pillèrent ses bagages et déclinèrent complétement son autorité. Plusieurs d'entre eux se rallièrent à Mohammed-bel-Hadj-el-Sghir. Il fallut bientôt compter avec cet homme, dont il était à peine question avant cette malheureuse affaire de Batna. Elle fut la dernière de l'administration du général Baraguey-d'Hilliers, administration habilement conduite, quoique la fin n'en ait pas valu le commencement. Ce général fut remplacé par M. le duc d'Aumale, qui s'était déjà fait connaître d'une manière brillante dans son commandement de Médéa.

Malgré la guerre active qui se faisait en Algérie depuis le traité de la Tafna, le Gouvernement ne perdait pas de vue les intérêts de la population civile européenne. Les événements de 1839 avaient détruit les premiers essais de la colonisation de la Métidja, et arrêté les progrès de celle du Sahel. Ceux de 1840 et 1841 ayant éloigné le théâtre de la guerre, le champ était redevenu libre en 1842. Néanmoins, une méfiance bien naturelle dominant encore les esprits, le Gouvernement crut devoir faire quelques sacrifices pour ramener la confiance et donner l'impulsion aux entreprises agricoles. A cet effet, un crédit de 500,000 francs sur le budget général et un autre de 485,500 francs sur la caisse coloniale furent ouverts à de nouveaux essais de colonisation. Ces crédits permirent de mettre en vigueur un arrêté du 18 avril de l'année précédente, relatif à la formation de centres de population et au mode de concessions rurales à titre gratuit. On établit d'abord de nouveaux rouages administratifs. Nous avons vu qu'en 1832 la chétive création des misérables villages de Kouba et de Déli-Ibrahim avait servi de prétexte à celle d'une agence spéciale de colonisation, quoiqu'il parût assez naturel que l'administration civile ordinaire dirigeât cette petite besogne sans augmentation de personnel. En 1842, on se contenta de former, à la direction de l'intérieur, un bureau de colonisation auquel on adjoignit une section de géomètres. Cela fait, on se mit à l'œuvre. M. Guyot, directeur de l'intérieur, chargé de présenter au ministère un plan de colonisation, s'acquitta de sa tâche avec zèle et intelligence. D'après son projet, adopté par le ministre le 26 avril 1842, quatre villages furent fondés la même année dans le fhas d'Alger, savoir : Drariah, El-Achour, Oulad-Fayed et Cheraga. L'État fit à ses frais toutes les constructions d'utilité publique ; les constructions particulières furent à la charge des colons, à qui on fournit cependant les premiers matériaux. Outre ces quatre centres nouveaux de population, on jeta à Douéra, où existait déjà un immonde hameau de cantiniers, les fondements d'une ville. Le plan en fut tracé dans de grandes dimensions qui seront toujours, je le crois, en disproportion avec la population que comporte cette localité, à laquelle un avenir brillant ne me paraît pas réservé.

En 1845, on créa cinq nouveaux villages tant dans le fhas que dans le sahel d'Alger ; ces villages sont : Saoula, Baba-Hassen, Cressia, Sainte-Amélie et Saint-Ferdinand. Ces deux derniers furent construits par les condamnés militaires, sous la direction de l'autorité militaire, qui en fit ensuite la remise à la direction de l'intérieur, laquelle distribua les lots aux colons au prix de 1,500 francs le lot, composé d'une petite maison et de quatre hectares défrichés, plus huit hectares en friche.

En dehors du sahel d'Alger, on fonda, dans la même année, un village à Douaouda, à gauche du Mazafran, sur le territoire de Coléa. On convertit aussi en villages, sous les noms de Joinville et de Montpensier, les deux camps de Blida.

Nous avons dit que, en 1841, le gouverneur général avait fait construire par le génie militaire deux villages, celui de Fouka et celui de Mered. Le premier, situé presque sur le bord de la mer, au nord-ouest de Coléa, dans une fort belle position, fut peuplé de soldats congédiés à qui on conserva cependant une organisation militaire. On leur fit plusieurs avantages ; on leur fournit même les moyens d'aller chercher des femmes en France : cependant ils ne réussirent pas. Par décision du 18 novembre 1843, le village de Fouka fut remis à la direction de l'intérieur, qui en compléta le peuplement avec des colons civils. On avait établi, dans celui de Mered, des soldats encore liés au service ; ceux-ci firent prospérer l'établissement. Un village du même genre fut établi à Maelma en 1843. Ces deux villages rentrèrent sous le régime civil, lorsque les colons militaires qui en formaient la population eurent terminé leur temps de service.

Le mouvement ayant été donné par l'administration, quelques particuliers, propriétaires de domaines d'une superficie considérable, offrirent d'y construire des villages et d'y établir des cultivateurs européens, moyennant certaines avances faites par l'État. Leurs offres furent acceptées ; mais nous nous réservons de parler plus tard de ce mode de colonisation ainsi que de quelques établissements particuliers, au premier rang desquels nous mettrons, sous le point de vue agricole, celui des trappistes à Staoueli, qui est de 1843. Nous reviendrons également sur les villages fondés par l'Etat en exécution de l'arrêté du 18 avril 1841.

Outre les avantages déjà mentionnés faits aux colons,

on leur fit encore des distributions de semences et de plants d'arbres ; l'administration militaire leur prêta des animaux de labour ; enfin, la sollicitude du gouverneur général alla plusieurs fois jusqu'à envoyer des bataillons entiers cultiver leurs terres et les mettre tout d'un coup en valeur. Tant de soins n'avaient encore élevé qu'à 5,000 au plus le chiffre de la population européenne rurale à la fin de 1845.

L'État n'ayant pas le plus souvent un mètre de terre sur les lieux où il désirait établir des villages, on procéda par voie d'expropriation. Comme on prit non-seulement des terrains en friche, mais encore des terrains exploités, plusieurs intérêts privés furent lésés ; car, ainsi que toujours, les indemnités furent promises, mais non données. Les Européens s'en consolèrent facilement par les grands avantages qu'il était manifeste que leur procureraient les nouveaux établissements ; d'ailleurs l'expropriation les dispensait de payer la rente des parcelles dont on les expropriait : or, le lecteur sait que c'était à rente que tous les achats s'étaient faits. Quant aux indigènes, ils souffrirent doublement par la raison inverse. Quelques circonstances particulières, et certainement non calculées de la part de l'administration, en exaspérèrent surtout plusieurs : en publiant la confiscation des biens des émigrés, on avait eu soin de bien faire entendre à la partie de la population qui n'était pas allée grossir les rangs de l'insurrection, que sa fidélité lui assurait la conservation de son avoir ; or, il arriva plus d'une fois que pendant qu'on expropriait un Musulman resté fidèle, parce que son terrain se trouvait sur l'emplacement de quelque village projeté, on restituait le sien à un émigré rentré, parce qu'il était dans une position à ce qu'on n'en eût pas besoin. Cela pouvait être fort logique pour nous ; mais ce l'était fort peu pour les indigènes, dont toutes les idées de justice et de bonne foi étaient bouleversées par cette manière de procéder.

La population européenne de tous les villages fut organisée en milice. On organisa de la même manière celle qui se formait successivement dans les villes conquises de l'intérieur, laquelle fut, comme de raison, placée sous le régime militaire, ce qui devait durer jusqu'au moment où elle prendrait assez de consistance pour en comporter un autre. Néanmoins, par arrêté du 3 septembre 1842, des commissions administratives furent établies dans ces villes pour délibérer sur les affaires non politiques ni militaires intéressant soit la cité, soit les particuliers. Elles se composèrent du commandant supérieur, président, du sous-intendant militaire, de deux officiers supérieurs ou, à défaut, de deux capitaines, d'un médecin des hôpitaux militaires et de l'agent le plus élevé en grade des services financiers. Ces commissions furent principalement chargées de la recherche et de la conservation des immeubles domaniaux.

Plusieurs dispositions relatives aux finances et au régime des douanes furent prises en 1842 et 1843. Nous allons les faire connaître.

Par arrêté du gouverneur général, du 19 juin 1842, il fut réglé que l'exportation des chevaux et mulets n'aurait lieu qu'en vertu d'acquits-à-caution délivrés sur la présentation d'un certificat des commissions de remonte autorisant cette exportation. On voit par là que la mesure avait pour but de faciliter la remonte de la cavalerie et de l'administration militaire, remonte qui devenait chaque jour plus difficile à cause de la rareté des chevaux, conséquence de la guerre, cause de destruction plus encore pour les chevaux que pour les hommes.

Le 24 du même mois, un autre arrêté autorisa l'admission en franchise de droits de divers objets de consommation. Par un troisième arrêté à la date du 26 juin, les dispositions de celui du 30 juin 1836, sur la francisation provisoire des navires étrangers faisant le cabotage en Algérie, furent prorogées jusqu'à disposition contraire.

En vertu d'une ordonnance du 7 décembre 1841, les transports entre la France et l'Algérie avaient été, à compter du 1er mars suivant, exclusivement réservés aux navires français, hors les cas d'urgence et de nécessité absolue; on était ainsi rentré sous le régime de l'ordonnance du 11 novembre 1835, dont s'était écartée celle du 23 février 1837. Le but de l'arrêté du 26 juin était de mitiger ce que ce régime avait de trop rigoureux.

Le 31 juillet 1842, un arrêté rendit applicables en Algérie, en tout ce qui n'est pas spécial à la France, les dispositions de l'ordonnance du 26 juin de la même année, relative à diverses modifications aux droits de douane.

Une ordonnance du 10 janvier 1843 rendit applicables à l'Algérie les dispositions législatives relatives au régime et à l'impôt du timbre.

Le 16 du même mois, l'exportation pour l'étranger des bois, tan et liége fut interdite d'une manière absolue, par arrêté du gouverneur général. Rien n'était plus superflu que cette prohibition d'un commerce que la seule nature des choses rendait encore impossible.

Un arrêté ministériel, du 23 mars de la même année, établit que les immeubles des corporations et établissements religieux seraient réunis au domaine, à la charge pour le budget colonial d'acquitter les dépenses que ces immeubles étaient destinés à couvrir. Le même arrêté régla que les immeubles appartenant aux établissements encore affectés au culte rentreraient successivement dans le nouveau régime, par des décisions spéciales pour chacun d'eux. L'administration voulut, par cette clause, se réserver la faculté de ménager au besoin la susceptibilité des indigènes à l'égard des biens des mosquées. Cette réunion des habbous au domaine ne fit du reste pas la moindre sensation parmi eux. Nous avions été persuadé qu'il en serait ainsi, dès l'époque où l'on commença à agiter cette question.

Le 16 décembre 1843, fut promulguée une ordonnance royale sur les droits de douane et de navigation. Conçue dans le même esprit que celle du 11 novembre 1835, elle établit comme cette dernière :

1° Que les navires français seraient affranchis de tout droit dans les ports de l'Algérie ;

2° Que les produits français, à l'exception des sucres, et les produits étrangers nationalisés en France par le paiement des droits, seraient admis en franchise dans les mêmes ports ;

3° Que les transports entre la France et l'Algérie ne pourraient avoir lieu que par navires français.

Quant aux produits étrangers, l'ordonnance les rangea en trois catégories soumises à trois régimes différents :

La première catégorie, composée de grains, farines, légumes frais, matériaux de construction, chevaux et bestiaux, fut admise en franchise ;

La seconde, comprenant les tissus de coton, les tissus

de laine, les sucres non raffinés, les cafés et les fourrages, fut taxée d'après un tarif spécial ;

La troisième, qui comprit tous les autres produits, dut payer un quart des droits du tarif général de France, s'ils provenaient de nos entrepôts, et le tiers dans les cas contraires. Les produits prohibés à l'entrée en France durent payer 20 ou 25 pour 100 *ad valorem*, selon qu'ils provenaient ou ne provenaient pas des entrepôts.

Demeurèrent prohibés en Algérie les sucres raffinés à l'étranger, les armes et projectiles de guerre, et les contrefaçons en matière de librairie.

A l'exportation, l'ordonnance du 16 décembre affranchit de tout droit les sorties pour destination de la métropole, et soumit les autres au tarif général de la métropole pour les produits non prohibés à l'exportation de France ; mais les produits prohibés à l'exportation furent assujettis à un droit de 15 pour 100 *ad valorem*.

Cette même ordonnance autorisa le cabotage par navires étrangers sur les côtes de l'Algérie. D'après l'analyse que nous venons d'en donner, le lecteur peut voir que, pour tout le reste, elle eut moins en vue les intérêts algériens que ceux du commerce français. Cette préoccupation conduisit même les rédacteurs de cet acte à une faute grave, qui fut la prohibition d'importation par terre prononcée par l'article 16, sous peine de confiscation et d'une amende de 1,000 à 5,000 francs. Quoique la rigueur de cette mesure fût un peu mitigée par l'article 21, lequel donnait au gouverneur général la faculté de déterminer ceux des produits des États limitrophes à l'Algérie qui pourraient être admis par les frontières de terre, il n'en était pas moins fort peu raisonnable d'entraver le commerce de la colonie avec ses voisins. C'est une faute dans laquelle il est d'autant plus singulier que 'on soit tombé, que l'on a toujours présenté comme une magnifique compensation des sacrifices que la France s'impose pour l'Algérie la concentration future, dans cette contrée, de tout le commerce du nord et même du centre de l'Afrique. Il y avait donc contradiction manifeste à en fermer les portes ; mais c'est ainsi que presque en toutes choses l'Algérie a été longtemps administrée.

Comme nous n'avions pas de ligne de douanes sur les frontières de terre, l'autorité locale s'avisa, en 1844, de charger les cheiks arabes de la province de Constantine de veiller à l'exécution de l'article 16 : c'était comme si on leur eût donné des lettres de course ; aussi les plus graves et les plus fâcheux désordres eurent lieu sur nos frontières de l'est : des caravanes furent dispersées et pillées par les auxiliaires que l'administration des douanes s'était donnés. Il fallut renoncer à ce moyen, et, comme on ne put le remplacer par un autre, l'article 16 tomba tout doucement en oubli.

Une seconde ordonnance, du 16 décembre 1843, prononça des modérations considérables de droits à l'importation en France des marchandises provenant de l'Algérie ; elle exempta de tous droits d'exportation plusieurs produits à destination de cette colonie, entre autres les grains et farines.

Nous avons vu, dans le livre XXXII, qu'une ordonnance du 28 février 1841 avait donné à l'Algérie une nouvelle organisation judiciaire ; dès 1842, cette organisation fut encore modifiée par une ordonnance du 16 septembre.

Le nombre des conseillers à la Cour royale fut porté à sept, ce qui permit de constituer cette Cour en deux chambres, l'une pour le civil et l'autre pour le criminel.

Il en fut de même du tribunal de première instance d'Alger, qui eut quatre juges, plus un juge d'instruction. Les autres tribunaux de première instance de l'Algérie en eurent deux, dont un remplissait les fonctions de juge d'instruction, plus le président. Un de ces tribunaux fut établi à Philippeville, qui n'en avait pas encore. Des juges de paix furent institués à Alger, Bône et Oran, indépendamment de ceux qui existaient déjà à Philippeville et Blida. Le recours en cassation, restreint aux affaires criminelles par l'ordonnance du 28 février 1841, fut étendu à toute espèce d'affaires par celle du 26 septembre.

Une ordonnance du 9 décembre de la même année institua une justice de paix à Constantine, où un arrêté ministériel du 25 novembre précédent avait établi un commissariat civil.

Nous avons déjà dit que les rigueurs du général Négrier à Constantine, ayant excité de violentes récriminations dans la presse et même dans les chambres, le Gouvernement avait cru devoir prendre des mesures pour y mettre un terme. Au nombre de ces mesures fut une ordonnance du 1er avril 1842, établissant qu'aucune exécution à mort ne pourrait avoir lieu en Algérie sans l'autorisation du roi, quel que fût le tribunal d'où elle émanerait, sauf le cas d'urgence extrême dont l'appréciation fut réservée au gouverneur général. L'année d'après, une ordonnance du 17 juillet établit que, dans aucun cas, les tribunaux musulmans ne pourraient prononcer de condamnation à la peine de mort, les conseils de guerre étant seuls compétents en dehors des limites de la juridiction ordinaire. Pour comprendre la portée de cette ordonnance, il est nécessaire de savoir que, dans quelques circonstances, nos généraux ne voulant, ni faire exécuter par un simple ordre de leur part les indigènes dont la mort leur paraissait nécessaire, ni les traduire devant ces conseils de guerre qui auraient pu les acquitter, avaient pris le parti de les envoyer devant des commissions de Musulmans composées de manière à ce que la condamnation fût plus que probable. C'est du reste ce qui s'était pratiqué plus d'une fois à l'armée d'Egypte. Les dispositions des ordonnances du 1er avril 1842 et 17 juillet 1845, prises dans nos mœurs et dans nos idées d'ordre et de légalité, ne peuvent être qu'approuvées, si on les met en regard des sanguinaires abus qu'elles étaient destinées à prévenir. Néanmoins on ne peut se dissimuler qu'elles affaiblissent l'autorité parmi des populations où règne le culte de la force. Nous croyons qu'un grand pouvoir discrétionnaire doit être laissé à ceux qui sont appelés à agir directement sur ces populations ; c'est au Gouvernement à faire des choix tels qu'ils n'en abusent pas. Il est d'ailleurs à remarquer qu'en Algérie ceux de nos généraux qui à cette époque s'étaient le plus distingués, tels que MM. Changarnier, Bedeau, Lamoricière, que le maréchal Bugeaud lui-même, quoique son amour du paradoxe lui ait fait quelquefois soutenir des thèses contraires aux inspirations de son cœur, se sont constamment montrés ennemis des mesures sanguinaires, tellement que certaines gens les auraient volontiers accusés de faiblesse, si la vigueur de leurs actes militaires n'eût pas rendu impossible une semblable accusation. Les reproches de cruauté n'ont pesé que sur des personnages d'arrière plan.

Par ordonnance du 26 décembre 1842, des curateurs aux successions vacantes furent établis auprès des tribunaux de première instance, conformément à ce qui existe dans nos autres colonies. La nomination en fut réservée au procureur général. Il fut réglé qu'après trois ans sans réclamations, les successions vacantes seraient provisoirement dévolues à l'État.

En 1845, une ordonnance du 16 avril mit en exécution en Algérie le Code de procédure civile, sauf quelques modifications dont la plus importante est celle que contient l'article 11 ainsi conçu :

« Toutes les matières en Algérie seront réputées som-
« maires et jugées sur simples conclusions motivées, et
« signées par le défenseur constitué. »

« Les conclusions seront respectivement signifiées
« dans la forme des actes d'avoué à avoué, vingt-quatre
« heures au moins avant l'audience où l'on devra se
« présenter. »

« A cette audience les défenseurs déposeront leurs
« conclusions, et la cause sera plaidée ou le tribunal
« indiquera un jour pour les plaidoiries. »

L'article 54 porte que tous les actes qui, d'après le Code de procédure, doivent être faits par le ministère des avoués, seront faits en Algérie par le ministère des défenseurs.

Ainsi l'Algérie continuait à être préservée des avoués. Malheureusement elle n'avait pu échapper aux avocats revêtus du titre philanthropique de défenseurs.

Une ordonnance du 16 novembre de la même année créa une justice de paix à Mostaganem. Les attributions du juge furent fixées par arrêté ministériel du 12 décembre suivant.

Un arrêté ministériel du 4 août de la même année étendit les ressorts de l'administration civile et judiciaire d'Oran et de Mostaganem. Un autre arrêté du 20 décembre 1842 régla l'exercice et la discipline de la profession de notaire.

Le 18 décembre 1842, un arrêté ministériel modifia celui du 17 février 1840 sur l'institution des commissaires civils. Il fut réglé que ces commissaires devraient être licenciés en droit. En matière civile leur compétence fut abaissée de 300 francs à 100 francs en dernier ressort; elle fut au contraire élevée en premier ressort. L'arrêté reproduisit pour la fixation des attributions des commissaires civils plusieurs dispositions de la loi du 25 mai 1838 sur les justices de paix. En matière commerciale, leur compétence, en premier ressort, fut portée à 500 francs. Des agents, sous le titre de gardes coloniaux, furent institués auprès des commissaires civils pour remplir les fonctions d'huissiers. A peu près vers la même époque, une sous-direction de l'intérieur fut établie à Philippeville, ce qui entraîna la suppression du commissariat civil de cette localité. On supprima aussi les commissaires civils du Hamise, de Bougie et de Koüba ; les deux premiers pour absence totale ou insuffisance d'administrés, le troisième à cause de sa proximité d'Alger. On en établit au contraire à la Calle et à Cherchel.

Le 26 décembre 1842, le régime des poids et mesures de France fut appliqué à l'Algérie.

LIVRE XXXVII.

Nouvelle expédition contre les Kbaïles de l'est de la province d'Alger. — Occupation de Dellys. — Troubles sur les fontières du Maroc. — Habiles intrigues d'Abd-el-Kader. — Occupation de Zebdou et de Lella-Magrnia. — Le gouvernement marocain envoie des troupes sur la frontière. — Le duc d'Aumale à Constantine. — Expédition des Ziban et occupation de Biskara. — Expédition des Oulad-Sultan. — Coup de main de Mohammed-bel-Hadj-el-Sghir sur Biskara. — Expédition d'El-Aghouat.

L'année 1844 commença en Algérie, au sein de la plus profonde tranquillité. La voix de la poudre ne se faisant plus entendre, comme disent les Arabes, les travaux de la paix semblaient devoir succéder aux fatigues et aux agitations de la guerre. Pendant les mois de janvier, de février et de mars, les troupes ne furent guère employées qu'à ouvrir des routes. Les anciens travaux furent repris, et l'on en commença de nouveaux, dont les principaux eurent pour objet les communications entre Cherchel et Miliana, et entre le Fondouk et Hamza, à l'est de la province d'Alger. Malgré nos succès de l'année précédente et la détresse de l'Émir, Ben-Salem, son khalifa de Sebaou, tenait toujours dans les montagnes de ce district. Ce voisinage était incommode, en ce qu'il gênait nos relations avec cette contrée la plus riche de l'Algérie; en outre, il montrait toujours debout aux mécontents l'étendard d'Abd-el-Kader. Pour mettre fin, autant que possible, à cet état de choses, M. le maréchal Bugeaud résolut d'y faire une seconde expédition et de prendre possession de la petite ville de Dellys.

A cet effet, ayant réuni à la Maison-Carrée, vers la fin d'avril, une division de 7,000 hommes, il alla prendre position, le 29 de ce mois, sur l'Isser, où notre khalifa Mahiddin vint le rejoindre avec 400 cavaliers. Il s'était fait précéder, comme presque toujours, d'une proclamation dans laquelle il invitait par des menaces et par des promesses, les habitants des montagnes à séparer leur cause de celle de Ben-Salem. Cette proclamation parut avoir produit quelque effet, car un marabout des Flissa vint offrir sa médiation au maréchal qui l'accepta. Il fut convenu que les hostilités ne commenceraient dans tous les cas que le 1er mai. Ce jour étant venu, et les montagnards n'ayant fait aucune démarche de soumission, le maréchal passa l'Isser. Il alla s'établir à Bordj-Menaïl où il construisit un petit camp retranché, et où il laissa le général Gentil avec la moitié de sa division. Le 8 mai, il arriva à Dellys; l'armée eut quelque peine à franchir le Bouberah, ou Oued-Nessa, qui est un cours d'eau assez considérable pour une rivière de l'Algérie, et que d'ailleurs la pluie avait grossi. Du reste, elle n'eut pas à combattre; cependant l'ennemi se montrait au loin; il tira même quelques coups de fusil sur nos reconnaissances. Le maréchal, après avoir installé à Dellys une petite garnison, se remit en mouvement, le 12, pour ramener son convoi à Bordj-Menaïl et marcher ensuite à l'ennemi, qui s'était montré la veille aux environs de Dellys où il était venu tirailler avec nos avant-postes. L'ennemi pouvait être fort de sept à huit mille hommes. Ayant pris le mouvement de nos troupes pour une retraite, il se disposa à les attaquer au passage du Bouberak. Le maréchal le voyant venir à lui se hâta de jeter son convoi sur la rive gauche sous la garde d'un bataillon, et faisant ensuite volte-face, il prit l'initiative de l'attaque. Il culbuta la cavalerie de Ben-Salem, qui se replia en désordre sur son infanterie. Celle-ci avait pris position au village de Tazourga, à l'entrée des montagnes; attaquée à son tour par la nôtre, elle fut promptement mise en déroute, laissant quelques centaines d'hommes sur le champ de bataille. Le village de Tazourga fut incendié.

Après ce combat, le convoi, moins ce qui était indispensable à l'approvisionnement de la colonne pendant quelques jours, rentra au camp retranché de Bordj-el-Menaïl; le maréchal se dirigea sur Bordj-Sebaou, où le général Gentil reçut ordre de se trouver le 15, avec le reste de la division. Ce général, laissant un bataillon pour la garde du camp, se conforma à ses instructions, et, le 16, la division se trouva réunie à Tamdaït, à l'entrée du pays des Flissa. Elle était là en face de l'ennemi avec lequel on échangea toute la journée des coups de fusil sans résultat. Le 17, le maréchal attaqua les Kbaïles embusqués sur une chaîne de positions très-fortes qui furent toutes successivement enlevées. Mais ces braves montagnards, à mesure qu'ils en cédaient une, forcés par la supériorité de nos moyens d'attaque, en occupaient immédiatement une autre, en arrière de la première. Aussitôt que nos troupes harassées s'arrêtaient pour prendre un peu de repos ou mettre de l'ordre dans leurs colonnes désunies par les difficultés du terrain, les Kbaïles reprenaient l'offensive. Il fallut revenir à la charge jusqu'à quatre fois, pour assurer leur défaite. Notre perte ne fut cependant que de 31 tués et 105 blessés. On évalua celle de l'ennemi à 600 hommes. Nos troupes bivouaquèrent auprès du marabout de Sidi-bou-Nacer, sur les positions dont elles s'étaient emparées dans la journée.

L'armée resta quelques jours dans cette position, envoyant des détachements au dehors pour dévaster le pays. Ben-Salem, qui n'avait rien de guerrier dans le caractère, avait abandonné les Kbaïles au moment du combat et s'était enfui chez les Beni-Yaha, au Djebel-Affroun, dans les montagnes de Bougie. Les Flissa, indignés de cet abandon, affaiblis par leur défaite et craignant d'ailleurs que tout leur pays ne fût ravagé, se décidèrent à implorer la clémence du vainqueur. Le fils du célèbre Ben-Zamoun, se rendit dans le camp du maréchal, à la tête d'une députation. Il fut facile de s'entendre; car, si les Flissa désiraient voir la guerre s'éloigner de leurs montagnes, M. Bugeaud ne désirait pas moins en finir avec eux; il venait de recevoir, de la province d'Oran, des nouvelles de la plus haute importance qui rendaient sa présence nécessaire sur les frontières du Maroc. Les Flissa promirent de payer l'impôt foncier comme signe de soumission, et le maréchal leur accorda la paix. Les jours suivants, les Amaroua, les Flissa-el-Bahr, les Beni-Thor, les Beni-Ouaknoun et plusieurs autres tribus se soumirent également. On forma de tout cela trois aghaliks dont le premier fut donné à Ben-Zamoun. Cette organisation n'avait rien de bien solide, même aux yeux de l'autorité qui la constituait; mais enfin, on n'avait pas le temps de faire mieux (1).

---

(1) Dans un rapport du 28 octobre de la même année, le maréchal Bugeaud avoue qu'à vrai dire les Flissa-el-Bahr et les Beni-Djennad

Les événements qui firent brusquer la conclusion des affaires des Kbaïles étaient tellement graves, qu'ils amenèrent une guerre entre la France et le Maroc. Déjà à plusieurs époques, depuis que nous occupions l'Algérie, l'intervention plus ou moins directe des Marocains dans les affaires de nos Arabes avait fait naître, ainsi qu'on a pu le voir dans cet ouvrage, de justes réclamations de la part du Gouvernement français, et motivé les missions à Méquinez de M. de Mornai, en 1832, et de M. de Larue, en 1836. On a vu, dans le livre XXXIII, qu'en 1842 il s'était produit des faits qui auraient pu faire éclater la guerre dès cette époque, sans l'esprit tout à la fois ferme et conciliant du général Bedeau. Abd-el-Kader s'étant ensuite éloigné des frontières de l'ouest, les occasions de conflit s'éloignèrent avec lui; mais dans le mois de mars 1843, quelques tribus marocaines ayant fait des courses chez les Harar récemment soumis à la France, le général Lamoricière prescrivit au général Bedeau de se montrer vers le sud-ouest de sa province, pour en imposer à ces populations turbulentes. M. Bedeau, dans l'exécution de cet ordre, respecta religieusement le territoire marocain. Cependant quelques centaines de cavaliers de ce territoire se livrèrent contre nos troupes à des actes d'hostilité que le général français ne repoussa qu'après qu'ils eurent été bien constatés. Cet acte d'agression amena naturellement une demande en réparation, et celle-ci une entrevue entre le général Bedeau et le kaïd d'Oucheda. Cette entrevue fut amicale; elle paraissait promettre des résultats satis-

---

n'avaient pas été soumis au printemps; que la nécessité de courir aux frontières du Maroc l'avait obligé de laisser l'œuvre incomplète.

faisants pour le maintien de la paix entre les deux pays, lorsque plusieurs coups de fusil furent tirés sur l'escorte du général français ; ils le furent par des émigrés algériens ou à leur instigation : ce fut du moins l'explication qu'en donna le kaïd d'Ouchda. Cet agent promit de punir les coupables de ce fait et ceux de l'acte d'agression précédent. On sut qu'en effet quelques Arabes avaient été mis en prison. On se contenta de cette demi-satisfaction ; mais quoique cet incident n'eût pas pour le moment d'autre suite, il était le précurseur d'un orage qui devait éclater plus tard.

Nous avons dit quelle était la fâcheuse position de l'Émir à la fin de 1843, après la journée du 11 novembre. Le lecteur sait qu'il avait établi sa Smala à l'ouest des Chot, et qu'il employait tous les moyens que l'activité de son esprit pouvait lui suggérer pour amener une rupture ouverte entre nous et les Marocains. La plupart des tribus des frontières, les Beni-Senacen surtout, lui étant fort dévouées, il lui était facile d'exploiter la haine sauvage que ces populations barbares professent contre les Chrétiens pour les amener à de nouveaux actes isolés d'hostilité. Mais il savait fort bien qu'il n'en résulterait pas grand mal pour nous, et qu'après les avoir battues, nous aurions assez de modération pour ne pas rendre le gouvernement marocain trop responsable des actes de ces tribus indisciplinées, sur lesquelles il n'exerce guère qu'une domination nominale, modération qui nous aurait été d'autant plus facile, qu'il était manifeste que nous n'avions aucun intérêt actuel à faire la guerre à Abd-er-Rahman. C'était donc le gouvernement de ce prince lui-même qu'il fallait engager dans la lutte. Mais ce triste monarque, que nous décorons en Europe du titre d'empereur, avait encore assez de bon sens, malgré le sombre fanatisme de sa race et sa vénération personnelle pour le caractère de sainteté que les musulmans accordaient à Abd-el-Kader (1), avait assez de bon sens, disons-nous, pour ne pas s'aveugler sur les suites d'un conflit avec la France. Ensuite, tout en honorant le fils de Mahiddin comme marabout, il redoutait pour lui-même son ambition, et se souciait peu de le voir entrer trop avant dans les affaires de son pays. Ses répugnances à cet égard, loin de s'être affaiblies par l'affaire des Hamian, n'avaient fait que s'accroître, car il comprit fort bien à quoi devait être attribué ce zèle subit de l'illustre réfugié pour des intérêts qu'il ne lui avait pas donné mission de défendre. Aussi, l'Émir lui ayant fait, au commencement de 1844, des ouvertures directes pour une guerre ouverte contre la France, ces ouvertures furent très-froidement accueillies. Néanmoins, comme l'idée de cette guerre était très-populaire dans le Maroc, Abd-er-Rhaman évita de donner trop de retentissement à son refus, ce qui fut cause que l'opinion publique resta sous l'impression produite par un acte où Abd-el-Kader s'était posé en allié avoué de ce prince. Le dénûment affreux où celui-ci laissait son hôte n'affaiblit en rien l'idée qu'on s'était faite à cet égard, car on l'attribua uniquement à l'avarice bien connue et devenue proverbiale du souverain du Maroc.

Dans cette position, Abd-el-Kader comprit que sa politique était d'attirer les Français sur les terres du Maroc,

---

(1) On assure que cette vénération allait jusqu'au fétichisme, et que Mouley Abd-er-Rhaman recherchait comme reliques saintes les vieilles hardes d'Abd-el-Kader.

dée et prompte des musulmans, à l'administration honnête, mais lente et tracassière, de notre société civile, c'était s'exposer à de graves inconvénients et à de fâcheux mécomptes. Il fallait quelque chose qui à la probité et à la prévoyance de notre administration civile joignît une grande promptitude d'exécution et une grande sobriété de formes. De là la création de la direction et des bureaux arabes. Cette utile institution se trouvait surtout applicable à la province de Constantine; cependant elle n'y était encore qu'à l'état rudimentaire, à l'arrivée du duc d'Aumale, le véritable directeur des affaires arabes étant le kaïd Ali. Le prince modifia profondément cet état de choses, tout en ménageant un homme dont la fidélité à notre cause était éprouvée, malgré des écarts de morale qui lui étaient communs avec la plupart des siens; il restreignit et réglementa son pouvoir, et fortifia l'action des officiers chargés des affaires arabes. Les principes de modération et de justice, qui avaient dirigé les actes du général Galbois, furent remis en pratique, principes qui ne sont nullement exclusifs de la fermeté et n'empêchent en aucune façon de recourir à la force, lorsqu'il est convenable de l'employer.

La situation politique du Zab, depuis la malheureuse échauffourée des Sahari, appela naturellement l'attention du duc d'Aumale sur cette partie de sa province. Ben-Ganah y avait à peu près perdu toute autorité; Ahmed-bey y intriguait du haut des montagnes des Oulad-Sultan, où il se trouvait alors, et Mohammed-ben-Hadj-el-Sghir, ce successeur de Fahrat-ben-Saïd, après avoir organisé à Sidi-Okba un petit corps d'infanterie avec les débris du bataillon régulier de Bel-Azouz, s'était établi dans la forteresse de Biskara. Une expédition dans cette contrée,

de possession de cette localité. Le fanatisme, la haine du nom chrétien, s'enflammèrent au point que la guerre sainte, le chaad, fut proclamée par la foule, depuis les frontières jusqu'à Mogador. Le gouvernement de Méquinez, ému à son tour, envoya des troupes à Oudjeda. Il était manifeste que la guerre allait éclater et que les habiles manœuvres de l'Émir avaient atteint leur but. Les choses étaient arrivées à ce point, lorsque la nouvelle en parvint au maréchal Bugeaud, qui, après s'être débarrassé des Kbaïles, s'embarqua pour la province d'Oran le 28 mai. Avant de le suivre dans la nouvelle campagne qui s'ouvrait, il nous faut revenir sur nos pas et faire connaitre au lecteur les événements survenus, depuis le commencement de l'année 1844, sur les autres points de l'Algérie.

L'année commença, à Constantine, à peu près avec l'administration du duc d'Aumale, qui y était arrivé le 4 décembre 1843. La grande fête des Musulmans, l'Aïd-el-Kebir ou Aïd-el-Korban, étant survenue quelques jours après, le prince en profita pour faire connaissance avec l'élite de ses administrés indigènes. Il est d'usage que les principaux chefs de tribus se réunissent à Constantine à l'occasion de cette solennité, pour la célébrer en commun et exécuter ces belles courses, ces jeux guerriers, dont le véritable nom est *mlahb*, mais que l'on désigne vulgairement par l'expression hybride de *fantasia*. Le désir de voir le fils du roi rendit cette année l'affluence plus considérable que de coutume, et les fêtes furent magnifiques.

Aucune partie de l'Algérie n'avait été pour nous aussi facile à dominer que la province de Constantine. Depuis la prise de cette ville, nous n'avions rencontré nulle part de résistance vraiment sérieuse. Il s'était même établi entre les Français et les Arabes une sorte d'intimité dont on ne voyait ailleurs que de rares exemples; les indigènes se mêlaient à nos fêtes comme nous nous mêlions aux leurs. Cependant, depuis la seconde administration du général Négrier, l'autorité française avait adopté un système de rigueur que la situation politique du pays ne rendait nullement nécessaire. Par une inconcevable combinaison d'idées, elle en était même venue au point de voir avec défaveur les Français que leurs goûts attiraient vers les Arabes, et qui avaient appris leur langue, tandis qu'elle accordait la plus extrême confiance à quelques chefs indigènes, par les mains desquels tout se faisait. Il en résulta des actes très-regrettables. Le général Négrier, par exemple, qui s'était montré si justement sévère pour les concussions d'Hamouda, s'abandonna presque entièrement au kaïd Ali, qui n'était pas plus pur que ce Hakem, et qui était de plus fort sanguinaire. Généralement l'idée que les musulmans se forment de l'autorité est celle d'une force oppressive et surtout spoliatrice, s'exerçant contre le faible au profit du fort. Elle est si bien établie, que ceux d'entre eux qui arrivent au pouvoir ne se font guère plus de scrupule de piller leurs administrés que n'en a en Europe un fonctionnaire public pour encaisser ses appointements. Les masses souffrent de cet état de choses, tout en le trouvant naturel par l'habitude, de sorte qu'on ne saurait mettre en doute qu'elles n'en préférassent un plus régulier. Le bien-être qui en résulterait pour elles doit être même considéré comme la seule compensation qui puisse leur faire oublier leurs antipathies religieuses et l'humiliation du joug étranger. Les meilleures esprits parmi nous l'avaient parfaitement compris. Cependant passer de l'administration violente et rapace, mais déci-

régulariser l'administration. Il fut également chargé de recruter et d'organiser un petit corps d'infanterie indigène, pour former la garnison de la Casbah de Biskara.

L'expédition du Zab ouvrit à l'exploration scientifique une contrée curieuse où n'avaient encore pénétré que de rares voyageurs. Ils ne paraît pas que les Romains y aient laissé beaucoup de traces; mais il existe des ruines provenant d'eux sur les routes qui y conduisent. La grande ville de Lambessa, dont les débris sont encore imposants, était à peu de distance de Batna. Le village d'El-Kantara tire son nom d'un fort beau pont romain, en bon état de conservation. Ces restes du passé semblaient proclamer le droit de la civilisation occidentale à reprendre possession d'un sol qui lui a si longtemps appartenu.

Le duc d'Aumale ayant laissé fortement occupée la position de Batna, rentra à Constantine. A peine y fut-il arrivé, qu'il fit ses dispositions pour marcher contre les Oulad-Sultan et quelques autres tribus du pays de Bellezma où se trouvait toujours Ahmed-bey. Toutes ces dispositions étant prises, il partit le 17 avril. Passant par Aïn Segan chez les Telaghma, et Aïn Sultan, chez les Oulad-Abd-el-Nour, il arriva, le 21, à la petite ville de Mgaous, à l'entrée des montagnes des Oulad-Sultan. Il avait été rejoint en route par des troupes venues de Sétif et de Batna. Le 24 avril, ayant laissé à Mgaous, sous la garde d'un bataillon, ses réserves en munitions de guerre et de bouche, il pénétra dans les montagnes. L'ennemi, qui était très-nombreux, attaqua bientôt avec résolution la tête, la queue et le flanc gauche de la colonne, flanc couvert par les auxiliaires arabes. Ceux-ci lâchèrent le pied et arrivèrent dans leur fuite sur le

expédition pressentie depuis longtemps, était devenue indispensable, et le duc d'Aumale se décida à l'entreprendre.

Le 8 février, le lieutenant-colonel Buttafuoco partit de Constantine avec mille hommes d'infanterie, une centaine de spahis, une section d'artillerie et un convoi considérable, pour aller établir un poste de ravitaillement à Batna, à 80 kilomètres de cette ville, à moitié chemin de Biskara. Cette localité est une ancienne ville romaine située dans une contrée fort élevée à l'entrée d'une longue et large vallée qui sépare le Djebel-Aurès du Djebel-Mestaoua, et conduit du Tell dans le Sahara. Nos troupes s'y établirent sans combat. Ben-Ganah était avec la colonne française. Il s'était fait fort de procurer au prince les chameaux dont il avait besoin pour le voyage du Zab. L'annonce de ce voyage et nos mouvements de troupes lui ayant rendu un peu d'influence, plusieurs tribus répondirent en effet à ses réquisitions; un nombre considérable de chameaux furent dirigés vers Batna de diverses parties du Zab. Mais Ahmed-bey s'étant emparé du défilé d'El-Kantara, leur interdisait le passage avec une troupe d'Oulad-Sultan et d'Akdar-el-Halfaouïa. Le colonel Buttafuoco, instruit de ce fait, fit aussitôt marcher sur El-Kantara Ben-Ganah et un détachement français qui rétablit la liberté de la circulation et mit Ahmed-bey en fuite. Les Oulad-Sultan étaient d'ailleurs inquiétés sur leurs derrières par le général Sillègue, qui, parti de Sétif le 18, venait d'arriver sur leur territoire. En revenant d'El-Kantara, ils se ruèrent, dans la nuit du 24 au 25, sur son petit camp, mais ils furent repoussés avec perte. Le général resta à l'entrée de leurs montagnes jusqu'à ce que le duc d'Aumale eût débouché dans le

Sahara, de sorte que les Oulad-Sultan, occupés chez eux, ne songèrent plus à aller inquiéter la route de Biskara.

Le prince ayant quitté Constantine le 25 février, pour se porter sur Batna, partit de ce camp, le 25, à la tête de 2,400 hommes d'infanterie, 600 chevaux et trois pièces d'artillerie de montagne, descendit la vallée, passa à El-Kantara et arriva à Biskara, le 4 mars ; Mohammed-ben-Hadj avait quitté cette ville depuis cinq jours et s'était retiré dans le mont Aurès.

Le duc d'Aumale resta dix jours dans le Zab. La population des diverses oasis de cette contrée s'empressa de lui faire acte de soumission et de reconnaître de nouveau l'autorité de notre cheik El-Arab, Ben-Ganah. Cependant le parti de Mohammed-bel-Hadj, ne désespérant pas de rétablir ses affaires, après le départ des Français, s'était réuni au village de Mechounech à 50 kilomètres au nord-est de Biskara, au pied du Djebel-Ahmar-Kaddou. Le prince, après y avoir envoyé une forte reconnaissance, qui fut reçue à coups de fusil, s'y porta de sa personne le 15. Il dispersa le rassemblement après un engagement assez vif et incendia le village. Il reprit ensuite la route de Batna pour rentrer à Constantine. Ce camp avait été attaqué, le 10 et le 12, par 2 à 5,000 montagnards de l'Aurès. La garnison perdit quelques hommes, mais elle repoussa l'ennemi et lui fit éprouver d'assez grandes pertes.

Le duc d'Aumale en quittant le Zab y laissa le bataillon de tirailleurs indigènes et un escadron de spahis. Ce détachement était commandé par M. le chef de bataillon Thomas, qui avait mission de rester dans le pays jusqu'à parfaite exécution des dispositions prises pour en régulariser l'administration. Il fut également chargé de recruter et d'organiser un petit corps d'infanterie indigène, pour former la garnison de la Casbah de Biskara.

L'expédition du Zab ouvrit à l'exploration scientifique une contrée curieuse où n'avaient encore pénétré que de rares voyageurs. Ils ne paraît pas que les Romains y aient laissé beaucoup de traces; mais il existe des ruines provenant d'eux sur les routes qui y conduisent. La grande ville de Lambessa, dont les débris sont encore imposants, était à peu de distance de Batna. Le village d'El-Kantara tire son nom d'un fort beau port romain, en bon état de conservation. Ces restes du passé semblaient proclamer le droit de la civilisation occidentale à reprendre possession d'un sol qui lui a si longtemps appartenu.

Le duc d'Aumale ayant laissé fortement occupée la position de Batna, rentra à Constantine. A peine y fut-il arrivé, qu'il fit ses dispositions pour marcher contre les Oulad-Sultan et quelques autres tribus du pays de Bellezma où se trouvait toujours Ahmed-bey. Toutes ces dispositions étant prises, il partit le 17 avril. Passant par Aïn Segan chez les Telaghma, et Aïn Sultan, chez les Oulad-Abd-el-Nour, il arriva, le 21, à la petite ville de Mgaous, à l'entrée des montagnes des Oulad-Sultan. Il avait été rejoint en route par des troupes venues de Sétif et de Batna. Le 24 avril, ayant laissé à Mgaous, sous la garde d'un bataillon, ses réserves en munitions de guerre et de bouche, il pénétra dans les montagnes. L'ennemi, qui était très-nombreux, attaqua bientôt avec résolution la tête, la queue et le flanc gauche de la colonne, flanc couvert par les auxiliaires arabes. Ceux-ci lâchèrent le pied et arrivèrent dans leur fuite sur le convoi, composé de muletiers arabes qui, perdant la tête, ne songèrent plus qu'à jeter leurs charges pour se sauver avec leurs bêtes. Un brouillard épais, qui s'éleva dans le moment, augmenta encore la confusion. Elle fut telle, qu'il fallut se replier sur Mgaous, bien que l'ennemi, partout où il voulut serrer nos troupes de trop près, eût été vigoureusement repoussé. Mais il n'y avait plus de convoi. Cette affaire, dont la désagréable issue fut uniquement causée par la panique des auxiliaires, nous coûta une vingtaine d'hommes tués et près de cent blessés. Le chef d'escadron Gallias, du 5ᵉ de chasseurs d'Afrique, officier très-avantageusement connu, fut au nombre des morts.

Le 1ᵉʳ mai, le duc d'Aumale conduisit de nouveau ses troupes dans la montagne. Elles y prirent une éclatante revanche de l'affaire du 24 avril. Tout ce qui se présenta devant elles fut culbuté. Elles bivouaquèrent ce jour-là à Bira au centre du pays. Le duc d'Aumale ayant appris dans cette position qu'un rassemblement s'était formé dans l'Aurès, pour venir au secours des Oulad-Sultan, se porta le 2 sur Batna, avec toute la cavalerie. Ce mouvement rapide suffit pour retenir les gens de l'Aurès dans leurs montagnes.

Le prince revint ensuite sur son infanterie, qui, sous le commandement du général Sillègue, s'était rapprochée de Mgaous. Le 8, on revint sur Bira. Les Oulad-Sultan, loin de songer à la résistance, fuyaient vers le sud. La queue de leur colonne d'émigration fut atteinte par nos troupes, qui, entre autres dépouilles, s'emparaient de la tente d'Ahmed-bey. La tête fut rencontrée par Ben-Ganah qui accourait du Sahara avec ses Arabes. Les Oulad-Sultan et leurs alliés, traqués comme des bêtes fauves pendant plusieurs jours, tués par les Français, pillés par les Arabes, vinrent enfin implorer la pitié du vainqueur qui reçut leur soumission. Ahmed-bey était parvenu à se sauver dans le Djebel-Aurès.

Cette affaire des Oulad-Sultan venait de se terminer, lorsque le duc d'Aumale reçut du Zab une bien fâcheuse nouvelle : le commandant Thomas avait quitté le pays, après avoir installé dans la Casbah de Biskara le petit corps d'indigènes qu'il avait été chargé d'organiser, et où il avait admis plusieurs déserteurs du bataillon de Mohammed-bel-Hadj. Cette troupe était commandée par le lieutenant Petitgrand, qui n'avait avec lui que huit Français. Dans la nuit du 11 au 12 mai, les anciens soldats de Mohammed-ben-Hadj ouvrirent traîtreusement les portes de la Casbah à 150 des leurs, et, conjointement avec eux, s'emparèrent de la place, forcèrent les indigènes à mettre bas les armes, et tuèrent quatre Français sur les huit qui étaient dans la Casbah; trois furent faits prisonniers; un seul, le sergent-major Pelisse, parvint à se sauver. Il se retira à Tolga, avec le kaïd de Biskara, qui resta fidèle à notre cause. Mohammed-bel-Hadj vint prendre de nouveau possession de Biskara. Ses soldats lui présentèrent une jeune Française, avec laquelle vivait le malheureux Petitgrand; il s'y attacha et en fit sa femme (1).

A la nouvelle de ce triste événement, le duc d'Aumale

---

(1) L'auteur de cet ouvrage s'est trouvé en 1846 en relations indirectes avec cette femme dans le Djerid, où Mohammed-bel-Hadj s'était retiré. Elle paraissait heureuse avec cet Arabe, qui la traitait bien et en avait un enfant.

se dirigea en toute hâte sur la localité qui venait d'en être le témoin. Le bruit de sa venue suffit pour mettre en fuite Mohammed-bel-Hadj, qui se retira une seconde fois dans le Djebel-Aurès, emportant avec lui les approvisionnements qu'il avait trouvés dans la Casbah. Lorsque le prince arriva à Biskara, il y trouva, au lieu d'ennemis, le sergent-major Pelisse, qui y était rentré avec le kaïd et un détachement d'indigènes de Tolga. Sur beaucoup d'autres points, les indigènes avaient également pris les armes contre Mohammed-bel-Hadj.

Le duc d'Aumale, voyant que tout était rentré dans l'ordre, mais ne voulant pas exposer le pays à quelque nouvelle entreprise de Mohammed-bel-Hadj, fit occuper provisoirement Biskara par deux bataillons français, se réservant de n'y laisser plus tard que des forces moindres. M. le chef de bataillon Thomas fut chargé de ce commandement. Le pays, situé à l'ouest et au nord des oasis, fut soustrait à l'autorité de Ben-Ganah, et placé sous celle d'un marabout appelé Si-Mokran, homme puissant et considéré dans ces contrées.

En quittant Biskara, le prince se porta dans le Hodna, chez les Oulad-Deradj, où il avait déjà envoyé une colonne pour y lever les contributions de l'année. Il se rabattit de là sur le Bellezma où le colonel Lebreton faisait la même opération; enfin il rentra à Constantine, le 4 juin. Le nord et l'est de la province étaient restés dans une paix parfaite pendant cette série de mouvements vers le midi. Le général Randon, qui s'était porté à Tebessa, n'avait trouvé partout que des populations paisibles.

Cet état de complète tranquillité régnait aussi dans la province de Tittery. Dans le courant de mars, le général Marey se porta avec quelques troupes au sud de cette province, dans la direction du Djebel-el-Sahari, qu'il franchit. Il s'avança jusqu'à Ksar-Zakar, au centre de la tribu des Oulad-Naïl, dont il ne reçut que des marques de soumission. Ben-Salem, cheik de la ville d'El-Agrouat, qui est plus au midi, lui député son frère Yahia pour lui proposer un arrangement politique consistant en ce que lui, Ben-Salem, serait nommé khalifa, pour la France, sur tout le midi de la province où il s'engageait à maintenir l'ordre et la soumission. Avant d'aller plus loin, il convient de faire connaître ce que c'était que ce Ben-Salem.

Les villes du Sahara sont rarement de véritables villes, dans le sens que nous attachons à ce mot, qui fait naître dans notre esprit une idée de centralisation et d'unité; ce sont presque toujours des agglomérations de villages, jetés au milieu de verdoyants massifs de jardins et de vergers de palmiers. Généralement de vieilles haines divisent les habitants de ces villages, qui se partagent communément en deux factions à peu près d'égale force. A en croire la tradition, et même quelques documents historiques, ces factions auraient été jadis dans un état si complet d'hostilité et de méfiance réciproque, que les besoins de la vie, impuissants à les faire vivre en paix, les avaient seul forcées à désigner des terrains neutres, où l'on pouvait venir trafiquer librement, sur la garantie du droit des gens. Cet état de choses s'est considérablement modifié, et tout m'a semblé se réduire maintenant à des inimitiés puériles, assez semblables à celles qui règnent chez nous entre des villages voisins. Les deux factions d'El-Agrouat étaient les Oulad-Segrine et les Hallaf. Ces derniers ayant eu le dessus, Ahmed-ben-Salem, leur chef, dont il est ici question, le devint de tout le pays. Abd-el-Kader, à l'époque de son expédition vers Aïn-Madi, voulut le remplacer par un chef à sa dévotion: mais après quelques vicissitudes de fortune et quelques combats assez vifs, Bem-Salem chassa son rival et resta maître d'El-Agrouat. Cet Arabe étant donc un personnage important, les ouvertures qu'il faisait faire par son frère méritaient d'être prises en sérieuse considération. Mais le général Marey ne pouvant terminer lui seul une affaire de cette nature, envoya Yahia-ben-Salem au gouverneur général à Alger. M. le maréchal Bugeaud agréa les propositions d'Ahmed-ben-Salem. Il l'investit dans la personne de son frère du titre de khalifa d'El-Agrouat, sous la réserve que cette investiture ne serait définitive qu'après qu'une colonne française aurait parcouru, sans coup férir, le pays dont il demandait le commandement, et qu'elle y aurait fait rentrer l'impôt de l'année.

Conformément à cet arrangement, le général Marey, qui sur ces entrefaites était rentré à Médéa, en sortit de nouveau, le 27 avril, à la tête d'une colonne de 3,000 hommes, et se dirigea sur Taghin, où il établit un poste temporaire de ravitaillement. Le 21 mai, il arriva à Ted jemout, après avoir traversé le Djebel-Amour. Il envoya de là quelques officiers à Aïn-Madi, auprès de Tedjini, qui accéda au nouvel ordre de choses et envoya au général le montant de sa contribution, lequel lui fut rendu comme gratification amicale. La colonne se porta ensuite à El-Agrouat, où elle fut reçue avec de grandes démonstrations de dévouement. Ahmed-ben-Salem fut solennellement proclamé khalifa. Le général Marey visita ensuite Ksar-Assafia, Ksar-el-Haïram, Boudrin et plusieurs autres localités de ces contrées si longtemps fermées à la curiosité européenne. Il revint, le 1ᵉʳ juin, à El-Agrouat, où il reçut des ordres qui l'appelaient à Tiaret par suite des événements du Maroc ; il se remit donc en route pour le nord, et, repassant par Taghin, il arriva à Tiaret le 11, sans avoir rencontré un ennemi dans cette longue incursion.

Pendant que ces lointains mouvements de troupes s'opéraient dans les provinces de Constantine et de Tittery, les garnisons de nos nouveaux établissements d'Orléansville et de Tenez firent quelques courses sur les tribus turbulentes de leur voisinage. La plus sérieuse de ces petites expéditions fut dirigée par le colonel Cavaignac, commandant supérieur d'Orléansville, contre les Sbiah, toujours disposés à la révolte. Plusieurs centaines de ces indigènes s'étant retirés dans des grottes d'où il fut impossible de les faire sortir, on alluma de grands feux à l'entrée de ces grottes, et ces malheureux furent étouffés dans les flammes. Il fut peu question de cet acte rigoureux, qui se perdit pour lors au milieu du fracas des événements du Maroc ; mais nous verrons que l'année suivante un fait analogue eut un grand retentissement dans le monde.

LIVRE XXXVIII.

Guerre du Maroc.—Combat de Sidi-Aziz.—Combat de Sidi-Mohammed-Ouissini. — Djama-Ghazouat.—Le prince de Joinville sur les côtes du Maroc.—Intrigues des agents anglais. — Bombardement de Tanger. — Bataille d'Isly. — Bombardement de Mogador. — Traité de paix. — Expédition contre les Kbaïles de l'est de la province d'Alger.—Situation d'Abd-el-Kader à la fin de 1844.

Nous avons laissé en présence les troupes françaises et les troupes marocaines à Lella-Magrnia et à Oudjeda. Ces dernières étaient commandées par Si-Ali-el-Taieb-el-Ghenaoui ; elles se composaient, outre les cavaliers irréguliers des tribus qui étaient très-nombreux, de 300 fantassins et de 1,500 cavaliers réguliers, parmi lesquels était un fort détachement de la garde noire de l'empereur appelée les Abd-el-Bokari, barbares enregimentés, d'une grande réputation de bravoure, mais plus fanatiques que redoutables. Abd-el-Kader était aussi en ligne avec 500 fantassins et 500 cavaliers. Muley-Abd-er-Rhaman avait recommandé la plus grande circonspection à El-Ghenaoui. Il était interdit à ce chef de prendre l'initiative de l'attaque. Il devait se borner, à moins qu'il ne fût lui-même attaqué, à sommer le général Lamoricière d'évacuer Lella-Magrnia et de se retirer jusqu'à la Tafna. Il lui était prescrit d'attendre les ordres de son gouvernement pour toute opération ultérieure. La sommation d'évacuation eut lieu le 22 mai. La réponse négative qui y fut faite fut transmise à l'empereur ; en attendant ses ordres, le chef marocain renvoya provisoirement chez eux le plus grand nombre de ses irréguliers qui affamaient Oudjda. C'était une preuve convaincante de sa ferme résolution de ne pas s'écarter de la ligne que lui avait tracée son maître. Mais les circonstances furent plus fortes que lui. Le 30 maj au matin, il reçut un renfort de 500 fantassins conduit par Sidi-el-Mamoun-el-Chérif, allié de la famille impériale. Ce personnage, fanatique et impétueux, voulut s'avancer avec la cavalerie pour voir au moins, disait-il, le camp des Chrétiens. El-Ghenaoui n'osa s'opposer à ce caprice, qui amena une conflagration. En effet, à peine les Abd-el-Bokari furent-ils à cheval qu'ils se disposèrent, non à une simple reconnaissance, mais au combat. Les troupes françaises les voyant s'avancer, se mirent, de leur côté, en état de défense, et bientôt la fusillade s'engagea. L'affaire ne fut pas longue; les cavaliers marocains, d'abord ébranlés par notre feu, puis chargés par notre cavalerie, furent taillés en pièces. Les fuyards ne s'arrêtèrent qu'à Oudjda. Ce combat eut lieu près du tombeau du marabout Sidi-Aziz, sur la Moulouïa. Le lendemain, les ennemis envoyèrent enterrer leurs morts, sans qu'on cherchât à les troubler dans l'accomplissement de ce devoir.

Abd-el-Kader voyant la guerre allumée de fait entre nous et les Marocains, et convaincu que les hostilités n'en resteraient pas là, quitta les environs d'Oudjda, peu de jours après ce combat, avec sa petite troupe, pour aller fomenter un mouvement insurrectionnel sur nos derrières. Il pénétra en Algérie par le sud de Zebdou et se porta vers le pays des Sedama. Pendant qu'il s'éloignait du théâtre de la guerre que ses habiles intrigues avaient fait naître, M. le maréchal Bugeaud y arrivait avec des renforts considérables. Il fit jonction, le 11 juin, avec le général Lamoricière et prit aussitôt le commandement suprême des troupes réunies à Lella-Magrnia. Les instructions qu'il avait reçues du Gouvernement lui recommandaient d'agir avec mesure et circonspection. D'ailleurs, il était facile de voir qu'une expédition dans l'intérieur du Maroc ne pouvait être pour nous qu'une nécessité fâcheuse, quels qu'en pussent être les facilités et l'éclat. L'Algérie suffisait amplement à notre activité. Cette conquête, glorieuse sans doute, mais plus utile à la cause de la civilisation européenne en général qu'à nous-mêmes en particulier, nous imposait de tels sacrifices, qu'il était permis de redouter tout ce qui était de nature à les augmenter. Il était donc d'une sage politique d'employer d'abord les moyens de conciliation. A cet effet, le maréchal écrivit à El-Ghenaoui pour demander une entrevue entre lui et le général Bedeau. Le chef marocain accéda à la proposition avec empressement. L'entrevue fut fixée au 16 juin, au marabout de Sidi-Mohammed-Ouissini, entre les deux camps. El-Ghenaoui se présenta avec 2,500 cavaliers de la garde marocaine, 600 fantassins et 2,000 irréguliers. Le général Bedeau arriva avec quatre bataillons et toute la cavalerie de l'armée française sous les ordres de M. de Lamoricière. De part et d'autre, c'était trop pour une conférence. Les deux troupes s'arrêtèrent à une certaine distance l'une de l'autre, les deux chefs s'avancèrent avec les interprètes et la conférence commença. Mais peu à peu les cavaliers irréguliers des Marocains s'approchèrent des parlementaires avec des cris de fureur et de menace, les entourèrent malgré les efforts d'El-Ghenaoui et commencèrent le feu. Jamais, dit le maréchal dans son rapport sur cette affaire, on n'avait vu tant d'insolence et de barbarie. La conférence fut naturellement rompue. Les troupes françaises reprirent le chemin de leur camp, suivies par les Marocains qui tiraillaient avec notre arrière-garde.

Le maréchal Bugeaud, que l'on avait envoyé prévenir de ce qui se passait, sortit du camp avec quatre bataillons et se porta rapidement dans la direction de Sidi-Mohammed-Ouissini. Dès qu'il eut rejoint le général Lamoricière, il fit reprendre l'offensive. Pendant que notre infanterie, disposée en échelons, marchait contre la droite des Marocains, notre cavalerie les chargea par leur gauche. La défaite des barbares fut complète. Ils laissèrent trois cents cadavres sur le champ de bataille. Notre perte fut légère; mais nous comptâmes parmi nos morts deux officiers de spahis forts regrettables, les capitaines Savary de Rovigo et de La Chèvre.

Il devenait manifeste que, quelle que fût la répugnance du gouvernement marocain à s'engager dans une guerre ouverte, son impuissance à se faire obéir de ses fanatiques sujets ne laissait que peu d'espoir de rétablir la paix, avant que ces masses stupides n'eussent été frappées d'un grand coup. Le maréchal se décida donc à marcher sur Oudjeda; mais, voulant laisser une porte ouverte aux arragements pacifiques, il écrivit à El-Ghenaoui une lettre que je vais mettre sous les yeux du lecteur, ainsi que la réponse qui y fut faite, parce que ces deux pièces résument bien l'état de la question. Voici la première :

« Les Marocains ont violé plusieurs fois notre terri-
« toire; deux fois ils nous ont attaqués sans aucune dé-
« claration de guerre; et cependant j'ai voulu, dès mon
« arrivée au camp, te donner une grande preuve du dé-
« sir que j'avais de rétablir la bonne harmonie que vous

« seuls avez troublée par les procédés les plus hostiles,
« et je t'ai offert une entrevue.

« Tu y es venu, et tu nous as proposé pour prix des
« relations de bon voisinage, qui auraient dû toujours
« régner entre nous, d'abandonner notre frontière et de
« nous retirer derrière la Tafna.

« Nous ne tenons assurément pas à l'étendue du ter-
« ritoire, nous en avons bien assez; mais nous tenons à
« l'honneur, et si tu nous avais vaincus dans dix com-
« bats, nous te céderions encore moins la frontière de la
« Tafna, parce que une grande nation comme la France
« ne se laisse rien imposer par la force, et surtout par
« les procédés comme ceux que vous avez employés avec
« nous depuis deux ans.

« Je t'ai dit dans ma lettre d'avant-hier que la modéra-
« tion avait un terme, que Dieu seul était éternel. Eh
« bien ! je te déclare aujourd'hui que la mienne est arri-
« vée à sa dernière limite.

« Je ne suis pas accoutumé à laisser prendre à nos
« ennemis une attitude de supériorité. Demande plutôt
« à Abd-el-Kader.

« Or, hier, pendant que mon lieutenant, le général
« Bedeau, était, lui quatrième, au milieu des tiens,
« n'ayant d'autre garde que votre loyauté, il a dû en-
« tendre des paroles offensantes, tes troupes ont fait feu
« sur les miennes, un de mes officiers et deux hommes
« ont été blessés; cependant, malgré cette indigne con-
« duite, nous n'avons pas répondu un seul coup de fusil,
« et nous avons fait retirer nos troupes. Les tiennes ont
« pris notre modération pour de la faiblesse, et elles ont
« attaqué mon arrière-garde : nous avons bien été forcés
« de nous retourner.

« Après de tels faits, j'aurais le droit de pénétrer au
« loin sur le territoire de ton maître ; de brûler vos vil-
« les, vos villages et vos moissons, mais je veux encore
« te prouver mon humanité et ma modération, parce
« que je suis convaincu que l'empereur Mouley-Abd-
« er-Rahman ne vous a pas ordonné de vous conduire
« comme vous l'avez fait, et que même il blâmera cette
« conduite. Je veux donc me contenter d'aller à Ouchda,
« non point pour le détruire, mais pour faire comprendre
« à nos tribus, qui s'y sont réfugiées, parce que vous
« les avez excitées à la rébellion, que je veux les at-
« teindre partout, et que mon intention est de les ra-
« mener à l'obéissance par tous les moyens qui se pré-
« senteront.

« En même temps, je te déclare que je n'ai aucune
« intention de garder Ouchda, ni de prendre la moindre
« parcelle du territoire du Maroc, ni de lui déclarer ou-
« vertement la guerre ; je veux seulement rendre à ses
« lieutenants une partie des mauvais procédés dont ils
« se sont rendus coupables envers moi. Après leur avoir
« prouvé que je le puis, je leur rendrai leur ville, et
« quand ils seront revenus à de meilleurs sentiments, je
« serai toujours prêt à traiter avec eux, pour rétablir la
« paix et cimenter l'ancienne alliance qui existe depuis
« des siècles entre la France et le Maroc.

« Je te préviens que j'envoie copie de cette lettre à mon
« Gouvernement, qui la communiquera à l'empereur
« Mouley-Abd-er-Rahman ; c'est à toi de juger s'il n'est
« pas de ton devoir de la lui communiquer aussi.

Voici maintenant la réponse d'El-Ghenaoui :

« Louanges à Dieu, etc.

« Du serviteur de Dieu, Ali-ben-el-Taïeb, au chef des

« Chrétiens à Alger, le maréchal Bugeaud. J'ai reçu ta
« lettre, et j'en ai compris le contenu. Lorsque je suis
« venu vers la frontière, je n'avais d'autre intention que
« de faire le bien de vos sujets, et de les forcer à rester
« sur leurs limites respectives; alors il est arrivé un évé-
« nement sans intention ni assentiment de ma part.

« Lorsque tu es venu toi-même, tu m'as écrit; je me
« suis abouché avec ton représentant, avec bonne foi, et
« le cœur exempt d'arrière-pensées. Vous avez fait des
« propositions : j'en ai fait de mon côté; nous ne nous
« sommes pas entendus, et nous nous sommes séparés
« sains et saufs, chacun de nous espérant que l'autre se
« consulterait, et qu'après de nouveaux pouvoirs des
« deux partis, nous tomberions d'accord pour un arran-
« gement qui pût mettre fin à toute difficulté.

« Je n'ai eu aucune connaissance de ce qui se passait
« après mon départ, jusqu'au moment où on vint me
« dire : il est arrivé ce qui est arrivé.

« Sache que je ne puis approuver la mauvaise intelli-
« gence entre nous, quand bien même les mauvais pro-
« cédés viendraient de votre part.

« Mais on ne peut pas revenir sur les événements ac-
« complis, car à Dieu appartient de diriger toutes cho-
« ses.

« Tu nous dis que tu es encore disposé au bien et à la
« paix. Il en est de même de notre part; et, du reste, je
« n'ai pas la permission de faire la guerre.

« Aussi ne faut-il pas que l'un ou l'autre parti con-
« sidère comme grief inexcusable tel ou tel fait contraire
« à la paix, tant que l'amitié existera entre nous, et que
« nous maintiendrons les conditions anciennes, qui ont
« été établies par nos ancêtres et suivies par leurs des-

« cendants ; Dieu fait ce qu'il veut et ce qu'il désire.

« Je ne m'éloignerai en aucune façon de ces condi-
« tions ; au contraire, par leur exécution se confirmeront
« l'amitié, la paix et le bien des sujets. Salut. »

La lettre du chef marocain étant, comme on le voit, très-vague, le maréchal lui écrivit de nouveau et lui posa son ultimatum en ces termes :

« Dans toutes tes lettres précédentes tu nous a accu-
« sés d'avoir violé votre territoire et d'avoir enfreint les
« lois de la bonne amitié qui régnait entre nous ; cela
« veut dire que tu t'empresses de nous attribuer tout ce
« que tu as fait, pour que nous n'ayons pas à te le re-
« procher ; je n'ai pas l'habitude de toutes ces ruses de
« diplomatie ; je vais droit au but avec loyauté ; je suis
« un soldat qui obéit à son Roi et aux intérêts de son
« pays. Tu dis que tu veux encore le maintien de la bonne
« harmonie qui a toujours régné entre les deux empires;
« je le veux autant que toi, mais il faut que nous nous
« expliquions nettement : réponds-moi aussi nettement
« ce que tu veux.

« Nous voulons conserver la limite de la frontière
« qu'avaient les Turcs et Abd-el-Kader après eux ; nous
« ne voulons rien de ce qui est à vous ; mais nous vou-
« lons que vous ne receviez plus Abd-el-Kader pour lui
« donner des secours, le raviver quand il est presque
« mort, et le lancer de nouveau sur nous ; cela n'est pas
« de la bonne amitié, c'est de la guerre, et vous nous la
« faites ainsi depuis deux ans.

« Nous voulons que vous fassiez interner dans l'ouest
« de l'empire la deïra, les chefs qui ont servi Abd-el-
« Kader ; que vous fassiez disperser ses troupes réguliè-
« res, goum et asker ; que vous ne receviez plus les tribus

« qui émigrent de notre territoire et que vous renvoyiez
« immédiatement chez elles celles qui sont réfugiées chez
« vous.

« Nous nous obligeons aux mêmes procédés à votre
« égard, si l'occasion se présente ; voilà ce qui s'appelle
« observer les règles de la bonne amitié entre les deux
« nations. A ces conditions, nous serons vos amis, nous
« favoriserons votre commerce, et le gouvernement de
« Mouley-Abd-er-Rahman, autant qu'il sera en notre
« pouvoir; si vous voulez faire le contraire, nous serons
« ennemis. Réponds-moi sur-le-champ, et sans aucun
« détour, car je ne les comprends pas. »

Rien n'était plus modéré assurément, tant dans la forme que dans le fond, que cette dépêche qui resta sans réponse. Le maréchal, qui depuis le 17 s'avançait chaque jour de quelques kilomètres seulement vers Oudjeda, afin de laisser à El-Ghenaoui le temps de la réflexion, entra enfin dans cette ville, le 19. Aucune résistance ne lui fut opposée. Les troupes marocaines s'étaient mises en retraite sur Taza, avec Ghenaoui, leur chef. Quant aux habitants, les uns les avaient suivis, les autres se hâtèrent d'ouvrir leurs portes et de venir se soumettre au vainqueur qui les accueillit bien et les traita avec bonté. Le maréchal ne resta qu'un jour à Oudjeda. Voyant que les troupes marocaines s'étaient déjà fort avancées dans l'intérieur, il ne crut pas devoir les poursuivre, et puisqu'elles s'avouaient ainsi vaincues, il pensa qu'il devait attendre patiemment l'effet de son ultimatum, en se maintenant en position. si cet ultimatum était repoussé, de saisir la première occasion qui se présenterait pour donner une nouvelle leçon à ces barbares. Comme ce système pouvait prolonger pour un temps considérable la présence à Lella-Magrnia de troupes nombreuses, il résolut, pour rendre le service administratif plus prompt et plus facile, de faire arriver ses approvisionnements par le petit port de Djama-Ghazouat, situé à une trentaine de kilomètres au nord de cette localité. Il s'y porta de sa personne en quittant Oudjeda, et y arriva en même temps qu'un navire venu d'Oran, qui y apportait un premier chargement de munitions de bouche. Il avait d'abord eu la pensée de le faire occuper par quelques troupes; mais il trouva la tribu des Souhalia, qui entoure ce port, dans de si pacifiques dispositions, qu'il crut pouvoir traiter avec eux pour le transport des approvisionnements. Il fut arrêté que ces indigènes recevraient les denrées à leur débarquement et les transporteraient à un prix convenu à Lella-Magrnia. Cet arrangement, que les Souhalia exécutèrent fidèlement, délivra le maréchal d'une foule de petits soins et de petites préoccupations qui peuvent, dans certaines circonstances, embarrasser la marche des affaires les plus importantes.

Nous avons vu qu'Abd-el-Kader, après le combat du 30 mai, avait pénétré en Algérie par le sud avec l'espoir de soulever les Arabes. Mais les tribus, encore toutes froissées des désastres que leur avait attirés la guerre, se montrèrent peu disposées à prendre les armes de nouveau. D'ailleurs toute la limite méridionale du Tell était gardée par nos troupes. Le général Marey était à Tiaret, le colonel Eynard manœuvrait en avant de Saïda, M. Tempoure, nommé général depuis sa belle affaire du 11 novembre, en faisait de même en avant de Sidi-bel-Abbès.

L'Émir, après quelques tentatives infructueuses, dans l'une desquelles il n'échappa que de fort peu à la colonne du colonel Eynard, désespérant de son entreprise, inquiet sur le compte de sa Smala qu'il avait laissée dans le Maroc, se décida à repasser la frontière, en faisant un grand détour pour éviter le général Lamoricière, qui depuis le combat du 16 juin manœuvrait en avant de Sebdou. Le général Tempoure, qui se mit à sa poursuite, atteignit le 2 juillet, auprès des puits de Sidi-Mohammed, à peu de distance des frontières, quelques fractions de tribus qui avaient seules répondu à ses excitations. Elles furent traitées de manière à ce que les autres se félicitassent de n'avoir pas suivi leur exemple.

Revenu à son point de départ, Abd-el-Kader retrouva les troupes marocaines, qui, voyant que les nôtres n'avaient pas dépassé Oudjeda après leur victoire du 16 juin, s'étaient rapprochées de cette ville. Le maréchal, après s'être assuré du port de Djama-Ghazouat, s'était porté de nouveau sur ce district, qui pendant un mois et demi fut le théâtre d'une série monotone de marches et de contre-marches. Le but du maréchal était de trouver une nouvelle occasion de battre les Marocains, sans trop s'avancer dans leur pays, et de hâter ainsi la conclusion d'une affaire dont les lenteurs l'irritaient avec juste raison, malgré la politique modération de ses actes. Mais les Marocains se montrèrent peu désireux d'en venir aux mains. Il n'y eut que des engagements insignifiants à la suite desquels Abd-el-Kader envoyait quelques cavaliers brûler de la poudre à notre arrière-garde, puérile démonstration qui ne pouvait en imposer à personne sur la véritable position de l'Émir déchu.

Cependant l'attitude du Maroc n'était plus une simple affaire de localité entre Mouley-Abd-er-Rahman et le gouverneur général de l'Algérie. Au mois de juin, une escadre, commandée par le prince de Joinville, avait été envoyée sur les côtes du Moghreb, pour appuyer, par sa présence, les réclamations que M. de Nion, notre consul général à Tanger, était chargé de faire à ce prince. La Suède et le Danemark, qui payaient encore au Maroc cette espèce de tribu que le coupable égoïsme des grandes puissances européennes avait permis dans d'autres temps aux Barbaresques d'imposer aux petites, avaient profité de l'occasion pour armer aussi contre ce débris encore insolent de la puissance musulmane. Enfin l'Espagne menaçait également son orgueilleux et faible voisin, dont le gouvernement avait fait mettre récemment à mort un Juif, revêtu du titre d'agent consulaire de cette puissance à Mazagran. C'était donc comme une espèce de croisade qui menaçait le débile sultan du Maroc. Mais l'Angleterre qui, dans les Indes, a si peu de respect pour les nationalités musulmanes, croit qu'il est de son intérêt de les soutenir dans le bassin de la Méditerranée. Elle redoutait surtout extrêmement de nous voir étendre directement ou indirectement notre domination sur les côtes de l'Afrique qui font face à Gibraltar. Elle montra donc pour Mouley-Abd-er-Rahman des sympathies qui servirent de règle à la conduite de ses agents, avant même que ceux-ci eussent reçu des instructions positives du Foreing-Office. Il est dans les habitudes des agents britanniques de ne laisser échapper aucune occasion de contrarier la diplomatie française, sans même calculer les avantages que la leur peut en retirer, et de le faire avec une jactance tout à fait indigne de représentants d'une grande nation (1). Comme plusieurs d'entre eux sont des

---

(1) Ces lignes ont été écrites il y a déjà quelques années, c'est-

gens d'esprit et des gens cultivés, il est à croire que
cette habitude ne tient pas à leurs mœurs personnelles,
mais qu'elle provient d'une suite d'observations sécu-
laires qui auront démontré aux agents anglais que le plus
sûr moyen d'être bien dans l'esprit du ministère britannique est d'être toujours mal pour nous. Cette règle de
conduite, simple et facile, n'est pas sans inconvénients
sans doute, et peut quelquefois être appliquée à faux.
Mais, comme depuis des siècles le mal qui arrive à la
France est considéré comme un bien pour l'Angleterre,
celle-ci aura pensé que ce critérium des actes de ses
agents est encore le meilleur qu'elle puisse leur indiquer.
Le moraliste a dit à l'homme chez qui l'idée du bien et
du mal serait un peu confuse : *Dans le doute, abstiens toi.*
La tradition diplomatique de l'Angleterre dit à ses agents :
dans le doute, prends le parti que tu jugeras le plus contraire aux intérêts de la France.

Appuyés sur cet axiome politique, les agents anglais,
M. le général Wilson, à Gibraltar, et M. Drummond-
Hai, consul général de S.M.B. à Tanger (1), dès le principe de nos démêlés avec les Marocains, se mirent à
encourager ceux-ci, à leur insinuer que l'Angleterre saurait les soutenir au besoin, et à leur parler de la France

---

à-dire à une époque où elles étaient vraies dans le présent et dans le
passé. Ce qui se passe en 1854 peut faire espérer qu'elles ne le seront
plus dans l'avenir.

(1) Il ne saurait entrer dans la pensée de l'auteur d'attaquer le
caractère personnel de ces deux fonctionnaires. Il ne s'agit ici que de
la politique anglaise. Tout le monde connaît d'ailleurs la vie honorable du général Wilson, de même que beaucoup de Français ont
pu connaître à Gibraltar sa courtoisie et son affabilité.

avec ce dédain apparent dont se masque la jalousie. Le Juif qui avait été mis à mort à Mazagran était revêtu du titre d'agent britannique comme il l'était de celui d'agent espagnol. Mais cette circonstance fut passée sous silence, tant on avait à cœur de se montrer bons et fidèles amis de Mouley-Abd-er-Rhaman.

Lorsque les Marocains eurent été deux fois battus sur la frontière, et qu'une flotte française fut venue menacer leur côtes, le cabinet de Londres comprit qu'il pourrait bien se faire que les tergiversations du prince marocain, au sujet des réclamations et des demandes pleines de modération de la France, que ces tergiversations, dis-je, entretenues par ses propres agents, eussent des résultats contraires aux intérêts britanniques, tels, par exemple, que l'occupation par les troupes françaises de Tanger et de Tétouan, résultats qu'il ne pourrait empêcher qu'en prenant lui-même part à la lutte, ce qu'il ne voulait pas. L'Angleterre, en effet, tout en étant prodigue envers la France de mauvais procédés et de contrariétés mesquines, redoutait cependant la guerre, et avait bien des raisons de la redouter. Le ministère anglais voyant donc la tournure que prenaient les affaires dans le Maroc, prescrivit à M. Drummond-Hai de ne rien épargner pour déterminer Mouley-Abd-er-Rhaman à faire à la France des concessions propres à amener la paix. Il n'osa proposer sa médiation officielle dont le ministère français avait déclaré à la Chambre des Députés ne pas vouloir, par l'organe de son président, M. le maréchal Soult. Mais il espérait faire passer pour officielle sa médiation officieuse aux yeux des populations musulmanes, leur persuader que la modération que nos propres intérêts imprimaient à nos demandes de réparations était son œuvre, et conquérir ainsi au

Maroc une influence qu'il pourrait au besoin tourner contre nous. Ces calculs d'une politique jalouse et cauteleuse furent trompés, comme nous allons le voir.

Conformément aux ordres de son gouvernement, M. Drummond-Hai partit pour se rendre auprès de Mouley-Abd-er-Rhaman. Mais, sans s'embarrasser de ces démarches, le prince de Joinville, qui n'aurait pu en tenir compte qu'en paraissant accepter une médiation dont la France ne voulait pas, voyant que les notes de M. de Nion ne conduisaient à rien, alla prendre ce consul à Tanger, fit retirer aussi celui que nous avions à Mogador, et le 24 juillet il envoya au pacha d'El-Araïch l'ultimatum de la France, déjà signifié à El-Ghenaoui par le maréchal Bugeaud. Mouley-Abd-er-Rhaman dut le recevoir pendant que M. Drummond-Hai était encore auprès de lui. Que se passa-t-il entre ce prince et le diplomate anglais ? On ne peut le dire précisément ; mais voici des faits dont on peut tirer deux inductions également admissibles : premièrement Mouley-Abd-er-Rhaman, après l'avoir vu, écrivit à son fils, alors sur les frontières de l'Algérie, que la paix pouvait être considérée comme conclue; secondement la réponse à l'ultimatum faite au nom de ce prince par le pacha d'El-Araïch fut déclarée inadmissible par le prince de Joinville et par M. de Nion. Maintenant de deux choses l'une : ou M. Drummond-Hai exagéra au monarque marocain l'exiguité des concessions dont se contenterait la France, et se fit fort de les faire accepter, ce qui aurait porté l'empereur à croire que sa réponse, cette réponse déclarée inadmissible, était suffisante pour rétablir la paix, ou il obtint l'acceptation pure et simple de l'ultimatum d'abord repoussé. Dans le premier cas, M. Drummond-Hai se serait trompé étrangement sur le degré de prépotence de l'Angleterre et sur le caractère ferme et national du jeune et brave commandant de notre flotte ; il aurait commis par là une lourde erreur, une de ces erreurs qui ne sont pas permises à un diplomate de quelque poids. Dans le second cas, il se serait chargé lui-même de la seconde réponse de Mouley-Abd-er-Rhaman, sans être revêtu du caractère officiel de médiateur, ce qui ne permettait pas à M. de Nion, notre chargé d'affaires, de la recevoir, et ce qui par conséquent, en rendant nulle la tardive acceptation de l'empereur, mettait sous la responsabilité morale de M. Drummond-Hai tout le sang qui fut versé dans le Maroc depuis le 6 août. Quoi qu'il en soit, le prince de Joinville, après avoir attendu, par pure commisération, la mise en sûreté de cet agent, qui, s'il était resté entre les mains des Marocains, aurait pu payer fort cher son outrecuidance diplomatique, le prince de Joinville, dis-je, attaqua Tanger le 6 août. Il venait d'ailleurs de recevoir de Paris l'ordre de commencer les hostilités, si la réponse à l'ultimatum n'était pas satisfaisante. En peu de temps le feu de la place s'éteignit, les batteries ayant été démantelées, et les pièces démontées par celui de notre flotte. La ville souffrit peu, le prince ayant voulu épargner le quartier européen qui lui servit d'égide. Des bâtiments de guerre anglais, espagnols, danois, suédois et sardes, assistèrent en spectateurs bénévoles à cette affaire. On aurait dit que toutes les puissances maritimes de l'Europe s'étaient donné rendez-vous sur cette rade de Tanger pour être témoins d'une lutte où tous les vœux étaient pour nous, hors ceux d'un seul gouvernement qui n'avait pas pour lui l'opinion publique, même dans son propre pays.

Après le bombardement de Tanger, le prince de Joinville fit voile pour Mogador. Il informa en même temps le maréchal de ce qui venait de se passer, afin que de son côté il pût prendre l'offensive. Celui-ci y était on ne peut plus disposé. Depuis quelques semaines Sidi-Mohammed, fils de Mouley-Abd-er-Rhaman, était venu prendre le commandement des troupes marocaines, amenant avec lui des renforts qui en avaient considérablement augmenté le nombre. Il prit d'abord un ton fort haut et somma le maréchal d'évacuer Lella-Magrnia, comme l'avait fait El-Ghenaoui avec le général Lamoricière. Mais bientôt son attitude devint moins menaçante, les lettres de son père ne cessant de lui recommander la prudence et la temporisation. Néanmoins sa présence sur nos frontières, avec une armée nombreuse, notre position en apparence hésitante, et les intrigues d'Abd-el-Kader, que ces circonstances favorisaient, répandaient une sourde agitation dans nos tribus. Nos pourvoyeurs les Souhalia avaient été plusieurs fois attaqués dans le trajet de Djama-Ghazouat à Lella-Magrnia ; enfin tout indiquait que la situation ne pouvait se prolonger sans les plus graves inconvénients. Aussi, dès que le maréchal Bugeaud eut reçu la nouvelle officielle que la guerre était diplomatiquement déclarée, s'empressa-t-il d'en venir aux mains avec Sidi-Mohammed.

Dans la nuit du 13 au 14 août, le gouverneur général ayant réuni toutes ses forces ne s'élevant qu'à 11,000 hommes, se porta sur le camp marocain établi à la position de Djarf-el-Akhdar, à peu de distance d'Oudjeda, sur la droite de l'Oued-Isly, petit affluent de la Moulouia. Devant avoir affaire presque exclusivement à de la cavalerie, il avait formé de son infanterie un grand losange dont les faces se composaient elles-mêmes de petits carrés. La cavalerie était dans l'intérieur de ce losange qui marchait par un de ses angles dûment pourvu d'artillerie. Les Marocains assurent que la lettre où Mouley-Abd-er-Rhaman annonçait à son fils que la paix devait être considérée comme faite, que cette lettre, dis-je, dont il a été question plus haut, étant parvenue la veille même à Sidi-Mohammed, celui-ci ne s'attendait à rien moins qu'à une attaque. Mais il est difficile de croire que ce barbare n'eût pas déjà connaissance du bombardement de Tanger, qui avait eu lieu le 6, et que, par conséquent, il ne soupçonnât rien de ce qui allait lui arriver. Quoi qu'il en soit, dès qu'il vit au point du jour s'avancer l'armée française, il lança contre elle toute sa cavalerie, présentant une masse de vingt à vingt-cinq mille chevaux. Cette cohue ne parvint pas même à forcer nos lignes de tirailleurs, et fut bientôt séparée en deux par nos carrés qui s'avançaient majestueusement à travers cette foule confuse, comme un beau navire au milieu des flots impuissants d'une mer agitée. Le maréchal, saisissant avec rapidité le moment favorable, fit alors sortir sa cavalerie. Celle-ci se formant par échelons, chargea avec une grande vigueur la partie de la cavalerie marocaine qui était à notre gauche, et la dispersa après avoir jeté sur le carreau plusieurs centaines de ses cavaliers, aussi bruyants, mais bien moins audacieux que ces braves Mamelouks d'Egypte qui ont laissé de si poétiques souvenirs dans les traditions de nos armées. Le premier échelon, composé de six escadrons de spahis et commandé par le colonel Yousouf, ne voyant plus devant lui que le camp marocain encore tout dressé, s'y précipita audacieusement. Onze pièces de canon qui en couvraient le front de bandière ne firent qu'une seule décharge. Les artilleurs marocains n'eurent pas le temps de recharger: les uns furent sabrés sur leurs pièces, les autres éperdus allèrent chercher derrière la toile de leurs tentes un illusoire abri. L'infanterie marocaine, qui du reste était peu nombreuse, montra la plus insigne lâcheté; elle se dispersa dans des ravins où notre cavalerie ne pouvait la poursuivre, et gagna, par de longs détours, la route de Taza.

Pendant que le premier échelon marchait sur le camp, le second, commandé par le colonel Morris, se porta sur la partie de la cavalerie ennemie qui était à notre droite. Le combat fut très-acharné sur ce point où les Marocains se battirent mieux qu'ils ne l'avaient fait à gauche. Il fallut, pour décider leur défaite, que trois bataillons de notre infanterie se détachassent du grand losange. Après cela tout fut terminé. L'armée française se concentra au camp des Marocains, et bientôt se mit à la poursuite des vaincus pour les empêcher de se rallier. Lorsque le maréchal vit que leur dispersion était complète, que tout ce qui pouvait être pris l'avait été, il ramena ses troupes au camp où elles purent goûter le repos qu'elles avaient si bien mérité.

Telle fut cette affaire, plus brillante que meurtrière, qui prit le nom de bataille d'Isly. Les trophées de la victoire furent onze pièces de canon, dix-huit drapeaux, toutes les tentes des Marocains, y compris celle de Sidi-Mohammed assez richement meublée, enfin, des approvisionnements de tout genre. Nos pertes furent presque insignifiantes pour un succès aussi complet. Parmi nos morts, on eut à regretter quatre officiers de spahis, MM. Damotte, Diter, Rozetti et Bou-Chakor. Les pertes en hommes de l'ennemi ne furent pas non plus en proportion avec l'échec qu'il reçut. Huit cents morts sont assurément peu de chose pour une armée de 25,000 hommes aussi complétement battue que le fut l'armée marocaine à Isly. Mais cela s'explique par la promptitude de la défaite et par la faiblesse numérique de notre cavalerie, qui ne comptait que dix-neuf escadrons.

Pendant que le maréchal Bugeaud dispersait l'armée des Marocains et humiliait l'orgueil de ce peuple barbare et fanatique, qui était resté sur le souvenir glorieux pour lui de la bataille d'Alcassar, le prince de Joinville lui donnait une leçon non moins sévère. L'escadre qu'il commandait se composait des vaisseaux le Suffren, le Jemmapes, le Triton, de la frégate la Belle-Poule, des bricks le Cassard, l'Argus, le Volage, et des bateaux à vapeur l'Asmodée, le Pluton, le Phare, le Gassendi et le Rubis; elle arriva devant Mogador le 11 août; elle fut contrainte par l'état de la mer de mouiller à trois mille de la côte. Mais le 15 au matin, le temps étant favorable, l'attaque commença. Mogador ou Souhira est bâtie sur une pointe sablonneuse terminée par des récifs qui en rendent les abords difficiles et dangereux. Le mouillage est situé au sud de cette pointe et couvert par une petite île qui s'élève au sud-ouest de la ville. La partie de la place qui fait face à la haute mer était défendue par une batterie de quarante canons, devant laquelle vinrent d'abord s'embosser, à quatre encablures de distance, le Jemmapes et le Triton. La partie de la ville qui a vue sur l'île et sur le mouillage était défendue par une batterie de seize canons établie sur le continent, par une autre batterie de vingt-quatre canons et par une grosse tour construite sur les récifs. Le vaisseau le Suffren, que montait le prince, et la frégate la Belle-Poule, s'embossèrent devant ces ouvrages dans le canal qui sépare l'île du continent.

C'était le poste le plus dangereux sous tous les rapports.

La place avait commencé à tirer dès qu'elle avait vu nos vaisseaux en mouvement. Mais ceux-ci ne ripostèrent que lorsqu'ils eurent pris leurs places de combat. Notre feu fut si bien dirigé dès les premières bordées, que celui des Marocains ne tarda pas à se ralentir. Les bricks et les bateaux à vapeur s'engagèrent alors dans le canal et vinrent attaquer l'île, où un débarquement de 500 hommes fut opéré : le prince s'y transporta même de sa personne. Toutes les batteries de l'île furent successivement enlevées malgré la belle défense des Marocains, qui se battirent en gens de cœur. Cent soixante d'entre eux, retranchés dans une mosquée, mirent bas les armes : deux cent quarante avaient péri. Le feu de la place cessa à cinq heures du soir. Nos vaisseaux allèrent mouiller au large pendant la nuit ; la frégate et le Cassard continuèrent seuls à tirer jusqu'au jour. Le 16, le pyroscaphe le Véloce apporta l'ordre ministériel de conserver l'île de Mogador dans le cas où elle tomberait en notre pouvoir, ce qui venait précisément d'avoir lieu. Le prince y établit donc une garnison suffisante ; il fit ensuite débarquer dans la place même cinq cents hommes qui mirent hors de service les canons des Marocains, à l'exception de deux qui furent embarqués, et jetèrent à la mer ou emportèrent toute la poudre qu'ils trouvèrent dans les magasins. La ville était dans un état affreux ; les autorités et les habitants l'avaient abandonnée, et des bandes sorties des tribus presque sauvages qui l'avoisinent, saccageaient les maisons, brûlant et renversant ce que nos boulets avaient épargné. Le prince fit recueillir le consul d'Angleterre, que les Marocains n'avaient pas voulu remettre à un navire de sa nation qui était venu le réclamer quelques jours auparavant.

Après avoir subi les plus indignes traitements, il était parvenu à se sauver dans une masure du rivage de la marine, où il serait mort de misère et de faim avec sa malheureuse famille, si nos matelots ne l'en avaient retiré. Vers le même temps, un navire anglais fut canonné à Rabat; des naufragés de cette nation avaient été massacrés au cap Spartel : c'est ainsi que les Marocains récompensaient les Anglais de l'amitié subite dont ils s'étaient épris pour eux. Il est vrai que cette amitié était au nombre des causes qui les avaient mis dans la triste position où ils se trouvaient.

Après avoir installé la garnison de l'île de Mogador et désigné les navires qui devaient rester en station sur ce point, le prince de Joinville fit reprendre à son escadre la route de Cadix, d'où il était parti pour opérer sur les côtes du Maroc. Dans ce trajet, un magnifique bateau à vapeur, le Groënland, fit fausse route et vint échouer à huit milles d'El-Araïch, entre cette ville et Mahmora. L'équipage fut sauvé par d'autres navires qui vinrent à son secours avec le prince lui-même ; mais il fallut incendier le bateau pour ne pas le laisser entre les mains des Arabes, accourus en grand nombre sur la plage. Arrivé à Cadix, M. de Joinville attendit dans cette rade de nouvelles instructions et les conséquences probablement pacifiques des faits de guerre qui venaient de s'accomplir. Le maréchal Bugeaud, de son côté, retourna à Alger, ne voyant plus d'ennemis devant lui et n'ayant pas l'ordre de pénétrer dans le cœur des États de Mouley-Abd-er-Rhaman, dont les troupes, dans leur fuite, avaient été harcelées et pillées par les Kbaïles du Rif. Il avait reçu, du fils de Mouley-Abd-er-Rhaman, une lettre dont la conclusion était la demande de la paix mêlée à d'amères plaintes sur ce que l'armée marocaine avait été attaquée à l'Isly au moment où elle devait, selon lui, considérer cette paix comme faite. Le maréchal s'embarqua à Djemma-Ghazouat, où il fut décidé qu'une garnison française serait établie. Le général Lamoricière reprit le commandement des troupes de la frontière, le général Bedeau retourna à Tlemcen, et le maréchal rentra, le 5 septembre, à Alger, où il fut reçu en triomphateur. Le titre de duc d'Isly venait de lui être décerné par ordonnance royale.

Nous venons de voir que Sidi-Mohammed avait fait à son vainqueur des ouvertures de paix peu de jours après sa défaite. Le pacha de l'Araïch, Bou-Selem, en fit autant auprès du prince de Joinville dans les premiers jours de septembre. Il paraît que les deux chefs militaires qui avaient si vigoureusement agi contre le Maroc auraient voulu qu'on imposât à Mouley-Abd-er-Rhaman 12,000,000 de francs pour frais de guerre; mais MM. de Nion et de Glüksberg, plénipotentiaires chargés des négociations, furent plus accommodants. Voici le traité qu'ils signèrent à Tanger le 10 septembre, et qui fut successivement ratifié par le roi des Français et par Mouley-Abd-er-Rhaman :

« Sa Majesté l'empereur des Français (1), d'une part, et Sa Majesté l'empereur du Maroc, roi de Fez et de Sous, d'autre part, désirant régler les différends survenus entre la France et le Maroc, et rétablir, conformément aux

---

(1) Dans tous les actes politiques passés avec les princes mahométants, il était d'usage, depuis François Ier, que nos rois prissent le titre d'empereur.

anciens traités, les rapports de bonne amitié qui ont été un instant suspendus entre les deux empires, ont nommé et désigné pour leurs plénipotentiaires :

« Sa Majesté l'empereur des Français, le sieur Antoine-Marie-Daniel Doré de Nion, officier de la Légion d'honneur, chevalier de l'ordre royal d'Isabelle-la-Catholique, chevalier de première classe de l'ordre grand-ducal de Louis de Hesse, son consul général et chargé d'affaires près Sa Majesté l'empereur de Maroc ; et le sieur Louis-Charles-Élie Decazes, duc de Glücksberg, chevalier de l'ordre royal de la Légion d'honneur, commandeur de l'ordre royal de Daneborg et de l'ordre royal de Charles III d'Espagne, chambellan de Sa Majesté danoise, chargé d'affaires de Sa Majesté l'empereur des Français près de Sa Majesté l'empereur de Maroc ;

« Et Sa Majesté l'empereur de Maroc, roi de Fez et de Sous, l'agent de la Cour très-élevée par Dieu, Sidi-bou-Selam-ben-Ali ;

« Lesquels ont arrêté les stipulations suivantes :

« Art. 1ᵉʳ. Les troupes marocaines, réunies extraordinairement sur la frontière des deux empires ou dans le voisinage de ladite frontière, seront licenciées.

« Sa Majesté l'empereur de Maroc s'engage à empêcher désormais tout rassemblement de cette nature. Il restera seulement, sous le commandement du kaïd d'Oudjeda, un corps dont la force ne pourra excéder habituellement 2,000 hommes. Ce nombre pourra toutefois être augmenté si des circonstances extraordinaires et reconnues telles par les deux Gouvernements le rendaient nécessaire dans l'intérêt commun.

« 2. Un châtiment exemplaire sera infligé aux chefs marocains qui ont dirigé ou toléré les actes d'agression commis en temps de paix sur le territoire de l'Algérie contre les troupes de Sa Majesté l'empereur des Français. Le Gouvernement marocain fera connaitre au Gouvernement français les mesures qui auront été prises pour l'exécution de la présente clause.

« 3. Sa Majesté l'empereur de Maroc s'engage de nouveau, de la manière la plus formelle et la plus absolue, à ne donner ni permettre qu'il soit donné, dans ses États, ni assistance, ni secours en armes, munitions ou objets quelconques de guerre, à aucun sujet rebelle ou à aucun ennemi de la France.

« 4. Hadj-Abd-el-Kader est mis hors la loi dans toute l'étendue de l'empire de Maroc aussi bien qu'en Algérie.

« Il sera, en conséquence, poursuivi à main armée par les Français, sur le territoire de l'Algérie, et par les Marocains, sur leur territoire, jusqu'à ce qu'il en soit expulsé, ou qu'il soit tombé au pouvoir de l'une ou de l'autre nation.

« Dans le cas où Abd-el-Kader tomberait au pouvoir des troupes françaises, le Gouvernement de Sa Majesté l'empereur des Français s'engage à le traiter avec égards et générosité.

« Dans le cas où Abd-el-Kader tomberait au pouvoir des troupes marocaines, Sa Majesté l'empereur de Maroc s'engage à l'interner dans une des villes du littoral ouest de l'empire, jusqu'à ce que les deux Gouvernements aient adopté de concert les mesures indispensables pour qu'Abd-el-Kader ne puisse, en aucun cas, reprendre les armes, et troubler de nouveau la tranquillité de l'Algérie et du Maroc.

« 5. La délimitation des frontières entre les possessions de Sa Majesté l'empereur des Français et celles de Sa

Majesté l'empereur de Maroc, reste fixée et convenue, conformément à l'état des choses reconnu par le Gouvernement marocain à l'époque de la domination des Turcs en Algérie.

« L'exécution complète de la présente clause fera l'objet d'une convention spéciale, négociée et conçue sur les lieux, entre le plénipotentiaire désigné à cet effet par Sa Majesté l'Empereur des Français et un délégué du gouvernement marocain. Sa Majesté l'Empereur du Maroc s'engage à prendre, sans délai, dans ce but, les mesures convenables, et à en informer le Gouvernement français.

« 6. Aussitôt après la signature de la présente convention, les hostilités cesseront de part et d'autre; dès que les stipulations comprises dans les art. 1, 2, 4 et 5, auront été exécutées à la satisfaction du Gouvernement français, les troupes françaises évacueront l'île de Mogador, ainsi que la ville d'Ouedjeda, et tous les prisonniers faits de part et d'autre seront mis immédiatement à la disposition de leurs nations respectives.

« 7. Les hautes parties contractantes s'engagent à procéder, de bon accord, et le plus promptement possible, à la conclusion d'un nouveau traité qui, basé sur les traités actuellement en vigueur, aura pour but de les consolider et de les compléter, dans l'intérêt des relations politiques et commerciales des deux empires.

« En attendant, les anciens traités seront scrupuleusement respectés et observés dans toutes leurs clauses, et la France jouira, en toute chose et toute occasion, du traitement de la nation la plus favorisée.

« 8. La présente convention sera ratifiée, et les ratifications seront échangées dans un délai de deux mois, ou plus tôt, si faire se peut.

« Cejourd'hui, le 10 septembre de l'an de grâce mil huit cent quarante-quatre (correspondant au 25 du mois de chaaban de l'an de l'hégire mil deux cent soixante), les plénipotentiaires ci-dessus désignés de Leurs Majestés les Empereurs des Français et du Maroc ont signé la présente convention, et y ont apposé leur sceau respectif.

« (*Signé*) : ANT. M. D. DORÉ DE NION.

« (*Signé*) : DECAZES, duc de Gluücksberg. »

Nous ne ferons aucune observation sur ce traité qui, réduit à sa plus simple expression et dégagé de toute phraséologie oiseuse, est tout simplement une déclaration faite par Mouley-Abd-er-Rhaman du désir qu'il éprouve de ne plus être battu, déclaration à laquelle la France répond par la promesse de ne plus le battre. Au reste, avec un État comme le Maroc, il n'y a pas de traités à faire; il n'y a que des injonctions à signifier et des châtiments à infliger.

L'Espagne, la Suède et le Danemark arrangèrent aussi leurs différends avec le Maroc, sous la favorable impression du canon d'Isly et de Mogador. Il est bien entendu que les redevances payées par les deux États du Nord furent abolies. L'Espagne eut tort, selon nous, de ne pas s'engager franchement dans une guerre de conquête contre le Maroc, guerre que sa position géographique lui permettait de soutenir malgré le mauvais état de ses finances, et qui en donnant un but bien net à son activité inquiète, l'aurait arrachée à ses misérables discussions intestines qui la réduisent à un rôle si indigne de la noblesse de ses traditions.

A peine rentré à Alger, le maréchal Bugeaud eut à s'occuper de nouveau des Kbaïles de Dellys, dont il avait été forcé de s'éloigner un peu à la hâte au printemps précédent, pour courir sur les frontières du Maroc. Ben-Salem, redevenu entreprenant depuis qu'il ne voyait plus le danger d'aussi près, était sorti de sa retraite, soutenu par Bel-Cassem-Oulidou-Cassi. Ces deux hommes agitaient les tribus dont la soumission n'avait été qu'incomplète et menaçaient celles que leurs intérêts rattachaient plus solidement à notre cause. Vers la fin de septembre, le général Comman fut envoyé dans ce district avec une colonne expéditionnaire d'un peu plus de 5,000 hommes. Pendant plusieurs jours il parcourut le pays sans rencontrer de résistance, ravageant le territoire des tribus rebelles. Enfin le 17 octobre, il se trouva, chez les Flissa-el Bahr, en face d'un rassemblement fort considérable de Kbaïles, dans une localité appelée Tlelat. Il les attaqua avec résolution. Malheureusement, une partie de ses troupes qu'il avait chargée de tourner la position qui était très-forte, rencontrèrent de telles difficultés de terrain qu'elles ne purent manœuvrer avec la célérité sur laquelle on avait compté. Il résulta de ce contre-temps que celles qui attaquaient la position de front eurent à supporter seules un combat où elles eurent le désavantage du nombre et de la position. L'affaire fut extrêmement chaude et plus meurtrière que ne l'avait été la bataille d'Isly. L'ennemi fut débusqué des hauteurs qu'il occupait et dont nous nous emparâmes. Mais comme nous ne pouvions y établir le camp, il fallut en redescendre. Les Kbaïles reprirent alors l'offensive, ce qui donna à cette affaire un caractère équivoque. Le général Comman, qui avait beaucoup de blessés, dut se replier sur Dellys, où il arriva le 19.

Dès que le maréchal eut eu connaissance du combat de

Tlelat, il partit pour Dellys avec de nouvelles troupes. Les ayant réunies à celles du général Comman, il se porta en avant, le 25 octobre, sur trois colonnes. La position de Tlélat, où il se dirigea d'abord, n'avait pas été réoccupée par les Kbaïles ; mais, le 28, il les rencontra à Aïn-el-Arbi, position très-forte, d'où il les chassa après quelques heures de combat. Le maréchal s'avança ensuite jusqu'au village maritime de Tedlès, qu'un bateau à vapeur parti de Dellys avait canonné quelques jours auparavant.

L'affaire du 17, où les Kbaïles avaient perdu beaucoup de monde, celle du 28, où ils avaient été complétement battus, et enfin la présence dans ces contrées du duc d'Isly, que sa victoire récente sur les Marocains présentait aux indigènes sous un aspect plus redoutable que jamais, déterminèrent les tribus qui avaient pris les armes à se soumettre; elles appartenaient à l'aghalik de Taourga, un des trois qui avaient été formés six mois auparavant. La tranquillité fut ainsi momentanément rendue à cette contrée. Elle régnait depuis plusieurs mois dans la province de Constantine, dont le duc d'Aumale avait remis, au mois d'octobre, le commandement au général Bedeau, que remplaça à Tlemcen le général Cavaignac. Aucun bruit de guerre ne se faisait entendre non plus dans la province de Tittery. Dans celle d'Oran, le commandant des troupes réunies à Ben-Abbès crut devoir faire, vers la fin de novembre, une course sur des tribus établies entre les deux Chots, à sept journées de marche au sud. Il ramena un peu de bétail de cette expédition complétement inutile et même impolitique, car, de l'aveu de cet officier; « la razia atteignit principalement
« une tribu qui avait échappé aux razias d'Abd-el-Kader,

« à qui elle donnait de fréquents sujets de mécontente-
« ment. » Cette étrange naïveté, extraite textuellement
de son rapport, dénote une inquiétude d'esprit qui s'était
emparée de presque tous les commandants de nos nombreux postes, et qui, prenant à leurs propres yeux l'apparence du louable désir de se rendre utiles, compliqua
singulièrement les affaires, et fut au nombre des causes
qui firent naître les événements fâcheux que nous aurons
bientôt à raconter.

A l'exception des espérances qu'il avait fondées sur la
guerre du Maroc, rien n'était changé dans la position
d'Abd-el-Kader. Mouley-Abd-er-Rhaman lui écrivit pour
lui enjoindre de se rendre à Fez, mais il ne tint nul
compte de l'injonction, et le monarque marocain n'in-
sista pas. Abd-el-Kader attendait donc patiemment, à
quelques lieues de nos frontières, que les événements le
remissent en scène, fort satisfait sans doute du soin que
nous prenions de châtier les tribus qui lui avaient donné
de fréquents sujets de mécontentement. M. le maréchal
Bugeaud, profitant du moment de calme qui succédait à
tant d'agitations, alla prendre en France un peu de repos.
Le général Lamoricière fut chargé de l'intérim.

LIVRE XXXIX.

Nouvelles tentatives d'Abd-el-Kader sur l'Algérie. — Marche du colonel Géry dans le Sahara. — Abd-el-Kader rentre dans le Maroc. —Apparition de Bou-Maza.—Insurrection du Dhara, de la vallée du Chélif et de l'Ouenseris.—Elle est comprimée.—Troubles dans l'est de la province d'Alger. — Expédition du Mont-Aurès dans celle de Constantine.—Réapparition de Bou-Maza.—Nouvelle invasion d'Abd-el-Kader.—Sinistre de Sidi-Ibrahim.

La lassitude qui s'était emparée des Arabes après la campagne de 1843, leur avait fait repousser, en 1844, les excitations d'Abd-el-Kader, malgré les chances favorables que paraissait offrir à une insurrection la guerre dans laquelle nous nous trouvions engagés contre le Maroc. Mais un repos d'un an avait ranimé les esprits. D'un autre côté, les nouveaux établissements que nous avions fondés sur des points où les indigènes n'auraient jamais cru que nous eussions songé à nous fixer, étaient une cause d'irritation pour les hommes ardents que notre voisinage blessait. Il semblait honteux à ceux-ci de ne pas protester contre notre présence, ainsi que l'avaient successivement fait toutes les populations, sans exception, au milieu desquelles nous nous étions successivement établis. Les nouveaux postes devaient donc avoir comme les anciens leur période de lutte; lutte qu'il était en outre dans la nature des choses que les commandants de ces postes provoquassent, d'une manière ou d'une autre, si elle tardait à se manifester.

La disposition d'esprit où se trouvaient, au commencement de 1845, les indigènes de la lisière du Tell, de la vallée du Chélif et du Dahra, était donc née de la permanence de notre présence chez eux, et pouvait se manifester avec ou sans Abd-el-Kader; mais celui-ci était trop habile et trop actif pour ne pas chercher à en profiter. D'ailleurs, malgré le grand affaiblissement de sa puissance matérielle, la liberté d'action dont il jouissait sur la frontière du Maroc, même son existence seule, après nos succès dans une guerre qui semblait devoir le perdre à jamais, faisaient encore tourner vers lui des regards d'espérance et de respect. Dès le mois de janvier, on commença à apercevoir dans la province d'Oran des signes d'une sourde agitation ; on acquit la certitude que des émissaires d'Abd-el-Kader parcouraient les tribus. Enfin, le 30 janvier, il se passa au camp de Sidi-bel-Abbès, un fait d'une nature sombre et étrange : le commandant de ce camp en était sorti avec une partie des troupes pour aller faire une course sur quelques peuplades des environs, lorsque une soixantaine d'Arabes, chantant des prières et sans armes apparentes, se présentèrent à la porte de la redoute; le factionnaire voulut leur en interdire l'entrée, mais il fut subitement frappé de plusieurs coups de poignard et jeté dans le fossé. Aussitôt les Arabes, tirant les armes cachées sous leurs vêtements, se précipitèrent dans la redoute faisant main basse sur tout ce qu'ils rencontraient. Dans ce premier moment de confusion, une vingtaine de nos soldats succombèrent; mais ils furent bientôt vengés par leurs camarades, qui, ayant eu le temps de s'armer, se jetèrent sur les assaillants et les massacrèrent tous. Ces hommes appartenaient à la tribu des Oulad-Brahim, une des fractions des Beni-Amer qui habitent le territoire de

Sidi-bel-Abbès. Ils faisaient tous partie, à ce que l'on dit dans le temps, de la confrérie des Darkaoua, sorte de puritains très-fanatiques. Mais, comme cette expression s'applique aussi à tous ceux qui se révoltent contre l'autorité établie, je ne sais s'il n'y eut pas confusion et équivoque. Tant il y a que l'on crut presque avoir trouvé en Algérie quelque chose d'analogue à la société des *Étrangleurs*, récemment découverte dans l'Inde et qui a déjà fourni la matière à tant de tragiques récits.

Le coup de main tenté sur Sidi-bel-Abbès montrait d'une manière bien manifeste tout ce qu'il y avait encore de haine pour nous dans le cœur d'une partie de la population. D'un autre côté, les menées d'Abd-el-Kader étant connues, on ne mit pas en doute qu'il ne parvînt bientôt à exciter de nouveaux troubles. Le général Lamoricière pensant qu'il pourrait, comme l'année dernière, pénétrer dans le Tell, par le haut Mekerra, établit un nouveau camp permanent à Daïa, au sud de Sidi-bel-Abbès, entre Sebdou et Saïda. Peu de temps après, on apprit en effet que l'Emir avait quitté le Maroc, et qu'il se trouvait sur notre territoire au nord des chots. L'avis en fut donné par le kaïd d'Oudjeda lui-même.

Le général Cavaignac, commandant de la subdivision de Tlemcem, était chez les Oulassa pour la rentrée des contributions, lorsqu'il apprit le mouvement d'Abd-el-Kader. Il se porta aussitôt vers Sebdou. En y arrivant il sut que l'Emir s'avançait vers l'est, et que par conséquent il ne tenterait rien, pour le moment du moins, sur le territoire de Tlemcen. Il retourna alors chez les Oulassa qui, en le voyant partir, avaient chassé les receveurs de l'impôt et s'étaient mis en pleine révolte. Après les avoir châtiés de leur rébellion par l'enlèvement d'une partie de leurs troupeaux, il se transporta au sud de Sebdou prêt à combattre l'Emir, si, revenant sur ses pas, il se présentait dans ces parages. Il dirigea peu après une petite expédition contre les Beni-Senous qui s'étaient également révoltés, et les fit rentrer dans la soumission. Dans le même temps le général Korte couvrait le pays vers Sidi-bel-Abbès et Daïa, et le général Lamoricière manœuvrait vers Saïda, faisant récolter du foin de tous côtés pour en pourvoir les nouveaux camps. Le colonel Géry était plus au midi vers Frenda, de sorte qu'il était à peu près impossible qu'Abd-el-Kader cherchât à pénétrer dans le Tell de la province d'Oran, sans se heurter contre une de nos colonnes. Cependant, comme il pouvait se porter par le désert vers l'origine de la vallée du Chélif et gagner de là l'Ouenseris où une insurrection avait éclaté, le général Lamoricière résolut d'envoyer un corps de troupe tout à fait vers le sud à Stitten et Brezina. Il chargea de cette mission importante le colonel Géry.

Nous avons fait connaître, dans le livre XXXVII, la position de Batna et de Biskara. Stitten et Brezina, sont dans l'ouest, des positions exactement analogues. La première de ces localités est comme Batna à l'entrée d'une coupure qui conduit dans le Sahara à travers les dernières montagnes du Tell, et Brezina est comme Biskara une oasis située au débouché de la vallée. Ces quatre points sont réciproquement à la même distance de la côte; mais ceux de l'ouest sont beaucoup plus au sud que ceux de l'est.

Le colonel Géry, à la tête d'une colonne de 2,000 hommes au plus, arriva à Stitten vers la fin d'avril, sans avoir rencontré d'ennemis dans sa marche. Les habitants de ce village, plus important par sa position géographique

que par sa population, lui montrèrent les dispositions les plus pacifiques, ainsi que les tribus du voisinage, savoir : les Oulad-Moumen, les Trafi, les Derraya, les Akenna et les Abd-el-Kerim, qui envoyèrent le cheval de soumission. Mais les Oulad-Sidi-Chirk, soumis à l'influence héréditaire de leurs marabouts, se disposèrent à la guerre. Le colonel Géry n'en continua pas moins sa marche ; le 27, il arriva au village de Rassoul, dont les habitants avaient d'avance fait leur soumission.

Le 30, nos troupes arrivèrent au défilé d'Arouïa qu'il faut traverser pour descendre à Brezina. Ce passage était défendu par Sidi-Hamza, un des chefs des Oulad-Sidi-Chirk; il fut forcé après un court combat, et la colonne arriva à Brezina. Les indigènes de cette oasis étaient dans la dépendance des Oulad-Sidi-Chirk; cependant ils ne cherchèrent pas à résister et vinrent faire acte de soumission. Il y avait dans cette oasis un petit fort que le colonel Géry fit sauter. Il se remit ensuite en marche vers le nord en suivant la même route qu'en venant. Dans cette marche rétrograde il eut encore à combattre les Oulad-Sidi-Chirk, à qui il tua une cinquantaine d'hommes, ce qui leur fit perdre toute envie de chercher plus longtemps à nous inquiéter. Le 9 mai, le colonel Géry était à Godjilah, d'où il retourna à Frenda.

Cette marche hardie du colonel Géry vers le désert arrêta Abd-el-Kader dans son mouvement vers l'est. N'osant dépasser le méridien de Stitten, il rétrograda vers les chots, et s'arrêta dans un lieu appelé Krenek-Azir, à trente-cinq lieues au sud-est de Saïda. Il était parvenu à entraîner à sa suite une partie des cavaliers de cette contrée ; mais ceux-ci, le voyant ainsi en retraite, le quittèrent ; il ne lui resta plus que les quelques fidèles avec lesquels il était venu du Maroc. Le colonel Géry, instruit de ces faits, quitta de nouveau Frenda et se porta à Aïn-Ketifa, à la pointe orientale du chot El-Chergui. Abd-el-Kader, abandonnant aussitôt sa position, se disposa à rentrer dans le Maroc, voyant que son entreprise ne lui présentait plus aucune chance de succès. Vers le même temps, le général Cavaignac se portait vers le chot El-Garbi par Kerbaïa. Les deux troupes auraient pu se rencontrer; mais le hasard voulut que cette rencontre, dont les suites ne pouvaient qu'être extrêmement funestes à Abd-el-Kader, n'eût pas lieu.

Le colonel Géry avait trouvé sur le chot plusieurs douars en grande partie de la tribu des Hamian-Cheraga, qui, ayant eu beaucoup à souffrir des réquisitions de tout genre que l'Émir avait été obligé de faire sur eux, demandaient l'autorisation de venir s'établir dans le Tell. Cette autorisation leur ayant été accordée, ils dressèrent leurs tentes entre Frenda et l'Oued-el-Abd.

Pendant que ces choses se passaient dans l'ouest de l'Algérie, une insurrection se préparait, puis éclatait dans le Dahra et la vallée du Chélif. L'instigateur en fut Mohammed-ben-Abdallah, surnommé Bou-Maza, qui pendant près de deux ans a joui en Algérie d'une certaine célébrité. Pour bien comprendre le rôle qu'a joué cet homme, il est nécessaire de savoir qu'il existe dans le nord de l'Afrique, comme dans tous les pays soumis à l'islamisme, des confréries religieuses, assez semblables à ces confréries dites de pénitents, qui auraient chez nous déshonoré le catholicisme s'il avait pu l'être. Ces associations ont toutes eu pour fondateurs des marabouts, et ont à leur tête des prieurs ou mokadem, successeurs spirituels du fondateur. Le plus souvent le lien qui en unit les membres, les frères ou khouan, comme ils s'appellent entre eux, n'est qu'un tissu de petites pratiques superstitieuses et absurdes sans aucune espèce de portée ; mais il en est qui ont en outre un corps de doctrine dont l'influence sur la politique est incontestable : tels sont les darkaoua, vrais radicaux, qui pensent que les hommes ne peuvent, sans pécher horriblement, reconnaître d'autre souverain que Dieu, et les disciples de Muley-Taïeb, qui semblent avoir pour mission de réveiller la haine contre les Chrétiens partout où elle paraîtrait vouloir s'affaiblir. C'est à cette dernière confrérie, dont le chef habite le Maroc, qu'appartenait Mohammed-ben-Abdallah. Né à Taroudant, ville de cet empire, il vivait depuis quelques années fort obscurément dans le Dahra, lorsque, vers le commencement de 1845, il se mit à prêcher la guerre sainte chez les Oulad-Younès. Il se disait le sultan qui, d'après une prédiction de Muley-Taïeb, devait reconquérir l'Algérie sur les Chrétiens. « Je suis celui qui doit venir à l'heure indiquée par les « prophéties, » répétait-il sans cesse, « à l'heure de la « délivrance. » D'où les Arabes l'appelèrent le *maître de l'heure*, qualification sous laquelle est désigné le libérateur promis. Le surnom de Bou-Maza lui vint d'une chèvre, d'autres disent d'une gazelle, qu'il avait apprivoisée, et dont il se servait, comme Sertorius de sa biche, pour faire croire qu'il recevait, par l'intermédiaire de cet animal, des avertissements célestes. Cet imposteur néanmoins, ne comptant pas exclusivement sur le fanatisme de ses coreligionnaires pour se former un parti, promit de combler des biens de ce monde ceux qui se rangeraient sous ses drapeaux ; et comme le pillage des richesses des Chrétiens qu'il leur montrait en perspective était chose chanceuse et éloignée, il offrit en outre à leur cupidité le pillage plus facile et plus assuré des Musulmans qui avaient reconnu notre autorité et reçu de nous des emplois. El-Hadj-Cadok, kaïd de Mediouna, Bel-Kassem, un des cheiks des Sbiah, furent les premières victimes de sa politique. Ces deux hommes furent massacrés et leurs biens pillés. Bou-Maza étant parvenu par de semblables moyens à réunir cinq à six cents hommes convenablement armés, se porta vers Orléansville. Le colonel de Saint-Arnaud, instruit des progrès de l'insurrection, marchait de son côté à sa rencontre. Ils se joignirent, le 14 avril, à Aïn-Meran, où Bou-Maza fut complétement battu. Un tel échec, reçu en dépit de ses pompeuses prédictions et la première fois qu'il se trouvait en face des Chrétiens, semblait devoir être mortel pour lui en ouvrant les yeux aux fanatiques qui le suivaient ; mais il n'en fut pas ainsi. Le colonel de Saint-Arnaud, poursuivant ses avantages, se porta au cœur même du Dahra, chez les Oulad-Younès, berceau de l'insurrection, où le général Bourjolly se rendit aussi avec les troupes de Mostaganem, de même que le commandant Canrobert avec celles de Tenez. Il y eut là, le 18 avril, un petit combat dans lequel deux des nôtres étant tombés entre les mains de l'ennemi, furent brûlés vifs par les Kbaïles. Ce fait est rapporté par un témoin oculaire qui paraît fort impartial à l'endroit de ces sortes d'actes, car il raconte également que, quelques jours auparavant, quinze prisonniers Kbaïles avaient été fusillés par nos gens.

Pendant que toutes les forces disponibles des Français des subdivisions de Mostaganem et d'Orléansville se trouvaient concentrées chez les Oulad-Younès, Ben-Henni, kaïd des Beni-Hidja, qui s'était secrètement engagé avec Bou-Maza, trouvant l'occasion favorable pour se déclarer, vint attaquer le camp des gorges en avant de Tenez sur la route d'Orléansville. Le départ des troupes du commandant Canrobert l'ayant laissé presque sans garnison, il y pénétra sans peine, les quelques soldats qui le gardaient n'ayant pu faire autre chose que de se renfermer dans un blockaus. Les Kbaïles saccagèrent le camp malgré le feu du blockaus, et eurent la froide barbarie d'égorger la fille d'un cantinier, pauvre enfant délaissée qu'ils y trouvèrent. Ils revinrent le lendemain en plus grand nombre, espérant s'emparer cette fois du blockaus, mais ils furent repoussés par quelques centaines d'hommes venus de Tenez. Ils se portèrent alors vers Orléansville et attaquèrent un convoi qui, sous l'escorte de 400 hommes, était parti de Tenez pour cette localité. Ils ne parvinrent pas à l'enlever ; mais ce ne fut qu'avec beaucoup de peine, et après avoir perdu une partie de son escorte, que ce convoi parvint à sa destination.

Cependant, le colonel de Saint-Arnaud ayant eu connaissance des événements que nous venons de raconter, se porta en toute hâte sur Tenez. Les Kbaïles qui bloquaient presque cette place, s'éloignèrent à son approche. Il se mit à leur poursuite et pénétra sur le territoire des Beni-Hidja qu'il réduisit à venir humblement demander la paix ; il ne la leur accorda qu'après avoir opéré le désarmement de cette tribu.

Dans le même temps, Bou-Maza qui, après son échec d'Aïn-Meran n'avait pas cru devoir rentrer dans le Dabra de sa personne, prêchait la révolte aux tribus du Chélif. Le succès qu'obtint sa fanatique éloquence fut complet. A sa voix l'insurrection devint presque générale dans cette contrée, et, le 28 avril, il eut l'audace de venir attaquer

Orléansville où il supposait que le colonel de Saint-Arnaud n'avait laissé que fort peu de troupes. Il en était ainsi en effet; mais le gouverneur général qui, au premier bruit de l'insurrection, s'était mis en campagne, venait d'y envoyer de Miliana, où il était alors, un bataillon du 64ᵉ de ligne. Bou-Maza repoussé se retira encore honteusement. Mais l'ébranlement était donné; tout le pays était en révolte, et quoi que pussent penser désormais les Arabes du Maître de l'heure et de la vanité de ses prédictions, ils devaient subir les conséquences de cette levée de boucliers.

M. le maréchal Bugeaud ne tarda pas à paraître en personne sur le théâtre des hostilités. Le 9 mai, il arriva dans l'Ouenseris, dont toutes les tribus avaient pris les armes. Pendant un mois, aidé des généraux Bourjolly et Reveu, il harcela ces tribus et toutes celles de la vallée du Chélif qui ne se hâtèrent pas de rentrer dans le devoir. Il leur livra quelques petits combats, dont le plus sérieux eut lieu le 26 mai chez les Defelten, fraction des Beni-Ouragh, et les ayant forcés à venir implorer sa clémence, il ne les reçut en grâce qu'après que chacune d'elles lui eut livré un nombre déterminé de fusils. Le colonel de Saint-Arnaud continuait à opérer dans le Dahra où il dispersa, le 21 mai, une grande réunion de Kbaïles, sur l'Oued-Sidi-bel-Abed. Le colonel Ladmirault, avec une partie des troupes de Cherchel, manœuvrait à l'est de cette ville et empêchait l'insurrection de gagner les Beni-Menasser, aidé par Gobrini, agha de Zatima, qui se réunit à lui avec un contingent de 500 hommes.

Cependant Bou-Maza, traqué dans la vallée du Chélif, était retourné avec quelques partisans chez les Beni-Younès qui avaient été son point de départ deux mois auparavant. Il y trouva son actif adversaire, le colonel de Saint-Arnaud, qui le battit encore et le força à vider les lieux. Le malheureux *Maître de l'heure,* voyant enfin que des divagations fanatiques sont de pauvres armes contre la réalité toute matérielle de bons bataillons, résolut de se retirer dans l'Ouenseris. Mais, en traversant le territoire des Beni-Zerouel, il fut attaqué par notre kalifa El-Aribi, qui lui tua la plus grande partie de son monde. Poursuivi ensuite par l'agha des Sendjas qui nous était resté fidèle, et ayant été sur le point d'être pris par lui chez les Beni-Tigrin, il arriva presque seul à sa destination. Pendant quelque temps on ne sut chez les Français ce qu'il était devenu.

Ainsi se termina la première phase de l'insurrection dont Bou-Maza fut la cause déterminante. Le gouverneur général voyant l'insurrection partout comprimée, rentra à Alger, laissant au colonel Pélissier, son chef d'état-major, une partie des troupes qu'il avait amenées avec mission de compléter, conjointement avec MM. Reveu et de Saint-Arnaud, le désarmement des tribus qui avaient pris part à la révolte. Les indigènes, découragés et abattus, se prêtaient à cette mesure; mais, arrivé chez les Oulad-Riah, le colonel A. Pélissier trouva ces montagnards moins résignés que leurs voisins au désarmement qu'ils crurent pouvoir éviter en se retirant dans des grottes qu'ils regardaient comme inexpugnables. Le colonel les ayant fait sommer de se rendre, on répondit par des coups de fusil à ses parlementaires dont un fut tué. Obligé de recourir à la force, il reconnut bientôt qu'à cause de l'étroitesse de l'entrée des grottes, tous les hommes qu'il y enverrait seraient tués successivement avant d'avoir pu y pénétrer en assez grand nombre pour s'en rendre maîtres. Il eut alors recours à un moyen extrême, employé l'année précédente par le colonel Cavaignac, dans une semblable occurrence : il fit mettre le feu à l'entrée des grottes, non sans avoir laissé aux insurgés, par la lenteur de ses préparatifs, le temps de se rendre, et leur avoir fait connaître, par la nature de ces mêmes préparatifs, les conséquences terribles de leur obstination. Il espérait, quand il ordonna de mettre le feu, que la fumée parviendrait à les déloger sans les faire périr; mais les flammes ayant atteint les bagages que les révoltés avaient déposés près de l'ouverture, l'incendie se propagea dans l'intérieur avec une horrible activité, de sorte qu'ils furent presque tous étouffés, les plus énergiques d'entre eux, résolus à mourir plutôt que de se rendre, s'étant opposés à main armée aux efforts que ceux qui tenaient encore à la vie faisaient pour sortir de cette fournaise. Lorsque le feu s'éteignit et qu'on put entrer dans les grottes, on y trouva 500 cadavres d'hommes, de femmes et d'enfants; une centaine d'individus, plus ou moins maltraités, respiraient encore. Le colonel les fit entourer de soins, et grand nombre d'entre eux furent rendus à la vie. Ce très-regrettable événement retentit péniblement dans toute la France et même dans toute l'Europe. Mais après tout ce n'était qu'un fait de guerre, et la guerre est un fléau dont l'humanité a toujours plus ou moins à gémir. Nous pensons cependant que M. A. Pélissier, au lieu de suivre l'exemple qui lui avait été donné aux grottes de Sbiah, aurait mieux fait de prendre ces gens-là par famine, en les bloquant comme avait fait le général Changarnier au pic de l'Ouenseris. Si ce moyen ne pouvait être tenté à cause du peu de temps que le colonel avait à donner au siége des grottes, restait à examiner la question de savoir si l'holocauste de toute une tribu devait produire d'assez grands résultats politiques pour que la fin justifiât les moyens; or, nous sommes loin de penser qu'il en fut ainsi; nous sommes encore plus loin, au reste, de nous associer aux déclamations dont ce triste épisode de notre histoire algérienne a été le sujet. La guerre est un fléau, nous le répétons, et chacun la fait avec ses passions et ses idées. La morale des peuples civilisés lui a imposé, il est vrai, quelques restrictions qu'on appelle les lois de la guerre; mais ces lois n'ont été positivement violées ni par le colonel Cavaignac, chez les Sbiah, ni depuis par le colonel A. Pélissier, chez les Oulad-Riah. Si ces officiers n'ont pas trouvé dans leur cœur quelque chose qui les ait empêchés d'arriver jusqu'aux dernières limites de ce que ces lois permettent, c'est que probablement les cruautées commises par les insurgés étaient de nature à ne pas disposer les les esprits à l'indulgence (1).

---

(1) Les guerres d'Italie, au 16ᵉ siècle, présentent un fait de même nature que celui des grottes des Oulad-Riah, mais bien plus condamnable, puisqu'il eut pour unique mobile l'amour du pillage. Voici comment le raconte, dans son langage naïf, l'historien de Bayard :

« Près d'un village appelé Longare, il y eut une grande pitié ; car, comme chacun s'en étoit fui pour la guerre, en une cave qui étoit dedans une montaigne, laquelle duroit un mille au plus, s'étoient retirées plus de deux mille personnes, tant hommes que femmes, et des plus apparents du plat pays, qui y avoient force vivres et y avoient porté quelques harnoys de guerre et des hacquebutes pour défendre l'entrée, qui estoit quasi imprenable, car il n'y pouvoit venir qu'ung homme de front. Les aventuriers qui sont voulentiers coustumiers d'aller piller, vindrent jusques à l'entrée de cette cave, qui en

Les généraux Bourjolly et Revue, les colonels A. Pélissier, de Saint-Arnaud et Ladmirault, ayant étouffé, en

---

langue italienne s'appelle la grote de Longare ; et croy bien qu'ils vouloient entrer dedans ; mais doulcement on les pria qu'ils se déportassent et que séans ne pourraient riens gaigner, parce que ceulx qui y étoient avoient laissé leurs biens à leurs maisons. Ces coquins ne prindrent point ces prières en payement et s'efforcèrent d'entrer, ce que l'on ne voulut permettre, et tira-t-on quelques coups de hacquebute qui en firent demourer deulx sur le lieu. Les autres allèrent chercher leurs compagnons qui plus prets de mal faire que autrement, tirèrent ceste part : quand ils furent arrivés, cogneurent bien que par force jamais n'y entreroient. Si s'avisèrent d'une grande lascheté et meschanceté, car auprès du pertuis mirent force bois, paille et foing avec du feu, qui en peu de temps rendit si horrible fumée dedans cette cave, où il n'y avoit air que par là, que tous furent étouffés et morts à martyre sans être aucunnement touchés du feu. Il y avaient plusieurs gentils-hommes et gentilles-femmes qui, après que le feu fut failly et qu'on entra dedans, furent trouvés estaincts, et eust-on dit qu'ils dormoient. Ce fut une horrible pitié ; mesmement eust-on vu à plusieurs belles dames sortir les enfants de leur sein tous morts. Les aventuriers y firent gros butin ; mais le seigneur grand-maître et tous les cappitaines furent à merveilles déplaisans, et surtout le bon chevalier sans paour et sans reproche, qui tout au long du jour mit peine de trouver ceulx qui en avoient été cause, desquels il en prit deux, desquels l'ung n'avoit pas d'oreilles et l'autre n'en avoit qu'une. Il fit si bonne inquisition de leur vie que par le prévost du camp furent menés devant ceste groste, et pendus et étranglés par son bourreau, et y voulut être présent le bon chevalier. Ainsi, comme ils fasoient cet esploit quasi par miracle va sortir de ceste cave ung jeune garson de l'âge de quinze à seize ans, qui mieux sembloit mort que vif et estoit tout jaune de la fumée. Il fut amené devant le bon chevalier, qui l'enquit comment il s'étoit sauvé. Il respondit que quand il veit la fumée si grande, il s'en alla jusqu'au fin bout de la cave, où il disoit y avoir une fente du dessus de la montagne, bien petite, par où il avoit pris l'air ; et dist encore

apparence du moins, les derniers restes de l'insurrection par une série de petites opérations dans les détails desquelles il serait sans intérêt d'entrer, les divers colonnes retournèrent dans leurs cantonnements.

Pendant que ces événements se passaient, une assez grande agitation s'était manifestée dans l'est des provinces d'Alger et de Titteri. Un mouvement insurrectionnel éclata dans le Djebel-Dira. Il était dirigé par un nommé Bou-Chareb, homme influent, qui attaqua notre agha de Chourar, et lui prit ses tentes et ses troupeaux. Le général Marey marcha contre lui, lui reprit son butin, et lui tua quelques hommes. Ce général, aidé du général d'Arbouville qui lui était venu en aide de Sétif, se porta ensuite plus au nord où Ben-Salem venait de montrer de nouveau l'étendard d'Abd-el-Kader. Le 18 juin, les colonnes françaises eurent, chez les Oulad-bou-Aziz, un engagement assez vif, dans lequel le capitaine Piat, du corps des spahis, fut tué. Après ce combat tout paraissant être rentré dans le calme à Titteri, le général d'Arbouville retourna à Sétif. Dans le district de Sehaou, bel-Cassen-Ouled-Oucassi fit quelques tentatives contre nos aghas de Flissa et des Amaroua, mais elles furent sans grands résultats. La présence du général Gentil, qui fut envoyé dans cette contrée avec quelques troupes, la maintint dans le devoir, à l'exception de quelques tribus limitrophes de la Kabilie indépendante qui conser-

---

une piteuse chose, c'est que plusieurs gentils hommes et leurs femmes, quand ils s'apperçurent qu'on vouloit mettre le feu, vouloient sortir, sachants aussi bien qu'ils étoient morts; mais d'autres qui étoient avec eux ne le voulurent jamais. »

(*Histoire de Bayard par le Loyal serviteur.* Chapitre XL).

vèrent une attitude assez hostile, pour que le maréchal crût devoir marcher contre elles en personne à son retour de son expédition de l'Ouenseris. Les principales de ces tribus étaient les Beni-Djenad et les Ouarguenoun ; il les réduisit facilement par l'incendie de quelques-uns de leurs villages. Il s'avança ensuite jusqu'à l'entrée du territoire des Beni-Raten qui, ayant appelé à leurs secours les tribus indépendantes les plus voisines, déployaient sur leurs montagnes une longue ligne de combattants; l'intention du maréchal n'était pas d'aller jusqu'à eux, n'ayant eu d'autre but, en se portant dans le district de Sebaou, que d'y faire respecter l'état de choses établi par les expéditions de l'année précédente, jusqu'au jour où il aurait fait adopter par le Gouvernement ses projets ultérieurs sur la Kabilie indépendante. Les Beni-Raten, qui le croyaient dans des dispositions moins pacifiques et qui, quoique résignés à la lutte, auraient voulu cependant l'éviter, lui écrivirent dans ce style ferme, mais modeste, que les Suisses avaient employé avec Charles de Bourgogne, le priant de ne pas porter, dans leur rude et pauvre pays, une guerre sans profit pour personne. Le maréchal n'eut, pour les satisfaire, qu'à persévérer dans ses premières intentions. Ils en furent touchés, et l'en remercièrent dans une seconde lettre.

Depuis les événements de Biskara, au mois de juin 1844, la province de Constantine jouissait de la plus complète tranquillité. Les tribus, partout soumises ou résignées se livraient paisiblement aux travaux de l'agriculture. De l'est à l'ouest, du midi au nord régnaient la sécurité et la confiance dans l'avenir. Cependant, les montagnes de l'Aurès faisaient planer sur le bas pays une menace permanente de trouble et d'agitation. Ce n'est pas que les habitants de ces montagnes aient l'humeur vagabonde et envahissante; ils sont, au contraire, peu disposés à sortir de chez eux pour aller inquiéter leurs voisins ; mais c'était parmi eux que les dissidents vaincus allaient chercher un asile, d'où on les avait vus sortir plus d'une fois pour tenter de nouveau la fortune. Ahmed-Bey et Mohammed-bel-Hadj, y étaient l'un et l'autre retirés, non ensemble, mais chacun de son côté; car il n'y avait de commun entre ces deux hommes que la haine de la domination française.

Depuis que nous occupions Biskara, et que le duc d'Aumale avait réduit le pays de Belezma, une expédition dans l'Aurès paraissait devoir être le complément nécessaire de ce que nous avions fait jusque-là pour étendre notre domination vers le sud. Cette tâche, qui n'était pas sans difficulté, revint au général Bedeau. Déjà sous le commandement de M. de Baraguey-d'Hilliers, nous nous étions mis en rapport avec quelques notabilités de ces montagnes, notamment avec El-Arbi-ben-Abou-Diaf, dont il a déjà été question une fois dans cet ouvrage. Ce personnage jouissait d'une certaine autorité sur les démocratiques populations Chaouïa. Le général Bedeau ne tarda pas à reconnaître qu'il pourrait nous être de quelque utilité pour le succès de l'entreprise, et l'engagea à marcher avec les troupes destinées à l'expédition, ce qu'il fit. Vers la fin d'avril, ces troupes, présentant un effectif de 5,000 hommes, se concentrèrent à Batna, qui devait servir de base d'opérations. L'infanterie fut divisée en deux brigades, commandées par le général Levasseur et par le colonel Herbillon. La cavalerie, composée de quatre escadrons de chasseurs et de spahis, était commandée par le colonel Noël.

Le corps d'armée partit de Batna le 1ᵉʳ mai, se dirigeant au sud-est, afin de pénétrer dans les montagnes par le versant septentrional qui est le plus facile. Laissant à droite les ruines de la grande Lambessa, il alla bivouaquer non loin de celles de Tamugadis, maintenant Timgad. Le 2, on traversa la première ligne des hauteurs et l'on alla bivouaquer dans la plaine des Yabous. Le 3, on pénétra dans les hautes montagnes par le défilé de Fortassa, que quelques milliers de Chaouia défendirent. Le passage fut forcé après un combat peu meurtrier, mais qui suffit cependant pour déterminer la soumission des Oulab-Abdi et des Oulab-Daoud. Le général Bedeau s'avança jusqu'à Médina, point central où il avait résolu d'établir un camp retranché pour rayonner de là sur tout le pays. Médina, que l'on appelle aussi Kstentina ou la Constantine de l'Aurès, est un amas de ruines romaines. C'est une position extrêmement importante en ce qu'elle domine les principales vallées. Le camp projeté y fut construit. Le général Bedeau, plus libre alors dans ses mouvements, et assuré d'un point d'appui où il déposa ses bagages et ses réserves en munitions, put pénétrer dans les parties les plus difficiles de la contrée. Il s'avança jusqu'à Kanga-Sidi-Nadj, la plus méridionale des vallées de l'Aurès, à travers les territoires des Oulad-Abdi, des Oulad-Daoud, des Oulad-bou-Soliman, des Beni-Maafa, des Oulad-Amran et de plusieurs autres tribus moins considérables. Il y eut quelques faibles engagements, un entre autres au village d'Eydoussa; mais en somme, les montagnards de l'Aurès furent loin d'opposer la résistance à laquelle on s'attendait. On leva sur eux des contributions analogues à celles qui étaient établies sur les autres parties du territoire conquis, et elles rentrèrent sans beaucoup de difficulté. Mohammed-bel-Hadj-el-Sghrir s'enfuit à Nefta, dans la régence de Tunis, avec une trentaine d'hommes au plus. Ahmed-Bey quitta aussi l'Aurès à l'arrivée de nos troupes et se dirigea avec peu de monde vers les montagnes de Bougie. Le général Bedeau rentra à Constantine vers la fin de juin, laissant dans l'Aurès le colonel Herbillon qui y resta encore quelque temps pour consolider le nouvel ordre de choses.

M. le général Bedeau étant encore dans l'Aurès, avait donné des ordres pour qu'une colonne, partant de Batna, fût dirigée sur le Hodna où, depuis deux mois, plusieurs fractions de la grande tribu des Oulad-Deradj, méconnaissant l'autorité de notre kaïd Sidi-Mokran, se livraient à des actes de désordre et de brigandage. Cette colonne, forte d'un peu plus de 2,000 hommes, partit de Batna le 4 juin, sous le commandement du colonel Régeau. Le général d'Arbouville reçut également l'ordre de se porter dans l'Hodna, de Sétif où il était, de sorte que les dissidents, pris entre les deux corps expéditionnaires, ne pouvaient manquer d'être réduits à une prompte et complète soumission. Arrivé chez les Oulad-Deradj, le colonel Regeau reçut, le 10 juin, de M. d'Arbouville, une lettre où cet officier général réclamait sa coopération pour le passage des montagnes que les Relissas et les Hannaïch lui disputaient. Le colonel se porta aussitôt vers le point qui lui était indiqué; mais le général n'y était plus. Ayant reçu du général Marey une très-pressante invitation de venir à son secours contre l'insurrection du Dira et la prise d'armes de Ben-Salem, il s'était porté en toute hâte dans la province de Titteri où il eut chez les Oulad-bou-Aziz l'affaire dont je parle un peu plus haut. Réduit à ses propres forces, le colonel Régeau n'en remplit pas moins sa mission dans le Hodna.

Le 19, le commandant Cassaignoles des spahis réguliers, qui avait été envoyé par lui, à la tête de 150 chevaux, contre un douar d'insurgés des Oulad-Deradj-Gharaba, se trouvant subitement entouré par 500 cavaliers ennemis, se conduisit avec tant d'habileté et de résolution que, malgré cette grande disproportion de forces, il eut tout l'avantage du combat. Cette affaire contribua puissamment à faire rentrer les dissidents dans le devoir.

Après cela le colonel Régeau se porta par le Belezma et Megaous à Sétif où le général d'Arbouville ne tarda pas à arriver de son côté, après le combat des Oulad-Aziz. Ces deux officiers retournèrent ensuite ensemble dans le Hodna, en traversant sans obstacle les montagnes où le général d'Arbouville avait été arrêté seul peu auparavant. Voyant que la tranquillité était rétablie dans le pays, ils se séparèrent de nouveau; M. d'Arbouville reprit le chemin de Sétif, et le colonel se dirigea sur Constantine où il arriva en même temps que le général Bedeau.

La paix paraissait partout rétablie en Algérie, M. le maréchal Bugeaud, qui avait demandé et obtenu un congé partit pour France, laissant l'intérim de son gouvernement à M. le général de Lamoricière; mais presqu'au même moment divers symptômes annoncèrent que de nouveaux désordres ne tarderaient pas à éclater. Sur plusieurs points surgissaient des prédicateurs de guerre sainte qui tous se disaient chérifs, et qui tous paraissaient sous le nom de Bou-Maza, de sorte qu'on finit par douter presque chez les Français de l'existence réelle de ce premier Bou-Maza, que chacun peut voir en chair et en os, à Paris, au moment où nous écrivons. On crut un instant que Bou-Maza n'était qu'un mythe, un étendard invisible et immatériel, quelque chose de semblable à la Rebecca des Irlandais, un mot d'ordre qu'on se passait de main en main, afin de ne pas produire au grand jour les noms des fauteurs d'insurrection. Cependant le vrai Bou-Maza des Oulad Younès avait reparu dans la vallée du Chélif, peu de temps avant le départ du gouverneur général. Il avait signalé sa présence par le meurtre de notre agha, El-Hadj-Admed, qui nous servait avec zèle et fidélité. Ce malheureux agha, revenant de la petite ville de Mazouna où il était allé chercher une épouse pour son fils, tomba dans un guet-apens qu'il lui avait tendu et périt avec plusieurs cavaliers. Mohammed, notre agha des Sbiah, chef fidèle d'une tribu remuante et perfide, n'échappa qu'avec peine à une trahison de même nature; mais ce ne fut que pour être assassiné en plein marché un peu plus tard par les sicaires du prétendu maître de l'heure. Celui-ci, traqué de nouveau par nos troupes, s'était encore une fois jeté dans le Dahra. Chassé de ces montagnes, il se retira chez les Flitta; mais les Français ne savaient pas encore ce qu'il était devenu, lorsque, peu après le départ du maréchal, le nom de Bou-Maza retentit chez les Beni-Menasser où un rassemblement d'insurgés se forma presque aux portes de Cherchel. Une partie des troupes de la garnison de cette ville fut aussitôt envoyée contre eux; mais après un court combat les révoltés, ouvrant les yeux sur l'extravagance de leur conduite, entrèrent en pourparlers, et passant subitement de la confiance à l'indignation contre celui qui les avait entraînés à une prise d'armes sans motif et sans but, ils le livrèrent aux Français. Ce n'était pas le maître de l'heure, mais un jeune fanatique de la même confrérie. Condamné à mort par u conseil de guerre, il fut exécuté au milieu même de la contrée qu'il avait tenté d'insurrectionner. Sa tête était à peine tombée, qu'on apprit que Mohammed-ben-Abdallah le Chérif, le Maître de l'heure, le Bou-Maza, agitait les Flitta où nous venons de voir qu'il s'était en effet retiré. on disait en même temps qu'il prêchait l'insurrection dans le Djebel-Dira à plus de 60 lieues de là. Le général Bourjoly marcha aussitôt contre les Flitta avec la brigade de Mostaganem. Il partit le 18 septembre de notre poste de Bel-Acel et se porta à Ben-Atia à deux petites journées de marche plus loin, au centre de la nouvelle insurrection. Mais il ne put se maintenir dans cette position, et dut revenir en prendre une en arrière dans une localité appelée la Touiza des Beni-Bergoum. Ce mouvement de retraite eut lieu le 22. Les Arabes, qui depuis trois jours ne cessaient de harceler nos troupes, les attaquèrent avec un grand acharnement lorsqu'ils les virent céder le terrain. Le combat dura tant que dura la marche sur Touiza, où la colonne arriva avec 22 morts et 57 blessés. Le lieutenant-colonel Berthier, du 4ᵉ régiment de chasseurs d'Afrique, fut tué dans cette affaire où ses soldats firent des prodiges de valeur pour ramener son corps tombé au milieu des ennemis. Les dépouilles mortelles de cet officier restèrent à ses frères d'armes, grâce surtout à l'intrépidité du brigadier Vincent et du chasseur Jeffine ; ce dernier sauva de plus la vie à un sous-officier et reçut six blessures. Ce brave chasseur, dans un des petits combats qui avaient eu lieu les jours précédents, avait enlevé un drapeau aux insurgés.

Pendant que le général Bourjoly était aux prises avec les Flitta, de graves événements se passaient dans l'arrondissement de Tlemcen. Quoique les dernières entreprises d'Abd-el-Kader n'eussent pas eu un heureux succès, il n'en conservait pas moins sa position sur la frontière du Maroc. Il l'avait même améliorée dans ces derniers temps, car, bien que nous eussions arrêté l'émigration en grandes masses, il avait été impossible d'empêcher les émigrations partielles. Cette espèce d'infiltration journalière et insaisissable, traversant sourdement nos lignes, allait grossir sa Smala ou Deira, campée alors à la gauche de la Melouia, sur le versant du Djebel-Azgan et du Djebel-Touzia à la limite des districts du Rif et du Garet. Vers la fin de l'été, il comptait près de six mille tentes autour de la sienne. Les tribus marocaines au milieu desquelles il se trouvait lui montraient bienveillance et dévouement. Quant à l'empereur Abd-er-Rhaman, il paraissait ne plus s'occuper de lui, et n'avait fait aucune tentative sérieuse pour mettre un terme à un état de choses si contraire aux engagements qu'il avait pris par le traité de Tanger. L'Émir pensant donc qu'il était temps d'agir activement, traversa de nouveau les frontières à la tête d'une troupe nombreuse de cavaliers et de fantassins, et se montra dans la vallée de la Tafna; grande agitation aussitôt dans les tribus qui presque toutes coururent aux armes et se déclarèrent pour lui. Le général Cavaignac sortit de Tlemcen et se mit en campagne. Il eut sur-le-champ à livrer quelques petits combats, dans l'un desquels M. Paraguey, chef de bataillon au régiment de zouaves, fut tué. Dans un autre engagement qui eut lieu le 24, chez les Beni-Ouersous, les Arabes montrèrent une telle ardeur, combattirent avec un si grand acharnement, une si grande confiance en eux-mêmes, que le général, jugeant qu'il devait être arrivé quelque chose d'extraordinaire pour qu'ils fussent ainsi excités, se replia sur le camp de Lella-Maghrnia où il apprit en effet de bien tristes nouvelles. Voici ce qui s'était passé.

Le nouvel établissement de Djema-Ghazouat, qui ne comptait pas 700 hommes de garnison, était commandé par le lieutenant-colonel Montagnac, officier distingué comme homme et comme militaire, mais dont la prudence n'égalait pas malheureusement la bravoure. Le général Bugeaud, qui craignait un peu son exaltation chevaleresque, lui avait particulièrement recommandé dans une visite qu'il fit à Djema-Ghazouat avant son départ de ne pas sortir de la place quoi qu'il arrivât, le soin de tenir la campagne, s'il y avait lieu, ne devant le concerner en aucune manière. Le voisinage d'Abd-el-Kader ne tarda pas à faire oublier à M. de Montagnac ces sages recommandations. Sachant que l'Émir marchait sur les Souhalia, il crut ne pas devoir abandonner cette tribu, qui nous avait rendu de vrais services dans la campagne de 1844. Il sortit donc avec 350 hommes du huitième bataillon d'Orléans et 62 hussards du cinquième régiment, le 21 septembre, à dix heures du soir. Après avoir marché toute la nuit, il passa la journée du 22 à Sidi-Ibrahim. Ce même jour, un fort détachement du camp de Lella-Mahgrnia arriva à Djema-Ghazouat, avec une lettre de M. le lieutenant-colonel de Barral qui, en vertu d'un ordre du général Cavaignac, invitait M. de Montagnac à lui envoyer les chasseurs d'Orléans. M. de Barral avait besoin de ce renfort pour prendre aux opérations du général Cavaignac la part qui lui avait été prescrite. Sa lettre, envoyée aussitôt à M. de Montagnac, n'ouvrit pas les yeux à ce malheureux officier. Il ne vit pas que le chef de la subdivision étant lui-même en campagne, et sachant sans aucun doute ce qu'il avait à faire, il ne lui restait plus à lui, Montagnac, qu'à se renfermer dans sa place, comme le lui avait recommandé avec tant de soin le gouverneur général. Il persista dans son imprudente résolution et n'envoya pas, par conséquent, les troupes qui lui étaient demandées.

Dans la soirée du 22, il se porta un peu au delà de Sidi-Ibrahim et prit position jusqu'au jour. Vers le matin il aperçut quelques cavaliers qui l'observaient de fort loin. Il fit marcher contre eux sa cavalerie, qu'il fit appuyer à distance par deux compagnies, et prescrivit au chef de bataillon Froment-Coste, commandant le bataillon d'Orléans, de rester au bivouac avec le reste de son monde. Il est presque inutile de signaler le danger de ce morcellement d'une colonne déjà si faible : on ne fait pas de détachement quand on a si peu de monde; on marche toujours réuni. M. de Montagnac, qui s'était mis avec la cavalerie, s'avança d'abord avec précaution ; puis, voyant les cavaliers arabes se mettre en retraite, il les fit charger par les deux premiers pelotons de hussards, appuyant lui-même ce mouvement avec les deux autres. Mais les cavaliers arabes qui avaient paru se mettre en retraite appartenaient à une forte colonne qu'un repli de terrain cachait à M. de Montagnac. Les Arabes tirant avantage de leur supériorité numérique, chargèrent nos hussards qui venaient si imprudemment à eux et les eurent bientôt anéantis; les deux compagnies d'infanterie qui venaient derrière eurent le même sort. Mais ce ne fut qu'après une héroïque résistance et entourés de cadavres ennemis tombés sous leurs coups, que nos soldats, fantassins et cavaliers, succombèrent sous le nombre toujours croissant de leurs adversaires. M. de Montagnac fut tué un des premiers. Le chef d'escadron Courby de Cognord, qui prit le commandement après lui, tomba frappé de deux coups de feu. Sa chute mit fin au combat : il ne restait plus personne. Les Arabes enlevèrent les blessés que l'Émir fit traiter avec humanité. Parmi eux était M. de Cognord que l'on avait d'abord cru mort.

M. de Montagnac, avant de mourir, avait pu envoyer au commandant Froment-Coste l'ordre de faire marcher au secours de la troupe compromise une des deux compagnies restées au bivouac de la nuit précédente. Cet officier supérieur s'était aussitôt mis en mouvement de sa personne avec la compagnie demandée. Mais ce renfort, attaqué en chemin par les Arabes, avait eu le même sort que ceux au secours desquels il avait été appelé. Il ne restait plus qu'une compagnie, celle qui avait été laissée la dernière au bivouac. Devenue le but de toutes les attaques des Arabes, elle parvint à gagner le marabout de Sidi-Ibrahim, où elle se barricada. Dans l'espace de quatre heures elle soutint avec succès trois attaques terribles, toutes trois précédées de sommations écrites, dans lesquelles Abd-el-Kader engageait le capitaine Géraud, le brave chef de cette brave troupe, à cesser une résistance inutile, promettant de le traiter lui et ses gens selon toutes les lois de la guerre. Ces sommations furent lues aux soldats qui tous déclarèrent ne pas vouloir se rendre. L'Émir, laissant alors un fort détachement devant le marabout pour en faire le blocus, s'éloigna emmenant les quelques prisonniers qu'il avait faits. Le capitaine resta jusqu'au 26 au matin au marabout de Sidi-Ibrahim, sans vivres et sans eau, et soutenu par l'espérance de voir arriver une de nos colonnes. Enfin, voyant que rien ne paraissait, il se fit jour à travers les

Arabes et chercha à regagner Djema-Ghazouat. Il approcha jusqu'à une lieue de cette place; mais là, les munitions lui ayant manqué, il succomba avec tout son monde à l'exception de douze hommes qui, grâce à une petite sortie de la faible garnison de ce poste, parvinrent à y arriver.

Les Arabes firent dans cette catastrophe du colonel Montagnac 96 prisonniers, presque tous blessés. Tout le reste fut tué, à l'exception des douze hommes dont je viens de parler et de deux autres qui se sauvèrent isolément. Les officiers tués furent : MM. le lieutenant-colonel Montagnac, le commandant Froment-Coste (1), le capitaine Gentil Saint-Alphonse du 5ᵉ régiment de hussards, le lieutenant Klein du même corps, les capitaines Chargère, Burgard, Géraud, et les lieutenants Chappedelaine et Raylon du 8ᵉ bataillon d'Orléans, le docteur Rogazetti, chirurgien-major.

---

(1) Des doutes se sont élevés sur le sort de M. Froment-Coste. On a, depuis quelques temps, certaines raisons de croire qu'il ne fut que blessé, survécut à ses blessures et qu'il vit encore dans une tribu très-éloignée dans le Maroc. Il se joint à cela des faits fort étranges qui ne tarderont pas à être éclaircis, et qui, s'ils se vérifient, ne peuvent manquer de venir à la connaissance du public ; ils sont de nature à l'intéresser vivement.

LIVRE XL.

Diverses mesures pour comprimer l'insurrection.—Le général Lamoricière chez les Trara.—Événements de Mascara.— Retour du gouverneur-général. — Son expédition dans l'Ouenseris. —Il en sort pour se porter vers l'Ouest.— Abd-el-Kader y pénètre à son tour.—Il en est chassé et tente un coup de main sur l'est de la province d'Alger où le gouverneur-général arrive en suivant ses traces.—Encore obligé de fuir il se maintient quelque temps dans le Djebel-Amour et chez les Oulad-Naïl. — Il est contraint d'en partir, et rentre dans le Maroc vivement poursuivi. — Massacre de nos prisonniers.—Événements de la province de Constantine.—Pacification générale.

Dès que la nouvelle du sinistre de Sidi-Ibrahim fut parvenue à Alger, le général Lamoricière s'empressa de rendre compte au Gouvernement de ce qui se passait, envoya un officier d'état-major au maréchal Bugeaud, qui était dans ses terres, pour l'engager à revenir au plus vite, et s'embarqua lui-même pour Oran avec un renfort de trois bataillons. En arrivant dans cette place, le 30 septembre, il apprit un nouveau malheur : le général Cavaignac, voyant le caractère sérieux que venait de prendre l'invasion d'Abd-el-Kader, avait concentré toutes ses forces actives et pris position sur l'Isser ; il avait dirigé en même temps sur Aïn-Temouchent, petit camp intermédiaire entre cette rivière et Miserghine, un détachement de deux cents hommes destinés à en renforcer la garnison. Cette troupe était d'autant plus faible qu'elle ne se composait guère que de soldats récemment sortis des hôpitaux, et qui, ne pouvant encore supporter les fatigues d'une campagne, avaient été jugés cependant capables de faire le service moins pénible d'un poste fermé. Rencontrée par une forte colonne d'Arabes insurgés, commandée par Bou-Hamedi, elle mit bas les armes sans combat. C'était là un échec certainement plus fâcheux que celui de Sidi-Ibrahim, où l'admirable résistance des soldats du malheureux Montagnac avait fait éprouver de si cruelles pertes à l'ennemi, qu'une telle défaite pouvait être considérée, à certains égards, comme plus glorieuse qu'une victoire. Aussi l'affaire d'Aïn-Temouchent enfla plus le cœur des Arabes que l'autre. Ce fait, inouï jusqu'alors, de Français déposant leurs armes devant eux, donna à l'insurrection une incroyable intensité : la possibilité entrevue d'un triomphe sans lutte sanglante s'empara de la complaisante imagination des indigènes, et inspira de l'audace aux plus circonspects.

Le général Bourjolly avait quitté sa position de Touiza pour se porter à Relizan, sur la Mina. Le 50, Bou-Maza, qui venait de piller quelques douars de notre khalifa Sidi-el-Aribi, ayant passé à sa portée, il le fit charger par les cavaliers de ce chef arabe et par deux cents chasseurs d'Afrique commandés par le colonel Tartas. On lui reprit le butin qu'il venait de faire et on lui tua quelques hommes.

Le colonel de Saint-Arnaud avait pris position à Ammi-Moussa, sur le territoire des Beni-Ouragh, où nous avions depuis quelque temps un poste permanent.

Le colonel Géry qui commandait à Mascara, sur la nouvelle de la prise d'armes des Flitta, s'était mis en marche pour aller en aide au général Bourjolly. Attaqué par les insurgés à Aïn-Tilliouanet, il les avait battus.

Mais sachant que la révolte gagnait ses derrières, il avait dû revenir sur ses pas et faire rentrer les détachements qu'il avait sur divers points pour les travaux des routes. Il s'était ensuite porté sur la petite ville de Calah, qu'il avait mise à sac pour la punir d'avoir pris les armes en faveur de Bou-Maza. Il avait également châtié les Khermanza pour le même motif et enlevé trois de leurs marabouts fauteurs d'insurrection.

Telle était la situation de la province d'Oran à l'arrivée de M. de Lamoricière. Le 2 octobre, ce général se mit en route pour Tlemcen. Le 3, il arriva à Ben-Rechache, où il fut rejoint par le général Korte, venu d'après ses ordres du camp de Bel-Abbès. Il se trouva alors à la tête de 4,000 fantassins et de 700 cavaliers. Le 4, il parvint à Aïn-Temouchent, qu'Abd-el-Kader avait fait sommer, mais qu'il n'avait pas attaqué. M. de Lamoricière en ayant renforcé la garnison, continua sa route et arriva à Tlemcen le 7. Le général Cavaignac, après y être venu installer le colonel de Barral à qui il avait désiré en confier le commandement pendant son absence, en était reparti pour s'opposer au dessein formé par l'Émir de faire passer à sa deira les populations des Beni-Amer, des Gharaba et des Grossel, qu'il avait poussées devant lui après ses premiers succès et réunies chez les Trara. Un malheur avait encore eu lieu : le chef de bataillon Billot, commandant le poste de Sebdou, en étant sorti avec un de ses officiers et trois ou quatre cavaliers d'escorte, pour aller se promener chez les Arabes du voisinage, absolument comme s'il eût ignoré ce qui se passait autour de lui, avait été assassiné par les Oulad-Ouraïch avec l'officier qui l'accompagnait. Le camp de Sebdou, attaqué ensuite par les insurgés, avait été victorieusement défendu par le capitaine Brachet qui le commandait depuis la mort de l'imprudent Billot. Sur ce point, l'insurrection avait à sa tête un certain Bou-Guerrara, personnage jusqu'alors inconnu, que l'Émir venait d'investir du titre de khalifa.

Le général de Lamoricière ne s'arrêta pas à Tlemcen; mais continuant à s'avancer, il fit jonction, le 9 octobre, avec le général Cavaignac au col de Bab-Taza. Les deux généraux se portèrent de là à Djemma-Ghazouat pour ravitailler leurs colonnes; ils se dirigèrent ensuite sur les montagnes des Trara. Le 13, nos troupes eurent un engagement assez chaud au passage du col d'Aïn-Kebira qui fut très-bien défendu par quelques milliers de fantassins kbaïles. Abd-el-Kader se tenait à distance avec deux à trois mille cavaliers venus avec lui du Maroc. Voyant la victoire se décider pour nous, il s'éloigna emportant les malédictions des Trara qu'il abandonnait à notre vengeance, ainsi que la partie des populations émigrées à qui il n'avait pu encore faire franchir les frontières. Heureusement pour eux, ces indigènes avaient affaire à un vainqueur humain et généreux. M. de Lamoricière, après les avoir resserrés jusqu'à la mer, n'avait plus, pour accomplir cette vengeance qu'ils redoutaient, qu'à lancer sur eux ses colonnes; mais dans la disposition d'esprit où se trouvaient les soldats, cette vengeance aurait été « trop sévère peut-être (1). » M. de Lamoricière, préférant donc la clémence à la rigueur, accorda le pardon qui lui fut demandé, et se porta à Nédrouma pour suivre les mouvements ultérieurs de l'Émir, qui lui fit remettre

---

(1) Ces nobles et belles paroles sont extraites textuellement du rapport de M. de Lamoricière.

dans cette ville une lettre de M. Courby de Cognord, laquelle contenait les détails de la malheureuse affaire où cet officier avait été fait prisonnier. Il y apprit aussi qu'Abd-el-Kader s'était rapidement porté au sud de Sebdou après la reddition des Trara, et qu'il avait brûlé les ponts que nous avions construits sur la Tafna et la Melouia. Le général de Lamoricière se dirigea alors sur Tlemcen. Sachant ensuite que l'Émir semblait vouloir prendre la direction de l'est, ce qui paraissait en effet devoir entrer dans ses vues, il se sépara du général Cavaignac et alla s'établir à Sidi-Bel-Abbès.

Pendant que tous ces mouvements avaient lieu dans la subdivision de Tlemcen, le général Bourjolly avait eu contre Bou-Maza un nouvel engagement dans lequel ce dernier avait été blessé et avait perdu assez de monde. Le colonel de Saint-Arnaud, après avoir eu quelques avantages sur les Beni-Ouragh, avait fait jonction avec le général Bourjoly chez les Flitta, et le colonel Géry avait conduit un convoi à Tiaret, bloqué par les insurgés. Tout cela n'avait pas empêché la révolte de se propager ; Bou-Maza, malgré sa blessure, était venu, le 18 octobre, insulter les environs de Mostaganem, d'où il avait été repoussé par le lieutenant-colonel Mellinet.

Cependant on avait appris en France ce qui se passait en Algérie, et le Gouvernement avait décidé que de nouvelles troupes y seraient envoyées en toute hâte. Le maréchal Bugeaud, qui, comme nous l'avons vu, avait été prévenu directement de l'état des choses par l'officier que le général Lamoricière lui avait expédié, n'attendit pas les ordres de Paris pour retourner à Alger, où il arriva le 15 octobre. Il n'y resta que trois jours pendant lesquels ayant fait ses préparatifs de campagne avec cette prodigieuse et intelligente activité qu'il a déployée dans toute la durée de son commandement, il se mit en mouvement le 18. Le 22, il était à Miliana, d'où il se porta avec rapidité sur Teniet-el-Had. Le général Bedeau, qui était en France au moment où l'insurrection éclata et qui en était revenu comme le maréchal, reçut l'ordre d'aller prendre le commandement supérieur des troupes de Titteri. Sa mission paraissait devoir être de comprimer l'insurrection dans le centre de l'Algérie, d'en fermer l'accès à Abd-el-Kader, s'il cherchait à y pénétrer, pendant que le gouverneur général frapperait quelque grand coup dans l'ouest, soit contre Abd-el-Kader lui-même, soit contre sa Smala, que le Gouvernement semblait décidé à faire poursuivre jusque dans le Maroc, puisque le souverain de ce pays manquait ou de volonté ou de puissance pour exécuter par lui-même la seule clause un peu significative du traité de Tanger. Mais pour frapper Abd-el-Kader, il fallait arriver jusqu'à lui. Le maréchal, pensant qu'il pourrait le trouver dans les tribus du grand coude du Chelif où il paraissait se diriger, résolut de s'y transporter lui-même. D'ailleurs, il importait, quelles que dussent être les intentions de l'Émir, de le priver des ressources qu'il pourrait tirer de ces tribus remuantes et plus impatientes que toute autre du joug des chrétiens. Ce fut donc par là que le maréchal commença une série d'opérations toutes nécessitées par les circonstances et justifiées par les événements, mais si monotones et de si peu d'intérêt historique prises une à une, que je me contenterai d'en donner une analyse rapide, sans entrer dans des détails presque inénarrables.

Le 26 octobre, M. le maréchal Bugeaud était à Aïn-Tekeria entre Teniat-el-Had et Tiaret. Toutes les tribus insurgées avaient fui à vingt lieues en avant de lui, écrivait-il de ce point. Cependant en cherchant bien il finit par trouver le 27 près de Cherita quelques douars des Oulad-Krelif et des Beni-Meida que sa cavalerie houspilla. Le 5 novembre, deux de ces colonnes, commandées par les généraux Reveu et Yousouf, firent ce qu'on appelle une razia chez les Beni-Thigrin où se trouvaient réunies quelques bandes d'insurgés. A peu près à la même époque on entendit dire que Bou-Maza s'était montré chez les Ataf et les Beni-Zoug-Zoug qui, jusqu'alors, n'avaient pas bougé. Le général Comman, qui était parti de Blida avec une petite colonne, se dirigea aussitôt vers ces tribus, qui, effrayées à son approche et sentant le maréchal sur leurs derrières, lui livrèrent leur Bou-Maza. Ce n'était pas encore le véritable, mais un jeune homme qui se disait son frère. Ce mouvement du général Comman, dans la vallée du Chélif, ayant laissé à découvert le pays situé entre Blida et Miliana, le général Bedeau s'y porta de Médéa avec quelques troupes.

Après la petite affaire des Beni-Thigrin, le maréchal Bugeaud se rendit dans les montagnes de Matmata, où il eut, le 7 novembre, un léger engagement avec les insurgés. Il descendit ensuite la vallée du Chélif. Le 12, il était sur l'Oued-Riou. De là il alla se ravitailler à Sidi-bel-Acel. Il en repartit, le 25, pour se rendre chez les Flitta où il trouva le général Bourjolly. Pendant qu'il opérait ces divers mouvements, le vrai Bou-Maza, qui, après son affaire de Mostaganem, était rentré dans le Dahra, se présenta devant Orléansville, d'où il fut repoussé avec pertes. Le lendemain de cette attaque, les colonnes du général Comman et du colonel de Saint-Arnaud arrivèrent à Orléansville. Elles marchèrent dans la nuit suivante contre Bou-Maza, qui s'était porté chez les Medjadja et qui s'enfuit à leur approche. MM. Comman et Saint-Arnaud se mirent alors à parcourir le pays entre Orléanville et Tenez, pour rétablir les communications entre ces deux places.

Toutes les tribus de la subdivision de Mascara, étant en révolte, le colonel Géry eut quelques combats à livrer en revenant de Tiaret, où nous avons vu qu'il était allé conduire un convoi. Pendant son absence, un parti d'insurgés était venu faire le coup de fusil jusque dans un des faubourgs de Mascara. Le colonel Géry sortit de nouveau de cette ville le 21 octobre; le 22 il tomba sur les Beni-Chougran, leur tua beaucoup de monde, et leur enleva beaucoup de bétail. Le 23, en revenant de Mascara, il eut à soutenir un autre petit combat où les insurgés montrèrent beaucoup d'acharnement.

C'était un parent d'Abd-el-Kader, Ali-bou-Thaleb, dont nous avons eu déjà occasion de parler, qui dirigeait l'insurrection dans le centre de la province d'Oran. Les camps de Saïda et de Daya étant bloqués, le général Lamoricière envoya le général Korte à Daya, et M. Géry, qui venait d'être nommé maréchal de camp, à Saïda; il prescrivit en même temps au général Thierry, qui commandait à Oran, de se rendre à Sidi-bel-Abbès. Quant à lui, il se porta à Mascara et se mit à manœuvrer entre cette ville et Frenda. Abd-el-Kader venait de paraître au sud de cette dernière localité, cherchant à gagner la vallée du Chélif.

L'apparition de l'Émir vers le plateau de Sersou, en présentant un but déterminé à nos colonnes, mit un peu d'unité dans leurs mouvements. Le maréchal Bugeaud forma un corps léger de 500 cavaliers et de 1,000 fantassins, montés sur des mulets, et en donna le commandement au général Yousouf, avec mission spéciale de se mettre à la poursuite de l'Émir. Le maréchal, quittant le pays des Flitta, le suivit de près. Le général Bedeau ayant appelé à lui le général Marey, se porta sur Boghar et de là à Souaqui. Le général Lamoricière ayant marché vers Thiaret eut, le 1ᵉʳ décembre, à la pointe du jour, une petite affaire avec quelques troupes d'Abd-el-Kader, qui protégeaient la retraite de plusieurs tribus émigrantes, sur lesquelles nos gens firent quelques prises de bétail. Après cette affaire, l'Émir se porta à Godjilah et de là à Taguin. Voyant ensuite que le général Bedeau, arrivé sur ses traces à Godjilah et que Yousouf, parti de Tiaret, agissaient de concert pour tâcher de l'atteindre, soutenus l'un et l'autre par la colonne du maréchal; que le général Lamoricière semblait manœuvrer de manière à lui couper le retour vers l'ouest, Abd-el-Kader voyant, dis-je, ce concert dans nos mouvements, s'enfonça dans le sud et se mit hors de notre portée. Aussitôt nos colonnes reprirent des directions divergentes : le général Bedeau, laissant le général Marey à Boghar, se porta dans l'est de Titteri où s'étaient passés et se passaient encore des événements que je raconterai dans un instant; Yousouf s'agita dans le vide au sud de Theniat-el-Had et de Tiaret; le maréchal se mit en route pour la région des chots au sud de Saïda et de Daya. Il rencontra entre Tiaret et Frenda de nombreuses populations émigrantes qu'il fit rétrograder vers Tiaret. Mais il fut bientôt obligé de revenir lui-même sur ses pas, car Abd-el-Kader, dérobant sa marche à la colonne du général Yousouf, la seule qui pût, en ce moment, lui interdire l'entrée du Tell, s'était porté avec rapidité vers l'Ouenseris. Le maréchal, Yousouf et le colonel de Saint-Arnaud se mirent alors à poursuivre l'Emir, non plus de dedans en dehors, mais de dehors en dedans. Pendant plusieurs semaines, Abd-el-Kader les traîna à sa suite dans les vallées de la rive gauche du Chélif; puis, voyant que les populations de cette contrée, fatiguées, découragées et presque complétement désarmées, étaient incapables de nouveaux efforts pour soutenir sa cause; que quelques tribus mêmes lui étaient devenues hostiles, il fit un crochet vers l'ouest et s'échappant par le pays des Sedama, il retourna dans les régions du sud et s'arrêta chez les Harrar. Nos troupes et leurs chefs, dans cette chasse à l'Émir, déployèrent une activité presque surhumaine. Nous eûmes, un instant, jusqu'à quatorze colonnes en mouvement sur les divers points du théâtre de la guerre. Il était impossible de faire plus que l'on ne fit dans une circonstance où l'espérance de saisir enfin le grand agitateur de l'Algérie faisait supporter gaiement à nos soldats des fatigues inouïes. Cependant Abd-el-Kader, infiniment mieux servi par ses espions que nous ne l'étions nous-mêmes par les nôtres, se tint toujours hors de notre atteinte et même presque toujours hors de notre vue. Une seule fois, le 23 décembre, la colonne légère du général Yousouf put joindre, près de Temda, une partie de ses bagages et échanger quelques coups de fusil et de sabre avec ses cavaliers.

Lorsque l'on sut bien positivement que l'Émir n'était plus dans le Tell, le maréchal alla prendre position sur le Nahr-Ouacel, nom que porte le Chélif près de ses sources, afin d'observer de là ses mouvements. Quelques colonnes continuèrent à parcourir les tribus qu'Abd-el-Kader venait de visiter, et où un de ses khalifa, El-Hadj-el-Sghir, s'efforçait d'entretenir encore un peu d'agitation. Bou-

Maza en faisait autant sur la droite du Chélif. Mais il perdit un de ses plus actifs partisans, Ben-Hini, kaïd des Beni-Hidja, tué, le 30 janvier, par la colonne du lieutenant-colonel Canrobert. Le général Bourjolly, nommé lieutenant-général, était rentré en France, et le colonel A. Pélissier l'avait remplacé chez les Flitta, qui rentraient peu à peu dans la soumission. Les généraux Korte, Comman et Géry avaient été forcés de quitter leurs commandements pour raison de santé. Le repos arriva trop tard pour les deux derniers qui moururent épuisés par les fatigues de la plus laborieuse campagne qu'ait eu à faire l'armée d'Afrique. La colonne de Yousouf, qui avait plus couru encore que les autres, était tellement harassée qu'il fallut la renvoyer à Alger pour se refaire.

Dans la subdivision de Tlemcen, le général Cavaignac, pendant que se passaient les événements que je viens de raconter, fut presque toujours en mouvement entre Sebdou et Djema-Ghazouat. Il eut quelques engagements avec les Beni-Senous, et protégea contre les tribus marocaines la rentrée sur nos terres de masses considérables d'émigrés échappés de la deïra d'Abd-el-Kader. Les Trara, si généreusement traités par le général Lamoricière, restèrent soumis ; tandis que l'on avait vu, près de Tenez, ce qui était resté des Oulad-Riah après la catastrophe des grottes, se ranger encore sous les drapeaux de l'insurrection.

Il a été dit, dans le livre précédent, qu'en même temps que l'on annonçait l'apparition de Bou-Maza chez les Flitta, on l'annonçait aussi dans la province de Titteri, du côté du Dira. Un prétendu chérif qui prenait le nom de Mohammed-ben-Abdallah, comme celui des Oulad-

Younès, et à qui les Arabes donnaient, comme à ce dernier, le surnom de Bou-Maza, avait en effet insurgé cette contrée. Comme la province de Constantine était tranquille, le général d'Arbouville fut appelé de Sétif, dans le mois de novembre, pour combattre ce nouvel adversaire, conjointement avec le général Marey qui s'était porté à Sour-el-Ghozlan, d'où il l'observait depuis longtemps sans résultat. La jonction des deux généraux eut lieu le 11 novembre. Le 12, ils eurent, au Djebel-Baghaz chez les Oulad-Aziz, un combat contre le chérif qu'ils battirent et dont ils enlevèrent les tentes et les bagages. Le général Marey ayant ensuite été appelé vers Boghar par le général Bedeau, M. d'Arbouville resta seul dans l'est du Titteri. Il eut, le 22 novembre, une affaire avec les Beni-Djaad, qui, tranquilles jusqu'alors, prirent subitement les armes et vinrent l'attaquer, au moment où tout paraissant être rentré dans l'ordre dans cette partie du pays, il ne devait pas s'attendre à rien de semblable. Ils furent battus et eurent leurs principaux villages incendiés. Comme après cette petite affaire, Ben-Salem, qui depuis quelque temps ne faisait plus guère parler de lui, vint à se montrer de nouveau sur la scène, et qu'il s'unit au chérif, le général Bedeau crut devoir se porter lui-même sur les lieux. C'est alors qu'il quitta le haut Chélif, ainsi qu'il a été dit ci-dessus. Il fit jonction avec le général d'Arbouville, le 11 décembre, et après quelques petits engagements amena à la soumission les Beni-Djaad et ceux de leurs voisins qui s'étaient insurgés. Le chérif et Ben-Salem s'enfuirent dans le Djurdjura. Notre khalifa Mahiddin et ses cavaliers marchèrent avec nos troupes dans cette expédition. L'insurrection paraissant étouffée sur ce point, le général Bedeau revint vers le Chélif et concourut aux opérations qui se faisaient pour cerner Abd-el-Kader dans le Tell.

Cependant Abd-el-Kader ne resta pas longtemps chez les Harrar. Renforcé d'un corps de cavalerie que lui fournit cette tribu, il s'avança plus au sud, attaqua les Oulad-Chaïb, qui lui montraient des dispositions peu favorables, et les réduisit, après avoir fait sur eux beaucoup de butin. Bientôt on reconnut à divers indices qu'il cherchait à se rapprocher de Ben-Salem. On acquit même la certitude qu'il était entré en relations non-seulement avec celui-ci, mais encore avec le chérif et avec Ben-Chareb du Dira. Dès lors, le maréchal pensa qu'il pourrait essayer de faire par l'est une pointe dans la Métidja. Afin d'être en mesure de le suivre de plus près, le gouverneur général quitta sa position de Nahr-el-Ouacel, qu'il fit occuper par le colonel A. Pélissier, et se porta sur Boghar. Il écrivit en même temps au général de Bar, qui commandait à Alger pendant son absence, de faire occuper le col des Beni-Aïcha par le général Gentil, et de tenir deux bataillons de la milice algérienne prêts à marcher au premier ordre. Les événements ne tardèrent pas à montrer l'opportunité de ces précautions. Abd-el-Kader évitant le général Bedeau, qui s'était porté vers le Kef-el-Lakdar, arriva chez Ben-Salem qui n'avait pas tardé à redescendre du Djurdjura. La veille de cette jonction, Ben-Salem avait attaqué les Isser qui nous étaient restés fidèles et avaient fait sur eux un butin considérable. Mais le colonel Blangini, que le général Gentil avait envoyé renforcer la garnison de Dellys, instruit de ce qui ce passait, se mit à sa poursuite et lui en reprit une partie. Il alla ensuite prévenir de cette agression le général Gentil qui, la nuit suivante, celle du 6 au 7 février, surprit le camp de Ben-Salem, y tua beaucoup de monde et y prit beaucoup de bagages et de bétail, et le restant de ce qu'il avait enlevé aux Isser. Mais une circonstance fort remarquable que l'on ne sut qu'après, c'est qu'Abd-el-Kader était lui-même dans ce camp au moment où il fut surpris. S'étant tiré, non sans peine, de ce mauvais pas, il vit qu'il devait renoncer au projet de descendre dans la Métidja, projet qu'il avait en effet formé, ainsi que l'avait fort bien deviné le maréchal Bugeaud, mais que les très-sages mesures prescrites par celui-ci firent échouer. La lucidité avec laquelle le gouverneur général découvrit du haut Chélif, où il était alors, le but de la marche de l'Emir vers l'est, est une des choses qui font le plus d'honneur à sa sagacité militaire.

Cependant le général Bedeau, à qui Abd-el-Kader avait d'abord dérobé son mouvement vers l'outhan de Sebaou, n'ayant pas tardé à en avoir connaissance, s'était mis sur ses traces. Le 9, il fut rejoint par le maréchal, qui se portait de son côté à marches forcées sur le haut Isser; de sorte que trois de nos plus considérables colonnes, outre la brigade Gentil, se trouvèrent en même temps sur le territoire menacé, savoir, celle du maréchal, celle du général Bedeau et celle du général d'Arbouville réunie à cette dernière depuis les affaires des Beni-Djaad. Le 16, le général Gentil se mit en communication avec le maréchal, qui, gardant auprès de lui les troupes de ce général, le fit repartir pour le col des Beni-Aïcha avec les bataillons des autres colonnes qui avaient le plus besoin de repos. Le gouverneur général se mit ensuite à châtier quelques tribus kbaïles qui avaient accueilli l'émir, telles que les Guechtoula, les Beni-Khalfoun, les Nezlioua et quelques fractions des Flissa. Quant à Abd-el-Kader, on ne put l'atteindre; il se retira pour le moment dans les parties les moins accessibles du Djurdjura. Le maréchal se trouvant peu éloigné de la capitale de son gouvernement, dont il était absent depuis quatre mois, résolut d'aller y passer quelques jours. Il y arriva, le 24 février, avec la colonne du général d'Arbouville. Le général Bedeau s'y rendit peu de jours après; ce général et M. d'Arbouville ne tardèrent pas à retourner par mer dans la province de Constantine.

Cependant Abd-el-Kader, dès qu'il eut vu nos troupes s'éloigner des tribus kbaïles, reparut au milieu d'elles pour les exciter de nouveau à la guerre contre les Chrétiens. Le 28, il tint une espèce de congrès à Bordj-bou-Keni, chez les Guechtoula, où se trouvèrent des députés de presque toutes les tribus situées à droite de l'Oued-Sebaou. La question de la prise d'armes y fut agitée; mais rien n'y fut définitivement arrêté. Dans une seconde assemblée de même nature, qui eut lieu dans la même localité, peu de jours après, quelques engagements de guerre furent pris. Mais bientôt l'annonce d'une nouvelle sortie du maréchal s'étant répandue, les gens sages et modérés, qui craignaient de voir compromettre l'indépendance de leur pays par une guerre imprudente, prirent la direction des affaires, et l'Émir, forcé d'abandonner la contrée, se remit en route pour le sud-ouest. Ce moment commença la période décroissante de l'insurrection.

Le gouverneur général était parti d'Alger le 5 mars avec l'intention de marcher sur Bordj-bou-Keni. Mais il se porta vers l'outhan de Hamza, lorsqu'il eut connaissance de la retraite d'Abd-el-Kader. Celui-ci, marchant avec sa rapidité ordinaire, surprit le 7 mars au matin nos douairs de Titteri, entre Boghar et Berouakia, et leur enleva un butin considérable. Mais, poursuivi aussitôt par le colonel Camou, qui se trouvait peu loin de là avec une de nos nombreuses colonnes, il perdit une partie de son propre bagage, et près de 150 cavaliers. Ben-Klika, un de ses lieutenants, fut au nombre des morts. Ce désastre fut bientôt suivi d'un second: la colonne légère du général Yousouf, qui avait été envoyée dans le Titteri, surprit son camp à Gouiga sur la route du Djebel-Amour, le 15, au sud du lac de Zarès. Sa tente, ses bagages et 800 mulets lui furent enlevés. Il perdit, en outre, beaucoup de monde ; mais enfin il parvint encore à s'échapper.

Deux prisonniers français, M. Lacote, chef du bureau arabe de Tiaret, pris dans les environs de ce poste, et M. Lévi, interprète, pris à la malheureuse affaire de Sidi-Ibrahim, tombèrent entre nos mains, mais tous deux blessés. Les Arabes, avant de les abandonner, avaient eu la barbarie de tirer sur eux. M. Lévi ne survécut que peu d'heures à sa délivrance. M. Lacote vécut assez longtemps pour pouvoir donner sur la position de l'Émir d'importants renseignements. On sut qu'il avait tiré des approvisionnements de Bou-Sada, et que son ancien secrétaire El-Karoubi, retiré à Alger depuis trois ans, était en correspondance avec lui, et lui faisait souvent passer des avis utiles. Cet homme fut arrêté par suite de cette révélation. Yousouf, continuant à poursuivre l'Émir, s'avança jusqu'à Zamina, au delà de Taguin.

Le maréchal voyant la paix rétablie dans l'est par la retraite d'Abd-el-Kader, retourna à Alger, où il arriva le 18 mars. Le même jour, M. le duc d'Aumale y débarquait de son côté. Ce prince prit le commandement supérieur des subdivisions de Médéa et de Miliana.

Abd-el-Kader parvint à se maintenir quelque temps

dans le Djebel-Amour et chez les Oulad-Naïl, tribu riche et nombreuse qui pourvoyait à ses besoins. Il évitait avec grand soin de se laisser approcher par nos colonnes, espérant toujours que nos troupes ne pourraient rester longtemps dans des contrées si éloignées de leurs magasins. Mais nos généraux avaient pourvu à tout : un camp avait été établi à El-Beida ; deux colonnes l'alimentaient par Boghar de munitions de guerre et de bouche ; celle de Yousouf allait s'y ravitailler quand elle en avait besoin, puis elle se remettait à courir le pays des Oulad-Naïl, à qui elle faisait tout le mal possible, afin de les forcer à abandonner la cause de l'Émir. Le général d'Arbouville, qui avait repris son commandement de Sétif, était entré de son côté sur leur vaste territoire. Ils durent donc se soumettre. Ben-Aouda-el-Moktari, ce chef des Oulad-Moktar, dont j'ai parlé plus d'une fois, et qui dans ces derniers temps s'était rapproché de l'Émir, demanda à rentrer en grâce auprès de nous, ainsi que Djellid des Oulad-Chaïb. Ces deux hommes n'avaient été entraînés vers Abd-el-Kader, qu'ils n'aimaient point, que par suite de l'appui que les Harrar lui avaient donné. Cette circonstance atténuante et l'utilité dont ils pouvaient nous être leur firent accorder facilement le pardon qu'ils imploraient. Les Harrar, de leur côté, dont le territoire était attaqué par les troupes du général Lamoricière, traitaient de leur soumission. Abd-el-Kader se voyant ainsi abandonné, se décida enfin à se rapprocher du Maroc. Il se porta vers Stiten, ne voulant pas passer par la lisière du Tell, dans la crainte de rencontrer nos colonnes. Il espérait pouvoir se maintenir chez les Oulad-Sidi-Chirk où il se rendit.

L'éloignement d'Abd-el-Kader signala la fin de l'insurection, comme son apparition en avait signalé le commencement. Bou-Maza avait été blessé dans une rencontre d'un coup de feu qui lui avait fracassé le poignet, et souffrait tellement de sa blessure, qu'il était peu en état d'agir. Le Dahra, où il tenait cependant toujours, fut attaqué vers la fin d'avril, simultanément par les troupes de Tenez, d'Orléansville et de Mostaganem, sous la direction de M. A. Pélissier, nommé récemment maréchal de camp. La soumission fut prompte et complète. Les Beni-Zeroual firent seuls quelque résistance. Ils s'étaient retranchés dans des grottes, comme l'avaient fait les Oulad-Rriah l'année précédente. Le général les y assiégea, et chercha à arriver à eux par la sape; mais les insurgés se rendirent au bout de trois jours. Bou-Maza s'enfuit dans l'Ouenseris, auprès d'El-Hadj-el-Sghir.

Depuis le commencement de l'année plusieurs colonnes avaient parcouru les vallées de cette montagne pour en chasser le lieutenant d'Abd-el-Kader qui était parvenu à s'y maintenir, ou qui, lorsqu'il avait été forcé de s'en éloigner, y était promptement revenu, ne voulant pas montrer moins de persévérance que son maître. Mais le maréchal ayant cru devoir se porter en personne dans l'Ouenseris, vers le mois de mai, et l'Émir étant en marche pour le Maroc, il s'éloigna définitivement avec Bou-Maza et alla le rejoindre.

La soumission des Harrar avait été acceptée moyennant une contribution de guerre fort considérable et proportionnée à leurs richesses et à l'étendue de leur faute. Les Oulad-Naïl durent livrer 500 chevaux pour la paix qu'on leur accorda. Les tribus reçurent l'organisation qu'exigeaient les circonstances. Quelques hommes dangereux furent envoyés aux îles Sainte-Marguerite. Mais il n'y eut pas une seule exécution. Le Bou-Maza des Beni-Zoug-Zoug, qu'un conseil de guerre avait condamné à mort, éprouva lui-même les effets de la clémence royale. L'assurance de ce jeune homme devant ses juges, la netteté et la distinction de ses réponses intéressèrent assez vivement le public en sa faveur. Nous croyons devoir consigner ici son interrogatoire, quoiqu'on puisse le trouver dans presque tous les journaux politiques du mois de décembre 1845.

D. Comment vous nommez-vous?—*R.* Je me nomme Mohammed-ben-Abdallah.

D. Ne vous donne-t-on pas le surnom de Bou-Maza? —*R.* Non; c'est mon frère que les Arabes ont ainsi nommé.

D. Pourquoi les Arabes l'ont-ils ainsi nommé? — *R.* Mon frère porte le même nom que moi, Mohammed-ben-Abdallah, et les Arabes l'ont surnommé *Bou-Maza*, parce qu'ils l'ont vu souvent suivi d'une gazelle qui lui a été envoyée par Dieu pour l'accompagner dans ses courses.

D. Il y a encore beaucoup d'autres Bou-Maza qui en diverses contrées cherchent à soulever les populations, les connaissez-vous? — *R.* Il n'y a pas d'autres Bou-Maza que mon frère. Quant à ceux qui prennent ce nom, je ne les connais pas et n'en ai jamais entendu parler.

D. Quel est votre âge? — *R.* Je l'ignore; nous autres Musulmans, nous vivons jusqu'à notre mort, sans nous inquiéter de notre âge.

D. De quel pays êtes-vous? — *R.* Je suis de Taroudente, village de trois cents maisons, empire du Maroc, province de Sous.

D. Depuis quand êtes-vous en Algérie? — *R.* Depuis

sept ans à peu près. J'y suis venu envoyé par notre seigneur Moulay-Thayeb, pour y visiter les Zaouïa, les saints marabouts, et faire des œuvres pieuses.

D. Depuis quand votre frère est-il en Algérie? — *R.* Depuis la même époque; il s'est marié chez les Oulad-Younès, où il s'est acquis une grande réputation de sainteté; les tribus du Dahra venaient le visiter, lui parler du désir de faire la guerre sainte; il s'est mis à leur tête et vous savez ce qu'il est arrivé.

D. Par qui a-t-il été encouragé ou poussé? Par Abd-el-Kader sans doute, par celui que vous appelez le Sultan. — *R.* Il a commencé la guerre seul; sa réputation s'est bientôt étendue au loin, chez les Flitta, les Sbebia, les Beni-Tigrin, les Keraiche, et puis seulement alors il a reçu des lettres de Muley-Abd-er-Rhaman, d'El-Hadj-Abd-el-Kader, et des sultans de Constantinople et de Tunis. Ces lettres lui disaient de continuer, qu'il était bien le Maître de l'heure annoncée par les livres saints, et que s'il parvenait à chasser les Chrétiens, ils le proclameraient leur Sultan, se contentant du titre de ses khalifas.

D. Avez-vous vu ces lettres, leurs cachets? — *R.* Je ne sais pas lire, mais je les ai vues et tenues dans mes mains.

D. Quelles sont les tribus qui ont donné leur parole à votre frère? — *R.* (Ici Mohammed-ben-Abdallah cite un grand nombre de tribus.)

D. Sont-elles venues avec leurs anciens chefs ou bien avec ceux que nous leur avons donnés? — *R.* Les tribus ne sont pas venues en masse; elles envoyaient des députations commandées le plus souvent par leurs anciens chefs, quelquefois par les vôtres.

D. Qu'avaient-elles à reprocher aux Français? Des

vols, des exactions, des injustices, des crimes? Dites sans crainte la vérité. — *R.* Rien de tout cela. Les Arabes vous détestent parce que vous n'avez pas la même religion qu'eux, parce que vous êtes étrangers, que vous venez vous emparer de leur pays aujourd'hui, et que demain vous leur demanderez leurs vierges et leurs enfants. Ils disaient à mon frère : « Guidez-nous, recommençons la
« guerre; chaque jour qui s'écoule consolide les Chrétiens;
« finissons-en de suite. »

D. Nous avons, quoi que vous en puissiez dire, beaucoup d'Arabes qui savent nous apprécier et nous sont dévoués. — *R.* Il n'y a qu'un seul Dieu, ma vie est dans sa main et non dans la vôtre ; je vais donc vous parler franchement. Tous les jours vous voyez des Musulmans vous dire qu'ils vous aiment et sont vos serviteurs fidèles; ne les croyez pas : ils vous mentent par peur ou par intérêt. Quand vous donneriez à chaque Arabe et chaque jour l'une de ces petites brochettes qu'ils aiment tant, faites avec votre propre chair, ils ne vous en détesteraient pas moins, et toutes les fois qu'il viendra un chérif qu'ils croiront capable de vous vaincre, ils le suivront tous, fût-ce pour vous attaquer dans Alger.

D. Comment les Arabes peuvent-ils espérer nous vaincre, conduits par des gens qui n'ont ni armée, ni canons, ni trésors? — *R.* La victoire vient de Dieu ; il fait, quand il le veut, triompher le faible et abat le fort.

D. Votre frère prend le titre de sultan; les Arabes doivent en rire?—*R.* Non, ils n'en rient pas: ils l'aiment au contraire, à cause de son courage et de sa générosité; car il ne songe pas, comme Abd-el-Kader, à bâtir des forts pour y enfouir son argent et ses ressources ; il a mieux compris que lui la guerre qu'il faut vous faire; il ne possède qu'une tente et trois bons chevaux; aujourd'hui il est ici, demain matin à vingt lieues plus loin; sa tente est pleine de butin, un instant après elle est vide; il donne tout, absolument tout, et reste léger pour aller où l'appellent les Musulmans en danger.

D. Que dira-t-il quand il saura que vous êtes en notre pouvoir? — *R.* Que voulez-vous qu'il dise! son cœur saignera d'avoir perdu son frère, et puis il se résignera à la volonté de Dieu. Quant à moi, je sais que la mort est une contribution frappée sur nos têtes par le Maître du monde; il la demande quand il lui plaît; nous devons tous l'acquitter, mais ne l'acquitter qu'une seule fois.

D. Votre frère a-t-il reçu des lettres des tribus de l'est, des Kbaïles du Hamza? — *R.* Il en a reçu beaucoup, et toutes l'encourageaient, lui souhaitaient le triomphe ou l'appelaient dans leur pays.

D. Je vais vous poser une question à laquelle je vous engage à répondre avec sincérité. Vous êtes en notre pouvoir, le mensonge ne vous servirait à rien, tandis que des aveux francs peuvent intéresser en votre faveur notre roi, qui est humain et généreux.— *R.* Je vous répondrai avec d'autant plus de franchise que, quoique chargé de fers, je sais que ma vie n'est pas en votre pouvoir; elle ne dépend que de Dieu.

D. Eh bien! pouvez-vous me dire quelles sont les relations qui existent entre Muley-Abd-er-Rhaman et Abd-el-Kader? — *R.* Muley-Abd-er-Rhaman est au plus mal avec Abd-el-Kader; plusieurs fois il lui a dit: « Sors de mon pays! » Mais Abd-el-Kader a toujours répondu : « Je ne suis pas dans ta main, et je n'ai peur « ni de toi ni des Français; si tu viens me trouver, je te

« rassasierai de poudre, et si les Français viennent aussi
« me trouver, je les rassasierai aussi de poudre. »

D. Savez-vous pourquoi Muley-Abd-er-Rhaman et
Abd-el-Kader sont brouillés ? — *R.* C'est parce que le
sultan du Maroc craint de voir les Français entrer chez
lui pour y poursuivre Abd-el-Kader.

D. Comment se fait-il qu'El-Hadj-Abd-el-Kader puisse
se moquer d'un souverain aussi puissant que Muley-Abd-
er-Rhaman ? — *R.* Depuis que les Marocains ont appris
que Muley-Abd-er-Rhaman avait fait la paix avec les Chrétiens, ils se sont presque tous tournés du côté de l'Émir,
qui a longtemps fait la guerre sainte et qui la fait encore.
Depuis cette paix, tout le pays compris entre Souze et
Rabat s'est insurgé ; il en est de même de toutes les tribus,
et il ne commande plus, à bien dire, que dans les villes.
Les Oulad-Mouley-Thaïeb mêmes, qui ont un si grand
ascendant religieux dans tout l'empire, ne veulent plus
l'exercer pour lui, et le sultan a tellement compris la
gravité de sa position qu'il s'occupe de faire petit à petit
transporter tous ses trésors et tous ses magasins au Tafilet,
où il a ordonné depuis deux ans déjà des constructions
considérables.

D. Ces Mouley-Thaïeb sont donc bien puissants ? —
R. Aucun sultan ne peut être nommé sans leur assentiment. C'est Sidi-el-Hadj-el-Arbi qui est leur chef maintenant, et c'est lui qui envoie dans l'Algérie les sultans
qui s'y promènent, après avoir lu sur eux le fattah.

D. S'il y a sept ans que vous êtes en Algérie, comment
pouvez-vous savoir ce qui se passe dans le Maroc ? —
R. Je l'ai entendu dire souvent dans le camp de mon
frère.

D. Avez-vous entendu parler du retour de M. le maréchal?—*R.* Oui ! les uns étaient contents et les autres mécontents ; ceux qui voulaient les chérifs s'en chagrinaient, et ceux qui ne les voulaient pas s'en réjouissaient.

D. Que faisiez-vous chez les Beni-Zoug-Zoug ?—*R.* J'avais été appelé par eux pour les guider dans une attaque sur Miliana.

D. Cela ne se peut pas; ils vous ont livré aux Français. —*R.* Ils ont entendu parler du retour d'une colonne et de l'arrivée d'une autre, ils ont eu peur de s'être compromis, et pour faire leur paix avec vous ils m'ont arrêté. Que Dieu les maudisse dans ce monde et dans l'autre !

D. Avez-vous pris part aux différentes insurrections? —*R.* A presque toutes.

D. Jeune et étranger, quels pouvaient être vos désirs, votre but ?—*R.* Je n'avais pas d'autre désir, pas d'autre but que ceux de faire triompher notre sainte religion.

D. Croyez-vous que les Arabes ne se lasseront pas de mourir pour des entreprises qui n'ont aucune chance de succès ?—*R.* Je suis très-fatigué, je vous prie de me laisser tranquille. Vous m'accablez de questions ; on me les posera sans doute dans un autre moment; je ne me souviendrai pas de ce que je vous ai répondu, et puis vous direz que j'ai menti.

Les remarquables paroles du jeune fanatique que nous venons de mettre en scène jettent sans doute beaucoup de clarté sur les causes et la nature de la grande insurrection de 1845. Cependant il ne faut pas perdre de vue que l'exaltation du personnage a dû nécessairement le porter à exagérer l'influence, certainement très-grande, du sentiment religieux chez les Arabes, et qu'enfin étant homme de cœur, il aura voulu soutenir son rôle devant ceux qui étaient appelés à prononcer sur son sort. D'ailleurs ses paroles étaient aussi entendues des Musulmans. La levée de boucliers des Bou-Maza aurait été peu de chose sans l'intervention plus politique que religieuse d'Abd-el-Kader. Quoi qu'il en soit, au surplus, des secrètes pensées des Arabes, on ne saurait nier qu'un très-grand nombre d'entre eux ne nous aient servis avec persévérance, même dans les circonstances les plus difficiles. Dans l'insurrection dont je viens de tracer rapidement l'histoire, il n'y eut pas une seule de nos colonnes qui n'ait eu à sa suite un certain nombre d'auxiliaires. Les Portugais et les Espagnols avaient aussi trouvé avant nous des alliés parmi les Arabes. Cela prouve au moins que ce que ceux-ci considèrent comme l'intérêt de la religion, c'est-à-dire la haine contre les chrétiens, ne les a jamais empêchés de sacrifier à des intérêts plus matériels. Enfin, le vrai Bou-Maza lui-même, las de courir les ravins pour la cause de l'islamisme, ne s'est-il pas jeté dans les bras de ces mêmes chrétiens qu'il disait avoir mission d'exterminer? Mais n'anticipons pas sur les événements.

Le colonel Renault, qui avait été chargé de suivre Abd-el-Kader jusqu'au moment où on le saurait hors de l'Algérie, arriva, le 28 mai, au Djebel-Ksel, où l'Émir avait séjourné quelque temps. Après avoir puni les Arabes de cette localité de l'hospitalité qu'ils lui avaient accordée par l'enlèvement d'une partie de leurs troupeaux, il forma un dépôt de vivres dans le Ksour de l'Arba et continua sa poursuite. Il arriva, le 1ᵉʳ juin, à Chellala-el-Dahrnia au moment où l'Émir venait de quitter cette localité. Les habitants, qui voulurent opposer quelque résistance, furent malmenés et perdirent une soixantaine d'hommes. De là le colonel Renault s'avança vers El-Bioud, au centre du pays des Oulad-Sidi-Chirk, où se trouvait en ce moment l'illustre fugitif et ses compagnons, exténués de fatigue les uns et les autres. Les fameux marabouts de cette localité, sainte aux yeux des Arabes, les engagèrent à s'éloigner au plus vite afin de ne pas attirer les maux de la guerre dans leurs foyers, et de sauver de la profanation le tombeau du chef vénéré de leur race. Abd-el-Kader s'éloigna, et entra par Figuig sur le territoire marocain. Le colonel Renault ayant accompli sa mission reprit la route de Mascara, où il arriva dans le mois de juillet.

L'existence de la déira de l'Émir avait été fort agitée pendant les huit mois qui s'étaient écoulés depuis que celui-ci en était parti pour aller encore une fois tenter la fortune en Algérie. Les mouvements du général Cavaignac l'avait souvent inquiétée : d'un autre côté, l'empereur de Maroc, pressé par nos agents diplomatiques, l'avait sommée de s'éloigner de nos frontières, de se rapprocher de Fez et de cesser de reconnaître une autre autorité que la sienne. A la vérité, aucune démonstration armée n'avait accompagné cette sommation ; mais les tribus marocaines, entrevoyant dans ce conflit une perspective de pillage, laissaient voir des dispositions peu rassurantes pour la déira. J'ai déjà dit que des masses considérables d'émigrés l'avaient quittée pour rentrer sur nos terres avec l'autorisation et l'appui du général Cavaignac. Enfin, Miloud-ben-Arach lui-même en était parti avec les siens pour aller se mettre à la disposition de Mouley-Abd-er-Rhaman. Il était manifeste que l'opinion publique s'éloignait d'Abd-el-Kader ; que même le parti fanatique se détachait de lui. Ce parti l'avait déjà, à diverses époques, trouvé trop mondain, trop disposé à se rapprocher des Chrétiens, trop confiant dans les moyens humains pour faire triompher la sainte cause, et pas assez dans les miracles et les secours d'en haut. Nous avons vu cette faction prendre les armes contre lui en 1854, et les paroles du Bou-Maza des Beni-Zoug-Zoug font connaître ce qu'elle en pensait encore en 1846. Aussi, au moment de ses derniers échecs, cette même faction qui s'agitait encore sur la frontière, au lieu de se rallier à lui dans une lutte suprême, comme le vrai Bou-Maza lui-même avait cru devoir le faire, se groupa autour de quelques frénétiques sans portée, dont les efforts isolés vinrent se briser successivement contre les colonnes du général Cavaignac. Le plus fou de ces énergumènes fut un certain El-Fadel, qui se croyait Aïssa (Jésus-Christ), dont la seconde venue est attendue par les Musulmans, et qui doit réunir tous les peuples en un seul. Après avoir sommé le général Cavaignac de le reconnaître en cette qualité, il eut l'audace de l'attendre en rase campagne ; mais ce fut avec le succès qu'on peut croire. On assure que cet El-Fadel, dont il ne fut plus question depuis, avait annoncé à ses gens que la terre s'ouvrirait pour engloutir les Français.

Cette tendance de l'esprit religieux, ou plutôt du fanatisme, à agir en dehors d'Abd-el-Kader, ne put qu'alarmer celui-ci dans un moment où il aurait eu si grand besoin de ce puissant auxiliaire. Nous ne serions pas surpris que les réflexions qu'il dut faire à ce sujet et le désir de donner un gage aux passions brutales et sanguinaires de l'islamisme exalté n'aient été pour beaucoup dans la cruelle résolution qu'il prit tout à coup de faire périr les prisonniers français qu'il avait entre les mains. Lorsqu'il quitta le Djebel-Amour et les Oulad-Naïl, pour se porter chez les Oulad-Sidi-Chirk, il fit partir devant lui et renvoya à la déira son lieutenant Ben-Tami, avec quelque centaines de malades et de blessés. Il prescrivit en même temps à Bou-Hamedi, qui avait commandé la déira pendant son absence, de venir au devant de lui avec toutes les forces qui pourraient en être distraites sans inconvénient. Il lui fut répondu qu'il était impossible de faire ce qu'il désirait sans exposer à une perte certaine toute la déira, menacée à la fois par les Français et les Marocains, et embarrassée de la garde des prisonniers. L'Émir répliqua par l'ordre barbare de massacrer ces malheureux. Cette horrible exécution eut lieu dans la nuit du 27 au 28 avril. Les officiers et quelques soldats attachés à leurs personnes furent seuls préservés (1). Les autres, au nombre de deux cents soixante-dix, après avoir été partagés en petits groupes, furent lâchement égorgés par les fantassins réguliers de la déira. Deux ou trois parvinrent à s'échapper et à gagner nos postes. Abd-el-Kader rentra à sa déira un peu plus d'un mois après cette infamie, qui a souillé à tout jamais l'existence pure jusqu'alors de cet homme célèbre, dont les grandes qualités trouvaient jusque dans nos rangs de sincères admirateurs (2).

---

(1) Il furent rachetés quelques temps après par l'intermédiaire des autorités espagnoles de Melilla : au nombre de ces prisonniers était M. Courby de Cognord.

(2) Je dois dire et je dis volontiers que beaucoup de personnes qui ont approché Abd-el-Kader pendant son long séjour en France penchent à croire que Ben-Tami n'attendit pas les ordres de l'Émir pour faire exécuter le massacre, et que celui-ci n'aurait eu que le tort de ne pas le désavouer et d'en assumer l'odieuse responsabilité. Lorsqu'il partit pour le Levant, ses dernières paroles à M. de Bellemare, interprète au ministère de la guerre, furent une déclaration formelle d'absence de toute participation à ce crime, du regret amer

Le massacre de nos prisonniers sur les terres de l'empereur de Maroc rendit encore plus vives les instances de notre diplomatie pour qu'il prît enfin un parti vigoureux au sujet d'Abd-el-Kader et de ses adhérents. Mais toujours partagé entre ses idées superstitieuses, sa méfiance envers l'Émir, sa haine innée, quoique timide, contre les chrétiens, et les craintes que lui inspirait notre puissance, il hésitait et ne prit longtemps que des demi-mesures. Le Gouvernement français, de son côté, appréhendant toujours de se voir entraîné à une guerre sans profit contre les populations fanatiques du Maroc, résistait à l'irritation que lui causait l'attitude indécise de ce misérable chef de barbares et aux excitations de la presse qui l'accusait de faiblesse ; il attendait du temps une solution qu'il craignait de compromettre en la brusquant. Les événements devaient prouver plus tard que la raison était de son côté. Au reste, Abd-er-Rhaman ne cessait, depuis le traité de Tanger, de protester de son sincère désir de vivre désormais avec nous en bonne intelligence. Il avait envoyé une sorte d'ambassadeur à Paris, et réglé la question des frontières par convention du 18 mars 1845, passée entre Sid-Hamida-ben-Ali, son fondé de pouvoirs, et M. le général de Larue, plénipotentiaire du Gouvernement français. Un traité de commerce fut aussi négocié ; mais Mouley-Abd-er-Rhaman eut quelque peine à le ratifier.

---

qu'il éprouvait de penser que les Français l'en croyaient personnellement coupable, et du désir que M. de Bellemare cherchât à détromper le public. Je suis autorisé par ce dernier à faire connaître cette intéressante particularité.

La province de Constantine ne se ressentit que faiblement de l'agitation qui avait régné dans le reste de l'Algérie, depuis la catastrophe de Sidi-Ibrahim jusqu'à l'expulsion d'Abd-el-Kader. Cependant il s'y passa quelques événements que nous devons raconter.

Dans le mois de novembre 1845, un certain Mohammed-el-Tebroui, surnommé Bou-Darbela, se disant envoyé de Bou-Maza, parut dans le Belezma et se mit à y prêcher la guerre sainte. Les Oulad-Sultan, un instant agités par ses prédications, furent néanmoins contenus dans le devoir par le général Herbillon, commandant de la subdivision de Batna, qui trouva un puissant appui dans la fidélité de nos kaïds, empressés à se rallier à lui ; mais l'insurrection éclata chez les Oulad-Sellam. Le général Levasseur, qui commandait la province en l'absence du général Bedeau, marcha contre eux. Après avoir vainement tenté de les faire rentrer volontairement dans la soumission, il les attaqua avec ses troupes réunies à celles du général Herbillon, leur tua une centaine d'hommes, et les força de se mettre à sa discrétion. Bou-Darbela, arrêté dans sa fuite, fut conduit prisonnier à Batna.

Cette affaire terminée, le général Levasseur se porta dans le Hodna, dont quelques tribus s'étaient soulevées à la voix de Si-Saad, contre le kaïd Si-Mokran, nommé l'année précédente par le duc d'Aumale. Le général les fit promptement renoncer à leur rébellion, leur imposa des contributions de guerre, et dispersa, le 29 décembre, après un léger combat, le seul rassemblement d'insurgés que Si-Saad eût osé lui opposer. Il se remit ensuite en marche pour rentrer à Constantine. Mais, le 5 janvier, sa colonne fut assaillie, dans les défilés du Djebel-bou-Taleb, par un ouragan glacial, accompagné d'une neige épaisse, qui la mit en danger de périr entièrement par une de ces catastrophes que l'imagination a de la peine à admettre en Afrique, et qui paraissent réservées aux climats du Nord. Le vent était si violent, la neige tombait avec une telle intensité, que les soldats, marchant au hasard et avec des peines infinies, s'égarèrent de tous côtés. Cet affreux temps s'étant prolongé, la colonne était réduite presque à rien lorsqu'elle arriva à Sétif, le 4 au soir. On crut d'abord avoir à déplorer des pertes énormes; mais elles se réduisirent à une centaine d'hommes morts de froid ou de besoin. Les Arabes de la tribu des Righa en sauvèrent un très-grand nombre qu'ils ramenèrent successivement à Sétif, après leur avoir donné tous les soins d'une généreuse hospitalité.

En rentrant à Constantine, le général Levasseur reçut, pour se consoler du petit échec que les éléments venaient de lui faire éprouver, la soumission de la grande tribu des Nemencha, qui avait été négociée par notre cheik-el-arab.

Lorsque Abd-el-Kader, dans sa marche insurrectionnelle, s'avança vers Bou-Sada, quelque émotion se manifesta de nouveau dans l'Hodna et s'étendit jusque auprès de Sétif, où elle était produite par le chérif du Djurdjura, cet autre Bou-Maza que nous avons vu aux prises dans le Dira avec les généraux d'Arbouville et Marey. Cet agitateur était accompagné de ce Moussa-el-Darkaoui qui, en 1835, avait pris les armes contre Abd-el-Kader : il venait alors de chez les Beni-Abbès où il s'était retiré. Ces deux fanatiques, qui n'étaient parvenus à réunir qu'un très-petit nombre d'adhérents, ne tentèrent aucune attaque et n'attendirent pas les troupes qu'on fit marcher contre eux. Mais ils attirèrent traîtreusement à une conférence et assassinèrent lâchement Ben-Ouani, notre kaïd des

Amer-Garaba. C'était un serviteur dévoué et brave dont la perte fut vivement sentie par l'autorité française, qui avait en lui la confiance la plus grande et la mieux méritée. Il fut remplacé par Mohammed-ben-Douadi, qui, surpris quelque temps après par des cavaliers de Si-Saad, fut également massacré.

Lorsque le général d'Arbouville rentra à Sétif, il y arrivait avec l'ordre de se porter chez les Oulad-Naïl. Il organisa sur-le-champ sa colonne expéditionnaire et, sans perdre de temps, se remit en marche, laissant au lieutenant-colonel Dumontel le soin d'observer les faibles bandes du chérif et de Moussa-el-Darkaoui. Sa présence chez les Oula-Naïl et à Bou-Sada, qu'il châtia pour les secours que cette petite ville avait donnés à l'Émir, contribua puissamment à chasser Abd-el-Kader de cette contrée, ainsi que nous l'avons dit plus haut. Il retourna ensuite à Sétif, sa mission étant accomplie. Pendant son absence, le lieutenant-colonel Dumontel surprit, le 12 avril, auprès de la tribu kbaïle d'Amoucha, le camp du chérif et de son acolyte. Les agitateurs perdirent dans cette affaire, très-vigoureusement et très-habilement conduite, plus de deux cents hommes, c'est-à-dire presque tout ce qu'ils avaient de forces. Cet événement rendit à la subdivision de Sétif son ancienne tranquillité.

Restait à en finir avec Si-Saad qui tenait toujours dans le Bou-Taleb et chez une partie des Oulad-Deradj. Cette mission fut confiée, par le général Bedeau, au colonel Régeau. Cet officier supérieur se porta d'abord, avec une colonne d'environ 2,000 combattants, chez les Oulad-Ameur, fraction des Oulad-Deradj, qui s'était prononcée pour Si-Saad, et les détacha de la cause de ce factieux, moitié par persuasion, moitié par menaces. Il pénétra ensuite dans les montagnes, aidé des cavaliers de cette même tribu, et fit tout rentrer dans la soumission après un petit combat qui fut livré, le 24 mai, chez les Oulad-Adjedj. Il frappa de contributions de guerre les populations qui avaient pris part à la révolte et en exigea des otages. La crainte leur avait inspiré un si grand désir de la paix, qu'une tribu ayant hésité à livrer ses otages, les autres l'y contraignirent elles-mêmes. Si-Saad, abandonné de tout le monde, même des Oulad-Teben, sa propre tribu, s'enfuit chez les Kbaïles du nord. Le colonel Régeau ayant ainsi pacifié la contrée et rétabli l'autorité contestée de notre kaïd Si-Mokran, retourna à Constantine d'où il était parti.

Dans l'est de la province, un peu d'agitation se manifesta également : un prétendu chérif parut timidement dans l'Edough, dont il fut bientôt obligé de s'enfuir, chassé par les indigènes eux-mêmes qu'il avait cherché à entraîner à la révolte en leur promettant l'appui de Tunis. Vers Tebessa et les Hanencha, Haznaoui fit quelques efforts pour relever son parti. Le général Randon, qui se transporta sur les lieux, ne trouva nulle part de résistance organisée ; mais quelques assassinats commis autour de ses campements sur des soldats isolés annoncèrent qu'il y avait de la fermentation dans les esprits. Le 1ᵉʳ juin, un petit convoi de malades, qu'on évacuait de Tebessa sur Ghelma, fut massacré dans un douar des Oulad-Sidi-Yahia-ben-Taleb, où il s'était arrêté pour passer la nuit. La vengeance ne se fit pas attendre, car, douze heures après, le général Randon atteignait la population coupable et la livrait à la juste colère de nos soldats irrités. Deux cents Arabes payèrent de leurs têtes leur lâche guet-apens. Nos troupes s'emparèrent en outre d'une grande quantité de bétail. Une contribution de guerre fut de plus imposée à toute la tribu, qui livra cinq individus désignés comme les principaux instigateurs du crime du 1er juin, lesquels étaient parvenus à se soustraire à notre première vengeance.

Après cette éclatante exécution, le général Randon était, le 19 juin, chez les Oulad-Rhiar, fraction des Hanencha, lorsqu'il se trouva subitement en face d'un fort rassemblement de fantassins et de cavaliers qui marchait à lui en attitude hostile. On ne put d'abord s'expliquer d'où venaient ces nouveaux ennemis, presque tous les cheiks du pays étant avec le général et protestant de la soumission de leurs administrés. Enfin, on sut bientôt que c'étaient des Ouargah et autres Arabes de diverses tribus tunisiennes de la frontière conduits par El-Haznaoui, qui était parvenu à leur faire prendre les armes contre nous. Le général les chargea aussitôt, les tailla en pièces et les poursuivit jusqu'au delà de la frontière, au milieu de leurs douars qui furent saccagés. Ce fut le dernier événement de l'expédition du général Randon, qui ne tarda pas à rentrer à Bône.

L'acte agressif des tribus tunisiennes avait eu lieu à l'insu du bey de Tunis, dont les dispositions à notre égard n'avaient et ne pouvaient avoir rien d'hostile, mais qui avait eu le tort de tolérer la présence d'El-Haznaoui dans une contrée où elle pouvait amener des troubles. Sur les représentations qui lui furent faites à ce sujet, il prit des mesures qui ne laissèrent à ce factieux d'autre ressource que d'implorer la clémence de la France. Aussi ne tarda-t-il pas à faire sa soumission.

Pendant que le général Randon opérait dans l'est de la province de Constantine, le colonel Eynard, qui venait de remplacer à Sétif le général d'Arbouville, réduisit la tribu d'Amoucha qui avait fait acte d'insoumission au moment même où tout rentrait dans l'ordre. Ce fut le dernier soupir de l'insurrection.

Afin d'assurer la tranquillité du pays situé entre les Biban et Alger, un établissement militaire fut créé à Sour-el-Ghozlan ou Auzia, et prit le nom d'Aumale, de celui du jeune général qui commandait alors dans ces contrées.

La grande insurrection de 1845-46 fut une crise utile pour l'Algérie. Elle démontra aux Arabes, tant aux fanatiques qu'aux politiques, l'inutilité de leurs efforts pour secouer un joug que nous ne demandons pas mieux que de rendre doux ; elle nous enseigna encore une fois à ne pas cesser d'être sur nos gardes ; enfin, elle consolida et donna plus d'ensemble à notre domination. La guerre ne se fit, du reste, que fort loin de nos établissements coloniaux, qui s'en ressentirent si peu, que ce n'était le plus souvent que par les journaux de la métropole qu'on y apprenait ce qui se passait sur le théâtre des hostilités.

LIVRE XLI.

Analyse et examen de divers actes administratifs. — Modifications au régime financier. — Création d'une direction générale des affaires civiles. — Dissentiment du gouverneur général et du ministère à ce sujet. — Travaux publics. — Bâtiments civils. — Administration des indigènes.

Nous avons conduit la partie civile de l'administration de M. le général Bugeaud jusqu'à la fin de 1843, dans le livre XXXVI de cet ouvrage. Nous allons compléter dans celui-ci et dans le suivant ce qu'il y a à en dire. Mais il est bon de faire observer d'abord que l'omnipotence de ce gouverneur général diminua sensiblement dans les dernières années de son commandement. Sa puissance d'initiative s'affaiblissait à mesure qu'il grandissait en dignités et en titres ; de sorte que plusieurs mesures prises, de 1844 à 1847, le furent en dehors de lui, et quelquefois malgré lui. En un mot, la volonté de M. le lieutenant-général Bugeaud avait eu plus de poids dans la balance des destinées de l'Algérie que n'en eut depuis celle de M. le maréchal duc d'Isly. Cela posé, entrons dans les détails, en traitant d'abord de ceux qui se rapportent à la période antérieure à l'ordonnance du 15 avril 1845, laquelle donna une nouvelle organisation à l'administration générale de la colonie.

Le 6 mai 1844, un arrêté ministériel régularisa l'institution des courtiers de commerce.

Un autre arrêté ministériel du 8 juin de la même année organisa le service des télégraphes. Déjà depuis longtemps le génie militaire avait établi plusieurs lignes télégraphiques qui suffisaient aux besoins du moment; mais on voulut avoir un personnel spécial pour cet objet.

Une ordonnance du 14 juillet suivant établit qu'à l'avenir les membres du corps enseignant en Algérie seraient nommés par le ministre de l'instruction publique.

Par arrêté ministériel du 4 octobre de la même année des chambres de commerce furent établies à Oran et à Philippeville.

Le 1er du même mois, le roi avait signé une ordonnance sur la constitution de la propriété en Algérie, l'expropriation pour cause d'utilité publique et autres matières analogues. Il en sera amplement parlé, ainsi que d'une autre ordonnance de même nature du 21 juillet 1846, lorsque nous traiterons de la colonisation dans le livre suivant. Nous renvoyons à ce même livre la mention des actes administratifs relatifs à la création de divers centres de population fondés depuis 1845.

Nous négligeons quelques actes sans importance afférents à la marche journalière de l'administration de l'intérieur, et nous passerons à ceux qui concernent l'administration des finances.

Le 15 janvier 1844, un arrêté du gouverneur général autorise l'admission par les frontières de terre des objets de consommation et de construction. C'est cet arrêté, rendu sur la proposition du directeur des finances, qui chargea les chefs arabes des frontières du soin de faire observer, pour le reste, les prohibitions de l'ordonnance du 16 décembre, mesure déraisonnable et dangereuse, dont il a été parlé dans le livre XXXVI.

Le 12 février, un arrêté permit l'entrée des armes dites de commerce.

Le 1er avril suivant, un arrêté ministériel décréta la formation d'une commission de liquidation pour le règlement des indemnités dues pour les expropriations faites sans expertise.

Le 6 mai de la même année, un arrêté ministériel déclara applicables aux notaires, défenseurs, huissiers, commissaires-priseurs et courtiers de commerce, les dispositions de l'ordonnance du 4 mars 1835 concernant les cautionnements en numéraire.

Le 6 septembre suivant, un autre arrêté ministériel régla ce qui concerne le débit du papier timbré, établi en Algérie par ordonnance du 30 janvier 1845.

Le 4 du même mois, une ordonnance régla le débit de la poudre à feu.

Par ordonnance du 10 octobre suivant, il fut établi que les quittances des droits seraient timbrées.

Une ordonnance du 9 novembre de la même année réduisit les droits sur la pêche du corail. On sait qu'outre nos pêcheries de la Calle, nous avons celles du nord de la régence de Tunis, qui nous ont été cédées par un traité du 24 octobre 1832. Les Français peuvent pêcher librement sans rien payer dans les unes et dans les autres. Mais nous avons assujetti les corailleurs étrangers à un droit qui s'élevait, d'après l'ancien tarif, à 1,160 fr. par bateau de pêche pour la saison d'été, et à 555 pour celle d'hiver. Quoique les Français ne supportassent point cette charge, très-peu d'entre eux se livrent à la pêche du corail, qui se trouve presque exclusivement entre les mains des étrangers, des Italiens surtout. Cependant, comme le corail n'est plus guère de mode en Europe, l'énormité du droit diminuait chaque année le nombre de ces derniers. Ce fut pour arrêter cette désertion que fut promulguée l'ordonnance du 9 novembre, qui réduit le droit de pêche à 800 fr. pour toute l'année.

Par ordonnance du 21 décembre 1844 un droit d'octroi municipal par les portes de mer fut établi dans les villes du littoral; mais l'octroi par les portes de terre fut aboli.

Une ordonnance du 17 janvier 1845, apporta d'assez grandes modifications à celle du 21 août 1839 sur le régime financier. Elle augmenta les recettes du budget de l'Etat et diminua celles du budget colonial, qui ne fut plus intitulé que budget local et municipal. On retrancha principalement de ce dernier les impôts payés par les indigènes, dont un dixième cependant lui fut attribué. En général, ce budget se trouva réduit à la catégorie des ressources qui forment en France ceux des communes. La répartition des dépenses, entre les deux budgets, fut réglée d'après le même principe. En conséquence, les indemnités pour expropriations d'immeubles antérieures à 1845 furent rattachées à celles de l'Etat. L'ordonnance ne parle pas des autres, mais il résulte des dispositions de celle du 1ᵉʳ octobre 1844 qu'elles doivent être payées pour les services au profit desquels a lieu l'expropriation.

Les impôts et taxes ne purent plus être établis que par ordonnances royales, à l'exception des impôts arabes, pour lesquels il suffit d'un arrêté ministériel, et des taxes des villes et de police analogues à celles dont la perception est autorisée en France au profit des communes par la loi du 18 juillet 1837; l'assiette de celles-ci est réglée par des arrêtés du gouverneur général. Les ordonnances constitutives des impôts en Algérie n'ont jamais paru ; mais chaque année, depuis 1845, un acte du pouvoir exécutif autorise la perception des impôts, taxes et revenus existants.

L'ordonnance du 17 janvier fut rendue en exécution de la loi du 4 août 1844, dont l'article 5 est ainsi conçu : « A partir du 1ᵉʳ janvier 1846, toutes les recettes et dé-
« penses de l'Algérie, autres que celles qui ont un ca-
« ractère local et municipal, seront rattachées au budget
« de l'Etat. Les recettes et dépenses locales et municipa-
« les seront réglées par une ordonnance royale. »

Les deux ordonnances du 16 décembre 1843 établissaient, l'une que les marchandises imposées à plus de 15 francs les 100 kilogrammes ne pourraient être importées en Algérie que par les ports d'Alger, Oran, Mers-el-Kebir, Ténez, Philippeville et Bône ; l'autre, que ces mêmes ports seraient les seuls par lesquels se feraient les importations et les exportations directes entre la France et l'Algérie. Une ordonnance du 17 janvier 1845, différente de celle dont il vient d'être question, étendit le même avantage à Djema Ghazouat, Arzew, Mostaganem, Cherchel, Dellys, Bougie et Djidjeli.

Nous voici maintenant arrivé à l'ordonnance du 15 avril 1845. La pensée qui la dicta n'avait rien de bien nouveau : ce fut celle qui en 1832 fit surgir, à côté du duc de Rovigo, l'intendant civil M. Pichon. Quelque malheureux qu'eût été cet essai, on s'y trouva ramené par les considérations suivantes : Le maréchal Bugeaud, que son organisation rendait avide de mouvement, n'avait jamais laissé échapper la moindre occasion d'entrer lui-même en campagne, quoique dans maintes circonstances il eût pu laisser sans inconvénient à ses lieutenants la conduite de certaines expéditions dont l'importance était loin d'exiger la coopération directe d'un personnage aussi haut placé, tant par sa dignité que par ses incontestables talents. Il résulta de ce besoin de courses et d'exercices violents que M. le gouverneur général n'étant presque jamais à Alger, les affaires civiles étaient un peu négligées. Dans toutes ses absences, il laissait bien la signature et la présidence du conseil d'administration à M. le général de Bar, commandant de la division d'Alger; mais celui-ci se trouvait naturellement disposé, par sa position intérimaire, à ajourner les questions embarrassantes. On pensa donc que, pour faire fonctionner régulièrement la machine administrative, il convenait de centraliser tous les services civils dans les mains d'un haut fonctionnaire, dont l'autorité serait plus ou moins parallèle à celle du gouverneur, et qui ne courrait pas les champs comme lui. Dès que le maréchal eut vent de ce qu'on projetait à Paris, il se raidit, avec toute raison selon moi, contre l'introduction en Algérie du dualisme administratif que l'on rêvait. Le ministère recula devant cette opposition : sans abandonner complétement son projet, il transigea, et, au lieu d'une contrefaçon de M. Pichon, il ne mit au jour qu'un directeur général des affaires civiles, intermédiaire officiel entre le gouverneur général et les chefs de service; superfluité sans danger sans doute, pour l'unité de commandement et d'impulsion qu'il est si nécessaire de conserver en Algérie, mais rouage inutile, embarrassant et coûteux. Les chefs de service furent : 1° un directeur de l'intérieur et de la colonisation; 2° le procureur général ; 3° le directeur des finances.

Les autres dispositions de l'ordonnance du 15 avril

furent les suivantes : des dénominations bureaucratiques furent données aux diverses parties du territoire que la seule force des choses soumettait à des régimes différents ; on appela territoires civils ceux où se trouvaient assez d'Européens, pour qu'on pût y organiser les services civils avec quelque apparence de raison ; territoires mixtes, ceux où les Européens, trop peu nombreux, furent administrés par les chefs militaires des localités où ils se trouvent, et territoires arabes, ceux où il n'existait aucune population européenne.

Le conseil supérieur d'administration fut composé, outre les fonctionnaires qui en faisaient déjà partie, du nouveau directeur général des affaires civiles, du directeur central des affaires arabes et de trois conseillers civils rapporteurs, employés de nouvelle création. L'introduction dans le conseil du directeur central des affaires arabes fut une mesure bonne et convenable ; car, enfin, la France n'a pas seulement des Européens à administrer en Algérie. La création des conseillers rapporteurs était également digne d'approbation : il est clair que ces fonctionnaires n'étant attachés à aucun service en particulier devaient apporter dans la discussion des grandes affaires un esprit plus libre et une plus grande hauteur de vues que ces hommes à spécialités exclusives qui ont si prodigieusement énervé l'administration de la France. Mais nous ne saurions louer de même le dédoublement du conseil d'administration, résultat de la création d'un conseil spécial à qui fut dévolue la connaissance du contentieux, dont le premier se trouve déchargé.

Ce conseil du contentieux fut composé d'un président, de quatre conseillers et d'un secrétaire remplissant les fonctions de greffier. Les auditeurs au conseil d'État attachés, on pourrait dire comme novices, à l'administration centrale de l'Algérie, purent participer à ses travaux. La création du conseil du contentieux ne tarda pas à être condamnée par le ministre même de la guerre, qui, dans son rapport sur l'ordonnance du 21 juillet 1846, s'exprime ainsi : « Jusqu'à présent, ce conseil n'a eu « que peu d'occasions d'exercer son zèle et son activité.» Je ne pense pas qu'il y ait rien à ajouter à ces paroles que leur naïveté même rend si amères. Il était donc facile de prévoir qu'après la vérification des titres de propriété, dont l'ordonnance du 21 juillet chargea le conseil du contentieux, besogne qui ne pouvait être éternelle, on enverrait les membres qui le composaient exercer ailleurs leur zèle et leur activité, ce qui eut lieu en effet.

Des commissions consultatives furent instituées dans chaque arrondissement du territoire civil. Elles se composèrent des principaux fonctionnaires civils et militaires et de trois notables européens, nommés par le gouverneur général.

Malgré les modifications qu'avait éprouvées le projet primitif, l'ordonnance du 15 avril fut fort désagréable à M. le maréchal Bugeaud qui, espérant la faire révoquer, laissa passer plusieurs mois avant de permettre qu'elle fût publiée au *Moniteur algérien*. Forcé enfin de s'y soumettre, il fit retomber tout le poids de son dépit sur M. Blondel, appelé à l'emploi de directeur général des affaires civiles, que tout le monde savait en avoir été le rédacteur et l'instigateur. Homme insinuant et adroit, et de plus homme d'esprit, ce fonctionnaire avait su conquérir une grande influence au ministère de la guerre. Il en avait usé une première fois pour amoindrir l'intendant civil, rendre indépendant de lui le service des finances à la tête duquel il se trouvait alors, et faire, en un mot, adopter le système constitué par l'ordonnance du 31 octobre 1858. Maintenant il venait d'en faire proclamer un tout contraire, et, comme ce changement avait encore lieu à son profit, il était naturel que le public fît à cet égard des rapprochements importuns pour lui. Une série d'articles fort spirituels et très-mordants, évidemment émanés de quelqu'un qui possédait le secret de ses plus intimes démarches, parut dans un des journaux spéciaux à l'Algérie et ne contribua pas peu à augmenter les difficultés de sa position. Enfin, après une courte lutte, il fut obligé de se retirer et de céder à un autre la place éminente qu'il avait fait créer pour lui; jamais le classique *sic vos non vobis* n'avait reçu une aussi complète application. Satisfait à cet égard, le maréchal Bugeaud traita avec bienveillance le nouveau directeur général, M. Victor Foucher; mais les vices de l'institution n'en persistèrent pas moins.

L'ordonnance du 15 avril fut suivie d'une autre de même date, qui régla les conditions d'admission et d'avancement dans le personnel administratif relatif à l'Algérie, divisé par une choquante inexactitude de langage en personnel *continental* et personnel *colonial*. Un défaut grave et remarquable de l'administration française est une tendance irréfléchie à tout réglementer. On ne comprend pas quel avantage elle peut avoir à se lier les mains par des règlements qui gênent sa liberté d'action et qu'elle est presque toujours obligée de violer. Il faut sans doute, pour gouverner, avoir quelques principes fixés et un plan de conduite arrêté dans son ensemble : mais quelle nécessité y a-t-il à s'enchaîner par des engagements de détail? Les Anglais, par un système contraire, sont infiniment mieux servis que nous, en tout et partout. Mais continuons nos analyses administratives.

Le 30 novembre 1844, une ordonnance royale créa un tribunal de première instance à Blida et augmenta partout le personnel de la magistrature, mais en supprimant les conseillers et juges adjoints. Une seconde chambre civile fut instituée au tribunal d'Alger par ordonnance du 26 juillet 1846, et par une autre ordonnance du 25 janvier 1847, le cercle de Bouffarik fut placé dans la circonscription de la justice de paix de Blida.

Une ordonnance du 9 mai 1845 prononça déchéance contre toute demande d'indemnité pour expropriation antérieure au 31 juillet 1856 qui ne serait pas présentée dans un délai de trois mois. Le délai fut étendu à deux ans pour les expropriations postérieures à cette époque.

Le 19 mai 1846, une ordonnance régularisa l'existence des interprètes assermentés auprès des tribunaux. Plusieurs autres ordonnances ou arrêtés relatifs à l'administration de la justice furent rendus de 1844 à 1487, sur les droits à percevoir par les greffiers, sur l'exercice de la profession de défenseurs, sur l'institution des notaires dans les territoires mixtes, sur celle des commissaires-priseurs, etc.

Par ordonnance du 2 août 1845, une sous-direction de l'intérieur fut instituée à Blida. Une autre ordonnance du 9 novembre de la même année donna une organisation officielle au culte israélite. Une des notabilités de la juiverie de France avait été envoyée en Algérie pour préparer ce travail, qui n'avait du reste rien de fort urgent. Mais il est de mode, depuis un demi-siècle, de beaucoup s'occuper de cette partie assez peu recommandable du genre humain, qui recule presque partout devant la main qu'on lui tend et se complaît dans son isolement et ses préjugés. Les portes étant ouvertes à tous (et on a très-bien fait de les ouvrir), les juifs bien organisés les franchissent d'eux-mêmes, sans qu'il soit besoin de s'en inquiéter autrement. Quant à ceux à qui il convient de rester en dehors, je ne vois pas ce que l'on peut trouver d'utile à s'ingérer dans leur culte et leurs synagogues. Il peut même y avoir quelque inconvénient pour la régénération des juifs à se mêler de ces sortes d'affaires; c'est les rehausser à leurs propres yeux, et par conséquent les confirmer dans leur stupide esprit d'exclusion et dans leurs préjugés anti-sociaux.

Par arrêté ministériel du 15 avril 1846, un ingénieur en chef des ponts et chaussées fut attaché à chacune des trois provinces.

Par ordonnance du 22 du même mois, les travaux publics furent séparés de la direction de l'intérieur et en formèrent une spéciale.

Une ordonnance du 29 octobre suivant statua sur les biens séquestrés. Le séquestre établi antérieurement à la date de l'ordonnance, n'importe comment fut maintenu, mais les propriétaires eurent un an pour en demander la mainlevée, en justifiant de leur présence en Algérie et de leur soumission à la France. Le principe du séquestre, ou, en d'autres termes, de la confiscation, fut proclamé à l'égard des indigènes rebelles ou émigrés. Après deux ans d'existence du séquestre, si la mainlevée n'en est pas prononcée, les biens sont définitivement dévolus au domaine.

L'ordonnance du 17 janvier 1845 ayant profondément modifié le régime financier introduit en Algérie par celle du 21 août 1839, un nouveau règlement sur la comptabilité était devenu nécessaire. C'est à quoi pourvut une ordonnance du 2 janvier 1846.

Par ordonnance du 26 juillet de la même année, une seconde chambre civile fut créée au tribunal de première instance d'Alger.

Le 14 octobre suivant, un arrêté ministériel réglementa le service des géomètres de la colonisation, intitulé *service des opérations topographiques.*

Deux ordonnances du 31 janvier 1847 réglèrent ce qui concerne les droits de patentes et de licence.

Deux autres ordonnances, l'une du 17 février et l'autre du 20 mars de la même année, prononcèrent des exemptions de droits à l'entrée pour certains objets de consommation alimentaire, non encore compris dans les nomenclatures des marchandises entrant en franchise.

Le lecteur sait déjà que les recettes de l'Algérie sont extrêmement loin d'être en rapport avec les dépenses que cette contrée coûte à la France. Cependant elles suivirent de 1831 à 1847 une progression fortement ascendante; en voici le tableau extrait des documents officiels:

Années.		
	1831.	929,709 fr.
—	1832.	1,400,415
—	1833.	1,808,460
—	1834.	2,119,187
—	1835.	2,180,335
—	1836.	2,538,658
—	1837.	3,080,024
—	1838.	3,573,869
—	1839.	3,581,680
—	1840.	4,405,317
—	1841.	6,070,233
—	1842.	7,897,083
—	1843.	10,332,224

Années. 1844. . . . . 12,815,155 fr.
— 1845. 15,692,250
— 1846. 22,911,771
— 1847. 20,318,764

Voici les détails des recettes pour cette dernière année :

Produits du Trésor.

1° Contributions directes.	361,765 f. 62 c.
2° Enregistrement, timbre et domaine.	2,687,579 32
3° Forêts.	4.973 12
4° Douanes et sel. . . . , ...	2,615,017 97
5° Contributions indirectes.	866,821 37
6° Postes.	613,875 02
7° Contributions arabes.	3,577,769 79
8° Produits divers.	4,109,279 33
9° Recettes de différentes origines.	231,753 98
Total.	15,068,835 46

Produits locaux et municipaux.

Recettes ordinaires.	5,000,271 34
Recettes extraordinaires.	249,651 46
Total.	5,249,928 80
Total général. . .	20,318,764 26

Ce chiffre, il est bon de le remarquer, présente les sommes perçues en Algérie par les agents des finances, et parmi ces sommes il en est qu'on ne saurait considérer comme produits algériens : tels sont, par exemple, les produits de ventes d'effets mobiliers appartenant aux départements de la guerre et de la marine. La déduction de ces sortes de recettes abaisse à moins de 20 millions les revenus publics de l'Algérie pour 1847.

Voici maintenant les dépenses :

Années.		
1831	15,451,424 fr.
1832	19,762,447
1833	22,720,196
1834	23,620,470
1835	22,654,026
1836	25,299,160
1837	39,827,167
1838	40,822,907
1839	41,353,137
1840	68,352,758
1841	72,689,225
1842	75,839,789
1843	75,668,529
1844	76,429,600
1845	94,385,645
1846	96,285,853
1847	85,656,953

On voit quelle triste affaire serait pour nous l'Algérie, si on ne la considérait que sous le rapport financier.

Depuis 1843, les budgets ne présentent plus en masse la totalité des dépenses afférentes à l'Algérie : la solde et l'entretien des troupes de l'armée d'Afrique (irréguliers indigènes non compris) sont rentrés dans l'ensemble des dépenses de l'armée aux chapitres qui leur correspondent. Il n'est resté en évidence, dans le budget général, que les dépenses tout à fait spéciales à la colonie. C'est en ajoutant aux chiffres de ces dépenses le montant approximatif de la solde et de l'entretien des troupes, déduit de l'effectif toujours croissant jusqu'en 1846, que j'ai établi ceux des dépenses générales postérieurement à l'année 1842. Pour les années précédentes, ces chiffres m'ont été directement fournis par les documents législatifs, c'est-à-dire par les règlements définitifs des budgets des divers exercices.

Les dépenses purement spéciales à l'Algérie s'élevèrent, en 1847, à 33,456,953 fr. En voici le détail :

Matériel du génie.	7,646,000 fr.
Gouvernement de l'Algérie.	2,753,200
Services militaires irréguliers.	7,847,909
Service maritime.	579,057
Service civil.	4,342,787
Colonisation.	2,000,000
Travaux civils.	8,266,000
Dépenses secrètes.	22,000
	33,456,953

Les dépenses des travaux exécutés par le génie militaire, du 1ᵉʳ janvier 1840 au 1ᵉʳ janvier 1846, se sont élevées à la somme de 31,267,991 fr. Cette somme paraîtra modérée, si l'on considère l'extension qu'a prise l'occupation dans cette période, et, par suite, les casernes, les hôpitaux, les magasins qu'il a fallu construire, les routes qu'il a fallu ouvrir et les retranchements qu'il a fallu élever. C'est en employant les troupes à ces divers travaux qu'il a été possible de faire face à tant de besoins. La main d'œuvre a été, de cette manière, peu coûteuse ; mais la faiblesse relative des allocations budgétaires a souvent obligé de ne faire que du provisoire, ce qui finit par être fort cher. Ensuite, l'expérience a prouvé que les ingénieurs militaires sont loin d'être d'habiles et économes constructeurs. Comme ils possèdent une grande théorie, ils finissent bien par se former, mais leur apprentissage est ruineux pour l'État : les exemples à cet égard abondent en Algérie. Ce n'est que dans les travaux de fortification que les officiers du génie sont dans leur rôle. La nouvelle enceinte d'Alger, commencée dans la période qui nous occupe et qui était fort avancée au départ de M. le maréchal Bugeaud, peut être classée au nombre des plus importants et des plus magnifiques travaux militaires du siècle, tant sous le rapport de l'exécution que sous celui du tracé. On n'avait pas ici, comme à Paris, à opérer sur un sol uni, où les règles fixes de l'art trouvent une application sûre et facile. Il fallait vaincre d'immenses difficultés que présentait à chaque pas un terrain inégal et horriblement raviné, faire pour chaque front une étude nouvelle, déterminer pour chaque point un chaos de plans de défilement, et chercher partout la direction à suivre pour mettre d'accord les conditions du tracé et du relief. Le général Charon, directeur des fortifications en Algérie, qui, du milieu des préoccupations journalières des mille détails d'un service immense, est cependant venu à bout de cette difficile tâche, a certainement conquis une place glorieuse à côté des plus habiles ingénieurs que la France ait produits.

Nous possédions en Algérie, au 1ᵉʳ janvier 1847, un casernement permanent pour 29,000 hommes et 7,000 chevaux. Les divers hôpitaux permanents pouvaient recevoir 7,000 malades. En comptant les constructions provisoires, il y avait logement pour 66,000 hommes et 10,000 chevaux, et place pour près de 12,000 malades.

Les dépenses des travaux publics n'ayant pas une affectation purement militaire s'élevèrent, de 1840 à 1847 inclusivement, à 44,846,817 fr. Ces travaux ont consisté en routes, desséchements de marais, travaux maritimes, édifices publics, aqueducs, fontaines, etc. Ils ont été exécutés par les ingénieurs des ponts et chaussées, le génie militaire et le service des bâtiments civils régulièrement organisé en Algérie en 1843.

Les ponts et chaussées furent chargés, dans les territoires civils, des routes presque partout d'abord ouvertes par l'armée. Le génie militaire les exécuta dans les territoires mixtes et arabes. Au 1er mars 1846, il existait en Algérie 616 kilomètres de routes terminés et 1,108 commencés. De toutes les nouvelles routes, la plus remarquable est celle de la gorge de la Chiffa, qui est destinée à conduire à Médéa en tournant le Teniat de Mouzaïa. C'est un travail d'une grande hardiesse, mais qui sera longtemps exposé à de dangereux éboulements. La plupart des routes de l'intérieur, construites avant tout dans le but d'établir le plus promptement possible de faciles communications entre les places et les camps occupés par nos troupes, sont et seront longtemps encore dans un état fort imparfait. Mais ce n'en est pas moins un important résultat d'avoir partout ouvert le pays à nos colonnes et à notre artillerie.

Les dépenses pour travaux maritimes, à l'exception de quelques quais, débarcadères et phares construits sur d'autres points, se sont concentrées sur le port d'Alger, dont la jetée avait atteint, au 1er janvier 1848, une longueur de 600 mètres. Ce bel ouvrage a subi d'amères critiques : une foule de mémoires et de brochures ont cherché à prouver qu'il était possible de faire mieux ; mais les brochures passent et s'oublient, et le port reste. Sans doute, si, dès le principe, on avait su ce que l'on voulait faire, on aurait travaillé sur un tracé discuté d'après un développement connu. Mais il ne s'agissait d'abord que de fortifier la pointe du musoir de l'ancien port ; ensuite on a voulu s'avancer de quelques mètres, puis un peu plus; et il s'est trouvé alors que ce qui était fait étant en désaccord avec ce qu'on se déterminait à faire, il a fallu changer plusieurs fois la direction de la jetée. Il en a été du port d'Alger comme de l'Algérie en général: les fautes qu'on y signale proviennent principalement des incertitudes et des hésitations du Gouvernement.

Les travaux de desséchement furent considérables et bien dirigés sous l'administration du maréchal Bugeaud. Ceux de Bône, déjà commencés sous les administrations précédentes, mais terminés sous celle-ci, parurent avoir rendu la salubrité à une des plus belles contrées de l'Algérie. A Philippeville, le même effet fut produit. Dans la Métidja, de grandes améliorations furent obtenues : le grand fossé de l'obstacle continu, en partie exécuté, y contribua; ce fut le seul bon côté de ce ridicule projet.

Après les travaux de route et de desséchement viennent ceux des bâtiments civils. Les premiers sont purement matériels et mathématiques, les autres réclament de plus le concours de quelques idées artistiques. Malheureusement, ceux que l'on a exécutés en Algérie sont en général bien loin d'être irréprochables à cet égard. Les travaux de ce genre, dus au génie militaire et aux ponts et chaussées, se font surtout remarquer par un dédain systématique des formes. C'est un travers commun à tous les ingénieurs de notre savante et si recommandable école polytechnique : le culte du laid semble avoir été adopté par eux avec une sorte de frénésie. Rien n'a un aspect plus hideux, plus maussade, plus lourd que les casernes, les magasins, les hôpitaux qu'ils ont construits en Algérie. Cependant l'édifice le plus sévère, tant par son style que par sa destination, peut acquérir une certaine beauté d'ensemble par la seule détermination des lignes et l'harmonie des dimensions. C'est un soin que l'on a tort de négliger, et qui n'a rien de futile, comme on pourrait le croire, car il correspond à un besoin réel de l'esprit, et, par contre-coup, contribue au bien-être physique. Il est hors de doute qu'une habitation gaie, gracieuse, qui présente sans cesse à la vue d'harmonieuses proportions, exerce une salutaire influence sur l'humeur de ceux qui l'occupent, et, par suite, sur leur santé. Nos ingénieurs, si indifférents pour la beauté des formes dans les constructions de leurs services spéciaux, n'ont pu trouver la plus petite inspiration lorsqu'ils ont été appelés, par les circonstances, à élever des monuments où ils sentaient bien qu'il fallait autre chose que l'équerre et le cordeau. La façade de la mosquée de la rue de la Marine à Alger, celle du palais du gouverneur, sont des œuvres vraiment affligeantes, la dernière surtout. Lorsque l'on compare ces tristes pastiches aux gracieux modèles d'architecture mauresque qui abondent dans tout le nord de l'Afrique, on est bien loin d'être fier d'être Français, comme une chanson populaire assure qu'on doit l'être en contemplant la colonne Vendôme.

Un des plus remarquables de ces spécimens d'architecture mauresque dont je viens de parler était la charmante mosquée dont nous avons fait l'église Saint-Philippe. On a eu et on a mis à exécution la vandalique idée de la dénaturer pour l'agrandir ; c'est à en verser des larmes de dépit. Or cette sacrilége audace, c'est le service spécial des bâtiments civils lui-même qui l'a eue. On a prétexté que le temple était trop petit ; mais il fallait alors en construire un autre plus grand ailleurs et, si l'argent manquait, attendre. Il valait mieux, même sous le point de vue religieux, laisser pendant quelque temps une partie des fidèles prier Dieu en plein air, que de détruire cette ancienne mosquée, poétique et brillant témoignage du triomphe de l'Evangile sur le Coran. Les vainqueurs de Cordoue se conduisirent avec plus de raison dans le moyen âge, et la belle mosquée d'Almanzor, qui rappelle encore leur vaillance, rappelle aussi leur bon goût.

Le développement de la colonisation et l'administration de la société européenne qui se forme en Algérie sont sans doute des objets fort importants. Mais la direction de cette autre société que nous avons trouvée toute formée sur le sol africain l'est peut-être plus encore. M. le maréchal Bugeaud, par l'extension qu'il donna à la conquête, fut naturellement conduit à s'en occuper avec un soin particulier. Nous avons vu qu'un de ses premiers actes fut de reconstituer la direction des affaires arabes que le maréchal Valée avait considérablement affaiblie. Cette institution fut consacrée par arrêté ministériel du 1ᵉʳ février 1844. Il y eut à Alger un directeur central et un directeur dans chaque province. De plus, des bureaux arabes furent institués auprès de chaque commandant de subdivision, et même auprès de tout commandant de camp permanent. Ces établissements eurent pour type le premier bureau arabe organisé par le général Trézel pendant le court intérim du général Avizar, en 1832, et la direction créée par le comte de Damrémont en 1837. Toutes les affaires relatives aux indigènes durent y être élaborées pour être soumises au chef politique et militaire dont les chefs et les employés de ces mêmes établissements ne sont que les agents. Les rapports entre le directeur central et les directeurs de province ne durent concerner que la réunion des documents et renseignements propres à éclairer le gouverneur sur l'état de la société arabe : car les ordres relatifs à la marche journalière des affaires et aux mesures politiques continuèrent, comme de raison, à être donnés par les commandants de province agissant, soit en vertu de leur propre initiative, soit d'après les prescriptions supérieures du gouverneur général. Le même mécanisme administratif exista entre les directeurs de province et les chefs des bureaux arabes particuliers.

Les indigènes furent soumis sous le maréchal Bugeaud à deux régimes différents : ceux des localités régies par l'administration civile furent assujettis à cette même administration comme les Européens. Quant aux autres, on leur laissa leur organisation primitive, qui fut cependant un peu modifiée. D'après le système adopté par Abd-el-Kader au temps de sa puissance, le pays avait été partagé en grandes divisions, ayant à leur tête des khalifas, et en subdivisions commandées par des aghas. Chaque aghalik était composé d'un nombre variable de tribus administrées par des kaïds, ayant sous leurs ordres les cheiks des diverses farka ou fractions de la tribu. M. le maréchal Bugeaud crut devoir adopter ce système, mais il eut deux sortes d'agha, les aghas ordinaires placés sous les ordres des khalifas et les aghas indépendants du bach-agha relevant directement de l'autorité française, sans intermédiaire de khalifas. Cette déviation des règles absolues de la hiérarchie fut commandée par les diverses circonstances de la conquête. Elle permettait de tenir compte des convenances de localité, et de satisfaire les grandes familles que nous avions intérêt à rattacher à notre cause.

Il fut réglé que les khalifas et les aghas seraient nommés par le roi sur la proposition du gouverneur général. C'était un moyen convenable et naturel de relever ces grands fonctionnaires, tant à leurs propres yeux qu'à ceux de leurs administrés, et de les pénétrer en même temps de la gravité des obligations qu'ils contractaient envers la France. La nomination des kaïds fut réservée aux commandants des provinces. La durée de leurs fonctions fut fixée à un an, avec faculté pour l'autorité qui les nomme de les proroger. Les khalifas et les aghas reçurent des traitements fixes payés par l'Etat. Les kaïds n'en reçurent point, mais ils eurent des droits sur les marchés, une part sur le produit des amendes et un prélèvement sur le montant des contributions imposées aux Arabes.

Une force publique soldée par l'Etat fut organisée auprès des grands chefs indigènes tels que khalifa et agha, par arrêté ministériel du 16 septembre 1845. Elle se composa de cavaliers *rhiala*, et de fantassins *askar*. Cette organisation n'eut lieu que pour les localités où il n'existait pas encore de spahis irréguliers. Ces derniers reçurent, sous la qualification de cavaliers du makhzen, ou de cavaliers auxiliaires, une existence plus légale que celle qu'ils avaient eue jusqu'alors, par un arrêté ministériel également à la date du 16 septembre 1845. Les douair et les zmela d'Oran, les medjahr, les bordjia et les abid-cheraga de Mostaganem, les arib d'Alger, furent naturellement compris dans cette organisation. Il fut du reste réglé que les tribus admises à fournir des cavaliers auxiliaires ne seraient pas pour cela exemptes d'impôts, ainsi que la chose avait lieu sous la domination turque, attendu que ces cavaliers recevaient une solde. Il y eut cependant exception à cette règle en faveur des douair et des zmela d'Oran, avec lesquels nous nous trouvions engagés par la convention du 16 juin 1835.

Toutes les tribus arabes furent soumises à l'impôt que le maréchal Valée avait commencé à faire percevoir dans la province de Constantine. Il se composa de l'achour ou dîme sur la récolte, et de la zekat, contribution représentative de la dîme assise sur le bétail et les valeurs mobilières. Mais, pour éviter les tracasseries de ce qu'on appelle l'exercice en style de perception, ces deux branches de revenus furent réunies en une valeur déterminée d'après la richesse présumée de chaque tribu, évaluée toujours avec modération et payable, soit en nature, soit en argent. Le maréchal Bugeaud ne se dissimulait pas que, outre la répugnance matérielle qu'éprouvent généralement les contribuables à donner leur argent, les Musulmans devaient en éprouver une de principe à payer à un gouvernement chrétien l'achour et la zekat, impôts d'origine religieuse. Aussi songeait-il à asseoir les contributions sur d'autre bases. Il faisait réunir les éléments de cet important travail lorsqu'il quitta son gouvernement.

Nous avons souvent parlé de la rapacité invétérée des fonctionnaires arabes. Pour la refréner autant que possible, un arrêté du 12 février 1844 régla la quotité des amendes qu'ils étaient dans l'habitude d'infliger, et les obligea d'en rendre compte. Cet arrêté ne leur laissa qu'une partie des produits de ces amendes; le reste dut être versé dans les caisses publiques. On établit également que l'impôt connu sous le nom de halk-el-bournous (prix du bournous), payé à chaque renouvellement de kaïd, serait converti en la remise d'un cheval dit de soumission ou de gada.

Les difficultés que présentait l'établissement d'une police exacte dans l'intérieur des tribus durent faire adopter, ou plutôt consacrer, le principe de responsabilité collective suivi par l'ancien gouvernement pour les crimes dont les auteurs resteraient inconnus. Il fut donc proclamé que les tribus seraient pécuniairement responsables des crimes de cette nature commis sur leurs territoires. Mais l'amende ou *rhetia* infligée en pareil cas ne dut être exigible qu'après un délai suffisant pour que les Arabes pussent avoir le temps de chercher les coupables et de les livrer à la justice. Ce système de responsabilité, dont les bons résultats ne tardèrent pas à se faire sentir, ne fut du reste présenté par le gouverneur général que comme un régime transitoire qui devait disparaître, à mesure que la consolidation de notre domination nous permettrait d'en adopter un plus régulier.

L'avénement de ce régime régulier était préparé par l'extension donnée à celui des cercles, si heureusement appliqué par le maréchal Valée à l'arrondissement de Bône. Dans un cercle en effet les Arabes sont plus près de l'autorité française que dans les grandes circonscriptions des khalifas; ils sont mieux en position d'apprécier le désintéressement et l'impartialité de nos officiers mis en regard de l'esprit de rapine de leurs chefs nationaux; ils s'habituent à nos formes administratives, apprennent à ne plus s'effaroucher de nos recherches statistiques et à désirer plutôt qu'à craindre d'être régis comme le sont les peuples civilisés. Le maréchal Bugeaud, comprenant parfaitement ces avantages, créa des cercles partout où il put successivement le faire. Mais il comprit aussi que, si nous devons tendre à nous assimiler les Arabes, nous devons également éviter de chercher à brusquer la transformation, aucune force humaine ne pouvant faire dans un temps ce qui n'est faisable que dans un autre. Dans ses circulaires à ses lieutenants, dans ses arrêtés sur les indigènes, il montra constamment l'assimilation des Arabes comme le but éloigné, mais précis, de nos efforts, et tint toujours à cet égard un langage parfaitement digne de la nation grande et éclairée dont il avait l'honneur de commander les armées. Sans être disposé à la faiblesse envers les Arabes, bien au contraire, il n'affecta point de méconnaître ce qu'il y a de bon dans leur caractère, et domina de toute la hauteur de sa position et de son intelligence les préjugés haineux et déraisonnables, pour le moins aussi répandus chez nous que chez eux.

LIVRE XLII.

Population européenne en Algérie.—Colonisation.—Concessions de terre.—Commerce.—Spéculation sur les propriétés.—Ordonnances du 1er octobre 1844 et du 21 juillet 1846. — Constructions urbaines. — Crise financière. — Décrépitude anticipée du nouvel Alger.

Les Européens de la classe civile établis en Algérie étaient, au 1er janvier 1847, au nombre de 109,400. Nous avons vu qu'au moment de la rupture du traité de la Tafna, ce nombre ne s'élevait qu'à 25,000. L'augmentation en sept ans fut donc de près de 85,000 âmes. Elle suivit la progression suivante :

Année		
1840	28,736	âmes.
1841	35,727	
1842	46.098	
1843	58,985	
1844	95,321	
1845	99,800	
1846	109,400	

Voici maintenant quel a été l'effectif de l'armée pendant les mêmes années :

Année		
1840	61,231	hommes.
1841	72,000	
1842	83,281	
1843	86,014	
1844	90,221	
1845	106,186	
1846	104,808	

On voit sur-le-champ, en comparant les deux tableaux ci-dessus, que la population civile s'accrut avec l'effectif de l'armée dans cette période. Il en avait été continuellement de même dans les années précédentes en remontant jusqu'à 1831. En 1846 seulement, l'accroissement de la population civile ne correspondit pas à une augmentation d'effectif.

Voyons actuellement comment se forma cette population, et pour cela établissons par année un tableau indiquant les naissances et les décès, les arrivées et les départs, c'est-à-dire tous les éléments de perte et de gain. Voici ce tableau de 1842 à 1846 :

	Naissances.	Arrivées.	Décès.	Départs.
1842.....	1,451	25,073	2,340	15,380
1843.....	1,873	37 548	2,172	17,104
1844.....	2,583	41,951	3,108	23,917
1845.....	2,709	43,000	3,357	29,648
1846.....	2,650	47,315	3,922	31,673
	11,266	194,887	14,899	117,722

On voit d'abord que les décès dépassèrent de beaucoup les naissances. Ainsi donc, la population civile ne prit son accroissement que du dehors, et il mourait en Algérie plus d'Européens qu'il n'en naissait dans la période qui nous occupe. On remarquera ensuite que chaque année le nombre des départs fut fort considérable, et qu'il fut à celui des arrivées à peu près dans le rapport de 11 à 19. Dans les années antérieures à 1840, ce rapport avait été de 31 à 49, qui en diffère peu. J'estime que pour raisonner sur ces chiffres comme éléments de perte et de gain de la population européenne de l'Algérie, il faut en retrancher un dixième représentant les individus qui n'y viennent que par curiosité ou pour des affaires passagères. Le rapport entre les départs et les arrivées d'émigrants sera alors de sept à treize, à peu de chose près. Ainsi, parmi les individus qui vinrent demander à l'Algérie une position tolérable, depuis 1830 jusqu'en 1847, près de la moitié en partirent, sans doute parce qu'ils ne purent la trouver.

La disproportion entre les naissances et les décès, si défavorable au peuplement du pays, tient néanmoins à des causes desquelles il est facile de conclure que cet état de choses n'est pas aussi fâcheux qu'il paraît l'être à la première vue. En effet, les décès portent sur toute la population, tandis que le nombre des naissances étant nécessairement subordonné à celui des femmes, ce chiffre peut être inférieur à celui des décès sans qu'on puisse en induire, soit que les Européennes sont moins fécondes en Algérie que sur notre continent, soit que les décès y dépassent les limites nécessaires à la propagation et à la conservation de l'espèce; il suffit pour cela que le nombre des femmes soit trop inférieur à celui des hommes : or, c'est précisément ce qui eut lieu : en 1840, le rapport entre les hommes et les femmes était de onze à quatre; au 1ᵉʳ janvier 1847, il était de quarante à vingt-cinq, ce qui ne fait qu'une femme pour près de deux hommes.

On a vu que dans les années antérieures à 1841 les Français étaient en minorité dans la population européenne civile de l'Algérie. Cet état de choses ne fut pas modifié sous l'administration du général Bugeaud; voici la division par origine de cette population au 1ᵉʳ janvier 1847 :

Français.	47,274
Espagnols.	31.528
Maltais.	8,788
Allemands et Suisses.	8,624
Italiens.	8,175
Divers.	4,991

On voit donc que la colonie française de l'Algérie n'avait pas la moitié de ses habitants qui fussent Français. Parmi les étrangers, ce sont les Espagnols qui lui ont fourni le plus de colons, et ce sont généralement les meilleurs. Ils appartiennent pour la plupart aux îles Baléares. Leur sobriété et leur régime hygiénique les mettent à l'abri de bien des maux. C'est à eux que sont dues en très-grande partie les petites cultures du fahs d'Alger. Les Maltais sont aussi, et par les mêmes raisons, de fort bons éléments de colonisation. Ils ont de plus l'avantage de s'entendre avec les indigènes, dont ils parlent la langue et avec lesquels ils ont communauté d'origine. Les Italiens ne valent, sous le rapport du travail et de la sobriété, ni les Espagnols ni les Maltais; mais les plus mauvais colons sont sans contredit les Allemands. Ils sont en Algérie ce que Jacques de Vitri nous rapporte ce qu'ils furent en Palestine au temps des Croisades.

Sur les 109,400 personnes dont, d'après les documents officiels, se composait la population européenne au 1er janvier 1847, 9,485 seulement habitaient les villages construits aux frais ou par les soins de l'administration. Nous avons parlé de ceux de ces centres de population qui furent fondés en 1842 et 1843. En 1844, quelques autres furent créés dans la province d'Alger, savoir :

Zeralda entre Sidi-Feruch et l'embouchure de Mazafran;

Dalmatie, sur les premières pentes de l'Atlas au nord-est de Blida, dans une position ravissante, et sur un sol d'une grande richesse;

Le Fondouk, également au pied de l'Atlas sur le territoire des Khachna dans la localité où avait existé, sous le maréchal Valée, un camp et un village que M. Bugeaud fit détruire à son arrivée.

On détermina entre Dalmatie et le Fondouk l'emplacement de plusieurs nouveaux centres qui devaient être successivement fondés; mais il n'existait encore sur cette ligne, au départ de M. le maréchal Bugeaud, que le petit village Souma.

Nous avons dit un mot, dans le livre XXXVI, de quelques constructions de villages par des particuliers, moyennant certains avantages faits par l'Etat. Voici comment il fut procédé : les particuliers propriétaires qui traitèrent avec l'administration s'engagèrent à établir sur leurs domaines un certain nombre de familles européennes, à leur livrer à chacune quatre hectares de terre et une habitation. L'Etat s'engageait, de son côté, à faire en numéraire et en matériaux une avance de mille francs par famille, avance remboursable par cinquième d'année en année. Les propriétaires qui passèrent ces sortes de marché étaient conduits par l'espoir de donner, par l'abandon d'une partie de leur terrain, quelque valeur au reste, valeur qui devait naturellement être le résultat de la création d'un village sur leur propriété. Trois petits centres de population furent fondés d'après ce système, savoir. les quatre chemins, Saint-Jules et Saint-Charles entre Oulad Mendil et Coléa. Les deux premiers seuls avaient acquis quelque consistance, lorsque le maréchal Bugeaud quitta l'Algérie.

Trois villages maritimes furent fondés par entreprises particulières en 1845 et 1846, savoir : Sidi-Feruch, Aïn-Benian et Notre-Dame-de-Fouka. Le premier occupe la position bien connue où débarqua l'armée française en 1830 ; le second est situé près du cap Caxine ; le troisième est au-dessous de Fouka. Sidi-Feruch et Notre-Dame-de-Fouka paraissaient devoir prospérer ; ils se peuplèrent de pêcheurs et eurent en outre quelques cultures. Quant à Aïn Benian, il n'était pas dans une situation satisfaisante au départ du maréchal. Le territoire de ces trois villages fut concédé gratuitement aux entrepreneurs, à qui furent accordées de plus des primes pour les maisons, les constructions d'utilité publique et les barques de pêche faites par eux.

Dans l'ardeur de colonisation dont fut animé le ministère depuis 1842, il s'était servi simultanément de ses agents civils, des militaires, et, enfin, il avait procédé quelquefois, comme nous venons de le voir, par entrepreneurs particuliers. Il voulut encore essayer de la colonisation par les mains des moines ; le 11 juillet 1843, un arrêté ministériel concéda aux trappistes 1,020 hectares de terre dans la plaine de Staoueli. Ils se mirent résolument à l'œuvre dans la même année. Aidés par une subvention de 62,000 francs, et très-souvent par la coopération des troupes, ils parvinrent à créer un fort bel établissement agricole. Comme ferme-modèle, comme spécimen de ce que peut le travail constant et discipliné, le couvent de Staoueli a son degré d'utilité. Cependant nous croyons qu'il y en a assez d'un.

La fondation de tous les centres de population créés

depuis 1842 nécessita l'ouverture de plusieurs chemins nouveaux pour les relier, soit entre eux, soit avec Alger. Les délicieux environs de cette ville furent sillonnés en tous sens de voies praticables aux voitures. Dans ces percements, on sut unir le pittoresque à l'utile, ce qui est toujours une fort bonne chose ; de sorte que la plupart des nouveaux chemins furent en même temps de ravissantes promenades. Bien des vallons, que d'épais taillis rendaient jadis inextricables, furent ouverts à une facile circulation. Ils perdirent bien quelque chose de leurs agrestes mystères; mais l'ensemble du pays y gagna, en définitive, autant en beauté qu'en commodité.

Les sommes employées à la colonisation, depuis 1842 jusqu'au 1er janvier 1847, s'élevèrent à 4,500,000 francs, tant pour dépenses d'utilité publique que pour allocations faites aux colons. D'après les calculs de l'administration, cela fait 2,562 fr. 65 cent. par famille. Tout homme impartial qui aura visité avec soin les établissements de cette période reconnaîtra avec nous qu'il était impossible de faire mieux et plus que l'on a fait avec des moyens relativement aussi restreints. Cette belle opération doit assurer à M. le comte Guyot, directeur de l'intérieur, qui en fut plus particulièrement chargé, une page fort honorable dans les annales de l'administration algérienne.

La colonisation par l'État ne dépassa pas les limites de l'ancien territoire que la France s'était réservé dans la province d'Alger par le traité de la Tafna. Mais la colonisation particulière fut encouragée par des concessions de terrains sur tous les points où elle était possible. Nous avons vu que le maréchal Valée avait arrêté que des maisons et des terres seraient distribuées à Cherchel à cent familles européennes. Cette disposition, successivement exécutée au fur et à mesure que les colons se présentaient, et même étendue à un nombre plus considérable de concessionnaires, amena dans cette petite ville, dont le territoire est aussi beau que fertile, une population européenne qui s'élevait, au 1er janvier 1847, à 967 individus. Celle du Dellys était, à la même époque, de 508. On n'avait pu faire là de concessions de maisons, attendu que les indigènes n'avaient pas abandonné leurs foyers. Le village européen s'éleva donc à côté de la ville musulmane.

A Tenez, l'établissement européen fut séparé, comme à Dellys, du centre de population indigène. Il occupe l'emplacement de l'ancienne ville romaine. Les lots à bâtir y furent concédés à 25 centimes de rente perpétuelle par mètre carré. La ville nouvelle s'éleva rapidement, et elle comptait 2,555 habitants au 1er janvier 1847. Il y avait encore peu de culture à Tenez, dont le sol ne se prête pas aux travaux agricoles; mais on y comptait beaucoup sur l'exploitation de certaines mines de fer et de cuivre qui existent dans les environs. En attendant, la ville neuve prospérait grâce aux fréquents passages de troupes qui y avaient lieu depuis sa fondation, et à sa position relativement à Orléansville dont elle est le port.

Une ordonnance du 14 octobre 1845 avait décidé qu'il serait créé dans cette dernière localité une ville européenne de 2,000 âmes. Il y existait déjà quelques centaines d'Européens, de la classe de ceux que fait surgir tout établissement militaire d'une certaine importance, et l'ordonnance n'avait pas apporté de changement bien notable à cette situation à la fin de l'administration du maréchal Bugeaud. La population civile d'Orléansville était, au 1ᵉʳ janvier 1847, de 608 individus, dont 50 seulement se livraient à l'agriculture.

A la même époque, le chiffre de cette population s'élevait de 1,200 à 1,300 âmes dans les deux villes de Miliana et de Médéa, dont un dixième au plus de cultivateurs. Nous avons dit ailleurs que les désordres des premiers temps de l'occupation y avaient causé la destruction presque totale de tout ce qui y existait autrefois. De nouvelles constructions s'y étaient élevées, les unes par les soins du génie militaire, les autres par ceux des particuliers qui s'y étaient établis. Ces dernières se ressentaient généralement du peu de moyens de ceux qui les avaient entreprises, et présentaient si peu de solidité que les pluies de 1846 firent fondre Miliana. Ceci est à la lettre.

Des trois provinces de l'Algérie, celle de Constantine présentait le plus de chances favorables à la grande colonisation, tant par la nature de son sol que par les dispositions généralement pacifiques des indigènes qui l'habitent. Néanmoins, le ministère et le maréchal Bugeaud, absorbés par les préoccupations de la guerre contre Abd-el-Kader, négligèrent assez longtemps cette intéressante partie de l'Algérie. Ils semblaient être de l'avis de cet officier qui, s'abandonnant à ses impressions purement militaires, trouvant qu'on ne se battait pas assez à Constantine, s'écriait dans l'amertume de son cœur : *Il n'y a rien à faire dans ce maudit pays!*

Vers la fin de 1843, le ministère se décida cependant à jeter les yeux sur la province de Constantine, il demanda des rapports, et l'année suivante quelques essais de colonisation commencèrent.

Le territoire de Philippeville fut le premier dont on s'occupa. Par suite d'arrangements convenus avec les tribus qui occupaient les localités que l'on voulait livrer à la culture européenne, celles-ci se transportèrent ailleurs et laissèrent le champ libre. On put disposer de cette manière de toute la partie inférieure des vallées de l'Oued-Safsaf et de l'Oued-Zeramna, comparables, pour la beauté et la fertilité, à ce que l'on peut voir de plus riche et de plus beau, je ne dirai pas seulement en Algérie, mais peut-être dans le monde entier. On y construisit trois villages, Saint-Antoine, Damrémont et Valée, au moyen d'un crédit de 100,000 francs ouvert au budget pour cet objet. Mais ces trois établissements ne comptaient pas 300 âmes de population au 1er janvier 1847.

A Smendou, aux Toumiettes, à El-Arouch, un nombre à peu près égal d'Européens étaient groupés autour des camps construits dans ces localités.

Dans l'arrondissement de Bône, plusieurs villages furent projetés, mais rien, à l'exception des études préliminaires, n'était encore commencé à la fin de l'administration du maréchal Bugeaud.

Un arrêté du 20 janvier 1845 ordonna la formation d'un centre de population de 250 familles à Ghelma, où n'existait encore, à côté du camp, qu'un hameau de cantiniers. Il fut décidé que les 100 premières qui s'y présenteraient recevraient des concessions gratuites et un secours de 600 francs en matériaux de construction. On y comptait, au 1er janvier 1847, près de 700 Européens. La plupart de ces colons étaient arrivés à Bône sans ressources, et l'administration fut obligée de faire pour eux plus qu'elle n'avait promis. Comme ils auraient été hors d'état de mettre en culture la première année les terres qu'on leur avait distribuées, le général Randon fit appel à la bonne volonté des indigènes, qui, accourant avec des centaines de charrues, eurent, en peu de jours, labouré et ensemencé les champs de leurs nouveaux voisins. Ces corvées secourables ont souvent lieu chez les Arabes : on les appelle *touiza* ; elles ont beaucoup d'analogie avec les ruches des Américains.

A Sétif, une population, qui s'élevait à 600 âmes au 1ᵉʳ janvier 1847, s'était formée auprès du camp. Une ordonnance du 11 février de la même année décida que des terres y seraient concédées. Un petit village fut établi à Aïn-Sefia, à quatre kilomètres de Sétif.

Dans la province d'Oran, comme dans celle de Constantine, des études de colonisation eurent lieu en 1845. Une ordonnance du 4 août de cette même année étendit les territoires civils d'Oran et de Mostaganem, et ce fut sur ces territoires que durent naturellement avoir lieu les premiers essais. Le projet fut, pour celui d'Oran, la création de six centres de population, depuis les ruines d'Andalouse, à l'ouest, jusqu'à Arzew, à l'est. Mais à la fin de l'administration de M. le maréchal Bugeaud, trois de ces centres seulement étaient en voie d'exécution, savoir :

Miserghin, où un petit village européen s'était déjà formé de lui-même par suite de l'occupation militaire de ce point, laquelle remonte à 1837 ;

La Senia, établissement nouveau créé par arrêté du 10 juillet 1844, à qui sa proximité de la ville promettait un certain degré de prospérité ;

Sidi-Chami, qui était encore à l'état embryonique lorsque le maréchal Bugeaud quitta la colonie.

Par ordonnance du 12 août 1845, il fut décidé qu'il serait créé à Arzew un centre de population de 200 familles.

Ce fut la reprise d'un projet qui remontait au maréchal Clauzel ; il y avait sur ce point 500 habitants à la fin de 1846.

Le territoire d'Oran est aride presque partout et se prête généralement assez peu à la colonisation. Il n'en est pas de même de celui de Mostaganem, qui se divise naturellement en trois parties : le ravin, la plaine et le plateau. Le ravin, qui sépare Mostaganem du quartier de Matmora et se prolonge vers l'est, est très-propre à l'horticulture ; la plaine, qui s'étend entre la mer et les collines de Mazagran, le plateau, qui couronne ces mêmes collines, se prêtent à toute espèce de culture. J'ai parlé ailleurs de ce beau pays; j'ai dit ce qu'il était avant nous et ce qu'il était devenu dans nos mains. En 1844, c'est-à-dire après onze ans d'occupation, on commença à s'apercevoir qu'il y avait là quelque chose à faire. On mit des projets à l'étude (style de bureau), et le 18 janvier 1846, une ordonnance décida qu'il serait créé à Mazagran un centre de population, lequel ne comptait encore que 155 individus au 1er janvier 1847.

Dans l'été de cette même année 1846, le gouvernement envoya à Oran huit cents Prussiens qui, ayant quitté leur pays pour se rendre en Amérique, avaient été abandonnés à Dunkerque par ceux qui devaient les y conduire. Ces malheureux arrivèrent, après une longue traversée, dans un état de misère et de souffrance inexprimable. Rien n'était plus hideux à voir. L'administration civile, fort embarrassée de cette recrue, ne savait qu'en faire; mais l'autorité militaire s'en empara et les partagea entre deux localités où nos troupes leur construisirent des habitations et leur cultivèrent et ensemencèrent des terres, ce qui forma deux nouveaux villages : l'un est Sdidia à la fontaine de ce nom entre la Macta et Mazagran, l'autre est Sainte-Léonie sur la route d'Arzew à Oran.

Saint-Denis du Sig est un village créé par arrêté du 12 février 1845, sur la rivière de ce nom près d'un barrage qui y fut construit par nos troupes, pour assurer l'irrigation de la belle plaine que traverse ce cours d'eau. La route d'Oran à Mascara y passe, ce qui devait ajouter à ses éléments de prospérité; cependant, il ne comptait encore que cent quatre-vingt-dix-sept habitants à la fin de 1846; mais il faut dire que les maladies et l'insurrection de 1845 en arrêtèrent le développement.

Mascara comptait une population européenne de 1,200 âmes au 1er janvier 1847; deux villages, Saint-Hippolyte et Saint-André, étaient en cours d'exécution sur son territoire.

A Tlemcen, la population européenne était de 759 individus à la même époque. Celle de Djema-Ghazouat, où une ordonnance du 24 décembre 1846 décréta la formation d'une ville, sous le nom de Nemours, s'élevait à 412.

Une ordonnance du 4 du même mois établit qu'il serait créé dans la subdivision d'Oran, huit communes sous les noms de Nemours, Joinville, Saint-Louis, Saint-Cloud, Sainte-Adelaïde, Saint-Eugène, Saint-Leu et Sainte-Barbe, dont le territoire serait concédé, en tout ou en partie, à des propriétaires ou à des compagnies, qui prendraient l'engagement d'en opérer le peuplement, en y établissant des familles de cultivateurs européens, dont trois cinquièmes au moins de Français. Les concessionnaires furent tenus de délivrer à chaque famille en toute propriété une surface de quatre à six hectares. Le Gouvernement se chargea des travaux d'utilité publique.

Une seconde ordonnance de même nature, en date du 19 février, décréta la création de trois nouvelles communes sous les noms de Christine, de San-Fernando et d'Isabelle entre Oran et Arzew. Elles furent concédées par une autre ordonnance du 12 mars à des capitalistes français et espagnols qui y avaient commencé des travaux au départ du maréchal Bugeaud.

La création en Algérie de tous les centres de population fondés ou décrétés depuis 1842 donna, comme cela devait être, quelque impulsion aux entreprises particulières. Tout le fahs d'Alger, une partie des territoires de Blida et de Coléa, furent mis en culture. Dans la Métidja, quelques établissements abandonnés par suite des événements de 1839 reprirent un peu de vie. Le plus considérable fut, sans contredit, celui de M. Borély-Lasapie à Souk-Ali, qui lui fut concédé par acte du 29 juillet 1844. Plusieurs autres concessions considérables eurent lieu depuis cette époque sur divers points de l'Algérie et quelques-unes avec des clauses qui rappellent celle de la Rassanta. Nous avons déjà parlé de cette opération absurde par laquelle l'Etat, représenté à Alger par M. le directeur des finances, avait livré au prince de Mir les belles prairies du Hamise afin de lui acheter le foin qui en provenait, c'est-à-dire le propre bien du domaine. Ce concessionnaire ayant succombé par sa faute, malgré cet énorme avantage, fut remplacé par un autre qui, sans songer un instant à remplir aucune des clauses onéreuses de la concession, se contenta de vendre tranquillement à l'État les foins que celui-ci avait la naïve complaisance de lui acheter. Il réalisa de cette manière une somme assez ronde avant d'être évincé. Ces deux mécomptes successifs n'empêchèrent pas le Gouvernement de livrer de la même manière les prairies de Philippeville en 1846.

Le 21 juillet 1845, une ordonnance du roi régla que les concessions de moins de cent hectares pourraient être faites par le ministre de la guerre, mais que des ordonnances royales seraient nécessaires pour des concessions plus considérables. Ces dispositions furent maintenues par une autre ordonnance sur la même matière du 5 juin 1847; mais celle-ci donna au gouverneur général le droit de faire les petites concessions de moins de 25 hectares. Elle assujettit, en outre, les concessionnaires de plus de 100 hectares à un cautionnement de 10 francs par hectare, lequel serait acquis à l'État, en cas d'inexécution des conditions de culture et de peuplement qui leur auraient été imposées. Dans ce même cas d'inexécution des conditions, les concessions pouvaient être révoquées en tout ou en partie. Les concessions furent placées dans les attributions du directeur de l'intérieur, à l'exception de celles des forêts qui continuèrent à ressortir du directeur des finances et de celles des mines, marais, sources minérales, qui furent attribuées à celui des travaux publics.

Dans sa sollicitude pour les colons, le Gouvernement organisa un service de santé gratuit composé de médecins qui, comme ceux de l'armée, ne sont salariés que par l'Etat. Enfin il créa, sous le nom d'inspecteurs de la colonisation, une classe spéciale d'employés uniquement chargés de veiller à leurs besoins agricoles et économiques. Des pépinières furent établies sur plusieurs points; en un mot, rien ne fut négligé pour assurer la prospérité de l'agriculture. Cependant, la population agricole européenne de toute l'Algérie ne s'élevait encore, au 1er janvier 1847, qu'à 17,000 individus, tant dans les centres fondés par l'État que dans les établissements particuliers.

En défalquant la population agricole de la totalité de la population européenne de l'Algérie, on verra qu'en 1846, près de 90,000 individus y ont vécu par des moyens d'existence étrangers à l'agriculture, c'est-à-dire par le commerce, la spéculation et les professions industrielles.

Sous le gouvernement des Turcs, l'État faisait le monopole de presque tout le commerce : l'exportation d'un grand nombre de produits était prohibée; de sorte que rien n'encourageait le travail. Le droit d'importation pour toutes les marchandises étrangères était fixé à cinq pour cent *ad valorem*. Le même droit était de dix pour cent, lorsque l'importation était faite par les Juifs, pour lesquels il y avait toujours une exception onéreuse ou humiliante. Les deys n'avaient rien fait pour attirer dans leurs états le commerce de Soudan, qui s'effectue encore à présent exclusivement par le Maroc, Tunis et surtout Tripoli. Cependant, il arrivait quelquefois de petites caravanes de Tombouctou à Oran.

Voici, d'après Shaler, le tableau des importations et des exportations en 1822.

Importations.

De la Grande-Bretagne : manufactures de l'Inde et d'Angleterre.	2,700,000 fr.
De l'Espagne : Soie, brocard, poivre, café, des manufactures allemandes et françaises.	1,200,000
De la France : Sucre, café, poivre, étoffes, acier et autres objets.	1,088,000
Du Levant : Soie brute et soie manufacturée.	540,000
De France et d'Italie : Bijoux, joyaux, diamants, etc.	540,000
Total.	6,068,000

Exportations.

Pour Marseille, Livourne et Gênes, 20,000 quintaux de laine.	864,000 fr.
10,000 quintaux de peaux.	432,000
600 quintaux de cire.	97,000
Plumes d'autruche et autres petits articles.	81,000
Total.	1,474,000

Les céréales ne figurent point sur ce tableau. L'exportation en était habituellement prohibée. Cependant, le droit d'exporter 16,000 mesures de blé par le port de Bône avait été concédé à la France.

Depuis la conquête, les documents officiels donnent les évaluations suivantes de 1831 à 1847, pour le commerce de l'Algérie.

	Importations.	Exportations.
Années 1831.	6,504,000 fr.	1,479,600 fr.
— 1832.	6,856,920	850,659
— 1833.	7,599,158	1,028,410
— 1834.	8,560,236	2,376,662
— 1835.	16,778,737	2,597.866
— 1836.	22,402,768	3,435,821
— 1837.	33,055,246	2,946,691
— 1838.	33,542,411	4,200,553
— 1839.	36,877,553	5,281,372
— 1840.	57,334,737	2,247,127
— 1841.	64,894,291	2,449,575
— 1842.	76,414,912	5,199,059
— 1843.	78,847,213	3,846,060
— 1844.	82,804,550	3,272,056
— 1845.	99,360,364	6,336,545
— 1846.	115,925,525	9,043,066
— 1847.	96,181,524	9,863,348

Il y a une si énorme disproportion entre la valeur des importations et celle des exportations, qu'il est naturel de chercher la cause de cet état de choses ailleurs que dans les résultats possibles du mouvement commercial, considéré par rapport au commerce des contrées qui sont en relations avec l'Algérie. L'administration, dans son tableau de situation de 1838, partant de cette donnée positive, qu'en 1855 les importations relatives à l'armée ont été d'un peu plus de quatre millions et demi de francs, évalue approximativement, et, il nous semble, raisonnablement, à dix millions par an ces mêmes importations pour les années 1836 et 1837, où il y eut infiniment plus de troupes en Afrique que dans les années précédentes. En suivant la progression établie par elle, on trouvera que cette partie des importations peut être évaluée à 20,000,000 pour 1847. Mais cela ne suffit pas encore : car l'armée consomme bien au delà des allocations en nature qui lui sont faites par l'État, et ce sont seulement les objets expédiés de France ou d'ailleurs pour ces allocations et pour les constructions militaires, qui forment ce chiffre de 20,000,000. Les marchandises achetées individuellement par les officiers et par les soldats restent comprises dans les importations commerciales. Or, elles ne prouvent rien pour le commerce fixe de l'Algérie : car ces mêmes officiers et ces mêmes soldats, transportés sur tout autre point du globe, serait-ce sur le rocher le plus stérile, éprouvant les mêmes besoins, le commerce ne manquerait pas de leur fournir les moyens de faire les mêmes consommations. Pour avoir une évaluation juste des importations qui s'appliquent véritablement au pays, il faut donc encore déduire des chiffres fournis par l'administration, la consommation de l'armée que j'appellerai de luxe, faute de trouver une autre expression. En prenant encore 20 millions pour cet objet pour un effectif de 100,000 hommes, qui fut celui de l'armée d'Afrique dans les derniers temps de l'administration du maréchal Bugeaud, on prendra certainement beaucoup trop, puisque cela fait une moyenne de 200 fr. par individu. Laissons cependant ce chiffe; il en résulte que les importations vraiment élémentaires du commerce algérien furent de 56,181,524 de francs en 1847, ce qui, mis en regard d'une exportation de moins de 10,000,000, présente encore un phénomène assez curieux. Car, on peut se demander avec quoi l'Algérie paie la différence? On ne peut dire que ce soit avec du numéraire, puisque, au lieu d'en donner, c'est elle qui en reçoit. Mais si les appréciations soumises par l'administration des douanes algériennes sont exactes, comme on doit le croire, voici comment peut s'expliquer cette étrange anomalie d'un pays qui reçoit commercialement six fois plus qu'il ne vend. La population productive de l'Algérie ne se compose guère que d'indigènes : les Européens sont, jusqu'à présent, plus consommateurs que producteurs; or, les produits des indigènes, qui seuls fournissent à l'exportation, devraient être évalués, pour avoir des appréciations exactes, non lorsqu'ils sont exportés par mer, mais lorsqu'ils franchissent nos lignes dans l'intérieur desquelles ils sont en partie consommés. On verrait seulement alors, d'une manière complète, ce que donnent les indigènes en échange de ce qu'ils reçoivent, et je suis persuadé que la disproportion choquante et impossible entre ces deux éléments corrélatifs de tout commerce, disparaîtrait des documents officiels. Un pareil travail est impossible puisque, grâce à Dieu, il n'y a pas de douane intérieure. Mais aussi, il ne faut pas tirer de l'insuffisance forcée des documents officiels des conclusions défavorables à l'Algérie et au bon sens de ceux qui l'administrent, ce qui est arrivé quelquefois à l'honorable et spirituel M. Desjobert, dans ses philippiques contre notre colonie africaine.

Il y eut, dès 1845, amélioration assez sensible dans la quantité des produits algériens ; les états de la douane pour cette même année l'indiquent indirectement par la diminution des produits similaires à l'importation. Les besoins restant les mêmes ou plutôt ayant augmenté, il est clair que ce qui ne fut pas fourni par l'extérieur dut l'être par l'intérieur. Ainsi les importations en céréales, qui dans les cinq années précédentes avaient été en moyenne de 10,546,715 francs, ne figurent plus que pour 9,057,794 fr., ce qui est une réduction de plus d'un dixième. Celles en bestiaux, qui étaient arrivées à plus de 2 millions, ne sont plus portées que pour 161,678 fr. Le bois à brûler, dont les importations en moyenne étaient arrivées à 456,262 fr. dans les cinq années précédentes, ne présente plus qu'un chiffre de 252,568 ; enfin, le fourrage, dont l'importation ne figure que pour la somme de 15,162 fr. en 1845, offrait une moyenne de 1,546,620 francs dans les années antérieures.

Parmi les objets manufacturés, nos tissus de coton sont en première ligne. Il s'en importa pour plus de dix-neuf millions en 1845, tandis que la moyenne des autres années n'avait été que d'un peu plus de sept. L'établissement de Djema-Ghazouat contribua beaucoup à cet état de choses; la maison David d'Alger en écoula par ce point des quantités considérables dans le Maroc.

En définitive, le commerce de l'Algérie n'est encore

qu'un commerce de place et de consommation ; mais le détail en est fort lucratif : tous les marchands qui ont voulu s'y tenir, sans se livrer à des spéculations insensées, s'y sont enrichis ; il donne l'existence à une grande partie de la population civile.

La spéculation, qui maintenait la portion de cette population, qui se considérait comme l'aristocratie du pays, en état de fièvre ardente et dans des alternatives continuelles de misère et de fortune, s'exerçait sur les achats et ventes d'immeubles, et sur les constructions urbaines. Nous avons déjà parlé plusieurs fois de l'accaparement de la propriété foncière, et de ses nombreux et graves inconvénients, dont l'administration métropolitaine ne se douta que fort tard ; mais, enfin, elle finit par s'en apercevoir deux ans après la publication des premiers volumes de la première édition des *Annales algériennes,* dont elle voulut bien adopter les idées à ce sujet et emprunter le langage presque textuellement dans son tableau de situation de 1838 : malheureusement, le mal était fait pour la province d'Alger. Il résulte d'un travail exécuté sous le général Damrémont que, depuis la conquête jusqu'au 1ᵉʳ janvier 1837, les acquisitions faites en dehors d'Alger et du fahs s'élevaient en tout au chiffre de 1,133 propriétés de toute nature dans les proportions suivantes :

> Jardins et maisons de campagne. 200
> Maisons de ville et boutiques. 223
> Fermes et terrains labourables. 710

Ces propriétés, d'après les indications des contrats de vente, sont ainsi réparties dans les localités suivantes :

Beni-Khalil.	359 dont 87 dans le Sahel.
Beni-Mouça.	185
Khachna..	71
Métidja (sans autre désignation). . .	20
Blida { jardins.	179
maisons et boutiques. . . .	203
Coléa { jardins.	3
maisons et boutiques.. . . .	20
Amaroua, Isser, Beni-Djaad, Hadjoute, Mouzaïa et Soumatha.	43
Sans désignation aucune..	50
	1,133

On sera sans doute surpris en apprenant qu'il s'est fait des ventes sans désignation des immeubles vendus; mais j'entends par absence de désignation une indication insignifiante et évidemment frauduleuse, conséquence de l'ignorance de l'acquéreur, qui a dû, en bien des cas, acheter ce qui en réalité n'existait point. Ainsi, on voit à l'enregistrement des contrats de ventes consenties par des individus désignés sous le nom d'*oulid* ou de *ben*, relatives à des propriétés appelées *haouch* ou *trab*, situées dans des lieux appelés *outhans*. Or, tous ces noms sont génériques : *oulid* et *ben* signifient fils, *haouch* veut dire ferme, *trab* terre, et *outhan* contrée. C'est exactement comme si, en France, on présentait un acte de vente ainsi résumé : le *fils* a vendu à M. un tel la propriété appelée *terre*, située à *département*. Il serait certainement fort difficile de dire où est cette propriété.

Quoi qu'il en soit, les **1,133** propriétés, tant réelles qu'imaginaires, acquises de 1830 à 1836 inclus, l'ont été par 539 individus classés ainsi qu'il suit :

Européens.	476
Musulmans.	39
Juifs.	24
	539

Les vendeurs, au nombre de 1,082, sont ainsi divisés :

Musulmans.	989
Européens.	90
Juifs.	3
	1,082

Si l'on retranche du chiffre total des acquisitions celles qui ont été faites par des Musulmans et des Juifs, et les 90 où des Européens figurent comme vendeurs, on trouvera qu'il restait entre les mains des Européens 987 propriétés au 1er janvier 1857. Ces propriétés sont classées ainsi qu'il suit :

Fermes et terrains de labour.	609
Jardins et maisons de campagnes.	177
Maisons de ville et boutiques.	195

Ces divers immeubles présentent, d'après des calculs basés sur les contenances déclarées aux actes de vente, une superficie de 164,523 hectares, dont 153,452 pour le territoire que nous avait réservé le traité de la Tafna. Or, ce territoire n'en ayant que 140,000, on voit que quand bien même les Européens auraient tout acheté, ils auraient encore trouvé un mécompte de 13,453 hectares. Mais ils étaient loin d'avoir tout acheté à cette époque ; je ne crois pas que même à présent ils aient des titres pour plus d'un tiers de la Métidja ; ce qui, du reste, est énorme vu le petit nombre d'individus entre les mains desquels cela se trouve. Grand nombre de déclarations de contenance sont donc fausses dans les actes de vente. Les indigènes s'en sont fait un jeu, aidés en cela par la crédulité des Européens, qui croyaient pouvoir acheter une lieue carrée pour quelques centaines de francs de rente. Lorsqu'ils en vinrent à la vérification, ils ne trouvèrent souvent qu'une vingtaine d'hectares là où ils en cherchaient deux ou trois cents. Ensuite, beaucoup de propriétés indivises avaient été vendues en totalité par un des copropriétaires sans le consentement des autres ; des enfants avaient vendu pour leurs pères, des tuteurs pour leurs pupilles, des maris pour leurs femmes, etc.; enfin, l'examen des registres prouve que quelquefois la même propriété a été vendue à plusieurs acquéreurs différents.

Les rentes payées ou au moins consenties pour toutes les acquisitions s'élevaient, en 1837, à 295,220 fr., représentant un capital de 5,904,400 fr. Les droits d'enregistrement avaient produit par ces transactions 295,220 fr. Or, c'était uniquement pour pouvoir aligner ces derniers chiffres que les prévoyants administrateurs de l'Algérie avaient laissé naître un abus contre lequel le Gouvernement crut devoir s'armer plus tard.

Déjà, à diverses époques, des prohibitions d'acquérir avaient été prononcées par les gouverneurs pour diverses parties de l'Algérie, où l'on craignait de voir se renouveler ce qui s'était passé sur les premiers points occupés. Il fallait régulariser ces mesures, faire cesser l'incertitude de la propriété, résultat de tant de ventes irrégulières, porter remède aux abus de l'accaparement, et fermer la porte aux procès sans nombre que tant de désordres faisaient naître. Tel fut le but de l'ordonnance du 1ᵉʳ octobre 1844, résultat des travaux d'une commission formée en 1841 pour examiner de nouveau la grande question algérienne.

Le titre premier de cette ordonnance traite des acquisitions d'immeubles : il porte que les ventes antérieures au 1ᵉʳ octobre 1844, consenties sans mandat spécial par les cadis stipulant pour les mineurs ou les absents, par les maris pour leurs femmes, les frères pour les frères, les pères pour les enfants, et, généralement, les chefs de famille pour les membres de la famille, ne pourront être attaquées en nullité, sauf le recours des ayants droit contre ceux qui auront agi en leurs noms. Toutes les autres demandes en nullité ou rescision furent déclarées caduques deux ans après la promulgation de l'ordonnance. Il fut décidé qu'aucune vente ne pourrait être attaquée sur le motif que l'immeuble serait habous, c'est-à-dire inaliénable, que l'augmentation et la diminution de prix pour inexactitude des déclarations de contenance ne pourraient être prononcées que pour différence de plus d'un tiers ; enfin, que la vente indûment faite par l'administration du domaine d'un immeuble reconnu propriété privée ne pourrait jamais donner lieu à la nullité de la vente, sauf les droits du propriétaire sur le prix.

Le titre second établit que toute rente constituée pour prix de vente est rachetable.

Le titre troisième prohibe toute acquisition d'immeubles en dehors des limites posées aux établissements européens et à la colonisation, par des arrêtés successifs du ministre de la guerre.

Le titre quatrième, relatif à l'expropriation pour cause d'utilité publique, applique autant que possible à cette matière les formes de la législation de la métropole. La déclaration d'utilité publique est faite et l'expropriation prononcée par le ministre sur l'avis du conseil d'administration et du gouverneur général. En cas de désaccord entre l'administration et les propriétaires sur la fixation de l'indemnité, c'est le tribunal de première instance qui prononce. La première ne peut plus se mettre en possession avant le paiement de cette indemnité. En cas d'urgence prononcée par le ministre de la guerre, la prise de possession peut avoir lieu après la simple consignation d'une somme déterminée par le tribunal ; l'indemnité définitive est ensuite réglée dans les formes ordinaires.

Le titre cinquième traite des terres incultes. Il y est réglé que des arrêtés successifs du ministre de la guerre détermineront le périmètre des terres qui doivent être mises en culture autour des villes et villages ; que dans le délai de trois mois les propriétaires des terres incultes comprises dans ce périmètre devront produire des titres remontant, avec date certaine, à une époque antérieure au 5 juillet 1830 ; que s'ils ne les produisent pas, ou si ces titres ne sont pas reconnus valables par les tribunaux, les terres incultes seront dévolues au domaine ; que si des titres valables sont produits, les terres incultes restées propriété privée seront soumises à un impôt spécial de 5 francs par hectare ; que, néanmoins, les propriétaires de terres incultes pourront s'affranchir de cet impôt, en offrant de délaisser lesdites terres au domaine, à la charge par celui-ci de leur en rendre d'autres de même nature à leur première demande, celles-ci devant être situées comme les premières dans les périmètres affectés à la culture, et délivrées à la condition spéciale de cultiver.

Le titre sixième déclare les marais biens vacants.

Cette ordonnance ne disait rien du domaine public ni

du domaine de l'État, qui restèrent constitués d'après les traditions de l'ancien gouvernement, autant qu'elles avaient survécu au désordre administratif qui suivit la conquête. Mais, le 9 novembre 1845, le roi en signa une qui prescrivait de dresser par chaque province un état général des biens domaniaux, de le tenir à jour et de rendre compte mois par mois au ministre de la guerre des modifications faites audit état pendant le mois précédent. Il fut réglé que les immeubles domaniaux, non affectés à un service public, seraient affermés par baux de neuf ans au plus, aux enchères publiques, ou de gré à gré dans des circonstances exceptionnelles et avec autorisation spéciale du ministre. On régla aussi que les immeubles du domaine pourraient être aliénés de quatre manières, savoir; aux enchères publiques, par vente de gré à gré, par voie d'échange et à titre de concession. Tout cela existait de fait, et l'ordonnance du 9 novembre ne fit que le consacrer.

Celle du 1ᵉʳ octobre 1844 ne fut exécutée qu'en partie, surtout pour ce qui concernait l'obligation de culture. On pourrait presque croire que l'administration centrale l'avait complétement perdue de vue, car, en 1846, le général Moline de Saint-Yon, alors ministre de la guerre, dans un rapport au roi, à la date du 21 juillet, énuméra les abus provenant des acquisitions d'immeubles faites en Algérie, exactement comme s'il n'en avait jamais été question avant lui, et que l'ordonnance du 1ᵉʳ octobre et le rapport qui la précède n'eussent jamais existé; à la suite du rapport de M. Moline de Saint-Yon, parut une ordonnance dont voici les principales dispositions :

Des arrêtés ministériels déterminent les périmètres des territoires où les titres de propriétés rurales doivent être vérifiés, mais sont mis en dehors de ces territoires, les communes du Fahs et du Sahel, les territoires de Coléa, Blida, Oran, Mostaganem et Bône. Les titres à vérifier sont ceux de toutes les propriétés rurales cultivées ou non cultivées, et ils devront être remis dans un délai de trois mois. La vérification en est faite par le conseil du contentieux. Si le conseil les déclare nuls, l'administration est tenue de délivrer à l'acquéreur évincé, sur sa demande, un hectare de terre par chaque trois francs de rente stipulé dans l'acte d'acquisition. L'acquéreur évincé a cinq ans pour faire sa demande. Les créanciers des rentes stipulées pour ventes annulées pourront aussi réclamer de nouvelles terres à cultiver comme les acquéreurs évincés. Celui qui aura cultivé, même sans titre régulier, recevra la concession définitive de la partie du sol cultivée, pourvu qu'il y ait une maison et une famille européenne par 20 hectares. L'impôt spécial pour les terres incultes est porté à 10 fr. l'hectare. Toute acquisition d'immeubles est interdite en dehors des circonscriptions territoriales des tribunaux de première instance.

Les spéculateurs d'Alger, qui n'avaient pas fait très-grand bruit de l'ordonnance du 1er octobre 1844, jetèrent les hauts cris à la promulgation de celle-ci. Le ministère de la guerre en fut tellement étourdi, que dans un règlement du 2 novembre, les exceptions à la mesure de l'impôt spécial d'inculture la réduisirent presque à rien.

L'irritation produite par l'ordonnance du 21 juillet, tenait au reste moins à cet acte en lui-même qu'à l'état de malaise général qui commençait à se manifester, à Alger, à la suite d'une recrudescence dans la spéculation sur les immeubles urbains. Ne voulant pas reconnaître la cause véritable de la crise qui se préparait, les spéculateurs s'en prenaient à tout, et durent naturellement s'acharner de préférence sur cette ordonnance qui servit de thèse à d'incroyables déclamations. Dans le fait, voici comment se passèrent les choses :

Depuis 1854, on avait beaucoup rebâti à Alger, l'industrie particulière cherchant à relever les ruines que l'administration amoncelait. Ces ruines relevées plus ou moins complétement, on s'aperçut que les incommodes maisons européennes, qui, sur plusieurs points avaient remplacé les maisons mauresques, rendaient cependant davantage, parce qu'à surface égale elles contiennent infiniment plus de logements. En conséquence, on se mit à transformer à l'européenne le plus de maisons indigènes qu'il fut possible, même des maisons en parfait état de service que l'on acheta à cet effet. Ceci faisant renchérir naturellement le prix des immeubles, les locations s'élevèrent, et les spéculateurs en conclurent qu'à Alger, plus il y aurait de logements plus on les louerait cher. Ce singulier raisonnement redoubla la fièvre de constructions qui avait gagné le public. L'administration des finances, dont la vue a toujours été si bornée en Algérie, augmenta le mal en spéculant elle-même sur les immeubles urbains du domaine. Sur ces entrefaites, voilà que l'enceinte du vieil Alger est condamnée à disparaître; une nouvelle est tracée, renfermant une superficie trois fois plus considérable. Alors la fureur des constructions est poussée à son comble ; il faut remplir ce vide, bâtir partout et toujours, comme si Alger devait recevoir un demi-million d'habitants. Les entrepreneurs se multiplient; les capitalistes offrent des fonds; on emprunte sur le rez-de-chaussée pour bâtir le premier, sur le premier pour bâtir le second et ainsi de suite. Mais lorsque l'on vit que les nouvelles constructions ne se vendaient ni aussi vite ni aussi bien qu'on l'avait espéré, parce qu'il y avait disproportion entre l'augmentation des maisons et celle de la population; les capitaux hésitèrent, puis se resserrèrent, et une réaction violente éclata dans les derniers temps de l'administration du maréchal Bugeaud. Les ateliers se fermèrent, les constructions s'arrêtèrent; les faillites se multiplièrent, et une foule de spéculateurs qui se croyaient riches, et qui en effet avaient pu vivre quelque temps comme s'ils l'étaient, furent ramenés à leur point de départ. Du reste, il n'y avait dans tout cela rien de fâcheux à conclure pour l'avenir du pays. Bien au contraire : la valeur des immeubles s'équilibra avec les besoins; la vie devint plus facile à Alger pour la population à chiffre modéré, mais sérieuse et productive, que la force des choses y fixa, et tout n'en alla que mieux. Les spéculateurs eux-mêmes ne perdirent que des illusions dans cette crise douloureuse mais nécessaire.

Si maintenant nous considérons sous un point de vue purement matériel ce que la rage des constructions et reconstructions a produit à Alger, nous n'y trouverons rien de fort satisfaisant. Une ville à masque européen, maussade et incommode, a remplacé en grande partie la ville mauresque. Déjà flétrie et lézardée, cette ville neuve peut être comparée à une jeune fille de mauvaises mœurs fanée par l'inconduite avant sa maturité. Les constructions ont été abandonnées aux convenances des entrepreneurs, sans que l'administration ait paru se douter que chez tous les peuples civilisés il existe des règlements qui, dans les villes, fixent les rapports entre la hauteur des maisons et la largeur des rues, entre cette même hauteur et l'épaisseur des murs, la profondeur des fondements et la nature du sol et des matériaux. Il en est résulté, que si ce n'est dans les trois rues principales et dans le nouveau quartier de Bcbazoun, les maisons européennes qui n'ont pas, comme les maisons mauresques de cour intérieure, manquent d'air et de jour et sont des foyers d'infection; que souvent une maison tombe d'un côté quand on l'achève d'un autre; et qu'enfin un tremblement de terre, un peu plus fort que ceux qui ont lieu tous les ans, peut amener quelque épouvantable catastrophe. De plus, les nouvelles maisons manquent généralement de citernes, ce qui est un inconvénient d'autant plus grave que le nombre des fontaines a diminué.

LIVRE XLIII.

Abd-el-Kader dans le Maroc.—Nouvelle entreprise de Bou-Maza.—Expéditions auxquelles elle donne lieu.—Reddition de Bou-Maza. — Expéditions dans le sud de la province d'Oran. — Soumission de plusieurs tribus des environs de Sour-el-Ghuzlan et de Bougie. —Expédition du maréchal Bugeaud dans la Kabylie.—Expédition du général Bedeau contre les Kbaïles de Djidjeli. — Nouvelles expéditions dans le sud de l'Algérie. — Le maréchal Bugeaud quitte le gouvernement de l'Algérie.—Il est remplacé par le duc d'Aumale. — Conflit entre Abd-el-Kader et le gouvernement marocain.— Désastre d'Abd-el-Kader.— Il est rejeté en Algérie par les troupes marocaines.— Il se rend aux troupes françaises. — Il est envoyé en France avec sa famille.

Abd-el-Kader, rentré à sa déira après le massacre de nos prisonniers, s'établit à Aïn-Zhora, sur le territoire marocain. Il paraissait vouloir s'y fixer d'une manière permanente, car la saison venue, il fit cultiver et ensemencer des terres pour assurer la subsistance des nombreuses familles qui restaient encore attachées à sa fortune. Bou-Maza, qui l'avait suivi, chercha à faire reprendre les armes, tantôt aux Beni-Senacen, tantôt aux Beni-Senous. Les sourdes menées de ce personnage firent naître quelques appréhensions de notre côté et mettre de nouveau quelques colonnes en campagne. Le général d'Arbouville, qui avait pris le commandement par intérim de la province d'Oran pendant une absence momentanée du général Lamoricière, fit lui-même deux petites courses sur les frontières. Mouley-Abd-er-Rhaman éprouva, lui aussi, quelques inquiétudes, et fit marcher des troupes vers Taza pour observer Abd-el-Kader ; mais l'Émir ne songeait pour lors qu'à rester tranquille, et rien ne prouve qu'il approuvât les tentatives de Bou-Maza pour recommencer la guerre. On peut même croire qu'il les condamnait ; car il éclata entre eux une mésintelligence assez prononcée pour que ce dernier se séparât de son chef, près duquel il affectait de ne pas croire sa vie en sûreté.

Résolu de s'abandonner encore une fois à ses inspirations personnelles, Bou-Maza se dirigea dans le sud de la province de Titteri. Il arriva chez les Oulad-Naïl et s'y réunit à un agitateur appelé Mouley-Ibrahim, qui était à la tête d'une bande d'une cinquantaine d'hommes. Aussitôt que M. le général Marey apprit cet événement, il partit de Médéa avec ses troupes disponibles, pour se porter sur le même point. La grande quantité de neige qui vint à tomber sur les hauts plateaux du Tell qu'il avait à traverser le força de s'arrêter quelque temps à la position de Guelt-el-Setel, au nord des lacs de Zarès. Il quitta cette localité le 5 février, et s'avança vers le sud. Bou-Maza, qui avait voulu se retirer dans le Zab, mais qui s'y était trouvé en face du général Herbillon, avait dû revenir sur ses pas. L'approche du général Marey l'obligea de se rejeter tout à fait au midi, vers Tziana, avec le peu de monde qu'il avait rallié à sa cause. Le général Marey ne le poursuivit pas jusque-là ; mais il châtia et fit rentrer dans la soumission quelques fractions des Oulad-Naïl qui s'en étaient écartées et avaient paru prêter l'oreille aux excitations de Bou-Maza, sans cependant se ranger ouvertement sous ses drapeaux. Après une expédition de près de deux mois, à laquelle prit part le khalifa d'El-Aghouat avec deux cents de ses cavaliers, il rentra à Médéa le 7 mars.

Le général Herbillon, qui s'était porté dans le Zab à la rencontre de Bou-Maza, commandait, ainsi qu'on l'a vu dans ce qui précède, la subdivision de Batna. Il était parti de cette place, d'après les ordres du général Bedeau, le 5 janvier, avec une colonne d'un millier d'hommes et s'était dirigé sur l'oasis des Oulad-Djellal, que Bou-Maza, qui s'était avancé jusque-là, agitait, et où il était même parvenu à faire une petite levée. Le cheik de cette oasis, après de vains efforts pour maintenir ses administrés dans le devoir, avait été contraint de se réfugier à Biskara, auprès du commandant français du cercle, M. de Saint-Germain. Le cheik arabe de Biskara, Mohammed-Sgrir, qui avait voulu lui prêter main-forte, avait été repoussé par les partisans de Bou-Maza. Il y avait donc urgence à réprimer ce commencement d'insurrection : c'est ce que fit le général Herbillon, avec autant d'énergie que de promptitude. Il arriva devant l'oasis des Oulad-Djellal le 10 janvier dans la matinée ; il avait été rallié en route par le commandant Saint-Germain, avec une partie de la garnison de Biskara et par le goum du khalifa Si-Mokran. Bou-Maza venait de s'éloigner, mais les Oulad-Djellal n'en étaient pas plus disposés à la soumission. Après une sommation inutile, il fallut faire appel à la force. Les oasis du Sahara sont des dédales de chemins tortueux, bordés d'enclos, de vergers et de jardins, entourés de clôtures de terre battue, dans lesquels la défense est facile et l'attaque extrêmement dangereuse. Le général Herbillon les connaissait trop bien pour s'engager imprudemment dans celle des Oulad-Djellal. Il se borna donc à faire agir son artillerie et à chercher à attirer les Arabes hors des jardins par diverses démonstrations. Il y réussit en partie : car un détachement considérable d'Oulad-

Djellal s'aventura en rase campagne pour faire le coup de fusil avec les gens de Si-Mokran ; mais le commandant Billon, du 51ᵉ régiment d'infanterie de ligne, les chargea trop tôt ; de sorte qu'ils eurent le temps de regagner l'oasis avant d'être taillés en pièces. Le commandant Billon, emporté par son ardeur, y pénétra avec eux. Cette audace ne fut, par l'événement qui décide de tout à la guerre, qu'une condamnable imprudence ; mais elle aurait peut-être eu un plein succès, si ce courageux officier n'eût pas été tué au moment même où il atteignait la porte du village. Sa mort ayant arrêté l'élan de sa troupe, celle-ci se trouva fortement compromise, et il fallut que le général pénétrât lui-même dans l'oasis pour l'en dégager. Cette affaire nous coûta cent quatre blessés et quarante morts. Un maréchal des logis, du beau nom de Chateaubriand, s'y distingua fort et y eut la jambe brisée. Le capitaine Oudin, du 2ᵉ de ligne, grièvement blessé, fut arraché du milieu des ennemis par un brigadier de spahis dont je regrette de n'avoir pu savoir le nom.

Les Oulad-Djellal avaient, de leur côté, perdu beaucoup de monde. Pendant toute la nuit qui suivit le combat, on entendit de notre camp les cris de deuil des femmes de l'oasis. Le lendemain, ces Arabes, voyant le général Herbillon bien décidé à les réduire, demandèrent à se soumettre. Ils furent reçus en grâce, moyennant la remise d'otages et une amende de 50,000 francs.

Le général resta chez les Oulad-Djellal jusqu'au 24 janvier. Ce jour-là, il se porta, avec un renfort de deux bataillons qu'il venait de recevoir, sur Sidi-Khaled, dont les habitants furent mis à l'amende pour les punir de quelques relations qu'ils avaient eues avec Bou-Maza.

Il parcourut ensuite, jusqu'au 25 février, le pays des Oulad-Naïl-Cheraga, dont il consolida la soumission, et rentra à Batna le 14 mars.

Cependant Bou-Maza, voyant les succès des deux généraux Marey et Herbillon, et craignant que les Arabes du Sahara ne finissent par le livrer aux Français, quitta cette contrée accompagné de quelques cavaliers fidèles, et avec l'intention de retourner dans le Dahra et la vallée du Chélif où il avait toujours conservé des intelligences. Son agent le plus actif dans ce pays était un nommé Aïssa-ben-Djin, de la tribu des Sbiah. Cet homme avait paru se rallier à notre cause ; il nous avait même rendu quelques services apparents ; mais ses menées, à l'approche de Bou-Maza avec lequel il s'entendait, n'échappèrent pas au colonel Saint-Arnaud, qui ordonna son arrestation. Aïssa-ben-Djin, qui se sentit perdu, se défendit contre les cavaliers chargés de l'arrêter et fut tué. Mais on n'en savait pas assez pour se mettre en garde contre quelque nouvelle entreprise de Bou-Maza, dont un autre agent, appelé El-Gherib, avait été livré par les gens du Dahra au lieutenant-colonel Bosquet, chef du bureau arabe de Mostaganem.

Bou-Maza, après avoir quitté le Sahara, était arrivé sans accident jusque auprès de Teniet-el-Had, lorsqu'il fut rencontré par un détachement de spahis commandé par le lieutenant Marguerite qui le chargea, lui tua une partie de son monde et lui prit tous ses bagages. Arrivé presque seul dans le Dahra, et apprenant la catastrophe d'Aïssa-bel-Djin, il désespéra de sa fortune et prit subitement un parti extrême qu'on ne devait pas attendre de lui : il se présenta au kaïd des Beni-Younès et le pria de le conduire au colonel Saint-Arnaud, ce qui fut fait. Admis en présence de cet officier supérier, il lui dit avec beaucoup d'assurance et de dignité :

« Tu es le Français qui a le plus combattu contre moi, « et c'est à toi que j'ai voulu me rendre. » Paroles historiques déjà prononcées, avec quelques variantes, par un homme autrement célèbre que Bou-Maza.

Le colonel Saint-Arnaud envoya son prisonnier à Alger, d'où il fut transféré en France. Il y est encore au moment ou j'écris; il en a appris la langue et paraît avoir pris goût à ses mœurs.

La reddition de Bou-Maza consolida la paix dans les subdivisions de Mostaganem et d'Orléanville. Mais le voisinage d'Abd-el-Kader maintenait toujours une apparence d'agitation dans celle de Tlemcen, il en résulta quelques courses du général Cavaignac chez les Oulad-en-Nahr et les Hamian Garaba dans l'hiver de 1847. Au printemps, ce même général et le général Renault, qui commandait à Mascara, conduisirent, chacun de son côté, une forte expédition dans le Sahara. Ces deux officiers généraux partant, l'un de Daya et l'autre de Saïda, devaient agir indépendamment l'un de l'autre, mais de manière à rester autant que possible en communication, afin de s'appuyer réciproquement au besoin. La colonne du général Renault se mit en mouvement le 10 avril et arriva le 13 à Kreider, sur les bords du chott El-Chergui. Le 14, elle traversa le chott qui, quoique le printemps fût peu avancé, se trouva praticable, et elle arriva au lieu appelé El' Amra. Continuant toujours à avancer, elle se trouva, le 16 avril, en vue des troupes du général Cavaignac. Le 17, elle arriva à Nahma, où elle fut retenue quelques jours par la neige qui se mit à tomber en grande abondance. On apprit là qu'Abd-el-Kader, qui avait paru chez les Hamian, venait de rentrer dans le Maroc. La colonne se remit en mouvement le 20, et arriva le lendemain à Chellala. Le 23, elle était à Bou-Semghroune, où elle eut un peu à combattre ; mais enfin, cette oasis se soumit comme les autres. De là, le général Renault se porta à El-Bioud, ce centre de la domination religieuse des Oulad-Sidi-Chirk. Il se dirigea ensuite à Brizina ; enfin, après une expédition de plus de deux mois dans le Sahara, il rentra à Médéa. Le général Cavaignac, qui s'était avancé jusqu'à Thyout, rentra de son côté à Tlemcen. Il prit ensuite un congé pour aller passer quelque temps en France, et pendant son absence, le général Renault commanda à Tlemcen. Le but des opérations de ces deux généraux avait été de prouver aux habitants des oasis que nous étions toujours en mesure de les atteindre, et que, par conséquent, ils auraient grand tort de se compromettre envers nous, en favorisant les nouvelles entreprises qu'Abd-el-Kader pourrait former sur l'Algérie (1) : ce but fut atteint.

Pendant que ces mouvements de troupes avaient lieu au sud de la province, le général Yousouf avait été envoyé dans la partie méridionale de celle de Titteri, pour rétablir l'harmonie entre quelques chefs arabes dont la mésintelligence pouvait compromettre la paix publique dans cette contrée ; ce but fut aussi atteint. La colonne du général Yousouf s'avança jusqu'auprès d'Aïn-Madi, que quelques-uns de nos officiers allèrent visiter.

---

(1) Je dois à l'obligeance de M. le général Renault une excellente relation de ses voyages dans le Sahara, relation pleine d'intérêt sous le rapport historique comme sous le point de vue pittoresque, et précieuse aussi pour l'étude de la géographie de cette contrée.

Les Arabes paraissant complétement soumis, du moins pour le moment, et les montagnards du Dahra ne donnant plus d'inquiétude depuis la reddition de Bou-Maza, le maréchal Bugeaud pensa qu'il devait s'occuper sérieusement de ceux de Bougie, c'est-à-dire de cette contrée difficile à laquelle nous avons donné le nom de Grande Kabylie et que j'ai fait connaître au lecteur avec quelques détails dans le livre XI de cet ouvrage. Les opinions étaient partagées sur la ligne de conduite qu'il nous convenait de suivre à l'égard de ces populations indépendantes : les uns pensaient qu'il nous suffisait de nous assurer de leur neutralité et d'entretenir avec elles des relations commerciales; d'autres croyaient à la nécessité de l'occupation du pays pour en assurer la soumission complète. Le gouverneur général prit un parti moyen entre ces deux extrêmes : il pensa que sans occuper d'une manière permanente la Grande Kabylie, il devait y montrer ses colonnes, prouver aux habitants qu'ils n'étaient pas hors de la portée de nos coups, et traiter avec eux de supérieur à inférieur et non d'égal à égal. Le Gouvernement, qui craignait de voir se rallumer le feu de la guerre et commencer une nouvelle série de coûteuses expéditions, ne lui accorda pas sans peine l'autorisation d'entreprendre celle-ci. Cependant, quelques circonstances favorables semblaient devoir la rendre facile en lui servant de préludes. Ben-Salem, cet ancien khalifa de l'Émir, qui avait pendant longtemps agité l'est de la province d'Alger, était venu, le 27 février, faire en personne sa soumission au maréchal Bugeaud, qui, se trouvait en ce moment au nouveau poste d'Aumale à Sour-el-Ghuslan. Le 10 avril suivant, le même personnage, accompagné de Bel-Cassem-Oulid-ou-Kassi, du marabout

Sidi-Abd-er-Raman et d'un nombre considérable de cheiks du Djurdjura, se rendit à Alger où il fut reçu avec de grands honneurs. On partagea les tribus dont il apportait la soumission en deux grands commandements, l'un pour le sud, l'autre pour le nord de la montagne. Le premier fut donné à Omar-ben-Salem, frère du khalifa, et le second à Bel-Cassem. Quant au khalifa lui-même, il avait manifesté le désir de rentrer dans la vie privée et de faire incessamment le pèlerinage de la Mecque.

A Bougie même, notre position s'était considérablement améliorée dès la fin de 1846. Cette place avait été continuellement bloquée par les indigènes depuis le jour où nous en étions emparés en 1833, et sans communication avec l'extérieur, si ce n'est par mer. Vers le mois de mai 1846, le commandement en fut donné à M. de Vengy, chef d'escadron d'état-major, que son étoile destinait à voir la fin de cet état de choses. Peu après son arrivée, les Mzaïa étant venus attaquer des travailleurs qu'il employait à saigner un petit marais situé à peu de distance de la ville, il les punit rudement de cet acte d'agression. Il continua ensuite à les harceler par une suite de petites surprises qui, ne leur laissant plus de repos, les décidèrent enfin à entrer en accommodement avec lui. D'ailleurs, déjà depuis assez longtemps, il s'était élevé dans cette tribu un parti qui désirait renouer les relations commerciales rompues depuis treize ans, au grand détriment de la prospérité de la contrée. Les fractions les plus rapprochées de Bougie, qu'on appelle les Mzaïa du bas, demandèrent les premières l'*aman*, c'est-à-dire l'assurance de ne plus être inquiétées et l'autorisation de fréquenter nos marchés en toute sécurité. Les Mzaïa du haut se tinrent encore quelque temps à l'écart. Quelques-uns d'entre eux attaquèrent même et pillèrent des gens de la tribu de Beni-Messaoud qui, ayant, eux aussi, demandé l'aman et l'ayant obtenu, s'étaient rendus au marché de Bougie. M. de Vengy pensa, avec raison, qu'il ne devait pas passer un tel acte sous silence. En conséquence, dans la nuit du 12 au 13 janvier 1847, il alla attaquer le village d'où étaient partis les pillards et le mit en cendre. Cet acte de vigueur réduisit les Mzaïa du haut, qui suivirent alors l'exemple de ceux du bas; ce que firent aussi beaucoup d'autres tribus ou fractions de tribus. Le nombre en fut si grand, que le gouverneur général envoya à Bougie le directeur des affaires arabes, M. le colonel Daumas, afin de tirer le meilleur parti possible de cette réaction pacifique qui se manifestait ainsi parmi les Kbaïles. Le colonel Daumas reçut à Bougie tous les cheiks des tribus du voisinage, jusqu'à Toudja. Le mouvement s'arrêta aux Fenaya qui n'y prirent aucune part. Amiziane lui-même envoya plusieurs des siens au colonel; mais le souvenir du meurtre du commandant Salomon de Musis l'empêcha de se hasarder de sa personne au milieu de nous. Les relations étant ainsi rétablies entre l'intérieur et l'extérieur, on se hâta d'en profiter pour envoyer à Sétif un petit convoi conduit par les Kbaïles, convoi d'essai du reste et assez pauvrement chargé pour ne pas tenter, dans ces commencements, la cupidité des montagnards.

Tous ces arrangements, loin de réconcilier le Gouvernement avec le projet d'expédition du maréchal Bugeaud, l'en éloignèrent encore davantage en le lui faisant considérer comme superflu. Mais le gouverneur général ayant persisté dans son opinion, le ministre dut céder. D'ailleurs, M. le maréchal paraissait ne pas vouloir quitter sans cela le poste important qu'il occupait, et que le roi Louis-Philippe désirait, depuis quelque temps, donner au duc d'Aumale, son fils.

Les préparatifs de l'expédition de la Grande-Kabylie furent faits avec cette sage prévoyance et cette parfaite connaissance du pays, qui ont signalé tous les actes militaires du maréchal Bugeaud en Afrique. En attaquant la contrée dans laquelle il voulait opérer par deux côtés différents, il pensa que toutes ces petites républiques turbulentes qui la composent se sentant menacées chacune dans ses foyers, ne songeraient qu'à leurs affaires particulières et ne s'entendraient pas pour la défense générale. En conséquence, il résolut d'y pénétrer par l'ouest avec la division d'Alger, en suivant la vallée de l'Oued-Sahel, tandis que le général Bedeau et les troupes de la province de Constantine y arriveraient par le sud et la vallée de l'Oued-bou-Selam.

Les troupes destinées à former la colonne du maréchal furent tirées d'Alger et du nouveau camp d'Aumale. Elles se réunirent à Bordj-el-Hamza, d'où l'expédition se mit en marche le 14 mai. Le maréchal se fit précéder d'une proclamation où il annonçait aux Kbaïles qu'en se portant dans leurs montagnes il n'avait d'autre but que de s'assurer de leur soumission, et que les tribus qui s'abstiendraient de tout acte de rébellion n'auraient qu'à se louer de la conduite de nos troupes.

Les deux premiers jours de marche furent tranquilles : on ne vit d'ennemis nulle part; mais le kaïd de la Medjanah, Mohammed-el-Mokrani, qui s'était rendu auprès du maréchal, le prévint que, selon toutes les probabilités, les choses ne se passeraient pas si pacifiquement sur le territoire des Beni-Abbès. En effet, le 15 à l'entrée de la nuit, nos troupes étant campées sur l'Oued-Sahel, à

Akbou, en face des montagnes des Beni-Abbès, furent attaquées par ces Kbaïles. Les campements du maréchal Bugeaud étaient toujours bien disposés et surtout parfaitement gardés. Ce jour-là, on avait redoublé de soins et de précautions, parce qu'on s'attendait à quelque entreprise de la part des Beni-Abbès, qui souvent avaient battu les Turcs dans des surprises de nuit. Cette fois, ils eurent affaire à plus forte partie et furent repoussés avec perte. Le jour venu, le maréchal Bugeaud prit à son tour l'offensive. Il laissa les bagages à Akbou avec une partie de son monde et se porta vers les montagnes avec huit bataillons, dont les soldats avaient déposé leurs sacs, l'artillerie de montagne et un peu de cavalerie. L'ennemi, disposé en plusieurs lignes, garnissait les crêtes, présentant des masses assez compactes d'où partait un feu bien soutenu. Toutes les positions furent tournées et successivement enlevées par nos colonnes d'attaque conduites par les colonels Ladmirault des zouaves et Mollière du 15ᵉ léger. La dernière de ces positions, que dominait le fort village d'Arzou, fut assez vigoureusement défendue. La prise d'Arzou qui fut incendié, celle de deux tours que les indigènes considéraient comme autant de citadelles, le sac de plusieurs villages où nos soldats firent beaucoup de butin, achevèrent la déroute des Beni-Abbès qui, passant subitement de la jactance à l'abattement, envoyèrent auprès du maréchal un de leurs cheiks, appelé Hamoud-Tahar, pour parler d'accommodement. Cet homme dit qu'il s'était personnellement opposé à la guerre et que tout en prenant les armes pour ne pas se séparer de ses compatriotes, il n'avait pas douté un instant du mauvais succès de leur entreprise; que maintenant qu'ils étaient convaincus autant que lui de l'impuissance de leurs efforts, il venait demander la paix pour eux et offrir leur soumission.

La manière véhémente dont Tahar s'exprimait, les gestes dont, dans son émotion, il accompagnait son discours, déplurent d'abord au maréchal Bugeaud ; mais lorsque son interprète lui eut traduit les paroles du Kbaïle, elles lui inspirèrent tant de confiance, qu'il consentit à arrêter les hostilités et à ramener ses troupes à Akbou, sur le simple engagement que prit cet homme de lui amener le lendemain les cheiks des diverses fractions des Beni-Abbès, ou de venir lui-même se mettre à la discrétion du général français.

La confiance du maréchal ne fut pas trompée ; d'ailleurs El-Mokrani, qui jouissait chez les Beni-Abbès d'une influence héréditaire, fit entendre des conseils auxquels ce qui venait de se passer donnait un nouveau poids. Le 17, tous les cheiks annoncés par Hamoud-Tahar se trouvèrent réunis devant la tente du gouverneur général. Il fut convenu, pour prix du pardon accordé aux Beni-Abbès, qu'ils paieraient un impôt annuel de 50,000 fr., et, qu'au lieu de former une république indépendante, ils obéiraient à notre khalifa de la Medjana, Mohammed-el-Mokrani, pour leurs relations avec nous et leurs voisins ; on ne songea pas, du reste, à leur enlever leur indépendance intérieure.

La bonne harmonie étant ainsi établie entre les Français et les Beni-Abbès, on vit ceux-ci se répandre parmi nos soldats, avec la plus entière confiance, pour racheter ceux des objets que la guerre leur avait enlevés et dans la possession desquels ils désiraient rentrer. Nos soldats se montrèrent accommodants et leur firent en général de très-bonnes conditions.

Après la soumission des Beni-Abbès, aucune tribu ne résista plus. On vit arriver successivement les cheiks des Beni-Aydel, des Illoulen, des Beni-Ourglis et plusieurs autres. Du camp d'Akbou, l'armée s'était dirigée sur Chellata, la Zaouïa de Sidi-Ali-el-Chérif, dont le marabout était eu grande considération dans le pays. C'était un jeune homme d'un très-beau physique, qui intéressa beaucoup nos officiers par la distinction de ses manières et la noblesse de son langage.

Le maréchal continuant sa marche, qui ne cessa point d'être pacifique, arriva devant Bougie à la tête de près de 15,000 hommes, après avoir été rejoint par la colonne du général Bedeau. Celui-ci était parti de Sétif le 14 mai, et était arrivé, le 15, à la position de Maou-el-Kan, à l'extrémité du pays soumis à l'autorité du commandant de la subdivision de Sétif. Le 16, il avait eu un petit combat chez les Reboula, et un autre, moins important encore, chez les Beni-Ourtilan, le 18. Ces deux légères affaires furent suivies de nombreuses soumissions. Le 24 juin, le maréchal donna solennellement à son quartier général, sous les murs de Bougie, l'investiture à plus de soixante cheiks de la Grande-Kabylie, qui parut ainsi accepter la domination de la France. Il s'embarqua ensuite pour Alger, ayant laissé au général Gentil le soin d'y ramener la colonne expéditionnaire. Cette marche fut toute pacifique ; néanmoins, quelques coups de fusil furent, à deux ou trois reprises, tirés la nuit sur nos bivouacs par des individus isolés, qui semblaient vouloir ainsi protester contre la soumission des masses. Cette soumission se manifesta, du reste, de la manière la moins contestable, c'est-à-dire par l'acquittement de l'impôt, que les tribus vinrent payer au commandant du cercle d'Aumale, M. le colonel Lamirault. Un de ces prétendus chérifs qui avaient agité divers points de l'Algérie depuis l'apparition de Bou-Maza, dont ils étaient tous des contrefaçons, se rendit, à la même époque, au commandant d'Aumale; cet homme était celui qui avait été battu avec Ben-Salem, au mois de décembre 1845, par les généraux Bedeau et d'Arbouville.

La rentrée des troupes de la province de Constantine, après l'expédition de la Grande-Kabylie, s'opéra aussi tranquillement que celle de la colonne d'Alger. Mais le général Bedeau ne tarda pas à se remettre en campagne, car, dès le 14 juin, ayant réuni un corps considérable à Milah, il partit de cette ville pour Colo dans le but de mettre à la raison, chemin faisant, les tribus situées entre ces deux localités, tribus auxquelles appartenaient presque toujours les partis qui se montraient encore de temps à autre sur la route de Philippeville à Constantine. Il traversa successivement le pays des Beni-Hilen, des Beni-Kaïd, des Beni-Kalab, des Oulad-Embarek et des Achaïche, qui firent acte de soumission. Mais il eut trois petits combats à soutenir chez les Oulad-Aïdoune, le 19, le 21 et le 22. Le premier coûta la vie à deux officiers du 19e léger, MM. Pestiaux et Drée; le second ne fut presque rien; dans le troisième, les Kbaïles, qui avaient attaqué notre arrière-garde, éprouvèrent, par suite d'un retour offensif effectué par le colonel de Barral, des pertes assez considérables pour les dégoûter de continuer les hostilités.

La colonne expéditionnaire arriva à Colo le 26 juin. Le général Bedeau, après y avoir pris quelques mesures administratives relatives aux tribus dont il avait obtenu la soumission, renvoya les troupes dans leurs garnisons ordinaires. Cette soumission ne fut, du reste, que partielle, et tellement incomplète que, deux mois après, les tribus dont le général Bedeau avait parcouru le territoire dirigèrent une attaque contre Djidjeli. Il est peut-être superflu de dire qu'elle fut repoussée.

Pendant l'été, des colonnes de nos troupes parcoururent le sud de l'Algérie, depuis les frontières du Maroc jusqu'à celles de Tunis, sous les ordres des généraux Renault, Yousouf et Herbillon.

Les opérations dirigées par le général Herbillon avaient pour but la soumission réelle et effective de la grande tribu de Nemencha, qui, depuis que nous occupions Biskara et Batna, que Tebessa reconnaissait notre autorité, envoyait bien tous les ans des députés à Constantine pour faire acte apparent de soumission, mais qui, dans le fait, restait indépendante et exerçait des actes de brigandage sur les tribus réellement soumises. Le général Bedeau, voulant en finir avec ces Arabes, prescrivit au général Herbillon de se porter sur leur territoire par l'ouest, en partant de Batna, tandis que le lieutenant-colonel Sonnet, venant de Biskara, y entrerait par le sud, et que le colonel Senilhes y arriverait, de Bône, par le nord. Le général Bedeau espérait de cette manière cerner les Nemencha et les avoir facilement à composition. Mais la frontière de Tunis, sur laquelle ils s'appuient à l'est, leur restant ouverte, ils se retirèrent par là dans le Sahara, laissant leur pays complétement désert. Nos colonnes le parcoururent dans tous les sens et rentrèrent ensuite dans leurs cantonnements, à l'exception de celle du colonel Senilhes, que le général Herbillon y laissa jusqu'au moment où les Nemencha, las d'errer loin de leur territoire, demandèrent l'autorisation d'y rentrer aux conditions qu'on voulut leur imposer. Pour rompre leur puissance de cohésion, on les fractionna : une partie fut annexée à la subdivision de Batna, l'autre resta à celle de Bône.

Les colonnes qui, à la même époque, parcouraient les régions sahariennes de l'ouest, assurèrent de plus en plus la soumission de ces contrées.

Le maréchal Bugeaud, au moment où il s'embarquait à Bougie pour rentrer à Alger, annonça qu'il considérait sa mission comme terminée en Afrique, et que son intention était de se démettre du gouvernement général de l'Algérie. C'est, en effet, ce qu'il ne tarda pas à faire. Ainsi que la chose était déjà arrêtée dans l'esprit du roi, il fut remplacé par le duc d'Aumale.

Personne ne saurait raisonnablement contester les talents militaires de M. le maréchal Bugeaud. Bien avant que les préventions du public contre lui eussent fait place à une sorte de popularité soldatesque, à un véritable engouement, peut-être tout aussi peu réfléchi que ces préventions, avant, dis-je, cette transformation de l'opinion publique et dès son premier voyage en Afrique, les esprits sensés avaient su l'apprécier à sa juste valeur, et cette valeur dépassait en bien des points la moyenne des capacités. Mais il ne faut pas perdre de vue que les ressources immenses que le Gouvernement mit constamment à sa disposition étaient de nature, tant elles étaient au-dessus des obstacles, à assurer des succès qui, au bout du compte, n'ont rien eu de bien prompt ni de fort étourdissant. Je suis persuadé que tous les hommes qui ont commandé en Afrique, à l'exception d'un seul peut-être, auraient obtenu, à peu de choses près, les mêmes résultats, s'ils eussent eu les mêmes moyens d'action. Mais le Gouvernement fut presque toujours aussi parcimonieux pour eux qu'il se montra prodigue envers le maréchal Bugeaud, sur lequel le roi Louis-Philippe paraissait avoir fondé, pour le cas d'une lutte prévue, des espérances que la catastrophe de février a bien peu justifiées. Comme administrateur et homme politique, il avait des parties extrêmement faibles, quoique même en cela il ne fût pas sans valeur. Un personnage célèbre disait de lui qu'il avait quelques grandes qualités, mais une foule de petits défauts. Au résumé, c'était un type assez original à une époque où les types sont rares.

Le duc d'Aumale arriva à Alger le 5 octobre. Il reçut le service des mains du général Bedeau, qui exerçait l'intérim depuis le départ du maréchal. Il avait avec lui le général Changarnier, qui avait quitté l'Algérie depuis quelques années par suite de démêlés fâcheux qu'il avait eus avec le gouverneur général. Tout l'intérêt de la courte administration du duc d'Aumale se concentre sur la reddition d'Abd-el-Kader, dont le récit va clore ce livre.

On a vu que la présence d'Abd-el-Kader à Aïn-Zhora avait donné quelques inquiétudes à l'empereur de Maroc, qui avait réuni des troupes à Taza pour observer ses mouvements. Ces inquiétudes étaient de deux natures : d'abord Abd-er-Rhaman appréhendait de se voir entraîné par ce dangereux hôte à une nouvelle lutte contre les Français ; ensuite, il craignait qu'Abd-el-Kader ne cherchât à se former un parti dans son propre empire et à le renverser du trône. Les dispositions hostiles contre l'Émir, que ces préoccupations entretenaient dans l'esprit du monarque africain, étaient, d'un côté, combattues par cette espèce de respect superstitieux que j'ai dit déjà qu'il avait pour sa personne ; d'un autre, soutenues par la légation française, qui ne cessait de rappeler au gouvernement marocain les obligations qu'il avait contractées au sujet d'Abd-el-Kader. Abd-er-Rhaman se serait peu embarrassé de ces obligations, si l'Émir s'était toujours conduit de manière à ne pas exciter sa juste méfiance. Mais Abd-el-Kader, loin d'user de circonspection, n'eut pas plus tôt réorganisé sa petite troupe et assuré la subsistance de sa déira, qu'il se mit à justifier par ses intrigues toutes les appréhensions de l'empereur, lequel finit par ne plus voir en lui qu'un rival et un antagoniste. Dès lors il résolut, non plus de l'observer simplement, mais de l'attaquer ouvertement et de soulever contre lui les tribus sur le territoire desquelles il s'était établi. Les mesures qui furent prises à cet égard rendirent très-précaire l'existence d'Abd-el-Kader et des siens dans le printemps de 1847. Il venait de faire, à cette époque, un voyage chez les Hamian, qui lui avaient donné des secours. A son retour, voyant de l'agitation contre lui à Aïn-Zhora, et même ayant été sur le point d'être victime d'un assassinat, il quitta cette localité et alla camper à Sabra, sur la Moulouïa. Il se porta ensuite sur les bords de l'Oued-Aslaf, au milieu des tribus kbaïles du Rif. Ce fut dans cette position que les troupes marocaines, conduites par Mouley-Hachem, neveu de l'empereur, et le kaïd El-Hamar, se disposèrent à l'attaquer. Le prince fit d'abord marcher une forte reconnaissance de cavalerie qui fut repoussée par les gens d'Abd-el-Kader. L'Émir envoya ensuite au camp des Marocains demander ce qu'on lui voulait, et pourquoi cette cavalerie était venue l'attaquer en pleine paix. Ayant reçu une réponse hautaine qui lui fit comprendre qu'on était décidé à le traiter sans ménagement, il résolut de prévenir l'ennemi, qu'il surprit la nuit dans son camp et qu'il mit en pleine déroute.

Mouley-Hachem put se sauver, mais le kaïd El-Hamar perdit la vie.

Cette victoire releva un instant la position de l'Émir. Plusieurs tribus le crurent destiné à régner sur le Maroc et se rapprochèrent de lui. Un nombre considérable de familles des Beni-Amer, des Hachem et des Djaffra qui, moitié de gré, moitié de force, avaient suivi jusqu'au bout sa fortune dans la dernière insurrection, avaient quitté avec lui l'Algérie; mais, arrivées sur le territoire étranger, elles avaient cru devoir, pour assurer leur repos, se soumettre au gouvernement marocain qui les avait internées et leur avait donné des terres à cultiver du côté de Fez; soit qu'elles ne fussent point satisfaites de la manière dont elles étaient traitées, soit que la victoire que venait de remporter Abd-el-Kader sur les troupes d'Abder-Rhaman leur fissent croire à un retour de l'étoile de leur ancien Émir, elles prirent la détermination de retourner auprès de lui, et le lui annoncèrent par une lettre dans laquelle on le priait de se porter à leur rencontre avec ses spahis réguliers, afin d'appuyer leur mouvement. C'est ce qu'il ne manqua pas de faire; mais le gouvernement marocain, ayant eu vent des dispositions de ces émigrés, fit marcher contre eux des troupes qui les rencontrèrent en route et, sur leur refus de rentrer sur le territoire qui leur était assigné, les chargèrent et les taillèrent en pièces, avant qu'Abd-el-Kader se fût assez avancé pour pouvoir les secourir. Il en recueillit cependant quelques débris avec lesquels il rejoignit à sa deïra, campée alors à Kasbat-Zelouan. Pendant son absence, une tribu voisine, les Kélaïa, était venue l'attaquer, croyant la trouver sans défense; mais le retour de l'Émir déjoua leur calcul. Les Kélaïa attaqués à leur tour perdirent beaucoup de monde et n'obtinrent la paix qu'en payant une forte contribution.

Abd-el-Kader se trouvait à Kasbat-Zelouan dans le voisinage de la ville de Melilla occupée par les Espagnols. Un jour, il se présenta devant cette place avec près de deux mille hommes. Il y envoya quelques-uns des siens pour complimenter le commandant, qui eut avec lui une courte entrevue en dehors des portes. Tout se passa en échange de politesse. Cette démarche d'Abd-el-Kader fut diversement interprétée ; les uns pensèrent qu'il avait voulu s'assurer s'il ne lui serait pas possible de s'emparer de Melilla par un coup de main ; d'autres crurent, au contraire, qu'il recherchait l'amitié des Espagnols, ce qui peu de temps après parut prouvé par une lettre qu'il adressa à la reine Isabelle. Mais Abd-el-Kader connaissait trop bien les affaires d'Europe pour ignorer que l'Espagne ne pouvait lui être d'aucun secours, et que, d'ailleurs, cette puissance était précisément à cette époque dans les meilleurs termes avec nous. Il ne pouvait lui échapper, d'un autre côté, qu'un moyen à peu près infaillible de rendre sa cause extrêmement populaire dans le Maroc aurait été de chasser, n'importe comment, les chrétiens d'une des places qu'ils occupent sur le littoral de cet empire, et qu'il aurait pu de cette place se mettre en relation avec les Anglais, fort irrités alors contre nous, par suite de l'affaire désignée par la diplomatie du moment, sous la dénomination de *mariages espagnols*.

Quoi qu'il en soit, l'entrevue de l'Émir avec le commandant de Melilla parut avoir fixé les irrésolutions de l'empereur Abd-er Rhaman, s'il lui en restait encore. Ses deux fils, Mouley-Mohammed et Mouley-Soliman, reçurent ordre de serrer Abd-el-Kader de très-près, conjointement avec le kaïd du Rif, de manière à amener sa reddition, ou au moins à le rejeter sur nos frontières où nos généraux, prévenus de ces dispositions, avaient de leur côté disposé des troupes auxquelles il lui était difficile d'échapper. M. de Lamoricière se porta sur les lieux pour les diriger. Il fit délivrer des cartouches au kaïd d'Oucheda et à celui du Rif qui lui en demandèrent; enfin, l'entente fut complète entre les Français et les Marocains, dans cette sorte de chasse contre le moderne Jugurtha, qui, à la trahison près, trouva son Bacchus dans Abd-er-Rhaman. L'Émir, se voyant cerné de toute part, ébranlé surtout par l'attitude des tribus du Rif qui se déclarèrent contre lui, voulut entrer en pourparlers avec ses ennemis. L'émissaire qu'il envoya aux Français fut renvoyé sans réponse. Bou-Hamedi, qui fut dépêché aux Marocains, fut retenu à Fez, et l'empereur fit écrire à Abd-el-Kader qu'il fallait, pour sauver sa tête, qu'il dispersât sa déira et se rendît de sa personne auprès de ce prince. Cette réponse jeta le découragement dans la propre famille de l'Émir. Ses deux frères, Sidi-Mustapha et Sidi-Saïd, l'abandonnèrent et se rendirent aux Français. Quant à lui, malgré l'extrémité où il était réduit, il ne put se résoudre à céder sans combat à la fortune. Son indomptable courage se montra jusqu'au bout supérieur à sa destinée. Prenant même l'initiative de l'attaque, il fit sur le camp des Marocains, dans la nuit du 11 au 12 décembre, une entreprise qui n'eut aucun succès, et lui fit encore perdre un nombre considérable de ses fidèles et intrépides guerriers. Il résolut alors de gagner le Sahara avec ce qui lui en restait, après avoir fait passer sur le territoire français toute la partie non combattante de sa déira, les femmes, les enfants, les vieillards, les malades.

les blessés, auxquels il savait bien que les soins et les secours ne manqueraient pas. Cette confiance dans la générosité du caractère français, après une guerre où de grands excès avaient été commis, après surtout le massacre des prisonniers si indignement égorgés par les Arabes, est certainement un témoignage des plus honorables pour notre nation.

Abd-el-Kader ayant donc quitté sa position de Kasbat-el-Zelouan après sa défaite du 12 décembre, se porta avec tout son monde à Agueddin, sur le rivage même de la mer, à gauche de la Moulouïa. Cette rivière était grossie par la pluie qui tombait avec violence depuis quelques jours, de sorte qu'il ne put d'abord la franchir. Ce ne fut que le 21 qu'il effectua le passage sous le feu des Marocains. Ses guerriers, dans cette journée qui devait être la dernière de leur longue et glorieuse carrière militaire, se conduisirent admirablement. Ils couvrirent la retraite avec un dévoûment tel, qu'à l'exception d'un grand nombre de cadavres de ces hommes intrépides, rien de ce qui appartenait à la déira ne resta entre les mains des Marocains. La Moulouïa franchie, l'Émir et la déira traversèrent la plaine de Taïfa jusqu'au Kis, où se trouve la frontière française et où cessa la poursuite des troupes d'Abd-er-Rhaman. Aussitôt sur le territoire français, l'Émir fit camper la déira, et après quelques instants de repos employés par lui à de pénibles adieux, il se dirigea avec une poignée de braves vers le col de Kerbous, seul passage qui lui restait ouvert, pensait-il, pour gagner le Sahara. Mais le général Lamoricière l'avait fait occuper par un détachement de spahis et se tenait peu loin de là avec ses troupes. Lorsque Abd-el-Kader se présenta au défilé, dans la nuit, il fut reçu à coups de fusil. Il reconnut alors qu'il n'avait d'autre ressource que de se rendre, les circonstances où il se trouvait n'étant pas de nature à exiger, ni même à justifier une lutte sans espoir. Il demanda donc à parlementer avec le lieutenant Ben-Kouïat qui commandait le détachement de spahis. Ses prétentions, modestes et conformes à sa mauvaise fortune, se bornaient à l'assurance qu'il serait transporté à Alexandrie ou à Saint-Jean-d'Acre, son intention, disait-il, étant d'aller finir ses jours à La Mecque. Ben-Kouïat se rendit aussitôt auprès du général Lamoricière avec un des officiers de l'Émir. L'assurance demandée fut d'abord accordée verbalement, la nuit qui était des plus obscures et la pluie qui tombait par torrent ne permettant pas d'écrire; mais le jour venu, un sauf-conduit ou lettre d'aman portant la promesse demandée fut envoyé à Abd-el-Kader, qui mit si peu d'empressement à en profiter, que le général Lamoricière dut croire, et crut en effet, que toute cette petite négociation n'avait été qu'une ruse employée par l'Émir pour lui échapper. Ses craintes, à cet égard, ne firent que s'accroître lorsqu'il vit arriver successivement plusieurs cavaliers d'Abd-el-Kader qui venaient se rendre. Ils lui firent connaître la position de la déira et tous étaient d'opinion que l'Émir avait dû gagner la route du Sahara. Le général fit alors partir le colonel Montauban avec toute la cavalerie, pour tâcher de retrouver les traces de l'illustre fugitif. Cet officier supérieur arriva sans le rencontrer jusqu'à la déira qu'il trouva dans l'état le plus affreux, encombrée de blessés et déjà attaquée par les Kbaïles de notre territoire, qui cherchaient à la piller. Il la mit en sûreté, lui prêta le secours de ses chirurgiens et envoya prévenir le général Lamoricière de ce qu'il avait vu. Le général fit partir aussitôt le colonel Mac-Ma bon avec une colonne d'infanterie pour protéger la déira, et manda à M. de Mautauban de se remettre à la recherche de l'Émir, ce que celui-ci fit sans retard. Arrivé à la hauteur du marabout de Sidi-Ibrahim, célèbre par la catastrophe du colonel Montagnac, il vit venir à lui quelques cavaliers qui agitaient les pans de leurs bournous en signe de pacification. C'était l'avant-garde de ceux qui restaient encore à l'Émir, au nombre de cinquante à soixante au plus. Abd-el-Kader ne tarda pas à paraître lui-même accompagné de Mustapha-ben-Tami, de Caddour-ben-Hallal et de quelques autres chefs fidèles jusqu'au bout à leur glorieux prince, et du lieutenant Bou-Kouïat, qui ne l'avait plus quitté depuis le moment où il lui avait remis la lettre d'aman; sa famille était à un quart de lieue en arrière sous l'escorte d'une vingtaine de spahis. Il est à croire que les dispositions qu'il eut à prendre à son égard furent la seule cause du retard de quelques heures qu'éprouva sa reddition. Le colonel de Montauban reçut l'Émir avec le respect dû à son malheur et à son courage. Après lui avoir laissé le temps, sur sa demande, de faire ses prières au marabout de Sidi-Ibrahim, il le conduisit au général de Lamoricière et ensuite à Nemours, où le gouverneur général venait d'arriver d'Oran en bravant une violente tempête.

Le duc d'Aumale avait jugé par le style de la lettre que lui avait écrite Abd-el-Kader, lettre qui, comme je le dis plus haut, resta sans réponse, que son orgueil était assez abattu pour que sa soumission à la France fût devenue possible. Néanmoins il pensait, avec raison, qu'après l'insuccès de sa dernière lutte contre les troupes du Maroc, le plus probable était qu'il chercherait à gagner le Sahara algérien, et ce prince avait prescrit les mesures qui devaient lui en interdire l'entrée, lesquelles eurent le résultat que nous venons de dire. Il s'était transporté lui-même à Oran pour veiller à leur exécution. Ce fut de là qu'il se rendit à Nemours, ainsi que nous venons de le voir.

Abd-el-Kader vit le gouverneur général le jour même où il fut conduit à Nemours et au moment de son arrivée. Cette entrevue fut en quelque sorte secrète. L'Émir était troublé, son extrême paleur, la contraction de ses lèvres, trahissaient l'émotion qu'il contenait à grand'peine : le souvenir du massacre des prisonniers pesait évidemment sur lui. Il salua le duc d'Aumale avec toutes les formes arabes du respect. Ses premières paroles furent : *Il y a longtemps que tu devais désirer ce qui s'accomplit aujourd'hui; tout se passe selon la volonté de Dieu.* Il recommanda à la bienveillance du prince les vaillants soldats qui l'avaient suivi jusqu'au bout, et demanda bientôt à se retirer, alléguant son extrême fatigue. Le lendemain, la présentation publique et officielle eut lieu. Le prince reçut l'illustre prisonnier avec courtoisie et distinction, au pied du perron de la maison du commandant où il était logé. L'Émir lui offrit une belle jument noire qu'il montait en venant, et lui dit : *Je t'offre la seule chose que je possède et que j'estime en ce moment.* Le duc d'Aumale lui répondit : *Je l'accepte comme un gage de ta soumission à la France et de la paix de l'Algérie.* L'Émir rappela ensuite les engagements pris par le général Lamoricière, à quoi le prince répondit qu'il espérait que le gouvernement les ratifierait. Ils se séparèrent ensuite, et Abd-el-Kader retourna à pied dans sa tente. Le même jour, il fut embarqué pour Oran avec les siens et de là conduit en France, ce qui ne préjugeait rien contre l'exécution de la parole donnée par le commandant de la province d'Oran, car il est évident que l'envoi d'Abd-el-Kader à Alexandrie ou à Saint-Jean-d'Acre ne pouvait se faire sans quelques dispositions préalables qui demandaient du temps et des communications diplomatiques avec l'Egypte et la Turquie. L'Émir était encore à Toulon lorsque la révolution de 1848 éclata. Le nouveau gouvernement l'interna successivement à Pau et à Amboise. En 1852, il fut mis en liberté et envoyé à Brousse.

Nous terminerons ce livre, le dernier des *Annales algériennes,* par l'examen de quelques actes administratifs qui furent promulgués depuis le départ du maréchal Bugeaud.

Par une ordonnance du 1ᵉʳ septembre 1847, les trois directions centrales de l'intérieur, des finances et des travaux publics, établies à Alger par celle du 15 avril 1845, furent supprimées. Il fut institué au chef-lieu de chaque province un directeur des affaires civiles, chargé dans ces localités de la conduite des affaires afférentes aux directions centrales qui cessaient d'exister.

Auprès de chaque directeur, il fut établi un conseil de direction, qui eut les attributions du conseil du contentieux créé par l'ordonnance du 15 avril et supprimé par celle-ci.

L'ordonnance du 1ᵉʳ septembre statua que les tribus ou fractions de tribu indigènes seraient placées sous la direction exclusive des bureaux arabes, sans distinction de celles du *territoire civil,* que l'ordonnance du 15 avril avait mises sous les ordres de l'autorité civile. Ces indigènes restèrent cependant justiciables des tribunaux ordinaires français.

Les corps municipaux créés en 1854 dans les trois villes d'Alger, d'Oran et de Bône, renouvelés pour la dernière fois pour ces deux dernières villes en 1837, et indéfiniment prorogés pour Alger, avaient de fait cessé d'exister. Une ordonnance du 28 septembre 1847 les fit renaître : elle régla que les centres de population en Algérie pourraient être érigés en communes par ordonnances royales, lorsqu'ils auraient acquis un degré de développement convenable. Dans les communes ainsi constituées, le corps municipal dut se composer d'un maire, d'un ou de plusieurs adjoints et d'un conseil municipal. Les maires et adjoints devaient être Français ; ils étaient nommés par le roi ou le gouverneur général, selon l'importance de la localité. Les maires pouvaient être rétribués. Le conseil municipal, composé de 16 membres à Alger, de 12 ou de 8 dans les autres villes, était tout entier à la nomination du gouverneur général. Les étrangers autorisés à exercer leurs droits civils en Algérie pouvaient en faire partie. Il en était de même des indigènes lorsqu'ils formaient le dixième au moins de la population de la localité ; mais dans aucun cas les indigènes ne pouvaient excéder le quart des membres du conseil.

L'ordonnance du 28 septembre 1847 reproduisait en grande partie les dispositions de la législation française sur les assemblées des conseils municipaux, les attributions des maires, les budgets communaux, enfin sur l'administration municipale. Les budgets communaux, réglés dans les principes de la loi du 18 juillet 1837, eurent leurs recettes composées aux dépens du budget local et colonial, qui devait en outre fournir une subvention extraordinaire, s'il était besoin.

Telles étaient les bases du régime municipal organisé par l'ordonnance du 28 septembre, en vertu de laquelle six communes furent érigées en Algérie par ordonnance spéciale du 31 janvier 1848, savoir : Alger, Blida, Oran, Mostaganem, Bône et Philippeville. Le conseil municipal d'Alger était le seul qui fût encore installé lorsque la révolution de Février mit fin à l'administration du duc d'Aumale.

Le 1er septembre 1847, une ordonnance royale, modifiant celle du 5 juin précédent sur les concessions de terres en Algérie, établit que celles de 25 hectares et au-dessous, qui d'après la première pouvaient être faites par le gouverneur général, le seraient à l'avenir par les directeurs des affaires civiles dans les territoires civils et par les généraux commandant les provinces dans les autres. Les concessions de 25 à 100 hectares durent être faites par le gouverneur général, et les concessions de plus de 100 hectares durent être l'objet de décisions royales.

Une ordonnance du 24 novembre 1847 consacra l'application du principe électif de la législation française aux tribunaux de commerce de l'Algérie établis à Alger et à Oran.

Le duc d'Aumale, qui avait su prendre un rang fort distingué dans l'armée par sa bravoure et ses talents militaires, montra pendant sa courte administration de gouverneur général beaucoup de zèle, et une intelligence administrative que l'expérience aurait mûrie. Lorsque le coup de foudre de février l'envoya si cruellement en exil, il s'était déjà occupé d'une foule de questions dont, en principe, la solution, qui est arrivée plus tard, lui est due.

APPENDICE

aux

ANNALES ALGÉRIENNES.

RÉSUMÉ HISTORIQUE

DES

ÉVÉNEMENTS POLITIQUES ET MILITAIRES

QUI SE SONT PRODUITS EN ALGÉRIE

Depuis la chute d'Abd-el-Kader.

J'ai travaillé, pour la rédaction des quarante-trois livres des *Annales algériennes*, d'après des matériaux de trois espèces : mes propres souvenirs pour les faits dont j'ai été témoin ou participant jusqu'en 1842; les renseignements fournis par des correspondants nombreux et bien placés, enfin les documents officiels. Pour ce résumé, je n'ai guère employé que des matériaux de cette dernière nature, que j'ai néanmoins contrôlés, plus dans leur esprit que dans les détails, dont je n'avais pas ici à m'occuper, par les éclaircissements que je dois aux relations que j'ai conservées avec l'Algérie. On verra, dans les quelques pages qui vont suivre, et où je groupe les faits par année, figurer une nouvelle génération de généraux qui se trouvent transportés, au moment où j'écris ces lignes, sur un théâtre plus vaste que celui de leurs devanciers et de leurs débuts.

1848.

On dirait qu'il existe une dépendance mystérieuse entre les pouvoirs qui tombent en Algérie et les gouvernements qui les renversent, tellement que la chute des uns entraîne fatalement celle des autres : la destruction de la domination turque par Charles X fut immédiatement suivie de la Révolution qui renversa ce Prince du trône, et la chute d'Abd-el-Kader ne précéda que de deux mois celle du roi Louis-Philippe. Le premier effet, pour l'Algérie, de cette dernière Révolution, fut d'en faire partir le duc d'Aumale, qui y fut généralement regretté. Le général Changarnier prit, par intérim, le gouvernement, qu'il dut bientôt céder au général Cavaignac, nommé en même temps lieutenant général et gouverneur général par le nouveau pouvoir qui venait de s'établir en France. Peu après, le général Cavaignac fut nommé ministre de la guerre et remplacé à Alger par ce même général Changarnier. Ce dernier, entraîné à son tour, ainsi que les généraux de Lamoricière et Bedeau, vers le tourbillon politique qui devait tous les engloutir, fut intérimairement remplacé par le général Marey, lequel céda la place au général Charon, nommé gouverneur général de l'Algérie, le 9 septembre 1848, par le général Cavaignac, devenu momentanément chef du Pouvoir exécutif en France.

La prise d'Abd-el-Kader semblait devoir être une garantie de repos pour l'Algérie; mais l'effet moral en fut en partie neutralisé par celui que produisit sur l'esprit des indigènes la nouvelle des graves événements qui s'accomplirent en France, à la fin de février. Ils se persuadèrent qu'il en résulterait une grande cause d'affaiblissement pour nous et qu'ils pourraient en profiter : mais nous fûmes heureusement en mesure de pourvoir à tout. Dans le mois d'avril, le général Marey, qui commandait encore à cette époque la subdivision de Médéa, fit une expédition chez les Righa et les Beni-Hassen, et y étouffa un commencement de révolte. Il fit ensuite une assez longue tournée chez les Oulad-Naïl. Le général Camou, qui commandait à Miliana, marcha contre les Beni-Zoug-Zoug et les Beni-Menad où de l'agitation s'était manifestée, et les fit rentrer dans le devoir. La garnison d'Aumale fit, pour un motif analogue, quelques courses dans les environs de cette place. Enfin, les Mzaïa de Bougie, s'étant mis dans un état d'hostilité qui faisait craindre pour cette ville le retour de l'ancien état de choses, le général Gentil y fut envoyé par mer avec des forces convenables, et, à la suite de deux petites affaires qui eurent lieu le 5 et le 6 juillet, il rétablit la situation telle qu'elle avait été depuis la fin de 1846. Un rapprochement eut lieu avec Amiziane; mais ce chef, qui ne pouvait cesser de nous être suspect, fut enlevé quelque temps après par le commandant de Bougie et envoyé comme prisonnier aux îles Sainte-Marguerite, heureux de ne pas payer plus cher le meurtre de M. Salomon de Musis. Voilà pour ce qui est de la province d'Alger.

Dans celle d'Oran, le général Pélissier, qui en avait le commandement, eut à opérer dans l'aghalik des Beni-Ourag, où d'assez graves désordres avaient éclaté. Il les comprima, après un petit combat contre les Matmata. Il se porta ensuite chez les Flitta, où il eut un autre petit combat à livrer; après quoi il rentra à Oran, la tranquillité paraissant rétablie. Dans la subdivision de Tlemcen, le général Mac-Mahon, commandant de cette partie du territoire, conduisit une petite expédition contre les Beni-Senous, toujours trop disposés à prendre les armes.

Dans la province de Constantine, alors commandée par le général Herbillon, un événement important se produisit: Ahmed-Bey, qui depuis onze ans menait dans les montagnes de l'Aurès une existence misérable, cerné à Kebaïch, où il s'était retiré, par les troupes du colonel Canrobert, commandant de la subdivision de Bathna, se rendit à cet officier supérieur. Il fut envoyé à Alger, où on le traita convenablement, et où il mourut au bout d'un certain temps, s'étant concilié, par sa conduite paisible et la dignité de ses manières, l'opinion publique, que le souvenir de plusieurs actes de cruauté lui rendait d'abord fort hostile.

Des désordres suscités par les frères Ben-Azeddin ayant éclaté chez les Zouagha, le général Herbillon y envoya une colonne commandée par le colonel Jamin; puis il s'y porta lui-même, et après deux petits combats qui furent livrés le 8 et le 9 septembre, et qui parurent avoir fait rentrer les agitateurs dans le devoir, il retourna à Constantine.

1849.

Dès le commencement de l'année 1849, une certaine agitation se manifesta dans le sud de la province d'Oran. Elle était suscitée par les prédications de Sidi-Cheik-ben-Taïeb, qui se prononçait de nouveau contre nous, espérant être soutenu par l'empereur de Maroc, dont il s'intitula le lieutenant. Le colonel Maissiat, commandant la subdivision de Mascara, dut diriger une expédition contre les Rezaïna, fraction des Hamian-Cheraga, qui avaient prêté l'oreille à ses séditieuses excitations. Les ayant surpris par la rapidité de son mouvement, il les fit rentrer dans la soumission ; mais d'autres désordres ayant éclaté dans cette partie du Sahara algérien, le général Pélissier, commandant la province d'Oran, crut devoir s'y porter lui-même avec des forces imposantes. Il y rétablit la tranquillité par une suite d'opérations de plus de deux mois, auxquelles prirent part, outre les troupes d'Oran et de Mascara, celle de Tlemcen et de Bel-Abbès, commandées par le général Mac-Mahon et le colonel Mellinet. Sidi-Cheik-ben-Taïeb se retira auprès de l'empereur de Maroc ; mais ce prince, craignant quelque nouveau conflit avec la France, le fit emprisonner.

Dans la province d'Alger, les Beni-Silem, fraction des Beni-Soliman, ayant refusé de payer leurs contributions et chassé leur kaïd, une expédition, conduite par le colonel Daumas, fut dirigée contre eux et les fit rentrer dans le devoir. Une expédition fut aussi dirigée contre les Oulad-Sultan, dont le kaïd avait été assassiné. Les meurtriers furent saisis et livrés à la justice militaire. Quelques troubles, peu sérieux du reste, qui éclatèrent chez les Beni-Younès, furent facilement comprimés par les commandants des subdivisions de Mostaganem et d'Orléansville.

Des événements plus graves se produisirent dans la grande Kabylie. Plusieurs tribus, excitées par Si-Djoudi, cheik des Zouaoua, et par le marabout Si-Amkran, prirent les armes et vinrent, le 5 mai, attaquer les Beni-Messaoud, restés fidèles à notre cause, que les avantages de leur commerce avec nous rendaient la leur. Secourus par la garnison de Bougie, les Beni-Messaoud repoussèrent l'ennemi commun ; mais, pour punir cet acte injustifiable d'agression, les troupes de Sétif, commandées par le général de Salles, et une partie de celles de la division d'Alger, envoyées à Bougie à cet effet, sous les ordres du général Saint-Arnaud, pénétrèrent sur le territoire des rebelles, qu'ils réduisirent après six petits combats.

Après cette expédition, trois bataillons qui y avaient pris part retournant à Alger par Aumale, le colonel Canrobert, qui commandait à cette époque sur ce point, les réunit aux troupes disponibles de son cantonnement et les conduisit contre les Beni-Yala, tribu révoltée, qui fut battue le 5 juillet. Sameur, le bourg principal des Beni-Yala, fut pris et saccagé. Le 12 du même mois, il y eut une autre affaire contre les Beni-Mellikeuch, qui furent rudement menés, quoiqu'ils fussent soutenus par les Zouaoua et leur chef Si-Djoudi.

Quelque temps auparavant, le général Blangini, commandant la division d'Alger, avait dirigé contre les Guechtoula, autre tribu révoltée, une expédition qui leur avait fait déposer les armes. Les troupes de la subdivision de Médéa, conduites par le général Ladmirault, firent à la même époque une expédition chez les Oulad-Naïl pour châtier une fraction de cette grande tribu, les Oulad-Feradj, qui s'étaient révoltés. Elles eurent, le 12 juin, un engagement qui coûta la vie au capitaine d'état-major Gobariaud, auteur d'une belle carte du Sahara algérien.

Dans le courant du mois de juillet, les tribus du Djurdjura s'agitèrent d'après les prédications fanatiques d'un imposteur appelé Bou-Sif, qui se faisait passer pour Bou-Maza, avec lequel il paraît qu'il avait beaucoup de ressemblance. L'autorité française, afin de déjouer les projets de cet homme, envoya sur les lieux le sous-lieutenant Beauprêtre, du bureau arabe d'Aumale, avec quelques spahis irréguliers et mission de prémunir les indigènes contre les effets et les conséquences d'une révolte qui ne pouvait que compromettre leurs intérêts. Après de longues négociations pour engager les tribus à lui livrer Bou-Sif, M. Beauprêtre, fatigué des hésitations et des lenteurs qu'on lui opposait, se décida à attaquer l'imposteur avec le peu de monde qu'il avait avec lui. Cette audace lui réussit, car il entraîna non-seulement ses spahis irréguliers, mais encore une partie des cavaliers des tribus. Bou-Sif, vigoureusement attaqué, périt, le 3 octobre, dans le combat qui lui fut livré, et où ses partisans furent taillés en en pièces.

Les événements les plus remarquables de l'année 1849 eurent lieu dans la province de Constantine. Dès le mois de février, le chef de bataillon Boudville, de la légion étrangère, qui commandait à Djidjeli, dirigea une petite expédition contre les Beni-Hassen, pour les punir d'avoir pillé un petit navire qui avait échoué sur leurs côtes. Le 29 avril, quelques centaines de Kbaïles, fanatisés par un prétendu chérif appelé Ahmed-ben-Djamina, vinrent subitement attaquer le camp d'El-Arouch. Ce fut une entreprise aussi folle que l'avait été celle du marabout Ben-Bekrich, en 1840, et qui eut le même succès. Cependant le général Herbillon résolut de se porter lui-même dans le Sahel, pour étouffer ce commencement d'agitation; d'ailleurs les frères Ben-Azzedin, révoltés contre leur neveu, nommé par l'autorité française kaïd des Zouagha, devaient être comprimés. Ce double but fut atteint : les frères Azzedin furent obligés de quitter le pays, et Ben-Djamina fut tué dans une petite affaire par nos Arabes auxiliaires.

Pendant que le général Herbillon était occupé dans le nord de sa province, il se passait dans le midi des événements qui amenèrent un des plus sanglants épisodes de nos guerres d'Afrique. Quoiqu'en général les habitants des Ziban n'eussent pas à se plaindre de l'administration française, une nouvelle répartition de l'impôt sur les dattiers ayant froissé quelques intérêts privés, un certain Bou-Zian, personnage considérable de l'oasis de Zaatcha, qui avait été cheik sous la domination d'Abd-el-Kader, se mit à tenir des propos et à manifester des espérances qui le rendirent suspect à M. Seroka, adjoint au bureau arabe de Biskara, qui se trouvait pour lors sur les lieux. Cet officier, n'écoutant qu'un zèle peu réfléchi, et sans considérer le peu de monde qu'il avait avec lui, voulut l'arrêter; mais les habitants le lui arrachèrent des mains. Il eut même de la peine à se soustraire avec ses gens aux effets de l'effervescence populaire, si imprudemment excitée par cet acte inconsidéré. Le colonel Carbuccia, commandant la subdivision de Batna, d'où dépendent les Ziban, était alors dans l'Hodna, où l'avait appelé une révolte de la tribu des Oulad-Chenoun qu'il venait de comprimer. Il se porta aussitôt sur Zaatcha pour étouffer dès son principe celle de cette oasis, qu'il attaqua le 17 juillet et d'où il fut repoussé très-vigoureusement et avec des pertes assez considérables. Il rentra à Batna. L'affaire était devenue assez importante pour nécessiter l'action directe du général commandant la province, dont elle hâta le retour à Constantine. Cependant, à cause des grandes chaleurs qui régnaient et du besoin qu'avaient les troupes de quelques semaines de repos, le général Herbillon ne se dirigea sur Zaatcha que dans le mois d'octobre. D'ailleurs il avait dû, pour la sûreté de la province, attendre des renforts qui lui avaient été envoyés d'Alger. Le pays était en effet dans une très-grande agitation depuis l'échec éprouvé par le colonel Carbuccia. L'Aurès était en partie soulevé, et un des personnages les plus influents de ces montagnes, Sid-Abd-el-Afid, s'était mis en marche pour conduire des secours à Zaatcha. Cette entreprise tourna du reste à notre avantage ; car Sid-Abd-el-Afid, audacieusement attaqué près de Sériana par M. de Saint-Germain, qui commandait à Biskara, fut complétement battu et repoussé dans ses montagnes. Cette affaire, qui eut lieu le 17 septembre, coûta malheureusement la vie au commandant de Saint-Germain, excellent et très-regrettable officier. Vingt jours après, c'est-à-dire le 7 octobre, le général Herbillon se présentait devant Zaatcha avec un peu plus de 4,000 hommes.

L'oasis de Zaatcha est, comme toutes celles du Sahara, un dédale de sentiers étroits et tortueux, bordés par les clôtures des jardins et des vergers extrêmement fourrés et coupés de canaux d'irrigation, qui forment autour de la ville une large ceinture de palmiers. La ville est pourvue d'un mur d'enceinte crénelé, assez bien flanqué et précédé d'un fossé profond et plein d'eau. Pour arriver jusqu'à ce fossé et pouvoir attaquer le corps de la place, il fallut livrer bien des combats que la nature des lieux et l'énergie des défenseurs rendirent extrêmement meurtriers ; cependant le 20 octobre, le général crut pouvoir faire donner l'assaut sur deux points différents. Ces deux attaques, quoique conduites avec beaucoup de vigueur, furent repoussées l'une et l'autre et nous coûtèrent beaucoup de monde. Il fallut se décider à faire un siège régulier et à déblayer le terrain par l'abatage des palmiers. Comme le général Herbillon avait trop peu de troupes pour avoir pu compléter l'investissement de la place, elle recevait des secours incessants du dehors, de sorte qu'elle ne manquait pas de vivres, tandis que nos communications étaient gênées par de nombreuses bandes d'insurgés, contre lesquels nos troupes avaient à défendre leur propre camp. La position aurait pu devenir désastreuse, si le gouverneur général, qui le pressentait, n'avait envoyé par terre des renforts qui arrivèrent successivement sous la conduite des colonels Canrobert et Barral. Cette augmentation de forces permit d'abord de disperser les insurgés du dehors et de s'emparer d'une grande quantité de bétail, ce qui ramena l'abondance dans le camp français. Malheureusement les troupes de renfort y avaient amené le choléra qui y fit de grands ravages. Les sorties continuelles des assiégés nous faisaient aussi perdre beaucoup de monde. Ceux de nos soldats qui tombaient entre leurs mains étaient mis à mort et souvent cruellement tourmentés. Un témoin oculaire (1) assure que les femmes se montrèrent plus féroces que les hommes dans ces scènes d'horreur. Enfin, le 28 novembre, trois assauts furent donnés simultanément à trois brèches reconnues parfaitement praticables. Ils furent conduits par les colonels Canrobert, Barral et Lourmel. Le colonel Canrobert était à la tête de ses zouaves avec quatre officiers et seize hommes d'élite choisis parmi les plus intrépides. Douze de ces braves furent tués ou blessés. Des quatre officiers, deux furent tués et deux blessés. Le colonel, sur qui étaient dirigés tous les coups, ne fut cependant pas touché. Les brèches furent enlevées; mais il s'engagea ensuite un terrible combat de rues et de maisons beaucoup plus soutenu et beaucoup plus meurtrier que ne l'avait été en 1837 celui de Constantine. Les habitants de Zaatcha, qui étaient restés sourds à toutes les sommations du général Herbillon, furent ensevelis jusqu'au dernier sous les ruines de leur ville, avec Bou-Ziau, qui était leur chef dans cette guerre, où je ne crains pas de dire que la gloire des vaincus fit pâlir celle des vainqueurs.

Après la sombre catastrophe de Zaatcha, le général Herbillon se hâta de retirer ses troupes d'un lieu où la victoire leur avait coûté si cher. Elles avaient eu 1,500 hommes tués ou blessés, sans compter les victimes du choléra. Cinquante officiers avaient été blessés et trente tués. Parmi ces derniers on comptait le colonel du génie Petit; le capitaine de la même arme Graillet; le chef de bataillon Guyot, du 43ᵉ de ligne; le capitaine de spahis Toussaint et le sous-lieutenant du même corps Rosetti, tués tous deux à l'assaut à côté du colonel Canrobert.

Les oasis du Zab, qui s'étaient montrées mal disposées et qui

---

(1) M. Charles Bocher, qui a publié dans la *Revue des Deux-Mondes*, du 1ᵉʳ avril 1851, une relation des plus attachantes du siége de Zaatcha.

avaient paru attendre l'issue de la lutte pour se prononcer ouvertement, se hâtèrent d'envoyer des députés au quartier général français pour protester de leur soumission et en donner tous les gages qu'on pourrait en exiger, dès que Zaatcha eut succombé. Le général Herbillon, voyant toute la contrée soumise et tremblante, retourna dans le chef-lieu de sa province. Le colonel Canrobert remplaça le colonel Carbuccia dans le commandement de la subdivision de Batna, avec mission d'aller calmer ce qu'il pouvait rester d'agitation dans l'Hodna et le Bellezma, ainsi que dans l'Aurès. Il s'acquitta de la première partie de sa tâche avant la fin de l'année. L'historique de l'autre appartient à 1850. Le colonel Barral reprit la route de Sétif, en passant par Bou-Sada, ainsi qu'il avait fait en venant.

Cet officier supérieur, à son premier passage à Bou-Sada, avait laissé dans cette ville un petit détachement. Les auxiliaires arabes de Médéa y étaient aussi venus conduits par le lieutenant Carus, du bureau arabe de cette ville. Puis, conjointement avec ceux de Bogar et le Bach-Agha-ben-Yaya, ils étaient allés à cinquante lieues de là attaquer quelques fractions révoltées du Oulad-Naïl, auxquels elles avaient enlevé beaucoup de bétail. Pendant ce temps, le détachement laissé à Bou-Sada avait été assez vigoureusement attaqué. Mais un bataillon du 38ᵉ de ligne envoyé de Sétif vint bientôt augmenter la garnison de ce nouveau poste. Les choses en étaient là lorsque le colonel Canrobert, se rendant d'Aumale à Zaatcha, passa à son tour à Bou-Sada, où arriva bientôt après le colonel Daumas, commandant la subdivision de Médéa, qui consolida l'établissement et fit aussi une course chez les Oulad-Naïl.

La seconde moitié de l'année 1849 se passa tranquillement dans la province d'Oran. Le général Mac-Mahon eut seulement à réprimer dans les environs de Tlemcen quelques bandes d'Arabes vagabonds, appartenant à diverses tribus des frontières.

1850.

Nous avons laissé, vers la fin de l'année précédente, le colonel Canrobert dans l'Hodna et chez les Bellezma. Il se porta de là dans l'Aurès, où il ne rencontra de résistance que de la part de la petite ville de Néra, dont les habitants, comptant sur les moyens de défense qu'ils croyaient trouver dans la position escarpée de leur chétive cité, ouverte du reste et sans mur, eurent l'imprudence d'insulter et d'attaquer ses troupes. Néra fut enlevée de vive force, le 5 janvier, et subit toutes les conséquences d'une exécution militaire qu'elle avait si follement provoquée. Cette affaire nous coûta quelques morts, dont deux officiers, le capitaine Lecouteux, des zouaves, et le lieutenant Wolf, du 8e de ligne.

Le colonel Canrobert et le colonel de Barral furent nommés généraux, par suite de leurs services dans la campagne précédente. Ce dernier, qui eut le commandement de la subdivision de Sétif, dirigea dans le mois d'avril une expédition contre les Maadid et les Oulad-Hannech, pour les punir d'avoir attaqué un détachement de nos troupes qui se rendait de Bou-Sada à Sétif. Il se porta ensuite sur le territoire des tribus kbaïles, situées entre le chef-lieu de sa subdivision et Bougie. Il régnait un peu d'agitation dans cette contrée. Quelque temps auparavant, M. Gravier, officier du bureau arabe, y avait été grièvement blessé par un assassin, qui nous fut livré, à la vérité, mais qui n'en avait pas moins agi sous l'influence d'un parti nombreux et hostile à notre cause. On pouvait considérer le pays, malgré le succès des expéditions précédentes, comme toujours plus nominalement que réellement soumis. Ce fut ce qui détermina le Gouvernement à y envoyer M. de Barral, qui reçut pour mission d'ouvrir une route stratégique entre Sétif et Bougie. Il ne paraissait pas devoir rencontrer de bien grandes difficultés ; mais, le 21 mai, un corps de plus de 3,000 Kbaïles voulut lui interdire le passage chez les Beni-Immel, près de Trouna. Il s'ensuivit une affaire très-chaude où les montagnards furent dispersés, avec perte de plus de 200 hommes, mais où malheureusement M. de Barral fut tué. Le colonel de Lourmel, qui prit le commandement après lui, reçut la soumission momentanée des tribus qui se trouvaient à sa portée, et put alors s'occuper des travaux de la route. Les troupes rentrèrent à Sétif le 8 juillet.

Le général Herbillon rentra en France cette année, après douze ans de très-bons et très-importants services en Algérie. Le général Saint-Arnaud, qui prit le commandement de la province de Constantine, trouva le pays tranquille, ce qu'il put constater par une tournée toute pacifique qu'il fit en mai et en juin chez les Nemencha et dans l'Aurès, où tout était rentré dans le calme depuis l'affaire de Néra.

A l'autre extrémité de nos possessions, d'autres actes de brigandage nécessitèrent quelques courses des troupes de la subdivision de Tlemcen, toujours commandées par le général Mac-Mahon. Les Mzaouir, tribu marocaine qui s'était deux fois établie sur notre territoire, en furent deux fois chassés par la force, en février et en septembre.

La province d'Alger jouit dans tout le cours de l'année du plus complet repos. Dans le midi de Titteri, notre agha Si-Chérif-bel-Arch fit, avec ses seules forces indigènes, une course contre la tribu des Hadjedje, qui avait donné lieu à quelques plaintes.

L'administration française donna cette année beaucoup d'éclat aux courses de chevaux qui ont lieu aux grandes fêtes dans les chefs-lieux des provinces. C'est un grand moyen de rapprochement, dont le duc d'Aumale a été le premier de nos généraux à bien comprendre l'importance. Les courses de chevaux attirèrent en 1850, à Constantine, le célèbre et politique Bou-Akkès du Ferdjiouah, qui, ainsi que je le dis dans les *Annales,* avait si longtemps évité de s'y présenter.

Le 22 octobre, le général d'Hautpoul fut nommé gouverneur général de l'Algérie, en remplacement du général Charon.

1851.

Une grande agitation se manifesta dans la Kabylie, dans les premiers mois de cette année. Elle était produite par l'attente d'une expédition formidable qui devait avoir pour but, disait-on, de mettre définitivement cette contrée sous la domination de la France; expédition dont le projet, publiquement discuté chez nous, ne pouvait rester ignoré des indigènes. Un de ces prétendus chérifs, dont les apparitions étaient si fréquentes depuis quelques années, avait surgi chez les Zouaoua, et ses prédications excitaient les montagnards à la défense et même à l'attaque. On le désignait sous le nom de Bou-Baghla.

J'ai fait connaître dans le XLIII° livre des *Annales* le jeune Marabout de Chellata, Sid-Ali-el-Chérif. Cet homme, qui avait été sympathique à tous les Français qui l'avaient vu, et que sa nature distinguée attirait à notre civilisation, s'était montré depuis 1847 fort partisan de la cause française, tellement qu'il en était devenu suspect et même odieux à une partie de ses compatriotes. Le 19 mars, ses propriétés furent envahies par la troupe de Bou-Baghla, qui s'empara de ses troupeaux. Abandonné des siens, il fut obligé de chercher asile auprès des Français. Les secours ne lui manquèrent pas : d'un côté, le colonel Aurelle se porta avec les troupes d'Aumale sur ses domaines, pour lui construire une maison fortifiée qui le mît désormais à l'abri des attaques de l'ennemi (1); d'un autre, le général Bosquet, commandant la subdivision de Sétif, prit position vers les Biban pour empêcher l'insurrection de se propager dans la province de Constantine.

Le 10 avril, le colonel Aurelle attaqua et dispersa une réunion considérable de Kbaïles, qui s'était formée en face de son camp, sur la rive gauche de l'Oued-Sahel, au village de Selloum, qui fut incendié. Bou-Baghla rentra chez les Zouaoua ; mais un mois après, jour pour jour, il eut l'extravagance de se présenter devant Bougie. Le colonel de Wengy, qui commandait ce poste avec distinction depuis 1846, sortit à sa rencontre et le mit en pleine déroute. Il se retira de nouveau chez les Zouaoua, nécessairement fort affaibli et plus ou moins déconsidéré.

Il semblait que c'était cette confédération des Zouaoua, siège de l'insurrection, que la grande expédition annoncée et préparée devait surtout attaquer. Cependant il en fut autrement : on décida que les forces principales, commandées par le général Saint-Arnaud, opéreraient dans le triangle montagneux compris entre Philippeville, Milah et Djidjelli, tandis qu'un corps moins considérable manœuvrerait entre Sétif et Bougie. Ce plan laissait, on le voit, tout à fait en dehors les Zouaoua et Bou-Baghla. Le gé-

---

(1) On avait adopté, depuis quelque temps, la sage mesure de construire pour nos fonctionnaires indigènes de ces sortes de petits forts, dits *Maisons de commandement*.

néral Camou eut le commandement du corps de Sétif où il se rendit avec des troupes tirées de la division d'Alger. Le général Bosquet, rappelé de sa position d'observation, alla se réunir au général Saint-Arnaud à Milah. Celui-ci rassembla dans cette ville douze bataillons, quatre escadrons et huit pièces de campagne. Ces forces furent partagées en deux brigades, commandées par les généraux Bosquet et de Lusy.

Le général Saint-Arnaud partit de Milah, et se mit en campagne le 8 mai, en descendant la vallée de l'Oued-Kebir. Il arriva vers l'embouchure de cette rivière le 14, après trois affaires très-chaudes, l'une le 11 sur l'Oued-Endja, laquelle coûta la vie au commandant Valicon, du 20ᵉ de ligne ; les deux autres le 13 et le 14, entre ce point et la mer. Dans l'affaire du 13, deux compagnies du 19ᵉ de ligne furent complétement mises hors de combat, car elles eurent 50 tués, dont 5 officiers, et 60 blessés. Le 16, le corps d'armée arriva à Djidjelli.

Après avoir donné deux jours de repos à ses troupes, le général Saint-Arnaud se remit en mouvement le 19, se dirigeant vers le sud. Il traversa successivement les territoires de Beni-Ahmed, Beni-Amran, Beni-Foughal, Beni-Ouarzeddin, culbutant les Kbaïles qui voulurent s'opposer à sa marche, dans plusieurs petits combats qui eurent lieu le 19, le 20, le 26 et le 27. Le 25, étant à Tibaïren, dans le Ferdjiouah, il fit partir, pour se rallier aux troupes du général Camou, le général Bosquet, avec deux bataillons et deux pièces d'artillerie. Il retourna se ravitailler à Djidjelli, après l'affaire du 27.

Le 5 juin, le général Saint-Arnaud quitta une seconde fois cette ville, et se porta à l'ouest vers l'Oued-Mansouriah. Il parcourut cette contrée où il eut quelques petits engagements, et rentra une troisième fois à Djidjelli le 16.

Le 18, le corps d'armée reprit le cours de ses opérations, se dirigeant cette fois vers l'est pour revenir sur l'Oued-Kebir. Il y eut encore plusieurs petites affaires, dont la plus considérable fut un combat d'arrière-garde qui eut lieu le 26 juin, entre Tébenna et Kounar.

Après cette affaire, le général Saint-Arnaud se porta sur la rive droite de l'Oued-el-Kebir, se dirigeant vers Collo. Il eut à combattre le 1ᵉʳ juillet chez les Bou-Adjoul; le 2, chez les Beni-Meslem et les Oulad-Aïdoun; le 4, chez les Djebala; le 6, chez les Mechat. Après quelques autres engagements moins importants, le corps d'armée arriva devant Collo le 15. Cette ville avait été menacée quelques jours auparavant par les Achach et les Beni-Isbak. Le général Saint-Arnaud marcha contre ces deux tribus le 16 et le 17, et leur fit éprouver quelques pertes.

Cependant le temps était venu de donner du repos à des troupes qui depuis 80 jours étaient en campagne, qui avaient parcouru près de 700 kilomètres, et eu 26 rencontres avec l'ennemi. Il est peut-être superflu de dire que chacun de nos avantages avait été suivi, de la part des tribus atteintes, d'un acte de soumission momentanée, d'un de ces actes auxquels le temps et une action continue de notre côté donnent seuls de la consistance, et dont l'administration connaît si bien elle-même le peu de solidité, que la langue officielle les désigne habituellement par l'expression hybride de *demande d'Aman* (1), qualification vague et indéterminée qui n'engage à rien. Quoi qu'il en soit, ces soumissions ou *demandes d'Aman* ayant été en nombre assez considérable pour qu'un résultat politique pût être annoncé avec une très-convenable apparence de raison, et d'ailleurs rien de plus ni rien de mieux ne pouvant être fait, il ne restait plus qu'à renvoyer les troupes dans leurs cantonnements, et c'est ce qui eut lieu.

Pendant que les événements que je viens de raconter se développaient, le général Camou manœuvrait entre Sétif et Bougie. Le 23 mai, il eut une affaire à Eulma-ou-Aklou contre Bou-Bagla, qui fut encore une fois mis en fuite. Le lendemain, un combat assez animé eut lieu à l'attaque du village d'El-Maïra, chez les Oulad-Khalifa. La jonction du général Camou et du général Bosquet, détaché comme on l'a vu plus haut de la colonne du général Saint-Arnaud, eut lieu à Eulma-ou-Aklou le 30. Le 1ᵉʳ juin,

---

(1) Ce mot *aman* signifie proprement en arabe sauf-conduit, assurance. Le savant lexicographe Freytag le définit ainsi : *Quo quis securus est et tutus.* Ce par quoi quelqu'un est assuré et à couvert.

les deux généraux réunis attaquèrent Bou-Bahgla chez les Gheboula, dispersèrent les Kbaïles qu'il était encore parvenu à réunir, lui tuèrent une centaine d'hommes et lui prirent sa musique, sa tente et ses bagages. Le 15, ils arrivèrent à Bougie. La colonne se remit en marche le 18, s'étant renforcée de deux bataillons pris dans cette ville. Le 24 juin, elle bivouaqua chez les Beni-Ouzellaguen ; le 25, le bourg d'Iril-Netara fut enlevé, et le prétendu cherif de nouveau mis en fuite. Le 27, les Beni-Ouzellaguen ayant reçu un renfort de Zouaoua, ne craignirent pas d'offrir le combat. Ils furent assez complétement défaits pour qu'ils dussent se soumettre. Le 2 juillet, nos succès ayant rendu de l'influence à notre ami Si-ben-Ali-Chérif, les Illoula, les Beni-Ourglis, les Ouzellaguen et quelques autres tribus, formèrent, sous ses auspices, une fédération pour résister aux entreprises de Bou-Baghla. La colonne pénétra ensuite chez les Beni-Abbès, qui se conduisirent en alliés. Nos troupes parvinrent jusqu'au pied de la montagne de Kala. Plusieurs officiers allèrent visiter cette ville mystérieuse, dont l'accès avait toujours été interdit aux Turcs.

Bou-Baghla était rentré chez les Zouaoua, où l'on était résolu d'avance de ne pas aller le chercher ; d'ailleurs il avait été si souvent battu, que son double caractère de chérif et d'inspiré devait avoir beaucoup perdu de son prestige auprès des crédules montagnards qui l'avaient accueilli. Si-ben-Ali-el-Chérif avait été vengé et réinstallé à Chelatta. Le but qu'on s'était proposé de ce côté-là ayant donc été atteint, le général Camou retourna à Alger et le général Bosquet à Sétif, en même temps que le général Saint-Arnaud rentrait à Constantine, d'où il ne tarda pas à partir pour la France, où d'autres destinées l'attendaient.

Il se produisit peu de faits importants sur les autres points de l'Algérie en 1851. Le général Ladmirault, commandant la subdivision de Médéa, fit une course chez les Oulad-Naïl et établit une maison de commandement à Hammam pour notre agha. Les troupes de Mostaganem et d'Orléansville eurent à étouffer un commencement de révolte des Achacha dans le Dahra. Celles de Tlemcen eurent à punir les Oulad-Draïr de quelques actes de brigandage. Le colonel Eynard, commandant la subdivision de Bône, dut se porter à la Calle avec ses forces disponibles. On croyait, avec quelque fondement, que les Tunisiens voulaient nous disputer la possession de la mine de Oum-Teboul, récemment mise en exploitation; mais une pareille pensée ne pouvait que traverser, sans s'y arrêter, l'esprit du Bey-Ahmed. Cependant les bruits qui coururent à cet égard encouragèrent les brigands des frontières, qui, plus d'une fois, inquiétèrent les travailleurs de la mine.

Au mois d'octobre Bou-Baghla, ayant quitté de nouveau son asile des montagnes des Zouaoua, vint pousser à la révolte les tribus de Sebaou, qui attaquèrent un petit camp français établi à Tiziouzou pour la construction d'une maison de commandement. Ils furent repoussés; mais le gouverneur général, voulant couper court à ce commencement d'insurrection, se transporta lui-même sur les lieux avec les troupes de la division d'Alger. Ce n'était déjà plus le général d'Hautpoul, qui était rentré en France, mais le général Pélissier, qui l'avait remplacé par intérim. On se battit, les 1ᵉʳ, 2 et 3 novembre, au Khamis des Maatka et à Tizilt-Mahmoud. Les insurgés furent complétement défaits et vingt-neuf de leurs villages incendiés. Le 13, les Guechtoula, qui avaient pris part à l'insurrection, furent châtiés. Bou-Baghla, après avoir compromis ces malheureux, s'était sauvé, comme il le faisait toujours, chez les Zouaoua. Les tribus qu'il avait entraînées n'eurent d'autre ressource que d'implorer la clémence du gouverneur général, qui ne se montra pas inflexible; mais il établit, pour les surveiller, un kaïd français à Boghni. Cette affaire étant terminée, il rentra à Alger le 27 novembre.

1852.

Bou-Baghla, après l'insuccès de son entreprise sur le Sebaou et quelque temps de repos dans le Djurdjura, se montra dans la vallée de l'Oued-Sahel vers le milieu de janvier. Le 14, il attaqua le village d'Aguemmoun dont il s'empara. Le maghzen de Bougie, c'est-à-dire le corps de cavaliers indigènes préposé à la police du pays, fut repoussé avec pertes d'hommes et de chevaux. Il fallut que les troupes de Sétif accourussent. Le général Randon, qui venait d'être nommé gouverneur général, en envoya aussi d'Alger. Le général Bosquet, à la tête de ces forces, repoussa encore une fois Bou-Baghla sur le territoire difficile des Zouaoua, où nos colonnes ne pénétrèrent pas, et qui semblait être pour le prétendu chérif le tonneau du chien de Montargis.

Un autre chérif venait de paraître dans le Sahara où il prêchait la guerre sainte contre nous. Celui-ci, déjà connu des lecteurs des *Annales algériennes*, était ce Mohammed-ben-Abdallah que nous avons vu posé un instant en rival d'Abd-el-Kader en 1842, puis Khalifa de Tlemcen, enfin pèlerin de La Mecque. Il était revenu des lieux saints et avait pénétré en Algérie en 1849, par Tripoli et Ghadamès, sous les auspices des Turcs (1). Cet aventurier, qui s'était créé un parti à Ouargla, quitta cette position au mois de janvier 1852, se dirigeant vers le nord en soulevant les tribus sur son passage, et principalement les Larba. Le général Ladmirault, commandant la subdivision de Médéa, dut se mettre en campagne pour s'opposer à ses progrès. Une colonne légère commandée par le commandant Deligny, directeur des affaires arabes dans la province d'Oran, fut envoyée en même temps chez les Oulad-Sidi-Chirck, où elle se saisit de la personne de Sidi-Hamza, leur chef, que l'on savait être en relations avec Mohammed-ben-Abdallah. Cette mesure déconcerta un peu les projets que celui-ci pouvait avoir formés sur l'ouest ; comme d'un autre côté le général Ladmirault couvrait Laghouat, il résolut de revenir vers l'est ; mais il se rencontra le 21 mai, près de Mlili, avec une petite colonne conduite par le commandant Collineau, du cercle de Biskara, qui, secondé par le Cheik-el-Arab, le mit en pleine déroute. Cette affaire, où nous avions une grande infériorité numérique, fut dirigée avec beaucoup d'habileté et de hardiesse. Elle arriva fort à propos pour atténuer l'effet d'une petite révolution qui venait d'avoir lieu à Tugurth, et qui paraissait avoir quelque chose de contraire à nos intérêts. Le prince ou cheik héréditaire de cette oasis, Ben-Djellab-Bou-Lifa, dont le père s'était mis en 1834 en relations avec le général Voirol, et qui était lui-même rallié à notre cause, avait été assassiné. Il ne laissait qu'un fils en très-bas âge ; mais l'assemblée de ce petit peuple ne reconnut pas moins cet enfant comme son chef, sous

---

(1) Voir à ce sujet la note de la page 6 de ce volume.

la régence de sa mère. Le gouvernement d'une femme n'était pas une innovation dans le pays; car le prince décédé, qui était aussi parvenu au trône dans son enfance, avait été longtemps sous la tutelle de la sienne, Lella-Aïchouch, qui avait conduit les affaires avec habileté et fermeté. La régente de Tugurth avait été reconnue par les autorités françaises, et suivait à notre égard la politique qu'avait suivie Bou-Lifa, lorsque Ben-Seliman, cousin du dernier cheik, parvint à la renverser du pouvoir et à se mettre à sa place. On craignit un instant qu'il ne se déclarât notre ennemi, et n'écoutât les conseils de Mohammed-Abdallah; mais la déroute de Mlili fit cesser ces appréhensions. Le chérif retourna à Ouargla, et Ben-Seliman ne changea rien aux relations de Tugurth avec les Français.

Après le dernier succès du général Bosquet contre Bou-Baghla, ce général, ne voulant pas dégarnir trop tôt le pays de ses troupes, les employa à la continuation et au perfectionnement des travaux de route depuis longtemps commencés; mais vers la fin de février, le mauvais temps l'ayant obligé de se replier sur Bougie, il fut assailli en chemin par un ouragan de neige semblable à celui qui avait été si fatal à la brigade du général Levasseur en 1846, et qui ne fit pas moins de mal à la sienne.

Au printemps, le gouvernement résolut de diriger une nouvelle expédition contre la Kabylie de l'est; ce qui prouve combien avait été peu décisive celle de l'année précédente. Il en confia le soin au général Mac-Mahon, devenu commandant supérieur de la province de Constantine. Il fit en même temps surveiller le Djurdjura par le général Camou et les troupes de la division d'Alger. Le général Maissiat commanda un autre corps d'observation entre Bougie et Sétif; ces deux généraux durent, tout en observant les Kbaïles, continuer les travaux de route.

Le général Mac-Mahon partit de Milah, le 12 mai, pour commencer son expédition avec près de 7,000 hommes, partagés en deux brigades, commandées par les généraux Bosquet et d'Autemare. Il se dirigea sur Collo et eut à livrer plusieurs combats. Du reste, cette expédition eut exactement le même caractère que celle de 1851, tant pour les faits de guerre que pour les soumissions de tribus. Les Kbaïles avaient à leur tête un nouveau chérif appelé Bou-Seba.

APPENDICE.

Pendant que le général Mac-Mahon était dans les environs de Collo, une insurrection inattendue éclatait dans le cercle de Guelma. Dans la nuit du 1ᵉʳ au 2 juin, les Oulad-Dahn attaquèrent un camp de travailleurs établi à Aïn-Souda; le 5, les Haracta vinrent bloquer le poste d'Aïn-Beïda; le 12, les Beni-Salah massacrèrent les bûcherons militaires établis à Feldj-el-Foul et menacèrent les villages français de Barral et de Penthièvre. Notre kaïd fut obligé de s'enfermer à Bordj-Akara; le capitaine Mesmer, chef du bureau arabe de Bône, fut tué en cherchant à lui porter du secours. Il fallut faire marcher des troupes de tous côtés. Le général Mac-Mahon dut diriger sur Constantine le général d'Autemare avec deux bataillons. Le gouverneur général envoya aussi d'Alger des renforts sur Bône, ce qui permit au colonel de Tourville, commandant la subdivison, de marcher, avec des forces suffisantes, contre les insurgés, qui furent battus, le 13 et le 14 juin, à Akbet-el-Zeitoun et à Kef-el-Asks. Le général d'Autemare s'était porté de Constantine chez les Hanencha, qui s'étaient, comme leurs voisins, mis en insurrection. Le général Mac-Mahon, revenu de la Kabylie, s'y porta aussi, et, le 13 juillet, les Hanencha étaient défaits près de Kalah, sur la frontière tunisienne, avec perte de plus de 400 hommes. Quelques jours après, les Beni-Salah furent atteints chez les Ouchelata, tribu tunisienne, où ils avaient cherché refuge. A la fin de juin, l'insurrection fut entièrement comprimée, et les troupes de la province de Constantine rentrèrent dans leurs cantonnements.

Le chérif d'Ouargla, après sa défaite de Mlili, et avant de rentrer à Ouargla, s'était arrêté quelque temps sur l'Oued-Ittel. Sa retraite définitive des Ziban fut déterminée par un mouvement hardi du commandant de Bou-Sada, le capitaine Pein, qui se combinait avec un projet d'attaque du colonel Devaux, commandant la subdivision de Batna. Le capitaine Pein n'atteignit pas le chérif; mais, le 16 juillet, il livra un combat heureux aux Oulad-Sassi, qui avaient embrassé son parti.

Abdallah-ben-Mohammed resta dans l'inaction tout le reste de l'été. Mais au commencement d'octobre, le général Yousouf, qui commandait à cette époque la subdivision de Médéa, étant à Djelfa chez les Oulad-Naïl, apprit qu'il s'était remis en campagne et qu'il menaçait de nouveau la ville de Laghouat. Le général

Yousouf s'y transporta aussitôt, fit prendre aux habitans quelques mesures de défense, et croyant qu'il n'y avait plus d'appréhensions à avoir de ce côté, il retourna à Djelfa le 17. On construisait là une maison de commandement. Le chérif paraissait s'être éloigné ; mais vers le milieu de novembre, il reparut de nouveau dans les environs de Laghouat, où ses partisans avaient pris le dessus depuis le départ du général Yousouf. Cela détermina le gouvernement général à faire converger plusieurs colonnes sur ce point et à y envoyer le général Pélissier. Mais avant qu'il ny fût arrivé, le chérif s'en était emparé, se montrant résolu à s'y bien défendre, ce que permettaient la nature de la localité et la position de la ville, qui fut enlevée de vive force le 4 décembre, après un combat très-vif où le général Bouscaren fut tué, ainsi que le commandant Morand des zouaves, et les capitaines Staël et Bessière. Mohammed-ben-Abdallah parvint à se sauver et à regagner le désert ; mais la prise de Laghouat assurait notre domination dans la contrée qu'il avait si violemment agitée. Le 17, le général Pélissier alla visiter Aïn-Madhy où il fut accueilli comme l'est toujours un général victorieux. Il laissa une garnison de 1,000 hommes à Laghouat, et rentra dans sa province.

Cette province avait joui de la plus grande tranquillité dans tout le courant de l'année ; seulement le général Montauban, commandant de la subdivision de Tlemcen, avait eu à réprimer des actes d'hostilités de plusieurs tribus marocaines, surtout des Beni-Senassen, qu'il châtia rudement et justement le 10 avril, le 15 mai et le 24 juin. M. de Montauban alla les chercher jusqu'au delà des frontières, qu'il ne craignit pas de franchir, exemple suivi peu après par le général Mac-Mahon, du côté de Tunis, ainsi qu'on l'a vu un peu plus haut. Les deux Etats barbaresques ne s'en plaignirent nullement, tandis qu'il est possible que, si l'affaire de Beni-Senassen et celle des Ouchlata eussent été traitées régulièrement par les voies diplomatiques, il en fût résulté une rupture ouverte. Les barbares sont ainsi faits : nos généraux le comprennent mieux que nos diplomates.

après la Révolution de Février, par un arrêté du 5 mai 1848 qui supprima la direction des affaires civiles de la province d'Alger. Cette province dut être directement administrée par le directeur général.

Le 9 décembre suivant, un arrêté du chef du Pouvoir exécutif fit disparaître la distinction créée par l'ordonnance du 15 avril 1845, entre les territoires civil, mixte et arabe. L'Algérie fut simplement divisée en territoires civils ou *départements* et territoires militaires. Le gouverneur général resta investi du commandement de toutes les forces militaires et de la haute administration ; il dut administrer les territoires militaires par l'intermédiaire des généraux commandant les provinces, ayant à cet effet auprès de lui un secrétaire général, pour la centralisation de la correspondance administrative, et un conseil de Gouvernement remplaçant l'ancien conseil supérieur d'administration. Le conseil du Gouvernement se compose du gouverneur général, qui le préside, du secrétaire général, du procureur général, de l'évêque, du contre-amiral commandant la marine, du général, chef du service du génie, du chef d'état-major général, du recteur de l'académie, de trois rapporteurs civils et d'un secrétaire. Les territoires civils, érigés en trois départements qui prirent les noms des trois provinces, furent administrés par des préfets, ayant sous leurs ordres des sous-préfets et des commissaires civils. Chaque département eut un conseil de préfecture, remplaçant l'ancien conseil de direction. La direction générale des affaires civiles fut supprimée.

L'arrêté du 9 décembre fut suivi d'un autre du 16 du même mois, qui régla plus particulièrement les attributions. Les préfets durent correspondre avec le gouverneur général pour les affaires de nature à être soumises à l'examen du conseil d'administration, celles, par exemple, qui intéressent la colonisation, et pour les autres avec le ministre de la guerre et les divers autres ministres, selon le cas.

L'administration des territoires militaires fut dirigée, comme dans les régimes antérieurs, par les généraux commandant les provinces, ayant sous leurs ordres les officiers commandant les subdivisions et les cercles.

La direction centrale des affaires arabes fut supprimée. Le se-

Le général Randon, qui dans son commandement de Bône avait ouvert la belle route de l'Edoug, comprenait mieux que personne l'importance de ces sortes de travaux qui, ouvrant les pays les plus difficiles, finiront par nous en assurer la possession.

Le gouverneur général rentra à Alger au commencement du mois de juillet. Le reste de l'année s'écoula tranquillement dans toute l'Algérie. Les commandants de nos postes les plus avancés, les chefs des bureaux arabes de la zone du sud, exerçaient une surveillance active qui, leur faisant connaître les moindres germes d'agitation et de désordre, leur permettait de les extirper le plus souvent avant qu'ils ne se développassent. Ce fut ainsi que dans l'automne de 1853, le capitaine Galinier, commandant intérimaire de Laghouat, le capitaine Lacretelle, à Sidi-Bel-Abbès, le commandant de France, encore plus au sud de la province d'Oran, le lieutenant Japy, à Tebessa, étouffèrent quelques petits commencements de révolte.

1854.

Le commencement de cette année, dont la fin, au moment où j'écris, est encore dans les ténèbres de l'avenir, a été signalé par une brillante expédition de notre khalifa Si-Hamza. Ce chef arabe était campé à Noumrat, au sud-est de Metlili, lorsque deux de ses frères, qui suivaient le parti de Mohammed-ben-Abdallah, s'en sont détachés. Cette circonstance ayant déterminé Si-Hamza à marcher sur Ouargla, le chérif a été contraint d'abandonner cette position, où il avait fait construire un château qui a été détruit. Il paraît qu'il s'est réfugié dans le Djerid. Si-Hamza a été appuyé à distance dans son mouvement par MM. Dubarail et Nigueux, commandant des troupes françaises de Laghouat et de Tiaret. Le colonel Durrieu, commandant la subdivision de Médéa, s'est joint à lui avec une centaine de cavaliers et a parcouru les oasis des Beni-Mzab et d'Ouargla, où il a fait reconnaître l'autorité de la France. Après avoir donné à ces régions éloignées l'organisation que réclamaient les circonstances, il en a conduit les chefs à Laghouat, où ils ont reçu l'investiture de M. le gouverneur général, qui s'était rendu dans cette ville.

Bou-Bagla ayant reparu dans les montagnes du district de Sebaou, le gouverneur général a dû, un peu plus tard, diriger dans ces montagnes une expédition qui vient de se terminer au moment où je termine moi-même ce résumé. Nous y avons eu pour auxiliaires un corps considérable de Kbaïles, qui ont combattu sous nos drapeaux. Le parti de Bou-Bagla a encore été vaincu, mais ce chef opiniâtre nous est échappé. Cette expédition de la Kabylie a pu convaincre les indigènes que nous ne sommes nullement disposés à abandonner l'Algérie, comme plusieurs d'entre eux étaient portés à le croire par une fausse induction tirée des affaires de l'Orient.

RÉSUMÉ
DE
L'HISTOIRE ADMINISTRATIVE DE L'ALGÉRIE
De 1848 à 1854.

Les esprits sont si peu stables en France, les changements politiques et administratifs y ont été, depuis trois quarts de siècle, si brusques et si fréquents, que ce serait tomber dans le lieu commun que de reprocher à l'administration algérienne sa mobilité. Je me bornerai donc à analyser succinctement, par ordre de matière, les principaux actes publiés depuis 1847.

Administration générale.

J'ai fait connaître dans le dernier livre des *Annales* l'ordonnance du 1er septembre 1847. Cette ordonnance fut modifiée, après la Révolution de Février, par un arrêté du 5 mai 1848 qui supprima la direction des affaires civiles de la province d'Alger. Cette province dut être directement administrée par le directeur général.

Le 9 décembre suivant, un arrêté du chef du Pouvoir exécutif fit disparaître la distinction créée par l'ordonnance du 15 avril 1845, entre les territoires civil, mixte et arabe. L'Algérie fut simplement divisée en territoires civils ou *départements* et territoires militaires. Le gouverneur général resta investi du commandement de toutes les forces militaires et de la haute administration ; il dut administrer les territoires militaires par l'intermédiaire des généraux commandant les provinces, ayant à cet effet auprès de lui un secrétaire général, pour la centralisation de la correspondance administrative, et un conseil de Gouvernement remplaçant l'ancien conseil supérieur d'administration. Le conseil du Gouvernement se compose du gouverneur général, qui le préside, du secrétaire général, du procureur général, de l'évêque, du contre-amiral commandant la marine, du général, chef du service du génie, du chef d'état-major général, du recteur de l'académie, de trois rapporteurs civils et d'un secrétaire. Les territoires civils, érigés en trois départements qui prirent les noms des trois provinces, furent administrés par des préfets, ayant sous leurs ordres des sous-préfets et des commissaires civils. Chaque département eut un conseil de préfecture, remplaçant l'ancien conseil de direction. La direction générale des affaires civiles fut supprimée.

L'arrêté du 9 décembre fut suivi d'un autre du 16 du même mois, qui régla plus particulièrement les attributions. Les préfets durent correspondre avec le gouverneur général pour les affaires de nature à être soumises à l'examen du conseil d'administration, celles, par exemple, qui intéressent la colonisation, et pour les autres avec le ministre de la guerre et les divers autres ministres, selon le cas.

L'administration des territoires militaires fut dirigée, comme dans les régimes antérieurs, par les généraux commandant les provinces, ayant sous leurs ordres les officiers commandant les subdivisions et les cercles.

La **direction** centrale des affaires arabes fut supprimée. Le secrétaire général du Gouvernement fut chargé de la centralisation de ces sortes d'affaires relatives aux territoires militaires. Les populations indigènes à demeures fixes, c'est-à-dire, celles des villes et des villages, comprises dans les limites des départements, furent administrées par les préfets. Quant aux Arabes à tentes de ces mêmes départements, ils restèrent sous l'autorité des généraux, comme ceux des territoires militaires, sédentaires aussi bien que nomades.

Le principe de la centralisation du gouvernement et de l'administration de l'Algérie dans les mains du ministre de la guerre semblait être consacré et hors de discussion depuis le court essai du régime contraire qui avait été fait en 1832. Des relations de pure comptabilité entre le directeur des finances et le ministre de ce département, relations consacrées par l'article 50 de l'ordonnance du 15 avril 1845, celles du contre-amiral avec le ministre de la marine, n'étaient point de nature à pouvoir être considérées comme des dérogations à ce principe; mais après la révolution de février, de graves atteintes y furent portées, ou plutôt il fut abandonné. Par un arrêté du chef du Pouvoir exécutif, du 16 août 1848, l'administration des divers cultes chrétiens, ainsi que celle du culte israélite, fut rattachée au ministre des cultes, avec qui durent par conséquent correspondre, pour les affaires de cette catégorie, les préfets et même les généraux commandant les territoires mixtes. Il n'y eut d'exception que pour le culte musulman, qui resta dans les attributions du ministre de la guerre.

Des dispositions analogues furent prises pour l'instruction publique, par un autre arrêté de même date que le précédent, toujours avec une exception pour les musulmans.

Un troisième arrêté du 20 août 1848 attribua au ministre de la justice la haute administration de la justice sur la population civile française ou européenne des territoires civils, avec présentation pour tous emplois de magistrats, greffiers et officiers ministériels. La justice indigène continua à être du ressort exclusif du ministre de la guerre.

Quant aux services financiers, le chef du Pouvoir exécutif prescrivit, le 12 octobre, de faire la remise des douanes au ministre des finances. Par un arrêté du 30 novembre suivant, le service des *domaines et de l'enregistrement*, dans les territoires civils, fut remis au même ministre. De plus, un autre arrêté du même jour prononça la suppression du service des *contributions diverses*, et décida que la perception des impôts, confiée en France aux régies des contributions directes et des contributions indirectes, s'effectuerait en Algérie, par les soins et sous les ordres du ministère des finances. Il ne paraît pas que ce ministère ait jamais beaucoup tenu à cette petite extension d'attribution; d'ailleurs elle présentait des inconvénients, et un décret du 17 janvier 1850 abrogea les deux arrêtés du 30 septembre 1848.

Administration départementale.

Les trois préfectures de l'Algérie furent établies par l'arrêté constitutif à Alger, Oran et Constantine. Un décret du 18 juillet 1852 fixa à 20,000 fr. le traitement du préfet d'Alger, et à 16,000 celui de ses deux collègues.

Des sous-préfectures furent établies à Blida, Bône, Mostaganem et Philippeville. Par décrets du 4 novembre 1850 et du 21 novembre 1851, des commissariats civils furent institués à Médéa, Miliana, Mascara, Arzew, Guelma, Tlemcen, Sétif et Orléansville. Les territoires civils furent ainsi beaucoup agrandis.

Une décision ministérielle du 16 septembre 1846 avait institué un commissariat central de police en Algérie. Les attributions de ce commissariat, imparfaitement définies, furent réglées par un arrêté du 14 février 1850; mais, le 11 août suivant, un décret supprima ce commissariat et institua pour toute l'Algérie un commissaire général, laissant au ministre de la guerre le soin de réorganiser le service de la police, ce que celui-ci fit par un arrêté du 17 janvier 1851, complété par un autre du 13 juin de la même année. Mais, le 7 avril 1852, un nouveau décret abrogea le précédent et rétablit le commissaire central, ce qui nécessita encore une réorganisation, laquelle fut l'objet de trois arrêtés ministériels des 29 septembre et 3 novembre de cette même année.

Le 22 novembre 1850, un décret rendit applicables à l'Algérie la loi du 3 mai 1844, sur la police de la chasse, et l'ordonnance du 5 mai 1845, rendue en vertu de l'art. 10 de cette loi, sauf quelques modifications relatives aux bêtes fauves et aux oiseaux erratiques.

Le 12 juillet 1851, parurent trois décrets sur l'exercice des professions de médecin, chirurgien, pharmacien, herboriste et vétérinaire.

Deux arrêtés ministériels, l'un du 23 juin 1853, l'autre du 24 mars 1854, rendirent libre le commerce de la boulangerie, en rendant cependant facultative, pour les autorités locales, la taxation du pain. Un autre arrêté ministériel, du 11 juillet 1853, appliqua le même régime au commerce de la boucherie.

Municipalités.

Le régime municipal, tel que l'avait institué l'ordonnance du 28 septembre 1847, fut modifié dès l'année suivante. Un arrêté du chef du Pouvoir exécutif, à la date du 16 août 1848, disposa en principe que tout le territoire civil de l'Algérie serait érigé en communes, et que les conseils municipaux seraient électifs. Le corps électoral se composa : 1° de tous les Français domiciliés dans la commune depuis un an au moins, et ayant atteint 21 ans ; 2° de tous les étrangers ayant atteint le même âge, autorisés à jouir des droits civils en Algérie, ou propriétaires ou concessionnaires dans la commune, ou y payant depuis six mois au moins un loyer de plus de 600 francs, ou une patente ou une licence de 3° classe ; ces étrangers durent, en outre, justifier d'une résidence de deux ans au moins en Algérie, dont un dans la commune ; 3° des indigènes musulmans ou israélites remplissant les mêmes conditions. Furent éligibles tous les électeurs âgés de 21 ans et remplissant certaines conditions de résidence. Le corps municipal dut se composer de 24 membres à Alger, et de 15, 12 ou 9 dans les autres localités, selon la population. Les étrangers et les indigènes ne purent excéder, dans le conseil municipal, le tiers du nombre total des membres. Le maire et les adjoints durent toujours être Français et choisis pour trois ans, parmi les éligibles, par le gouverneur général ou par le Pouvoir exécutif, selon l'importance de la localité. Les conseils municipaux purent être suspendus par le gouverneur général. Le droit de les dissoudre fut réservé au chef du Pouvoir exécutif. L'arrêté du 16 août ne put d'abord être appliqué qu'aux six communes créées par l'ordonnance du 31 janvier 1848.

Par décrets du 21 novembre 1851, trois nouvelles communes furent créées dans le département d'Alger, savoir, Douéra, Coléa et Bouffarik. Douéra eut pour chef-lieu la nouvelle ville de ce nom, et pour sections municipales, les villages de Baba-Hassen, Crescia, Sainte-Amélie, Saint-Ferdinand et Maelma.

Coléa comprit le chef-lieu et les villages de Fouka, Douaouda et Zeralda.

Bouffarik eut pour section municipale le village de Souma et son territoire.

Il y eut pour chaque commune un maire et autant d'adjoints que de sections, y compris le chef-lieu. La commune de Douéra fut rattachée à l'arrondissement d'Alger, celles de Coléa et de Bouffarik le furent à l'arrondissement de Blida.

Des commissions nommées par les préfets tinrent place des conseils municipaux dans ces trois nouvelles communes, dont la création entraîna nécessairement la suppression des commissariats civils de Douéra, Bouffarik et Coléa.

Le 4 novembre 1848, un décret du chef du Pouvoir exécutif détermina la constitution de la propriété communale et la nature des revenus des communes.

Colonisation extraordinaire.

Des motifs politiques, pris dans la situation intérieure de la France, déterminèrent le gouvernement qui succéda à la monarchie à faire, en 1848, d'énormes sacrifices pour la colonisation de l'Algérie. Une loi du 19 septembre ouvrit au ministre de la guerre un crédit de 50 millions pour y fonder des *colonies agricoles* (1). Ce crédit fut partagé en annuités, savoir : 5 millions pour 1848, 10 millions pour 1849, 35 millions pour les années 1850, 1851 et les suivantes. Les colons, dont le nombre ne de-

---

(1) Cette expression peut constituer un pléonasme pour ceux qui n'ont pas perdu de vue l'étymologie du mot colonie, qui implique une idée de culture; mais elle paraît être consacrée par l'administration, plus puissante en fait de grammaire que l'empereur Auguste, à qui on ne reconnaissait pas le droit de donner celui de latinité aux mots.

vait pas excéder 12,000 pour l'année 1848, mais qui par le fait le dépassa un peu, durent être pris parmi les cultivateurs et les ouvriers d'art. Les premiers durent recevoir, d'après les dispositions de la loi, de 2 à 10 hectares de terre, selon leur position de famille, une maison et les subventions nécessaires à leur établissement. Les autres purent jouir des mêmes avantages s'ils manifestaient l'intention de se fixer dans le pays. En attendant, ils devaient être employés aux travaux que rendait nécessaires l'établissement même des nouvelles colonies. Des rations de vivres furent accordées aux colons pendant trois ans, et de plus ils furent transportés en Algérie aux frais de l'Etat. Il fut réglé qu'ils seraient évincés de leurs lots s'ils ne les avaient pas mis en valeur dans l'espace de trois ans, et que, dans aucun cas, ils ne pourraient les aliéner dans les six premières années, qu'en remboursant à l'Etat les dépenses faites à leur occasion.

Le départ de France des colons se fit avec beaucoup d'éclat, de bruit et de paroles ; mais on ne les prit guère que dans la population des villes, de sorte que ceux mêmes qui étaient censés agriculteurs étaient presque tous étrangers au travail des champs. On les répartit en 42 localités, où furent construits les villages dont les noms suivent :

Dans la province d'Alger : Afroun, Bou-Roumi, Marengo et Zurich, sur la route de Blida à Cherchel ; Castiglione et Tefeschoun, sur le littoral de Coléa ; Lodi et Damiette, tout près de Médéa, l'un à l'ouest, l'autre à l'est ; Novi, à l'ouest de Cherchel ; Montenotte, auprès de Ténez ; la Ferme et Pontcba, près d'Orléansville. En tout, 12 villages pour la province d'Alger.

Dans la province d'Oran, on en fonda 21, savoir : aux environs d'Oran, Fleurus, Assi-Ameur, Assi-ben-Ferrah, Saint-Louis, Assi-ben-Okba, Assi-bou-Nif et Mangin ; sur le territoire d'Arzew, Saint-Leu, Damesme, Arzew, Kléber, Muley-Magoun, Mefessour, Saint-Cloud ; enfin dans les environs de Mostaganem, Aboukir, Rivoli, Aïn-Nouissy, Tounin, Karouba, Aïn-Tidelès, Sour-Koul-Mitou.

Dans la province de Constantine, on ne fonda que 9 nouveaux villages, savoir : dans le district de Philippeville, Jemmapes, Gastonville et Roberville ; dans celui de Bône, Mondovi et Barral ; dans celui de Guelma, Héliopolis, Millesimo, Guelma et Petit.

Tous ces centres de population ne pouvant être construits aussi vite que les colons arrivaient, ceux-ci furent provisoirement logés sous des tentes ou dans des baraques. Du reste, on leur prodigua les soins et les avances, jusque-là que des corvées militaires et des corvées d'Arabes les aidèrent dans leurs premières cultures, ou plutôt les firent pour eux. Cependant ces hommes ne surent pas, en général, s'aider eux-mêmes; de sorte que l'on ne tarda pas à craindre que les dépenses faites pour ce mode de colonisation ne l'eussent été en pure perte. Néanmoins, le Gouvernement demanda, en 1849, cinq millions par anticipation sur les crédits annuels ouverts par la loi du 19 septembre, pour l'envoi de 6,000 nouveaux colons en Algérie; mais l'Assemblée nationale, tout en accordant cette somme par la loi des finances du 19 mai 1849, décida que l'emploi n'en serait fait qu'après qu'une commission envoyée sur les lieux lui aurait fait connaître la situation matérielle et morale des colonies fondées l'année précédente (1). D'après le rapport de cette commission, qui ne fut pas très-favorable aux colonies agricoles, la loi de finances du 20 juillet 1850 régla que les cinq millions, répartis entre les années 1849 et 1850, ne seraient employés qu'à la continuation des établissements commencés, mais sans entreprises nouvelles. Les colons destinés à remplacer ceux que la mort et l'abandon avaient fait disparaître en assez grand nombre durent être exclusivement choisis parmi les soldats libérés et les cultivateurs véritables. Les colonies agricoles, d'abord dirigées par l'autorité militaire, devaient, au bout d'un an, former des communes civiles d'après la loi du 19 septembre 1848; mais celle du 20 juillet donna au Gouvernement le droit de les maintenir sous le régime militaire pendant tout le temps qu'elles recevraient des subventions de l'État. Au 1er janvier 1854, elles étaient toutes rentrées sous le régime civil, excepté celle de Marengo. D'après les relevés des dernières lois portant règlement définitif des budgets, elles avaient coûté à la France 28,282,933 fr. au 1er janvier 1852. Elles présentaient

---

(1) Elle était composée de MM. de Rancé, président; Louis Reybaud, Richier, Faure, Dutrone, Dussert et Testu, secrétaire. Le rapport fut l'œuvre de M. Louis Reybaud.

alors une population de 10,450 âmes, ce qui fait 2,705 fr. par individu.

Le rapport de la commission est très-curieux et mérite d'être médité. Il fait d'abord ressortir le peu de convenance des éléments dont se composa l'émigration des colons de 1848, presque tous impropres à la vie des champs et sans goût pour elle. On y voit ensuite que ces hommes, recrutés en grande partie dans les rangs de ce que nous appelons en France les *socialistes* et les *communistes*, poussaient cependant jusqu'à l'absurde la haine de toute espèce de communauté, d'association, de travail en commun ; de sorte que, non-seulement il aurait été impossible de former avec eux le moindre phalanstère fouriériste, mais que, même ce qu'il y a de bon et d'applicable dans les doctrines socialistes aurait excité les répugnances du sauvage esprit d'isolement, d'égoïsme et de méfiance dont ils étaient animés (1). Ils recevaient, sans que

---

(1) M. Louis Reybaud en cite un assez singulier exemple. Je le laisse parler :

« Le travail en commun, la récolte en commun, inspireraient des répugnances dont on ne saurait exprimer l'énergie. Pas une bouche qui ne demandât la distribution des lots, la division des tâches, le partage des produits. La perspective d'une solidarité dans la besogne aigrissait les esprits et décourageait les bras ; elle suffisait pour que la moisson séchât sur pied ou restât éparse en javelles. Dans cette voie, on ne se défendit d'aucun excès : un fait suffira pour en donner la mesure. Les baraques en bois ne comportaient pas des cheminées intérieures, et, afin d'y suppléer, les colons s'étaient érigé, à leur porte même et en plein air, de petits foyers en pierres sèches, où ils préparaient leurs aliments. Ce spectacle éveilla la sollicitude de quelques directeurs. Ils firent construire, par les soins du génie, de vastes cuisines circulaires, pourvues d'une quinzaine d'âtres distincts qui aboutissaient à la même cheminée. On devait croire que les colons quitteraient leurs cuisines informes, exposées à toutes les intempéries, pour venir, à tour de rôle, occuper ces places, commodes et couvertes, qu'on avait disposées à leur intention. Il n'en fut rien : la cuisine commune demeura vide ; les ménagères continuèrent à braver la pluie et le soleil. C'est qu'elles aimaient mieux, au prix de quelques inconvénients, s'affranchir des ennuis et des risques du voisinage. *Chacun chez soi, chacun pour soi,* ainsi pouvait se traduire et se commenter leur façon d'agir.

« La commission n'a pu connaître de pareils faits sans relever ce qu'ils ont d'outré et de blâmable ; elle a rappelé, à diverses reprises, les avantages de

l'émulation fût réveillée en leurs âmes, le secours des bras des soldats et des Arabes, et les vivres que leur fournissait l'État étaient pour eux une excitation à la paresse. Au reste, grand nombre moururent ou retournèrent en France dès la première année ; mais enfin, dit le rapporteur de la commission : « Les « écloppés resteront en chemin ; les plus forts, les plus vaillants « se maintiendront en ligne. Puis les années et l'expérience « achèveront ce que la trempe du caractère aura commencé, et « l'Algérie y gagnera une élite de colons experts, acclimatés, « aguerris. »

C'est en effet ce qui a eu lieu ; mais nous venons de voir que la façon en a été un peu chère. Les *colonies agricoles* de 1848 rappellent assez naturellement la colonisation de la Guyane par M. de Choiseul, après la funeste paix de 1763. Les conséquences des fautes commises à cette époque furent plus graves, puisqu'elles causèrent la mort de 12,000 personnes ; mais elles n'auraient pas dû être perdues pour les colonisateurs de 1848 ; malheureusement, les leçons de l'histoire le sont presque toujours.

Colonisation ordinaire.

La colonisation extraordinaire de 1848 resta distincte de la colonisation ordinaire, qui poursuivit son cours. Cette dernière eut cependant moins d'activité à l'égard des centres créés par l'administration, bien des colons qui se seraient présentés pour ceux-ci s'étant assez naturellement portés vers les colonies subventionnées, dites *colonies agricoles* (1). D'ailleurs, on a vu, dans la nomenclature que j'ai donnée de celles-ci, figurer plusieurs cen-

---

l'association et démontré la nécessité d'y recourir, tant pour les récoltes que pour les labours. Mais, sur ce point, les répugnances des colons ont été invincibles ; aucun conseil n'a pu en adoucir l'âpreté. »

(1) C'est surtout lorsqu'on met en regard les colonies ordinaires créées par l'administration dans sa marche annuelle et régulière, avec les colonies extraordinaires de 1848, que l'on est choqué de cette expression *colonies agricoles*, car certainement les premières ne sont pas moins agricoles que les secondes.

tres de population dont il avait déjà été question au livre XLII des *Annales*, comme ayant été décrétés bien avant que l'administration songeât à ce qui a été fait en 1848. Ces centres qui, de la colonisation ordinaire, passèrent à la colonisation extraordinaire, parce qu'ils étaient inachevés ou languissants lorsque celle-ci fut décrétée, sont : Saint-Louis, Saint-Leu, Saint-Cloud, Arzew, dans la province d'Oran ; Guelma, dans celle de Constantine.

Les centres de population créés par les ressources de la colonisation ordinaire, de 1847 à 1854, ont été les suivants :

Dans la province d'Alger :

Mouzaïa, à l'ouest de Blida, au pied du versant méridional des montagnes ; l'Arba, à l'ouest de Dalmatie ; la Chiffa, sur la rivière de ce nom, à l'ouest de Blida ; Affreville, dans les environs de Miliana ; le Fort-de-l'Eau, localité très-connue des environs d'Alger qui a prospéré entre les mains d'une population mahonnaise, laquelle y fut établie en 1850 ; Birtouta et Oued-el-Haleg, situés dans des localités que le lecteur doit connaître, car il en est assez souvent question dans les *Annales* ; Rovigo, au point où l'Arach sort des montagnes, village dont la création, ordonnée en 1844, n'a pu avoir lieu qu'en 1851 ; Saïghr, Zong-el-Abbès, Messaoud et Berbessa, hameaux peuplés de Suisses, sur le territoire de Coléa ; Djoudria et Boukandoura, autres hameaux voisins de Saint-Ferdinand ;

Dans la province d'Oran :

Valmy, Arcole, Aïn-Turk, Ouréa, sur le territoire d'Oran ; Bréa, Négrier, Mansourah, Seysaf, sur celui de Tlemcen ; Hennaya, à une douzaine de kilomètres de Tlemcen, sur la route de Lalla-Maghrnia ; Oued-el-Hammam, sur la route de Mascara à Oran ; Aïn-Temouchent, sur l'emplacement du camp de ce nom ; Sidi-Lasshen, Frenda, Sidi-Ibrahim, sur le territoire de Sidi-bel-Abbès ; les Libérés, près de Mostaganem ;

Dans la province de Constantine :

Bugeaud, à l'entrée de la forêt de l'Edough ; Duzerville, entre Bône et Mondovi, village décrété en 1846, mais qui n'a pu être peuplé qu'en 1851 ; El-Hadjar, entre Duzerville et Penthièvre ; Alelick, dans la plaine de Bône, à six kilomètres de cette ville ; Saint-Charles, dans la vallée de l'Oued-Safsaf, entre Philippeville et El-Arouch; Condé, à quelques kilomètres de Constantine; Penthièvre, entre Dréan et Nechmeya.

De 1850 inclus jusqu'à 1853, une somme annuelle de 1,715,000 francs a été affectée à la colonisation. Le crédit de 1854 est de 1,898,000 fr.

A côté et parallèlement à la colonisation administrative, tant ordinaire qu'extraordinaire, agit et se développe, tant bien que mal, la colonisation libre, qui est le meilleur ou plutôt le seul élément colonisateur chez les Anglais, mais qui malheureusement n'a pas autant d'énergie chez nous. Je n'ai rien à ajouter dans cette notice à ce que j'ai dit dans les *Annales* sur son action en ce qui concerne la province d'Alger. Il a été question, dans le livre XLII, de l'ordonnance du 4 décembre 1846, par laquelle l'Etat offrait de vastes concessions de terres dans la province d'Oran, à la charge d'y construire huit villages dont elle donna d'avance les noms. Cette opération, sur le succès de laquelle le commandant de la province d'Oran, qui l'avait fait ordonner, comptait beaucoup, ne réussit point : il ne se présenta d'adjudicataires que pour le seul village de Sainte-Barbe. Le territoire des sept autres villages projetés a été, en majeure partie, affecté à l'installation des colonies extraordinaires de 1848.

Les concessionnaires des trois villages qui font l'objet de l'ordonnance du 17 février 1847 ne remplirent qu'une faible partie de leurs obligations. *En somme*, dit le tableau officiel de la situation des établissements français dans l'Algérie, 1846-1849, *le système de colonisation par entreprise n'a pas produit les résultats que l'on attendait.* Je reviendrai sur ce sujet dans un autre article, où je présenterai au lecteur un tableau général de la situation de l'Algérie en 1854. Je me réserve de parler, dans ce même article, de la grande concession faite, dans la province de Constantine, à la *Compagnie génevoise*. Je vais m'occuper actuellement du mode des concessions de terres.

Concessions.

Nous avons vu, dans les derniers livres des *Annales*, que la législation des concessions, telle qu'elle ressortait des ordonnances des 21 juillet 1846, 5 juin et 1ᵉʳ septembre 1847, ne rendait les concessionnaires propriétaires incommutables que lorsqu'ils avaient rempli les conditions de mise en valeur énoncées dans l'acte de concession. Jusque-là, ils pouvaient être évincés en tout ou en partie, si un nouveau délai ne leur était pas accordé. Ainsi donc, pendant tout ce temps d'épreuve, ils n'avaient qu'un titre provisoire qui ne pouvait leur donner aucun crédit. L'administration, pensant que cet état de choses présentait d'assez graves inconvénients, chercha à y remédier en 1851 par le décret du 26 avril, qui prescrivit de délivrer immédiatement aux concessionnaires, non un simple *titre provisoire*, mais *un titre de propriété avec clause résolutoire en cas d'inexécution des conditions imposées*, et leur conféra, sous la seule réserve de cette clause résolutoire, le droit d'hypothéquer et d'aliéner sous toutes les formes les immeubles concédés.

Lorsque les conditions ont été remplies, la propriété est déclarée affranchie de la clause résolutoire. Mais, si elles ne l'ont pas été, la déchéance est prononcée *administrativement*, et l'immeuble fait retour à l'Etat *franc et quitte de toute charge*. Je doute que, vu ces deux dernières dispositions, les concessionnaires avec clause résolutoire aient beaucoup plus de crédit que les anciens concessionnaires à titre provisoire.

Si néanmoins le concessionnaire a fait sur l'immeuble des améliorations utiles et constatées par le procès-verbal de la vérification, il est procédé par voie administrative à l'adjudication de l'immeuble, et le prix de l'adjudication appartient au concessionnaire dépossédé.

L'art. 2 du décret du 26 avril étendit à 50 hectares la quantité de terres que peuvent concéder les préfets. L'art. 6 abolit le cautionnement exigé par l'ordonnance du 5 juin 1847.

Un autre décret, concernant les concessions, du 23 avril 1852, stipula que les concessionnaires doivent justifier par acte notarié qu'ils possèdent les ressources nécessaires à l'exploitation qu'ils veulent entreprendre.

Je crois devoir terminer ce que je viens de dire sur les concessions en mettant sous les yeux du lecteur un des plus récents de ces actes.

Art. 1er. — Il est fait concession au sieur...., demeurant à..., d'un terrain domanial d'une contenance de deux cent quatre-vingt-cinq hectares deux ares vingt-huit centiares, sis à Aïn-Dofta, territoire de Guelma, tel qu'il est indiqué au plan général dudit territoire, sous le n° 17, et borné au nord par la concession de Hassen-ben-Mohammed.

Art. 2. — Le concessionnaire servira à l'Etat une rente annuelle et perpétuelle de deux cent quatre-vingt-cinq francs trois centimes, payable par trimestre et d'avance, à la caisse du receveur des domaines de Guelma, à l'expiration du délai accordé au concessionnaire pour l'entier accomplissement des divers travaux imposés.

Cette rente sera rachetable conformément aux dispositions du titre 2 de l'ordonnance du 1er octobre 1844.

Il sera tenu, en outre, aux charges et impôts qui pourront grever ultérieurement la propriété foncière en Algérie.

Art. 3. — Il devra construire, sur le terrain désigné d'autre part (n° 17 du plan), deux maisons d'habitation en maçonnerie à usage de fermes, avec dépendances susceptibles de loger le personnel et le matériel nécessaires à l'exploitation des terrains concédés.

Les constructions devront être achevées, savoir : la première ferme à la fin de la première année, la deuxième à l'expiration de la troisième, et la totalité des terrains concédés mise en culture dans un délai de cinq ans, à partir du jour de la mise en possession.

Seront considérés comme cultivés les terrains laissés en prairies naturelles, pourvu que ces prairies soient en bon état de production et d'entretien, et que leur étendue n'excède pas la moitié de la concession.

Art. 4. — Il devra, dans le même délai, planter au moins vingt-cinq arbres forestiers ou fruitiers de haute tige par hectare ; mais il demeurera libre de les distribuer à son gré sur l'ensemble des terres concédées.

Art. 5. — Toutefois, il sera dégagé des obligations à lui imposées par les art. 3 et 4, s'il a, dans le courant de la première année de possession, construit une maison d'exploitation par cent hectares, et dépensé au moins cent francs par hectare.

Art. 6. — Il devra entretenir en bon état de conservation les canaux d'irrigation et de desséchement qui traversent ou traverseront sa propriété, et planter leurs bords d'arbres de haute futaie ou autres.

Il devra également curer ou nettoyer les cours d'eau non navigables ni flottables qui traversent ou bordent la propriété concédée, conformément aux lois et règlements qui régissent la matière en France, sans préjudice des lois et règlements concernant l'Algérie.

Art. 7. — Il ne jouira des sources et cours d'eau existant sur ledit immeuble que comme usufruitier, et conformément aux règlements existants ou à intervenir sur le régime des eaux en Algérie.

Art. 8. Il ne pourra user ou tirer parti des chutes d'eau existant sur les terrains concédés, qu'autant qu'il aura sollicité et obtenu la concession desdites chutes d'eau dans la forme prescrite par les règlements en vigueur.

Art. 9. — Il sera tenu, pendant dix ans, d'abandonner à l'Etat, sans indemnité, les terrains nécessaires à l'ouverture des routes, chemins, canaux et autres ouvrages d'utilité publique.

L'Etat se réserve la propriété des objets d'art, mosaïques, bas-reliefs, statues, débris de statues, médailles, qui pourront exister sur la concession.

Art. 10. — Toutes les règles établies par le décret organique du 26 avril 1851 seront applicables à la présente concession.

Commerce, douane et navigation.

Tout l'intérêt que, dans la période administrative dont je traite, présentent ces trois articles qui se touchent de si près, est concentré dans la loi du 11 janvier 1851. Cet acte législatif, d'une très-haute importance, a consacré le principe de l'assimilation commerciale de l'Algérie à la France, avec quelques libertés de plus pour la première. Voici l'économie de cette loi :

Les produits naturels de l'Algérie et nommément ceux qui sont énumérés au tableau I annexé à la loi (1), d'origine dûment justi-

---

(1) Voici les articles compris dans ce tableau : **Animaux vivants de races**

fiée, sont admis en franchise de droit en France. Il en est de même des produits de l'industrie algérienne énumérés au tableau II(1).

Les marchandises exportées de France en Algérie, ou d'Algérie en France, sont exemptes de tout droit de sortie.

Les produits étrangers importés en Algérie sont soumis aux mêmes droits que s'ils étaient importés en France, sauf les pro-

---

chevaline, bovine, ovine, etc. ; bambous, bois d'ébénisterie indigène ; boyaux frais et salés, céréales en grains, cire non ouvrée, jaune ou brune ; chenilles corail brut de pêche indigène; cornes de cerf, coton en laine, crins, cuivre pur et allié de première fusion en masse ; dents d'éléphant, drilles, écorces à tan, écorces propres à la médecine; feuilles de palmier nain, feuilles propres à la médecine ; fontes brutes aciéreuses ; fourrages de toute sorte, fruits de table frais, secs ou tapés et confits de toute espèce, fruits oléagineux de toute sorte; garance en racine, verte ou sèche; gibier, volaille et tortues ; gommes pures indigènes, graines à ensemencer, graines oléagineuses de toute sorte ; graisses de bœuf et de mouton (suif brut); groisil ou verre cassé, herbes propres à la médecine, huile d'olive et de graines grasses, indigo, kermès en grains, laine en masse, légumes frais et secs, lichens tinctoriaux, liége brut ou simplement râpé, marbre brut, miel, minerais de toute sorte, nerfs de bœuf et d'autres animaux, opium, os, sabots et cornes de bétail, oreillons, patates, peaux brutes, pelleteries, plomb brut, plumes de parure, poil de messine, poils en masse; poissons de mer frais, secs, salés ou fumés, provenant de pêche algérienne ; pommes de terre, poudre d'or, racines propres à la médecine, ruches à miel renfermant des essaims vivants, safran, sangsues, sel de marais ou de saline et sel de gemme ou fossile, *sauf perception du droit de consommation applicable au sel français*; soies et œufs de vers à soie, soufre non épuré (minerais compris); sparte en tiges brutes et battues ; tabacs en feuilles destiné à la régie, terres savonneuses.

(1) Voici les articles portés sur ce tableau : Armes de luxe damasquinées, ceintures algériennes en laine, cordages en sparterie et fil d'aloès, écharpes algériennes de coton, de laine et de soie brochées d'or; essences odoriférantes de jasmin, de géranium et toutes autres; futailles vides, haïks, bournous en laine, joaillerie algérienne, livres, brochures, mémoires et autres écrits imprimés en Algérie; nattes, objets d'histoire naturelle, paniers à ouvrages en écorce et laine ou en fil d'aloès; pipes en bois ornées de cuivre, sellerie indigène ; tapis algériens mélangés de laine et d'écorce, tapis algériens étroits de grosse laine ; tresses, vannerie.

duits étrangers nécessaires aux constructions urbaines et rurales et à la production agricole qui sont admis en franchise (1).

Sont admis, en payant la moitié des droits du tarif général de France, les fontes brutes non aciéreuses et les aciers, les fers en barre, les ferblancs en feuilles, les cuivres de première fusion purs ou alliés de zinc.

Continuent d'être en vigueur les dispositions de l'ordonnance du 16 décembre 1843 non modifiées par la loi, spécialement en ce qui concerne les produits nommément tarifés par l'article 9 de cette ordonnance (2) et la quotité des droits applicables, en Algérie, aux marchandises prohibées en France (3).

Sont affranchis de tout droit de sortie les produits exportés de l'Algérie à l'étranger, à l'exception des soies, bourres de soie, fils de malquinerie, tourteaux de graines oléagineuses, bois de fusils et bois de noyer brut, sciés et façonnés, qui sont soumis aux droits de sortie du tarif général de France. Les drilles, cartons de simple moulage, minerais de cuivre, écorces à tan, armes, munitions et projectiles de guerre, ne peuvent être exportés qu'à destination de France, à moins d'une autorisation spéciale.

Les dispositions de l'ordonnance du 16 décembre 1843 qui règlent les conditions de la navigation et du cabotage sont maintenues, si ce n'est que les navires étrangers qui viennent en

---

(1) Voici la nomenclature de ces produits portés aux tableaux III et IV annexés à la loi : Ardoises, bitumes solides purs, mélangés de terre et généralement tous les mastics bitumineux; bois à brûler, bois communs; carreaux en faïence, charbons de bois et de terre, chaux, étain, pierres à bâtir, plants d'arbre, pouzzolane, zinc à l'état brut ou simplement étiré ou laminé, graines pour semences, fruits et légumes frais, chevaux et juments, taureaux et vaches, béliers, porcs.

(2) Les produits tarifés par l'article 9 de l'ordonnance du 16 décembre 1843 sont les tissus de laine et de coton, la poterie de grès fin et le sel provenant de l'étranger; les sucres provenant de l'étranger ou de nos colonies; les sucres raffinés en France; le café provenant de l'étranger; les fourrages.

(3) Les marchandises prohibées en France sont admises en Algérie moyennant un droit *ad valorem* de 20 p. cent, quand elles viennent des entrepôts de France, et de 25 p. cent quand elles viennent d'ailleurs.

Algérie sur lest et qui en repartent chargés de produits français sont exemptés du droit de tonnage, et que ceux qui, arrivant chargés, déchargent leurs marchandises en divers ports, ne paient qu'un droit de tonnage.

Le Gouvernement peut, par des décrets qui sont plus tard convertis en loi, prendre les mesures concernant l'exercice de l'action douanière, désigner les produits naturels à ajouter, quand il y a lieu, au tableau I, accorder, dans les cas prévus, les autorisations d'exportation à l'étranger des objets que la loi interdit d'exporter à cette destination, accorder la faculté de cabotage aux navires étrangers lorsque les circonstances l'exigent, enfin accorder l'exemption du droit de tonnage aux navires arrivant chargés de bois du Nord, lorsqu'ils repartent chargés de produits français.

La loi du 11 janvier 1851 devint simultanément exécutoire en France et en Algérie le 1er mars suivant.

Le 4 août de la même année, une banque fut fondée à Alger par une loi, et commença ses opérations le 1er novembre suivant. En 1853, une succursale de cette banque fut établie à Oran. Déjà une ordonnance du 16 décembre 1847 avait autorisé la banque de France à établir un comptoir d'escompte à Alger; le directeur de ce comptoir avait même été nommé, mais l'établissement ne se développa point. La banque d'Alger fut fondée comme banque d'escompte, de circulation et de dépôt, au capital de trois millions de francs, représentés par 6,000 actions de 500 francs.

Par décret du 12 avril 1852, une foire annuelle de dix jours, du 20 au 30 septembre, fut instituée à Alger.

Deux décrets du 16 juillet de la même année organisèrent le service des pilotes lamaneurs et réglèrent les droits de pilotage en Algérie.

Le 4 novembre 1848, un arrêté du chef du Pouvoir exécutif, tout en laissant l'intérêt légal de l'argent en Algérie fixé à 10 pour 0/0, comme il l'avait été par l'ordonnance du 7 décembre 1835, décida que l'intérêt conventionnel ne pourrait dépasser ce taux; mais cet arrêté fut rapporté par décret du 11 novembre 1849, de sorte que les dispositions de l'ordonnance précitée furent remises en vigueur dans toute leur étendue.

Nous avons fait connaître dans les *Annales* comme quoi l'ordonnance du 16 décembre 1843 avait fermé au commerce les frontières de terre de l'Algérie, et nous avons signalé l'étrangeté de cette mesure. Un décret du 11 août 1853 y a mis un terme, tant à l'est qu'à l'ouest, pour les produits de Tunis et du Maroc, et une ligne de douane a été décrétée pour ces deux frontières.

Justice.

On a souvent parlé et plaisanté de l'antipathie des militaires pour les avocats ; cependant cette antipathie ne paraît pas être générale, car le 16 avril 1848, M. le général Cavaignac, alors gouverneur de l'Algérie, signa un arrêté qui faisait disparaître les précautions dont la législation spéciale à la colonie s'était armée contre eux, leur rendait le champ libre en les assujettissant seulement aux mêmes règles de discipline qu'en France. Ce même arrêté faisait passer les défenseurs existant en Algérie à l'état d'avoués, séparant virtuellement la postulation de la plaidoirie. Cependant les choses ne tardèrent pas à reprendre à peu près leur premier cours, car on trouve un arrêté du 17 juillet suivant qui règle l'exercice des défenseurs d'après les anciens errements.

L'acte le plus important concernant l'administration de la justice en Algérie, dans la période dont nous résumons l'histoire administrative, est un décret du 19 août 1854, divisé en trois titres et 14 articles.

Le premier titre étend la compétence de juges des paix dans les localités où cette extension est jugée nécessaire.

Les juges de paix à compétence étendue connaissent de toutes actions personnelles et mobilières, en matière civile et commerciale, en dernier ressort jusqu'à la valeur de 500 francs, et en premier ressort seulement jusqu'à celle de 1,000 francs.

Ils exercent, en outre, les fonctions des présidents des tribunaux de première instance, comme juges de référé en toutes matières, et peuvent comme eux ordonner toutes mesures conservatoires.

En matière correctionnelle, ils connaissent : 1° de toutes les contraventions de la compétence des tribunaux correctionnels qui sont commises ou constatées dans leur ressort ; 2° des infractions aux lois sur la chasse ; 3° de tous les délits n'emportant pas une peine supérieure à celle de six mois d'emprisonnement ou de 500 francs d'amende.

Un officier de police désigné par le procureur général remplit auprès du juge de paix les fonctions du ministère public.

Le titre II règle les appels des jugements de police correctionnelle. Il établit que ceux des jugements rendus en police correctionnelle par les tribunaux de première instance sont portés à la Cour impériale.

Les appels des jugements rendus en matière correctionnelle par les juges de paix sont portés au tribunal dans la circonscription duquel est située la justice de paix.

L'appel est interjeté conformément aux articles 202, 203, 204 et 205 du Code d'instruction criminelle.

Le titre III mettant fin à un état de choses qui, en Algérie, établissait dans les provinces deux ressorts au grand criminel, institue des Cours d'assises pour connaître de tous les faits qualifiés crimes par la loi.

Les Cours d'assises jugent sans l'assistance de jurés.

La tenue en a lieu tous les quatre mois dans chacun des arrondissements de l'Algérie, où est établi un tribunal de première instance.

La Cour d'assises se compose :

A Alger : 1° de cinq conseillers de la Cour impériale, dont l'un remplit les fonctions de président ; 2° du greffier de la Cour impériale, ou de l'un de ses commis assermentés.

Dans les autres arrondissements : 1° de trois conseillers à la Cour impériale, dont l'un remplit les fonctions de président, 2° de deux magistrats pris parmi les président ou juges composant le tribunal de première instance dans la circonscription duquel siége la Cour d'assises ; 3° du greffier du tribunal ou de l'un de ses commis assermentés.

Les fonctions du ministère public sont remplies auprès de chaque Cour d'assises par le procureur général près la Cour impériale ou par l'un de ses substituts.

Le ministre de la justice nomme pour chaque session d'assises le conseiller président et les conseillers assesseurs.

Les président et juges du tribunal de premiere instance sont appelés dans l'ordre du tableau.

Le juge d'instruction peut être membre de la Cour d'assises.

Les mêmes président et conseillers assesseurs sont désignés pour chaque département. Ces magistrats se transportent successivement dans les divers arrondissements pour y exercer leurs fonctions.

La nomination du président des assises et des conseillers assesseurs doit être faite quatre mois au moins avant l'ouverture de chaque session ; à défaut, il y est procédé par le procureur général.

La nomination est déclarée par une ordonnance du procureur général, qui fixe l'époque de l'ouverture des assises, et qui est publiée deux mois au moins avant cette ouverture.

Les Cours d'assises prononcent à la majorité, et par des dispositions distinctes,

Sur chaque chef d'accusation,

Sur les circonstances aggravantes,

Sur les circonstances atténuantes,

Et sur l'application de la peine.

Les arrêts sont rendus par cinq juges.

Administration des Indigènes.

Le 1er mai 1848, un arrêté du gouverneur général créa pour l'administration indigène de la ville d'Alger un service spécial sous le titre de *Service de l'administration civile indigène d'Alger*. Le chef de ce service fut placé sous les ordres immédiats du gouverneur, et dut travailler directement avec lui, correspondant seulement avec les autres chefs de service pour toutes les affaires confiées à sa direction, qui s'étendit sur toute chose, non-seulement en ville, mais encore dans la banlieue : culte, instruction publique, commune, justice, police, etc. Ce chef fut spécialement chargé de l'étude et de la rédaction des arrêtés et règlements sur les objets afférents à son service ; de sorte que c'est à lui que doivent être attribués deux arrêtés du 29 juillet qui règlent la composition des *midjelès* ordinaires et extraordinaires, celle des *mhakma* ou tribunaux des muphtis et des cadis, et enfin qui instituent, auprès des tribunaux musulmans en général, des agents ou *oukils* ayant seuls qualité pour plaider devant la justice indigène, sans préjudice du droit des parties de se défendre elles-mêmes. On voit que cette innovation dans les formes de la justice musulmane n'est rien moins que la fatale institution des avocats, une des plus fâcheuses plaies de notre civilisation.

Un arrêté ministériel du 30 avril 1851 organisa le culte musulman, qui depuis la conquête était administré par tradition et un peu au hasard. Il convenait de classer les mosquées et de déterminer le nombre et le traitement des ministres et des employés, surtout depuis que l'arrêté du 23 mars 1843 avait réuni au domaine les biens des mosquées. Les mosquées, d'après cet arrêté, furent divisées en cinq classes.

Le 14 juillet 1850, un décret créa des écoles primaires *arabes françaises* pour les garçons dans les villes d'Alger, d'Oran, de Constantine, de Blida, de Tlemcen, de Mostaganem et de Bône ; des écoles de même nature pour les jeunes filles musulmanes à Alger, Bône et Constantine ; enfin des écoles pour les adultes, dirigées par le professeur de la chaire arabe dans les trois villes d'Alger, d'Oran et de Constantine.

Le 30 septembre suivant, un autre décret conçu dans le même ordre d'idées créa des écoles supérieures musulmanes, dites *medressa*, dans les villes de Constantine, de Médéa et de Tlemcen, pour former des sujets propres aux emplois du culte, de l'instruction publique et de la justice. On y enseigne à cet effet la littérature, la théologie et la jurisprudence.

Le 3 septembre 1850, un décret régla la police des *Berrani*, c'est-à-dire des indigènes du dehors établis dans les villes de l'Algérie, tels que Kbaïles, Mozabites, Biskeris, etc. Nous avons vu dans les *Annales* que cette matière avait déjà été l'objet de deux arrêtés, l'un sur les Kbaïles le 4 juin 1837, l'autre sur tous les Berrani en général, du 31 janvier 1838. Le décret du 3 septembre modifia ce dernier arrêté, et établit un tribunal des amins ou syndics, sorte de conseil de prud'hommes appelé à juger les différends entre Berrani. Il fut statué que des arrêtés ministériels détermineraient les localités où les dispositions du décret seraient successivement mises en vigueur.

J'ai dit plus haut que le 1er mai 1848 un service spécial avait été créé à la préfecture d'Alger pour l'administration des indigènes. Cette institution, qui n'était que celle des bureaux arabes appliquée au territoire civil, ne tarda pas à être adoptée pour les deux autres départements. Un décret du 8 août 1854 vient de la régulariser sous son véritable titre de *bureaux arabes départementaux*. Un second décret du même jour ordonne la tenue de registres de l'état civil pour les indigènes.

Domaine.

Nous avons parlé dans les *Annales* de l'arrêté du 23 mars 1843, qui réunit au domaine de l'État les biens des corporations et établissements religieux, à la charge de pourvoir aux dépenses de ces établissements. Par ménagement pour les susceptibilités musulmanes, on ne procéda que lentement et successivement à l'exécution de cet arrêté, à l'égard des immeubles des mosquées et des zaouïa, de sorte qu'il en restait encore beaucoup en 1848, auxquels l'application n'en avait pas encore été faite. Comme cet arrêté avait passé sans exciter la moindre agitation, et qu'il en avait été de même de ses applications successives et partielles, le gouverneur général, qui était alors le général Charon, décréta, le 3 octobre, la réunion en masse au domaine de tous les immeubles qui avaient échappé jusque-là à l'effet de l'arrêté du 23 mars 1843.

Par décret du 4 février 1851, furent déclarées exécutoires en Algérie les dispositions de l'art. 9 de la loi du 7 août 1850 ; mais conformément à celles de l'ordonnance du 19 octobre 1841, les droits d'enregistrement exigibles en vertu de cette loi furent réduits de moitié pour l'Algérie.

Le 16 juin 1851, fut promulguée une loi d'une grande importance sur la constitution de la propriété en Algérie. Elle sera examinée dans une notice spéciale qui suivra celle-ci.

Objets divers.

Le décret du Gouvernement provisoire du 27 avril 1848, qui abolit l'esclavage dans nos colonies, désigna spécialement l'Algérie dans son art. 3. Il mit ainsi fin à une choquante anomalie, qui consistait en ce que pendant que nous tolérions l'esclavage des nègres chez les musulmans de l'Algérie, un petit prince barbare, le bey de Tunis, l'avait aboli dans ses États. Au reste, l'esclavage chez l'infidèle et inculte musulman est un véritable paradis pour le pauvre noir, comparativement à ce qu'il est chez le planteur chrétien et civilisé (1).

Un autre décret du Gouvernement provisoire, du 28 mars, avait autorisé le ministre de la justice à accorder la naturalisation aux étrangers qui justifieraient de cinq ans de séjour en France ; le 31 juillet suivant, une dépêche du ministre de la guerre établit ce qui suit :

« Le bénéfice de cette disposition, provisoirement suspendu en « France, n'y pourra être réclamé qu'après la promulgation de la « nouvelle Constitution ; mais en considération des besoins spé- « ciaux de l'Algérie, le ministre de la justice accordera la natura- « lisation, conformément au décret du 28 mars, à ceux des étran- « gers qui résident en ce pays qui se trouveraient dans une po- « sition telle qu'il y eût intérêt public à leur conférer dès à pré- » sent la qualité de Français. »

Le 10 mars 1849, un arrêté ministériel détermina la composition du personnel des bureaux des ponts et chaussées en Algérie.

Le 11 juin 1850, un décret régularisa la position et assura les droits à l'avancement des officiers des bureaux arabes.

Un arrêté ministériel du 12 novembre 1850 régla les attributions du service des bâtiments civils créé en 1843.

Le 4 décembre 1849, un décret avait accordé aux employés de l'administration civile qui justifieraient de leur connaissance de la langue arabe une prime de 200 fr. à 400 fr., selon leur force. Cette mesure ayant paru produire un bon effet, elle fut étendue à tous les employés par celui du 4 avril 1851.

Le 12 juin 1852, la milice algérienne reçut une nouvelle orga-

---

(1) Il est une idée reçue sans examen et passée presque à l'état de lieu commun, c'est que le christianisme a détruit la servitude. En conscience, rien n'est plus paradoxal : qu'on songe à l'Amérique et à la Russie, et il sera impossible de ne pas reconnaître qu'il y a infiniment plus d'esclaves personnels chez les Chrétiens que chez les Musulmans.

nisation basée en partie sur la loi du 13 juin 1851 et le décret du 11 janvier 1852 ; « mais, dit le préambule de ce décret, la milice « est instituée en Algérie, non-seulement pour le maintien de « l'ordre public et de la sécurité du foyer, mais encore pour con- « courir au besoin, avec l'armée, à la défense et à la conservation « du territoire. »

D'après ce principe, le gouverneur général et même les généraux commandant les divisions ont le droit de faire passer les milices sous l'autorité militaire. On ne saurait contester le besoin d'une forte organisation de défense pour la population européenne, en face de cette autre population toujours armée, qui l'observe et qu'elle inquiète ; c'est ce qu'établit très-bien le rapport qui précède le décret.

Par décret du 8 septembre 1852, un mont-de-piété fut institué à Alger. Un autre décret du 22 du même mois y autorisa la fondation d'une caisse d'épargne.

Par arrêté ministériel du 29 novembre suivant, deux prix de 5,000 francs chacun furent institués en faveur de l'auteur ou des auteurs des meilleurs dictionnaires *français-arabe* et *arabe-français*, rédigés au point de vue de l'idiome algérien.

Un arrêté du 13 décembre de la même année introduisit en Algérie l'utile institution des sociétés de secours mutuels.

L'article 9 du décret du 9 décembre 1848 donnait, en l'absence du gouverneur général, la présidence du conseil du gouvernement au secrétaire général. Cette disposition fut abrogée par un décret du 4 mai 1853, qui, dans le cas prévu par l'article précité, donna la présidence du conseil au général commandant la division d'Alger, et, à défaut, au membre désigné à cet effet par le gouverneur général.

Un premier décret du 6 octobre 1850 avait prescrit l'organisation de chambres consultatives d'agriculture en Algérie ; mais ce décret ayant présenté des difficultés d'exécution, il en fallut un autre pour les lever : ce dernier est du 23 avril 1853.

Un décret du 10 août suivant rendit applicable à l'Algérie celui du 27 décembre 1851 sur les lignes télégraphiques. Un autre décret du 7 janvier 1854 régla que les lignes de télégraphie électrique établies ou à établir en Algérie pourront être mises à la disposition des particuliers comme en France.

Un arrêté ministériel du 17 mai 1854 régla le service de la pépinière centrale du Gouvernement placée sous l'autorité du préfet d'Alger (1).

CONSTITUTION

DE LA

PROPRIÉTÉ FONCIÈRE.

Il s'éleva, il y a une douzaine d'années, une controverse assez vive sur le droit de propriété en pays musulman (2). Les uns prétendaient que la propriété foncière privée n'y existait point, et que toutes les terres y appartenaient à l'Etat, les détenteurs n'en ayant que la jouissance ; les autres niaient ce principe, et reprochaient à leurs adversaires d'appuyer sur des applications forcées de quelques sentences de philosophie religieuse, ou sur des faits

---

(1) Au moment où cette page sort de la presse, le *Moniteur* publie un décret du 1ᵉʳ octobre sur l'administration de la justice musulmane. Ce décret supprime l'appel devant les tribunaux français des décisions des midjelès.

(2) Cette controverse fut soulevée par un ouvrage de M. le docteur Worms, à qui se rattachèrent M. Marion, juge au tribunal de Bône, et le général Duvivier. M. Flour de Saint-Genis et moi répondîmes aux brochures de ces messieurs. Le savant orientaliste M. Ducorroy soutint, avec tout l'avantage de son savoir, la même opinion que nous ; enfin, M. le baron Baude figure avec habileté dans les rangs contraires. La question soulevée par M. le docteur Worms était d'autant plus oiseuse, que, dès 1838, l'administration, dans le tableau de la situation de l'Algérie, avait fort nettement établi le principe constitutif de la propriété, dans un excellent article, qui est, je crois, de M. Salvet.

découlant manifestement des abus du despotisme oriental, la doctrine erronée qui attribuait à l'État le domaine universel. En effet, ces messieurs argumentaient sur des passages tels que celui-ci, par exemple : *La terre appartient à Dieu ; il en donne l'héritage à qui il lui plaît*, pour prouver que le souverain d'un pays en est le seul propriétaire : car, disaient-ils, *c'est à lui qu'il a plu à Dieu de le donner*. Il est clair qu'avec des raisonnements de cette force, on pourrait également prouver que la propriété privée n'existe pas non plus dans le monde chrétien. On pourrait même le prouver bien mieux, car je ne crois pas que les livres musulmans présentent à cet égard rien d'aussi précis que la décision casuistique qui, pour mettre en repos la conscience de Louis XIV, troublée par l'énormité des impôts qu'il faisait peser sur la France, déclara que tous les biens de ses sujets lui appartenaient, et qu'ainsi il pouvait en prendre tout ce que bon lui semblait. Mais laissons ces subtilités, dont personne ne s'occupe plus, et voyons sérieusement ce qu'était la constitution de la propriété foncière en Algérie avant la domination française, et les modifications qu'elle a pu éprouver depuis.

Dans les villes, leurs banlieues, les vallées de la Kabylie et les contrées arabes à établissements fixes, cette constitution était, en principe et en fait, ce qu'elle est partout : la propriété se transmettait et s'acquérait par les mêmes moyens, sauf les formes spéciales et réglementaires propres à la législation musulmane.

Chez les Arabes demi-nomades, c'est-à-dire nomades dans des espaces déterminés, le sol n'était que partiellement approprié ; la partie la plus considérable en restait propriété commune de la tribu. Chaque année, les terres de culture étaient distribuées aux familles qui se présentaient pour les mettre en valeur, et qui en demandaient plus ou moins, suivant leur force productive.

Chez les grands nomades du Sud, qui ne sont guère que pasteurs, l'appropriation existait à peine, et la propriété commune se bornait au droit de parcours. Mais, à côté de ces mêmes nomades, on retrouvait, dans les oasis, la propriété privée des villes.

Tout cela est d'une extrême simplicité, découle de la nature des choses et pourrait s'établir *à priori* : car, si la propriété privée était rare chez les demi-nomades, inconnue chez les grands, ce n'était pas par la négation du principe, c'était par l'inutilité d'en faire l'application (1).

A côté de la propriété privée et de la propriété vague de la tribu, venaient le domaine public, le domaine de l'Etat et les propriété des corporations ayant existence civile. C'est, on le voit, ce qui existe partout. Le domaine de l'Etat était fort considérable, comme il l'est toujours dans les pays soumis au despotisme, où l'on confisque sans contrôle et où quelquefois on tue pour confisquer. Il devint un instant énorme en France, sous celui de Louis XIV et sous celui de la Convention, par suite de la révocation de l'édit de Nantes, de l'émigration et des immolations du tribunal révolutionnaire. Les violences des deys d'Alger avaient produit le même effet dans l'ancienne régence, à quoi il faut ajouter les terres ayant fait réversion au domaine, par suite de l'émigration ou de la dispersion des tribus qui les occupaient. Il y en avait beaucoup, surtout dans la province de Constantine. On les appelle *azel*, mot arabe qui, par son étymologie, implique une idée de dépouillement, de privation d'un droit, de séparation, et qui, par conséquent, laisse peu de doute sur l'origine du domaine de l'Etat en Algérie.

Le désir de mettre les biens des familles à l'abri de la confiscation, l'esprit religieux et charitable, portaient souvent les propriétaires à les substituer à des établissements pieux ou à des corporations, principalement à La Mecque et Médine. Le bien, de *melk* qu'il était, c'est-à-dire libre, devenait alors *habous* ou engagé. La jouissance en restait au donataire et à sa famille jusqu'à extinction de celle-ci; la corporation en avait la nue propriété. Ces sti-

---

(1) Il est résulté de l'absence de généralité d'appropriation du sol, et de la grande disproportion qui existe entre la vaste étendue des terres et les besoins restreints de la culture, que les propriétaires privés n'étaient pas, en Algérie, aussi exclusifs, aussi farouches qu'en France. Chez nous, on se heurte à chaque pas contre les prohibitions d'un propriétaire processif et méfiant; aussi je conçois qu'un inoffensif promeneur, à qui un cerbère grondeur dispute l'ombre d'un arbre ou la fraîcheur d'un ruisseau, puisse s'écrier avec M. Proudhon, quoique d'une manière moins radicale : *la propriété, c'est le vol!* Dans les pays musulmans rien de tel : *la nature y appartient à tout le monde.*

pulations étaient consacrées dans un acte qui les mettait sous la garantie de la religion. Comme elles étaient corrélatives, la cause qui aurait privé la famille du donateur de la jouissance aurait détruit par cela même la substitution; et c'était en cela que l'*habous* se trouvait à l'abri de la rapacité des deys, qui n'auraient pu s'en emparer sans un attentat contre la religion.

Dans tous les pays du monde, le système des substitutions produit deux effets : l'un bon et l'autre mauvais. Il en est du reste à peu près de même de toutes les institutions humaines. Le bon effet des substitutions est de perpétuer la splendeur de certaines familles, et de créer ainsi à la société des éléments conservateurs; le mauvais effet est de laisser à des gens que les circonstances ont pu mettre dans l'impossibilité de les faire valoir des biens qui dépérissent dans leurs mains, d'où découle une diminution de la richesse publique. Pour remédier à cet inconvénient, les lois musulmanes ont réglé que, si le détenteur d'un habous est hors d'état de le maintenir en bon état d'entretien et de valeur, il est autorisé à le céder à un tiers moyennant une rente que lui paie celui-ci et qu'on nomme *ana*. C'est alors l'ana qui devient l'objet de la substitution. Quant à l'immeuble, il redevient libre entre les mains du nouveau détenteur; mais il est grevé d'hypothèque privilégiée pour le service de l'ana.

Au lieu de vendre à l'ana, le détenteur du habous pouvait ne le céder que pour un temps par une sorte de loyer à charge de réparation appelé *djelza*.

Les causes qui avaient fait instituer les habous n'existant plus en Algérie, et d'ailleurs, les biens des corporations et établissements religieux ayant été réunis au domaine de l'Etat par l'arrêté du 23 mars 1843, on peut dire que le régime des substitutions est détruit de fait. On peut même soutenir, ainsi que l'ont fait quelques légistes, qu'il l'est de droit; car : 1° l'ordonnance du 1er octobre 1844 a décidé qu'aucune vente ne pourra être attaquée sous le motif que l'immeuble serait habous ; 2° cette disposition est reproduite par la loi du 17 juin 1851. Mais il convient de remarquer que, dans ces deux actes législatifs, il n'est question que de ventes entre des musulmans et des personnes qui ne le sont pas ; de sorte que, pris à la lettre, ils paraissent laisser subsister l'effet des substitutions entre musulmans.

Nous avons analysé, dans le livre XLII des *Annales*, les ordonnances des 1ᵉʳ octobre 1844 et 21 juillet 1846, dont le but fut de déterminer les zones dans lesquelles les Européens pourraient acquérir des immeubles, de fixer la constitution de la propriété privée, de couper court aux procès qui résultaient ou pouvaient résulter de l'irrégularité des premières acquisitions, enfin de forcer à la culture les acquéreurs européens. Nous avons parlé, dans le même livre, de l'ordonnance du 9 novembre 1845 sur la constitution du domaine de l'Etat. Plusieurs dispositions de ces ordonnances avaient été l'objet de critiques sévères; nous avons dit quelles clameurs déraisonnables souleva surtout celle du 21 juillet 1846. Quand les esprits se furent calmés, le Gouvernement songea à coordonner en une seule loi toutes les dispositions législatives que lui parut exiger la constitution de la propriété en Algérie, eu égard à l'existence nouvelle que la conquête avait faite à cette contrée. Voici l'analyse de cette loi, qui est du 17 juin 1851.

Elle contient cinq titres fort courts, car la loi n'a en tout que vingt-trois articles. Le premier titre constitue le domaine public et le domaine de l'Etat sur les bases générales du droit français, mais il fait entrer dans le domaine public tous les cours d'eau sans distinction et les sources, faisant cependant réserve des droits antérieurement acquis. Le motif qui détermina le législateur à empêcher, en Algérie, l'appropriation des eaux, est facile à deviner.

Le domaine de l'Etat fut composé : 1° des biens qui, en France, sont dévolus à l'Etat, soit par les art. 33, 539, 541, 713, 723, du Code civil, et par la législation sur les épaves, soit par suite de déshérence, en vertu de l'art. 768 du Code civil pour les Français et les étrangers, et en vertu du droit musulman en ce qui concerne les indigènes ; 2° des biens et droits mobiliers et immobiliers provenant du beylick et de tous les autres biens réunis au domaine par des arrêtés ou ordonnances rendus antérieurement à la loi ; 3° des biens séquestrés réunis au domaine dans les cas prévus par l'ordonnance du 31 octobre 1845 ; 4° des bois et forêts, sous la réserve des droits de propriété et d'usage précédemment acquis.

Le titre II traite du domaine départemental et du domaine communal, composés des biens attribués à ces sortes de domaines par la législation générale de la France ; plus, pour les communes, des biens qui sont ou qui pourront leur être attribués par la législation spéciale de l'Algérie.

Le titre III, qui est le plus important de la loi, concerne la propriété privée, qu'il déclare inviolable sans acception de personne. Il reconnaît les droits de propriété et les droits de jouissance, tels qu'ils existaient au moment de la conquête ou qu'ils ont été constitués depuis par le Gouvernement français, soit qu'ils appartiennent à des particuliers, soit qu'ils appartiennent à des tribus ou fractions de tribus.

Tout en reconnaissant à chacun le droit de disposer de sa propriété, la loi interdit l'aliénation de tout droit de propriété ou de jouissance portant sur le territoire d'une tribu au profit de personnes étrangères à cette tribu (1). A l'Etat seul est réservée la

---

(1) Les motifs de cette prohibition sont expliqués dans le passage suivant d'un discours du général de Lamoricière, prononcé lors de la discussion de la loi : « Pourquoi avons-nous défendu qu'un individu appartenant à une tribu
« puisse acheter des terres sur le territoire d'une autre tribu ? Le voici : c'est
« qu'il existe des indigènes qui, se mettant à la solde principalement d'Israé-
« lites, et parfois de colons, de spéculateurs, sont allés dans l'intérieur des
« tribus où ils savaient qu'il y avait des terres à vendre, et achetaient à vil
« prix ces terres, appartenant soit à des mineurs, soit à des individus dont
« les affaires étaient en mauvais état. Ces terres achetées, il fallait les mettre
« en valeur, soit par des Européens, soit par d'autres. Cette opération inquié-
« tait les tribus sur le territoire desquelles ils avaient acheté ces terres ; il
« se produisait dans le gouvernement intérieur des tribus des difficultés sans
« nombre qui rendaient le gouvernement du pays excessivement difficile, et
« voici pourquoi :

« La tribu répond de la sécurité de son territoire ; elle se gouverne elle-
« même, elle s'administre elle-même ; c'est, comme on vous l'a dit souvent,
« le gouvernement à forfait. La tribu se gouverne, se régit, garde son terri-
« toire, et répond de tout ce qui s'y passe ; de plus, elle vous paie l'impôt,
« moyennant quoi vous lui permettez de suivre sa religion, de suivre ses pra-
« tiques, et de vivre au milieu de ses institutions communales et locales.
« Eh bien ! si vous permettez à des étrangers appartenant à des religions
« différentes de venir s'établir au milieu de cette tribu, de désorganiser cette
« unité qui a traité avec vous, les conditions de son existence étant rompues,

faculté d'acquérir ces droits dans l'intérêt des services publics ou de la colonisation, et de les rendre en tout ou en partie susceptibles de libre transmission. Les transmissions de biens de musulman à musulman continuent à être réglées par la loi musulmane; entre d'autres personnes, elles le sont par la loi française.

Aucun acte translatif de propriété d'un immeuble appartenant à un musulman au profit d'une autre personne qu'un musulman ne pourra être attaqué pour cause d'inaliénabilité fondée sur la loi musulmane. Toutefois, dans le cas de transmission par un musulman, à toute autre personne, d'immeuble indivis entre le vendeur et d'autres musulmans, l'action en retrait connue sous le nom de *droit de cheffa* dans la loi musulmane pourra être accueillie par la justice française et le retrait être autorisé ou refusé, selon la nature de l'immeuble et les circonstances.

Ce droit de cheffa ou de préemption, en jurisprudence musulmane, est le droit dont jouissent les copropriétaires d'un immeuble d'acquérir, avant tout autre acquéreur, la part que veut vendre un autre copropriétaire. On peut voir la manière dont s'exerce ce droit dans l'exposition de la jurisprudence musulmane du docteur Khalil, ouvrage traduit par M. Perron et publié dans la collection des travaux de la commission scientifique d'Algérie.

Le titre IV traite de l'expropriation pour cause d'utilité publique et consacre le principe sacré de la *préalable indemnité*. Outre les causes générales d'expropriation, il en est une qui est spéciale à l'Algérie et qui domine toutes les autres : c'est celle qui est relative à la fondation des villes, villages et hameaux européens. Exproprier les indigènes pour colloquer des Européens en leur lieu et place est certainement une application du droit de conquête, et non autre chose. Je ne la repousse nullement d'une manière absolue :

« vous êtes obligés de substituer cette centralisation que vous avez si souvent
« combattue chez vous aux institutions locales dont je viens de parler, c'est-
« à-dire de vous immiscer dans l'administration de la totalité des tribus du
« pays. Savez-vous ce qui en résultera ? des dépenses énormes impossibles à
« supporter... Il faut, jusqu'à ce que les tribus aient été profondément modi-
« fiées dans leur existence, dans leur vie sociale, les laisser s'administrer elle-
« même et ne pas s'introduire, s'immiscer dans leur sein. »

je crois même qu'elle s'étendra beaucoup plus loin que l'Algérie, et que l'Europe, qui regorge de population, finira par reconnaître qu'elle peut fort bien ne pas laisser plus longtemps entre des mains improductives les terres que la barbarie de certains gouvernements rend inutiles. Mais, cette concession faite avec une complète conviction de sa moralité, je dis que, si l'on a le droit de resserrer les Arabes, qui ont plus de terres qu'il ne leur en faut, on ne doit en user que dans les cas d'utilité bien reconnue et être d'autant plus scrupuleux pour la fixation de l'indemnité, que c'est nous qui en fixons le chiffre et que nous sommes ainsi juges et parties. La loi du 17 juin établit que, jusqu'à ce qu'il en soit autrement décidé, l'ordonnance du 1er octobre 1844 continuera à être exécutée en ce qui touche les formes à suivre en matière d'expropriation ou d'occupation temporaire pour cause d'utilité publique, et qu'elle sera appliquée dans les territoires militaires comme dans les territoires civils.

La titre V statue que les dispositions de l'ordonnance du 21 juillet 1846, relatives à la vérification des titres de propriété, continueront à être exécutées jusqu'à l'achèvement des opérations commencées, et qu'il en sera de même de l'ordonnance du 31 octobre 1845, relative au séquestre des biens appartenant à des indigènes, jusqu'à ce qu'on en ait autrement ordonné. Sont abrogées toutes les dispositions des ordonnances du 1er octobre 1844 et du 21 juillet 1846, relatives aux terres incultes.

Telle est la loi qui sert maintenant de base à la constitution de la propriété en Algérie (1). Elle fut faite en vertu d'un article de l'éphémère Constitution de 1848, qui, déclarant l'Algérie territoire français, voulait la préparer à une complète assimilation, en la faisant passer du régime des ordonnances à celui des lois spéciales. Il y eut d'abord un premier projet préparé par la commission consultative de l'Algérie, modifié par le conseil d'Etat et présenté à l'Assemblée nationale par le ministre de la guerre, M. le général de Randon. Il s'y trouva en concurrence avec un autre

---

(1) Cette loi a été utilement commentée par M. Dareste, docteur en droit, dont j'ai le livre sous les yeux en écrivant cet article.

projet élaboré par une commission spéciale nommée par cette Assemblée pour préparer les lois de l'Algérie. Celle qui nous occupe fut une transaction entre ces deux projets.

Se rattache naturellement à cette loi ce qui a été fait pour *moraliser* le domaine en faisant cesser les iniquités si souvent signalées dans les *Annales*, pour livrer à la culture européenne les terrains dont elle paraissait avoir besoin, enfin pour l'exécution des dispositions relatives à la fixité de la propriété privée.

Il n'est pas inutile de rappeler succinctement ici les faits qui se rattachent à la question des indemnités dues par suite d'expropriation pour cause et quelquefois, dans les premiers temps, sous prétexte d'utilité publique. Nous étions entrés à Alger par capitulation : on aurait pu prendre la ville de force et ne s'engager à rien; mais enfin on accorda une capitulation et, dès lors, on fut lié. Cet acte garantissait les propriétés privées; cependant on ne tarda pas à en disposer comme on l'entendit, occupant tel immeuble, appropriant tel autre à une des branches du service public, et détruisant un troisième. Arrive le général Clauzel, qui décide que les propriétaires dépossédés seront indemnisés en recevant en échange de ce qu'on leur a pris des immeubles du domaine de l'Etat; mais survient la bureaucratie, qui, avec ses idées étroites, s'oppose à ce mode simple et prompt d'indemnisation. On parle, on écrit, on calcule, et, sous l'administration du général Berthezène, une première indemnité, équivalente à *six mois de loyer*, est payée aux propriétaires dépossédés. Cependant les occupations, les appropriations et les démolitions continuent; mais on ne paie plus rien, et, en 1836, les sommes dues s'élèvent à plus de 120,000 fr. de rente. Dans cette même année, on créa une commission de liquidation qui n'amena aucun résultat; mais il fut décidé que toutes les affaires antérieures à 1835 seraient mises à l'arriéré, et que, pour l'avenir, l'indemnité serait payée par le service au profit duquel l'expropriation aurait eu lieu. Le génie militaire fit en effet, depuis cette époque, plusieurs paiements. Les choses en restèrent là jusqu'en 1845. Pendant ce temps, la création des villages européens avait amené de nouvelles expropriations. L'ordonnance du 17 janvier de cette année, en faisant la répartition des dépenses entre les deux budgets de l'Algérie, rattacha à celui de l'Etat les indemnités pour expropriations antérieures à 1845. C'était une période de dix ans ajoutée au premier arriéré.

Après la chute d'Abd-el-Kader, les esprits étant un peu soulagés des préoccupations militaires, on se mit à songer sérieusement aux moyens d'en finir avec cette question des indemnités. Le duc d'Aumale l'avait prise fort à cœur pendant sa trop courte administration. Moralement et théoriquement, la question était fort simple : on devait, il fallait payer; mais à qui? Or, la réponse à cette question ne l'était pas autant. Des gens d'affaires avaient acheté, dans bien des cas, les droits des expropriés et les avaient achetés à vil prix à des malheureux mourant de faim. Convenait-il de respecter toujours ces conventions? Ne devait-on pas leur appliquer au moins les dispositions de l'art. 1674 du Code civil, portant rescision de la vente pour cause de lésion de plus de sept douzièmes, et prononcer cette rescision d'office, même au delà du délai fixé par l'art. 1670 du même Code? Pour ce qui était de la manière de liquider, c'est-à-dire d'évaluer l'immeuble saisi pour donner une base à l'indemnité, il était généralement fort difficile de déterminer la valeur réelle de l'immeuble au moment de l'expropriation, attendu que beaucoup d'immeubles n'existaient plus ou avaient été complétement dénaturés, sans qu'il en restât ni plan, ni état des lieux.

Ce fut le 5 février 1848 qu'une dépêche ministérielle vint réveiller officiellement cette vieille affaire de l'arriéré des indemnités, arrêtée depuis si longtemps, et à laquelle l'administration voulait enfin, tant à Paris qu'à Alger, donner une solution. Malgré la révolution qui éclata si soudainement en France peu de jours après, cette volonté fut persévérante, et une autre dépêche du 10 mars confirma celle du 5 février, constatant ainsi l'accord du nouveau Gouvernement avec l'ancien sur cette question d'équité. En vertu de ces deux dépêches, une commission de liquidation fut instituée en Algérie le 5 mai; les travaux en furent clos en février 1851, et bientôt les paiements commencèrent. Ils s'élevaient, au 1er juillet 1854, au chiffre de 6,300,000 francs; mais à qui cet argent est-il parvenu? Hélas! il faut bien le dire, en grande partie aux spéculateurs européens, qui avaient acheté les droits des indigènes, lesquels furent exploités jusqu'au dernier moment. Des fripons ayant suborné un des scribes de la commission de liquidation, savaient d'avance, par le moyen de cet homme, les réclamations qui seraient admises, et, après avoir effrayé les ayants-droit musulmans par de faux avis, ils achetaient leurs titres presque pour rien. Il est vrai que les tribunaux vinrent déranger ce honteux commerce, frappèrent les coupables et annulèrent les ventes ainsi conclues; mais celles qui n'avaient pas l'accompagnement de cette fraude manifeste, qui avaient eu lieu antérieurement, avec les chances aléatoires d'un remboursement hypothétique, parurent inattaquables d'après notre législation (1). Légalement parlant, c'était vrai; mais souvent *summum jus, summa injuria.* Quoi qu'il en soit, l'administration actuelle n'a pu réparer, autant qu'elle l'aurait voulu, les torts de l'ancienne dans cette affaire des indemnités, dont les détails sont de nature à peser d'une manière fâcheuse dans la balance comparative de la moralité des deux races.

Le paiement de l'arriéré des indemnités n'était pas la seule réparation que réclamât la morale publique : l'administration, profitant de la fièvre des spéculations sur les biens, avait vendu des immeubles du domaine à des prix monstrueux, stipulés en rente comme il se pratique en Algérie. Ces marchés usuraires étaient d'autant plus blâmables, que souvent ces immeubles appartenaient à de malheureux expropriés non indemnisés. Certains administrateurs algériens, pour faire pendant à certains bulletins de guerre par des bulletins financiers, n'avaient pas craint de faire jouer à l'Etat le rôle de certains jeunes gens qui vendent leurs habits avant de les avoir payés à leurs tailleurs. Par exemple, l'administration a retiré pendant longtemps 15,500 francs de rente de l'emplacement où a été bâti l'hôtel la Tour-du-Pin, à Alger, sans donner un sou aux propriétaires primitifs. Voici comment les choses se passèrent : en 1831 et 1832, on abattit les maisons mauresques qui couvraient cet emplacement pour en faire une place; plus tard, la place ayant été poussée plus loin, ce même emplacement resta disponible, et on le vendit comme je viens de dire :

---

(1) On eut moins de scrupule en 1808 · un décret du 17 mars annula ou réduisit fortement les créances des Juifs.

Autre exemple : un propriétaire est exproprié pour l'élargissement d'une rue ; on ne lui donne aucune indemnité ; puis, comme il restait un peu de son terrain, on le lui vend à 15 francs le mètre carré. Voilà où peut conduire le zèle inconsidéré de fonctionnaires qui, incapables de détourner la moindre somme à leur profit, ne reculent devant rien quand il s'agit de se *faire mousser*, expression consacrée pour qualifier ces sortes de manœuvres.

La nouvelle voie de moralité dans laquelle l'administration était entrée en réglant l'affaire des indemnités devait logiquement la conduire à l'adoucissement des conditions qu'elle avait faites aux acquéreurs d'immeubles domaniaux. En conséquence, un décret du 21 février 1850 prit les dispositions suivantes :

1° Réduction de 50 pour 100 de toutes les rentes constituées au profit du domaine, pour prix de vente ou de concession d'immeubles ou pour cession de droits immobiliers;

2° Admission des débiteurs de ces rentes ainsi réduites à les amortir par le remboursement du capital en huit annuités non productives d'intérêts, pourvu que l'engagement de procéder à cet arrangement fût pris avant le 31 décembre 1850. La capitalisation de la rente réduite eut lieu à 10 p. 100. Ainsi une rente de 1,000 fr. réduite à 500, représentait un capital de 5,000 fr. remboursable en huit annuités de 625 fr.

Un second décret, qui fut signé un jour après le premier, c'est-à-dire le 22 février, fit remise intégrale des arrérages desdites rentes dus au 31 décembre 1847, et remise de la moitié des arrérages échus depuis le 1er janvier jusqu'au 31 décembre 1850. Ce même décret attribua un escompte de 5 p. 100 par an sur le montant de chacune des annuités acquittées d'avance pour l'amortissement de ce capital.

Le délai accordé pour cet amortissement fut prolongé par un décret du 25 juin 1851 ; enfin, le 19 décembre de la même année, un autre décret fit disparaître toute limite de temps pour l'engagement d'amortir le capital. Ce décret fit de plus remise de tous les arrérages dus jusqu'au 31 décembre 1851.

Le passé fut ainsi liquidé. Quant à l'avenir, l'administration ne voulant plus que les immeubles du domaine devinssent une matière à spéculation, substitua dans la vente de ces sortes de biens le système de soumissions cachetées à celui des enchères créées, et régla que les prix seraient stipulés non en rentes, mais en capital.

Voyons maintenant quelle marche a suivie l'administration, lorsqu'elle a dû prendre des parcelles des propriétés collectives des tribus, pour les livrer à la colonisation européenne. Il existe à ce sujet une importante circulaire, à la date du 15 juin 1849, de M. le général Charon, alors gouverneur général de l'Algérie. Elle commence par reconnaître que les Arabes sont alarmés; qu'ils craignent de se voir déposséder des terres qu'ils occupent depuis si long-temps, et qu'il convient de les rassurer en leur prouvant qu'on s'occupe de leurs intérêts. Les règles que la circulaire prescrit pour cela sont de livrer avant tout aux colons les terres domaniales; de ne disposer des terres possédées à titre privé, qu'en donnant en échange des terres domaniales de même valeur, et autant que possible au choix du propriétaire; de ne s'emparer de terrains possédés à titre collectif, que par voie d'indemnité ou de compensation, en calculant largement les besoins de la tribu, et en lui garantissant la propriété incommutable du territoire qu'on lui laisse; de resserrer les tribus qui ne possèdent que l'usufruit des terres qu'elles occupent et dont on aura besoin, mais en leur assurant, en compensation de cet amoindrissement de jouissance, la propriété des cantons où on les resserre; d'agir avec moins de ménagement envers les Arabes établis nouvellement et sans titre sur des terres où ne les attache aucun antécédent; cependant ne pas sacrifier non plus les intérêts de ceux-là, mais au contraire les colloquer régulièrement et convenablement.

Le général Charon terminait sa sage et morale circulaire par ces mots :

« En constituant la propriété, nous devons assurer partout et
« à tout le monde la libre circulation et l'usage des eaux. Il im-
« porte surtout que, sous ce rapport, la présence des Français
« devienne pour les anciens habitants de l'Algérie un avantage,
« et non une cause de privation et de gêne.

« En procédant de cette manière, j'espère que nous parvien-
« drons à atténuer la mauvaise impression que produisent sur les
« indigènes nos projets de colonisation, et que peu à peu nous
« arriverons à leur donner assez de confiance pour qu'ils entrent

« franchement dans la voie du progrès, où il est de notre intérêt
« de les pousser. »

Ce langage rendait parfaitement la pensée du Gouvernement qui disait l'année d'après, dans l'exposé des motifs du projet qui devint la loi du 17 juin 1851 : « La France n'a jamais voulu l'ex-
« termination ni le refoulement violent de la race arabe ; elle
« veut vivre à côté de cette race et lui être utile, en se servant
« d'elle pour l'œuvre même de la colonisation. Le territoire sou-
« mis à nos armes est assez vaste, en effet, pour que les deux
« peuples puissent y vivre côte à côte, dans un contact utile à
« tous deux. »

Enfin, le ministre de la guerre s'exprime ainsi qu'il suit sur le sujet qui nous occupe, dans un rapport du 17 mai 1854 :

« Un très-grand nombre de tribus arabes en Algérie occupent
« la terre sans titres de propriété, par suite d'un simple droit de
« jouissance d'origine plus ou moins ancienne, dont la valeur
« n'était pas nettement déterminée par la législation musulmane,
« mais que la loi du 17 juin 1851 a sagement confirmé.

« La colonisation, en s'éloignant du littoral et des banlieues des
« villes de l'ancienne Régence, doit nécessairement rencontrer
« dans sa marche des territoires ainsi occupés par des usufrui-
« tiers. Il était indispensable de prendre, à l'égard de ces terri-
« toires, des mesures particulières qui, sans porter aucune atteinte
« aux légitimes intérêts des tribus, permissent de développer à
« leurs côtés l'élément européen ; il était indispensable, en un
« mot, de cantonner les tribus. Mais je n'ai pas besoin de le dire,
« ce cantonnement, tel que mon département l'a compris, n'a
« rien de commun avec un refoulement opéré en vertu du droit
« de la force, et n'est en réalité qu'une équitable transaction.

« En effet, s'il enlève aux tribus usufruitières, lorsque les né-
« cessités du peuplement européen l'exigent, une partie des im-
« menses étendues qu'elles occupent, pour les renfermer dans
« des limites plus étroites ; en échange, il substitue à leur simple
« droit de jouissance un droit de propriété incommutable sur la
« part territoriale qui leur est assignée, et la compensation est
« d'autant plus réelle, que le territoire nouveau est toujours soi-
« gneusement proportionné à l'importance de la population can-

« tonnée, et aux besoins de sa subsistance et de son agriculture
« pastorale.

« Outre cette satisfaction donnée à l'équité, la mesure ainsi ap-
« pliquée progressivement avec la plus grande circonspection est
« destinée à réaliser des résultats importants au point de vue
« politique et au point de vue de la colonisation elle-même, en
« rapprochant intimement deux races qui ont à gagner à leur
« contact, en établissant entre elles un échange nécessaire de
« services.

« La population arabe fournit aux colons européens sa main-
« d'œuvre peu coûteuse, des conditions plus économiques de
« production ; les colons lui donnent l'exemple du bien-être dû
« au travail, l'initient à des pratiques agricoles plus avancées,
« qu'elle est d'autant mieux disposée à imiter, qu'un territoire
« plus restreint l'invite à une culture plus intense.

« Un encouragement direct et puissant est d'ailleurs offert aux
« progrès agricoles des indigènes, et doit assurer à la mesure
« tous les bons effets qui peuvent en ressortir. En conférant à
« chaque tribu la propriété collective d'un périmètre déterminé,
« mon département se réserve de constituer dans ce périmètre
« même la propriété individuelle, en faveur des familles qui s'en
« montrent dignes par leurs travaux de culture. Or, la propriété
« individuelle ainsi conquise, en modifiant radicalement l'état
« social des indigènes, les liera irrévocablement à notre cause par
« leurs propres intérêts. Née du travail et de l'esprit de progrès,
« elle ouvrira les voies à toutes les améliorations sociales et agri-
« coles ; elle sera le plus sûr point d'appui de l'assimilation des
« deux peuples. »

Il n'y a rien à ajouter à ce que l'on vient de lire pour faire connaître l'esprit et le but de ce que l'on entend maintenant en Algérie par *cantonnement des Arabes*. Les indigènes y gagnent en
fixité ce qu'ils peuvent y perdre en étendue ; mais la révolte entraîne la confiscation qui, dans ces dernières années, a été appliquée en principe aux terres des gens de Zatcha et d'Elaghouat.
En somme, la propriété tend à se fixer en Algérie sous le régime
français.

La loi du 16 juin sur la constitution de la propriété n'avait rien
statué sur le mode à suivre pour le partage des immeubles pos-

sédés par indivis par l'Etat et par des particuliers. Un décret du 2 avril 1854 y a pourvu. Ce décret établit que ces sortes d'affaires seront traitées administrativement, conformément aux principes consacrés par celui du 12 juin 1813. Le rapport qui précède le décret du 2 avril constate que 98 propriétés domaniales d'une contenance de plus de 23,000 hectares sont encore à l'état d'indivision dans la plaine de la Mitidja.

Le 5 mai 1848, un arrêté du gouverneur général avait abrogé les dispositions de l'ordonnance du 1ᵉʳ octobre 1844, qui interdisaient aux fonctionnaires civils et militaires toute acquisition d'immeubles en Algérie sans autorisation du ministre de la guerre.

TABLEAU GÉNÉRAL

DE LA

SITUATION DE L'ALGÉRIE EN 1854.

La situation de l'Algérie s'est présentée sous un aspect satisfaisant au début de l'année 1854. Notre autorité, reconnue à peu près partout, à l'exception de quelques districts de la Kabylie, ne paraissait plus devoir rencontrer d'obstacles sérieux nulle part. On peut légitimement espérer que cet état de choses se maintiendra, et croire que si des perturbations nouvelles devaient surgir, elles proviendraient de causes extérieures peu à craindre sans doute, dans un moment où la France a pour alliés intimes précisément les deux seuls peuples qui pouvaient voir avec méfiance et regret la consolidation de notre domination dans le nord de l'Afrique.

Les tâtonnements, les changements de système, l'instabilité des volontés nous ont fait arriver au but par un chemin plus long, plus difficile et surtout extrêmement plus coûteux que celui que nous aurions eu à parcourir si, dès le principe, nous avions su bien nettement jusque où nous voulions aller. On a longtemps balancé entre la conquête générale et l'occupation restreinte ; mais celle-ci ne pouvait exister qu'à la condition d'établir sur les parties de l'Algérie que nous n'aurions pas directement dominées, cette espèce de suzeraineté connue dans la langue diplomatique contemporaine sous l'expression euphémique de protectorat. Or, c'est ce protectorat que l'on n'a jamais su ou pu constituer en Algérie. Le maréchal Clausel aurait voulu l'organiser avec des princes tunisiens, et il y serait, je crois, parvenu, si ses projets eussent été adoptés. Les événements nous présentèrent ensuite Abd-el-Kader ; mais le général Desmichels d'abord et le général Bugeaud, après lui, manquèrent le but : ils firent de cet émir un antagoniste et non un vassal de la France. Les négociations du général Damrémont pour lui opposer Ahmed-Bey et arriver au protectorat par la rivalité de ces deux chefs, n'aboutirent pas ; la victoire qu'il fallut remporter sur celui-ci ayant tourné à l'avantage de l'autre, son orgueil le fit rompre avec nous, et nous fûmes amenés, d'événement en événement, à la conquête générale dont peu de gens voulaient dans le principe. L'occupation restreinte et le protectorat paraissaient être, en effet, ce qu'il y avait de plus raisonnable, au moins à un début. C'est, du reste, la politique suivie par les Anglais dans l'Inde ; ce fut aussi, dans le monde antique, celle des Romains, qui imposaient leur alliance et leur protection avant d'imposer leur empire. Le système contraire a prévalu en Algérie plus par entraînement que par choix. Il nous avait coûté, à l'époque où finissent les Annales, c'est-à-dire à la fin de 1847, la somme énorme de 896,819,286 francs, de laquelle il convient, il est vrai, de déduire pour les revenus de l'Algérie jusqu'à la même époque, celle de 121,655,084 fr., ce qui porte à 775,164,202 fr. les dépenses de la conquête dans les dix-sept premières années. Je ne compte pas les frais de la prise d'Alger en 1830, car ils furent couverts par le trésor de la Casbah.

Depuis le 1ᵉʳ janvier 1848 jusqu'au 1ᵉʳ janvier 1854, on peut évaluer les dépenses, déductions faites des recettes, à 498 millions (1); ainsi les frais de conquête, d'occupation et de colonisation de l'Algérie, se sont élevés, jusqu'à ce moment, à plus d'un milliard trois cents millions, en comptant les mois écoulés depuis le 1ᵉʳ janvier de cette année.

ADMINISTRATION.

La haute administration de l'Algérie est dirigée par un gouverneur général sous les ordres du Ministre de la guerre. L'autorité de ce gouverneur général est directe et complète sur la plus grande partie du territoire qui est celle où la colonisation européenne n'a pas assez d'importance pour que l'autorité civile y ait été organisée. Cette partie du territoire porte la dénomination officielle de territoire militaire. Par opposition, on appelle territoires civils les districts, comparativement très-peu étendus, où la population européenne a une consistance qui a dû déterminer le Gouvernement à la faire administrer par des fonctionnaires de l'ordre civil (2). Ces districts, quoique disjoints et séparés par les territoires militaires, ont été partagés en trois groupes appelés, comme en France, départements, et administrés par des préfets.

Les préfets de l'Algérie ont, comme ceux de France, la correspondance avec les Ministres, pour toutes les affaires réglementaires de l'administration ordinaire; mais ils doivent s'adresser au gouverneur général pour les affaires d'une nature spéciale à l'Algérie, par exemple pour tout ce qui concerne la colonisation.

Les territoires militaires sont administrés et commandés par des officiers généraux subordonnés en tout au gouverneur gé-

---

(1) Je ne puis donner ce chiffre que comme très-approximatif, tous les comptes afférents à la période à laquelle il se rapporte n'ayant pas encore été définitivement arrêtés.

(2) Le ministère a publié, en 1852, une carte de l'Algérie, où les territoires civils sont marqués d'une teinte rouge. On voit, au premier coup d'œil, combien ils sont resserrés et peu nombreux; mais ils ont un peu augmenté depuis en étendue et en nombre.

néral. Ils forment les trois provinces d'Alger, d'Oran et de Constantine, auxquelles correspondent les trois départements qui portent les mêmes noms que les provinces où ils sont enclavés.

Les subdivisions des départements sont des sous-préfectures ou des commissariats civils, selon leur importance. Les sous-préfectures sont organisées comme en France. Les commissaires civils réunissent plusieurs attributions; car ils sont en même temps, maires, sous-préfets et quelquefois juges de paix. On peut voir, au XXVIII° livre des *Annales*, l'analyse de l'ordonnance qui les constitua en 1838; l'organisation actuelle, qui est celle du 9 décembre 1849, les a conservés à titre provisoire dans les localités où l'élément civil n'exige point encore le partage des attributions conférées à cette classe de fonctionnaires, qui a rendu de modestes, mais très-réels services et où se sont formés d'excellents administrateurs.

Il existe dans chaque département un conseil de préfecture, comme en France, et un secrétaire général. L'arrondissement du chef-lieu n'a pas de sous-préfet; il est administré directement par la préfecture, également comme en France.

Le département d'Alger, dont Alger est le chef-lieu, n'a qu'une sous-préfecture dont le siége est Blida. Mais il a cinq commissaires civils résidant à Médéa, Miliana, Cherchel, Tenez et Orléansville.

Le département d'Oran, dont Oran est le chef-lieu, n'a non plus qu'une sous-préfecture, celle de Mostaganem. Il compte trois commissariats civils, Arzeu, Mascara et Tlemcen.

Le département de Constantine, dont la ville de ce nom est le chef-lieu, a deux sous-préfectures, Bône et Philippeville, et quatre commissariats civils, Lacalle, Guelma, Bougie et Sétif.

Les généraux commandant les provinces administrent les territoires militaires par les officiers placés sous leurs ordres dans les subdivisions et les cercles. Ainsi chaque province est partagée en subdivisions, et chaque subdivision en cercles. Le général commandant la province administre directement la subdivision où se trouve la capitale de la province, de même que chaque commandant de subdivision administre le cercle du chef-lieu de sa subdivision. Chaque province forme une division militaire. Voici le tableau de cette organisation :

APPENDICE.

DIVISION D'ALGER. — QUARTIER GÉNÉRAL A BLIDA.

Subdivisions.	Cercles.
Blida.	Blida.
Alger.	Alger. / Dellys.
Aumale.	Aumale.
Médéa.	Médéa / Boghar.
Miliana.	Miliana. / Cherchel. / Teniet-el-Had.
Orléansville.	Orléansville. / Tenès.

ORAN.

Subdivisions.	Cercles.
Oran.	Oran.
Mostaganem.	Mostaganem. / Ammi-Moussa. / Sidi-bel-Abbès.
Mascara.	Mascara. / Saïda. / Tiaret.
Tlemcen.	Tlemcen. / Nemours. / Sebdou. / Lella-Maghrnia.

CONSTANTINE.

Subdivisions.	Cercles.
Constantine.	Constantine. / Philippeville. / Djidjeli.
Bône.	Bône. / La Calle. / Guelma.

Batna............	{ Batna. { Biskara.
Sétif............	{ Sétif. { Bougie. { Bou-Sada.

Il a été dit des choses fort étranges et fort déclamatoires sur la prépotence militaire en Algérie. Bien des gens paraissaient persuadés que les colons, administrés par les officiers de l'armée, étaient, par cela même, placés sous le régime disciplinaire des camps et des casernes. On appelait cet ordre de choses, tout à fait imaginaire, le *régime du sabre*. Le fait est que les individus de la classe civile établis sur les territoires militaires jouissent des mêmes garanties et des mêmes droits que ceux des territoires civils, seulement la loi leur est appliquée par des fonctionnaires qui portent d'autres costumes et d'autres titres. On a pu citer quelques erreurs, peut-être même quelques légers abus de pouvoir; mais en général les colons ont eu plus à se louer qu'à se plaindre de l'administration des officiers commandant les cercles. Il est certain que plusieurs d'entre eux passés depuis, sous l'administration civile, plus régulière sans doute, mais aussi plus lente et plus minutieuse, ont eu à regretter quelquefois, pour la prompte expédition de leurs affaires, le régime qu'on leur avait fait quitter.

Au surplus, la vie coloniale ayant eu pour se développer en Algérie plus de peine qu'on ne le prévoyait, on a cherché à s'en prendre à quelque chose, et le prétendu régime du sabre a été signalé comme une des premières causes des mécomptes. Du reste, les personnes, même les plus éclairées, qui rompaient des lances contre ce fantôme, ne réclamaient nullement pour les colons cette sorte d'indépendance municipale, de liberté de mouvement qui, avec des éléments à peu près de même nature que les émigrants que reçoit l'Algérie, fait lever tant de nouvelles étoiles sur le magique pavillon des Etats-Unis d'Amérique. On n'en demande pas tant, soit que l'on pense que l'esprit municipal est trop mort chez nos Français pour pouvoir renaître, après les deux siècles employés par l'esprit de centralisation pour l'étouffer, soit que l'on reconnaisse que les conditions de notre existence en Algérie ne permettent pas de donner à nos colons cette liberté d'action, qui enfante tant de prodiges sur les bords du Missouri. Ainsi, la dispute entre les partisans du régime civil et ceux du régime militaire en Algérie, ne consistant guère plus qu'à savoir si les administrateurs seront coiffés d'un chapeau ou d'un képi, la question n'offre pas beaucoup plus de gravité que celle qui séparait les Lilliputiens de leurs adversaires, sur la manière de casser les œufs à la coque.

Il existe auprès du gouverneur général un conseil d'administration dont j'ai fait connaître la composition, en parlant, dans un article précédent, du décret du 9 décembre 1848. Un autre conseil existe au ministère de la guerre, sous le titre de *Comité consultatif de l'Algérie,* qui en indique la nature et les attributions. Institué par décret du 2 avril 1850, modifié par celui du 17 décembre de l'année suivante, il se compose de onze membres que des fonctions antérieures ou des études spéciales ont mis à même d'acquérir la connaissance des besoins et des affaires de l'Algérie. Ces affaires sont élaborées dans une direction spéciale du ministère de la guerre, qui, du reste, n'est pas le seul qui y prenne part. Le ministre des cultes et de l'instruction publique, celui de la justice, et ceux de la marine et des finances y mettent aussi la main, dans les limites restreintes que j'ai indiquées dans l'article précité.

Le temps des épreuves et des éducations à faire étant passé, l'Algérie et l'administration algérienne de la métropole sont désormais dirigées par des hommes de savoir et d'expérience qui rendent chaque année les fautes et les hésitations plus rares. En ce moment, le ministère de la guerre, la direction des affaires de l'Algérie, le gouvernement de la colonie, les commandements des provinces sont tous remplis par des officiers généraux éminents, dont les noms ont passé bien des fois sous les yeux du lecteur.

ORGANISATION JUDICIAIRE.

La justice est administrée, en Algérie, aux Européens, ainsi qu'aux indigènes, dans les cas prévus par les divers actes législatifs dont les *Annales algériennes* ont donné les analyses, par une Cour siégeant à Alger, et par six tribunaux de première instance dont les siéges sont Alger, Blida, Oran, Bône, Philippeville et Constantine. Il y a en outre un nombre déjà assez considérable de juges de paix, deux tribunaux de commerce à Alger et à Oran ; enfin les commissaires civils exercent encore en plusieurs lieux les fonctions judiciaires qui leur furent déléguées à l'origine de leur institution.

La Cour d'Alger juge directement et sans appel les crimes commis sur le territoire civil de la province d'Alger, et sans intervention de jury. Les tribunaux de Bône, Philippeville, Constantine et Oran statuent en premier ressort sur les crimes commis dans leurs circonscriptions respectives, et leurs jugements sont susceptibles d'appel devant la Cour (1).

En matière correctionnelle, tous les tribunaux de première instance connaissent des délits commis dans leurs ressorts. Le tribunal d'Alger seul a une chambre correctionnelle spéciale.

Les affaires de simple police sont jugées par les juges de paix et, à leur défaut, par les commissaires civils. Quelques juges de paix ont en outre été investis de la connaissance de tous les délits correctionnels n'entraînant pas une peine supérieure à 15 jours de prison et 50 francs d'amende. Ces juges de paix sont ceux qui se trouvent éloignés des tribunaux de première instance, tels que ceux de Mostaganem, Tlemcen, Médéa, etc.

Il résulte des derniers documents publiés par le ministère de la guerre que les tribunaux français de l'Algérie ont eu à s'occuper, en 1851, de 159 affaires criminelles ; savoir : de 111 crimes contre les propriétés et 48 contre les personnes. Il y eut sur 271 accusés, 189 condamnés, dont 3 à la peine de mort. Sur les 271 accusés, 128 étaient indigènes et 143 Européens. Or la population européenne était de 131,283 âmes au 31 décembre 1851, et la population indigène correspondante, sous le rapport de la juridiction, c'est-à-dire celle des territoires civils, étant de 105,865 âmes, on voit que la balance de la moralité officielle est à peu près égale pour les deux races, sur la partie du territoire où elles se trouvent le plus en contact.

---

(1) Il en sera ainsi jusqu'au 1er janvier 1855, époque où sera en vigueur le décret du 19 août 1854, dont nous donnons l'analyse dans le second article de cet Appendice.

APPENDICE. 581

Ce relevé ne comprend pas les affaires portées devant les conseils de guerre pour lesquelles le nombre des accusés fut de 1399, savoir : 1138 militaires et 261 indigènes. Il y eut 107 condamnations à mort, dont 10 portant sur des indigènes furent exécutées.

RÉGIME FINANCIER.

Les services financiers sont centralisés en Algérie par les préfets dans chaque département, et surveillés par un inspecteur général et cinq inspecteurs des finances. Ces services sont rangés sous les titres suivants : *Enregistrement et domaine, Douanes, Contributions directes, Forêts, Postes.*

Enregistrement et domaine. Il y a dans chaque département pour ce service un directeur ou un agent qui en fait les fonctions, et pour toute l'Algérie dix inspecteurs, vérificateurs, conservateurs des hypothèques ou receveurs. Les recettes qui sont les produits de l'enregistrement, du greffe, du timbre, des hypothèques, des forêts et autres biens domaniaux, des mines, etc., figurent pour 2,216,390 francs dans les derniers documents financiers publiés par le ministère de la guerre, lesquels sont afférents à l'année 1851.

Douanes. Chaque département a son chef du service des douanes, et les trois départements réunis ont huit inspecteurs, vérificateurs ou receveurs. Le service actif est fait par des compagnies de douane comme en France.

Les recettes des douanes s'élèveront à 2,187,524 francs en 1851.

Contributions diverses. — Ce service perçoit les produits des patentes, licences, poudres à feu, impôts arabes, poids et mesures, plus les produits dits *locaux et municipaux* d'après la distinction établie par l'ordonnance du 17 janvier 1845 ; tout cela s'éleva à 10,286,128 francs en 1851. Les contributions diverses forment donc la branche la plus productive des revenus de l'Algérie. Cependant le personnel de ce service ne se compose guère que d'une douzaine d'agents ; mais il faut considérer que ce sont les commandants de cercles qui font rentrer les impôts arabes, lesquels constituent les trois quarts de la recette générale.

Forêts. Le service des forêts est fait en Algérie, autant qu'il peut l'être par un inspecteur chef de service par département, cinq sous-inspecteurs et 23 gardes généraux. Deux compagnies de bûcherons militaires ont été organisées dans la province de Constantine. On les emploie pour l'aménagement et l'exploitation des forêts. Les produits forestiers se sont élevés à 43,055 fr., en 1851.

Postes. — Ce service a produit 513,011 francs, en 1851, savoir, 417,989 francs en taxes de lettres et envois d'argent et 95,022 francs pour prix de places sur paquebots à vapeur. Par une continuation de ce qui existait dans les premiers temps de l'occupation, le service des postes est fait, en Algérie, par des trésoriers payeurs.

Service de la trésorerie. — Les trésoriers payeurs cumulent, en Algérie, les fonctions partagées en France entre les receveurs généraux et particuliers et les payeurs. Il y a un trésorier payeur, chef de service par province et un certain nombre de payeurs particuliers, ou payeurs adjoints pour toute l'Algérie. Les dépenses sont acquittées par le trésorier payeur ou par ses préposés, sur les mandats des ordonnateurs, d'après les crédits mensuels ouverts par le Ministre. Les moyens de service consistent; 1° en numéraire provenant des contributions et des recettes ou recouvrements effectués en Algérie; 2° en traites sur Paris, ou sur les receveurs généraux, qui sont échangées en Algérie contre le numéraire que le commerce ou les particuliers veulent faire passer en France; 3° en numéraire envoyé de France par l'État. Ce numéraire s'est élevé à près de 13 millions en 1849, dernière année pour laquelle l'administration ait publié le tableau des moyens de service du trésor.

Voici maintenant le budget officiel des recettes de l'Algérie, en 1851, le dernier publié, réduit à ses grandes divisions et sans les développements de détail :

PRODUITS ET REVENUS DE L'ALGÉRIE EN 1851.

Produits du Trésor.

1° Enregistrement, timbre et domaines..	2,216,390f 70c
2° Douanes..	2,187,524 44
3° Contributions diverses.	9,233,421 15
A reporter.	13,637,336 27

APPENDICE.

Report.	13,637,336f	27c
4° Postes et paquebots à vapeur.	513,011	16
5° Prélèvements de 10 pour 100 sur les recettes du service local et municipal.	518,417	06
TOTAL.	14,668,764	49

Produits du budget local et municipal.

1° Produits des biens et rentes des anciennes corporations religieuses.	154,040	20
2° Dixième du produit net des impôts payés par les Arabes.	784,622	28
3° Produit de la portion accordée aux communes dans l'impôt des patentes.	18,428	59
4° Produit de l'octroi municipal.	3,023,892	15
5° Produit du droit de place dans les halles, foires et marchés.	340,723	56
6° Produit des péages communaux, droits de pesage, mesurage, jaugeage, droits de voitures, etc.	184,322	34
7° Petits produits divers.	629	10
8° Produits des amendes payées par les Arabes.	474,852	56
9° Portion accordée aux communes dans le produit des amendes prononcées par les tribunaux.	34,389	73
10° Recettes extraordinaires.	166,237	07
TOTAL.	5,184,167	38
TOTAL GÉNÉRAL.	19,852,931	81

De cette somme de 19,852,931 fr. 81 c., il convient de retrancher celle de 277,753 fr. 71 c. provenant de ventes d'effets mobiliers de la guerre et de la marine, et qui ne fait pas partie, par conséquent, des revenus propres à l'Algérie (1).

---

(1) Il est bon, pour comprendre la distinction entre les produits du trésor et ceux du budget local et municipal, qui forment les deux grandes divisions du budget algérien, de se rappeler les dispositions des ordonnances du 21 août 1839 et 17 janvier 1845, dont il est parlé aux livres XXVIII et XLI des *Annales*.

CULTES.

Culte catholique. Le personnel du clergé catholique se compose, en Algérie, d'un évêque, de quatre vicaires généraux dont deux titulaires et deux honoraires, choisis par l'évêque parmi les membres de son chapitre qui se compose de 8 chanoines, 2 secrétaires de l'évêque, 68 desservants, 20 vicaires et 10 prêtres auxiliaires.

Les desservants sont divisés en deux classes : ceux de première classe sont établis dans les chefs-lieux de département et d'arrondissement, et reçoivent un traitement de 2,500 fr.; ceux de deuxième classe, établis dans les localités moins importantes, reçoivent un traitement de 1,800 fr. qui est aussi celui des vicaires et des prêtres auxiliaires. Tous ces desservants sont amovibles, aucun d'eux n'ayant le caractère de stabilité des curés, quoiqu'on leur en donne habituellement le titre.

Deux vicaires généraux résident, l'un à Oran et l'autre à Constantine.

Il existe, à Alger, un grand séminaire qui reçoit de l'État, depuis 1849, une subvention de 36,000 fr. Il y a aussi un petit séminaire ou école secondaire ecclésiastique, dont l'ouverture a été autorisée par ordonnance du 20 novembre 1846. Il reçoit une subvention de 15,000 fr.

Le traitement de l'évêque est de 20,000 fr., plus 5,000 pour frais de secrétariat et de tournée; celui des vicaires généraux de 3,600 fr., et celui des chanoines de 2,400 fr.

Culte protestant. Le culte protestant a été organisé, en Algérie, par l'ordonnance du 31 octobre 1839. Le consistoire, séant à Alger, est considéré comme mixte pour les luthériens et les calvinistes qui y sont représentés; mais la présidence en appartient au pasteur calviniste. Les protestants des deux sectes sont du reste très peu nombreux en Algérie.

Culte israélite. Il existe, pour ce culte, un consistoire central siégeant à Alger, et deux consistoires provinciaux siégeant à Oran et à Constantine.

Culte musulman. Il en sera parlé dans la section spécialement consacrée aux populations indigènes.

ASSISTANCE PUBLIQUE.

Hôpitaux. Des hôpitaux civils, spéciaux et en général bien disposés, sont établis dans les villes principales pour les malades indigents. Les hôpitaux militaires reçoivent, en outre, dans les localités où il n'y en a pas de civils, les malades de cette catégorie. Les dépenses qu'ils occasionnent sont remboursés à l'administration militaire par le budget local et municipal.

Des circonscriptions médicales ont, en outre, été formées hors des villes dans les territoires de colonisation. Des médecins, rétribués par l'Etat, y donnent aux malades des soins et des médicaments gratuits.

Il existe, dans le département d'Alger, 2 hôpitaux civils, 3 dispensaires (1) et 14 circonscriptions médicales; dans celui d'Oran, un hôpital civil, un hospice pour les femmes, 2 dispensaires, 4 circonscriptions médicales; dans celui de Constantine, un hôpital civil, 2 hospices pour les femmes, 4 dispensaires et 3 circonscriptions médicales.

Il est entré, en 1851, dans les hôpitaux, tant civils que militaires, 23,370 malades savoir :

Dans les hôpitaux civils.	9.262
Dans les hôpitaux militaires.	14,108
	23,370

Sur lesquels il n'y a eu que 1594 décès.

Le service hospitalier des hôpitaux civils est fait, à Alger, par les sœurs de Saint-Vincent-de-Paule; à Oran, par les sœurs Trinitaires de Valence, et dans le département de Constantine, par les sœurs de la Doctrine chrétienne. Parler du dévouement de cette sainte mi-

---

(1) Puisqu'il est question de ces établissements destinés aux filles publiques malades, il faut bien donner les chiffres de ces malheureuses inscrites à la police. Ce chiffre était de 1,091 en 1851, dont 228 françaises, 380 étrangères (presque toutes espagnoles), 458 mauresques et 25 juives. L'administration dit, dans son dernier tableau de situation, qu'il y a lieu de penser que beaucoup de femmes qui se prostituent échappent à l'inscription.

lice est presque un lieu commun, tant ces Dames nous y ont partout habitués. Mais c'est un hommage que je me fais un devoir de leur rendre chaque fois que leur nom se présente sous ma plume : non pour elles, elles n'en ont pas besoin ; mais pour moi.

Bureaux de bienfaisance. Ces bureaux ont été établis en vertu du décret du 13 juillet 1849. Il en existe à Alger, Blida, Constantine, Bône, Philippeville, Oran et Mostaganem.

Dépôt de mendicité. Il est pénible de penser que la mendicité, cette lèpre des vieilles sociétés, s'est reproduite, en Algérie, au sein de la nouvelle société européenne qui cherche à s'y former. Le nombre des mendiants européens était devenu si considérable, qu'au mois de juin 1852 l'administration crut devoir ordonner la formation d'un dépôt de mendicité dans la ville d'Alger. *Du reste, il suffit,* disent les documents officiels, *de l'ouverture de ce dépôt pour faire disparaître les mendiants comme par enchantement.*

Mont-de-Piété. Le Mont-de-Piété d'Alger, créé par arrêté du 8 septembre 1852, n'a pu être ouvert que le 1er juillet 1853. Avec un actif de 250,000 fr., dont la majeure partie provient d'une avance accordée par la caisse locale et municipale, il avait fait, en six mois, 3,819 prêts s'élevant à la somme de 197,138 fr., ce qui fait une moyenne de 51 fr. 63 c. par prêt.

Caisses de secours mutuels. — Trois de ces établissements existent à Alger, Oran et Constantine, en vertu d'un décret du 13 décembre 1852. Voici ce qu'en dit le ministre de la guerre dans un Rapport récemment publié :

« Je n'ai pas besoin de rappeler ici le principe sur lequel re-
« pose cette assurance mutuelle contre la misère dans la vieil-
« lesse, contre la pauvreté de la veuve et de l'orphelin après la
« mort du chef de la famille ; il me suffira de dire que ces asso-
« ciations ont pour base deux sentiments qu'il importe surtout
« de développer au sein d'une population coloniale : la pré-
« voyance et la bienveillance réciproque. Ces deux mobiles de
« toute moralisation et de tout progrès dans les classes ouvrières
« faisaient défaut à la colonisation algérienne, qui s'était insen-
« siblement accoutumée à compter sur l'administration beaucoup
« plus que sur elle-même. »

Orphelinats. — Un ecclésiastique appartenant à une corporation célèbre à divers titres, le Père Brumault, de la compagnie de Jésus, créa, il y a quelques années, à Ben-Aknoun, entre Alger et Dely-Ibrahim, une maison de refuge et d'apprentissage pour les orphelins, malheureusement assez nombreux, provenant des premières colonies. Cet établissement dut à la charité privée sa naissance, et au zèle éclairé du P. Brumault un développement auquel l'administration contribua puissamment par une subvention mensuelle de 21 fr. 50 c. par enfant, plus 60 fr. de première mise. Un établissement semblable, dirigé par le même ecclésiastique, fut créé à Bouffarick, dans l'ancien camp d'Erlon, concédé à cet effet au P. Brumault, ainsi qu'un lot de terre considérable, par décret du 16 août 1851. Par un second décret du même jour, l'ancien camp de Miserghin, près d'Oran, fut concédé de la même manière et dans le même but à M. l'abbé Abraham; enfin, par décret du 26 juillet 1852, le camp de Medjez-Hammar, dans la province de Constantine, fut concédé à des conditions analogues à M. l'abbé Plasson (1) : enfin un orphelinat, fondé par les protestants en 1844, a été établi en 1852 dans l'ancien camp de Dely-Ibrahim. Des traités ont été passés entre l'administration et les directeurs des orphelinats pour régler le régime, la pension et l'éducation des élèves. Ceux-ci reçoivent l'enseignement agricole ou celui d'une profession se rattachant à l'agriculture; le gouvernement paie pour eux 90 c. au-dessous de dix ans, époque avant laquelle ils ne sont employés à aucun travail manuel; 80 c. pour ceux de dix à quinze, et 50 c. pour ceux de quinze à dix-huit. Au-dessus de dix-huit ans, le travail des orphelins couvre les frais de leur entretien; à leur majorité, qui est l'époque de leur sortie, ils reçoivent 100 fr. de l'établissement. En 1833, le département de la Seine a confié plus de 300 enfants aux orphelinats de l'Algérie; celui de la Charente-Inférieure en avait, d'après les derniers états, 27 à Medjez-Hammar. Mais le ministre de la guerre, dans le Rapport déjà cité, semble ne pas espérer que cet exemple soit suivi. Les administrations départementales se

---

(1) La fondation de l'orphelinat de Medjez-Hammar est due à l'abbé Landmann.

sont arrêtées, dit-il, devant une question de dépense ; cependant cette innovation, comme le fait fort sagement observer le ministre, pourrait avoir des résultats d'une utilité considérable pour la France elle-même.

Un orphelinat pour les filles est établi à Mustapha, près d'Alger ; les sœurs de Saint-Vincent-de-Paule l'administrent par régie au compte de l'Etat : à Oran et à Constantine, les orphelines et les jeunes filles abandonnées sont confiées par l'administration aux sœurs Hospitalières, moyennant une subvention mensuelle. Les dames du Bon-Pasteur ont à El-Biar, près d'Alger, une maison où elles ouvrent un asile aux jeunes filles abandonnées, dans un but moral que le public a très-nettement indiqué en appelant ce pieux établissement la Maison des *Préservées*. Cette maison a été fondée en dehors de l'administration, qui cependant y entretient quelques jeunes filles.

Une maison, sous le titre de Maison de la *Sainte-Enfance*, a été fondée à Kouba, à l'époque du choléra de 1850, pour les jeunes enfants délaissés, que leur bas âge ne permettait pas de recevoir dans les orphelinats. L'administration l'a prise sous son patronage ; mais elle doit le jour à l'initiative des sœurs de Saint-Vincent-de-Paule.

INSTRUCTION PUBLIQUE.

Les écoles françaises et israélites sont, en Algérie comme en France, dans les attributions du ministre de l'instruction publique, depuis 1848 ; mais les écoles musulmanes sont restées dans celles du ministre de la guerre. Nous ne nous occuperons que des premières dans cette section.

Le lycée d'Alger est le seul établissement d'instruction secondaire que possède l'Algérie. Il est parfaitement organisé et tenu ; il comptait 230 élèves en 1851.

Le nombre des écoles primaires s'élève à 230, présentant, d'après les derniers documents officiels, 12,766 élèves, dont 11,129 garçons et 1,637 filles.

L'enseignement supérieur ne consiste qu'en trois chaires d'arabe vulgaire et littéral établies à Alger, Oran et Constantine, J'ai le regret de dire que ces cours, guère plus fréquentés que ceux du Collége de France, ne réunissent à eux trois qu'une soixantaine d'auditeurs.

La partie du service qui relève du ministre de l'instruction publique a pour chef le recteur de l'Académie d'Alger, créée par application de la loi du 15 mars 1850. Le recteur est assisté d'un inspecteur d'Académie; il y a de plus un inspecteur de l'instruction primaire pour la province d'Alger, et deux sous-inspecteurs pour celles d'Oran et de Constantine.

Les établissements scientifiques de l'Algérie sont la Bibliothèque et le Musée d'Alger, et un Musée d'antiques à Cherchell.

Les travaux de la Commission scientifique créée en 1839 ont été successivement publiés et présentent en ce moment une collection importante et variée (1).

---

(1) Cette collection se divise en trois sections, la première comprend les sciences morales et la géographie : la seconde les sciences physiques ; et la troisième les beaux arts. Les ouvrages de la première section sont les suivants :

I. *Étude des routes suivies par les Arabes* dans la partie méridionale de l'Algérie et de la régence de Tunis, pour servir à l'établissement du réseau géographique de ces contrées ; par E. Carette, capitaine du génie, membre et secrétaire de la Commission. 1 grand vol. in-8, avec une carte.

II. *Recherches sur la géographie* et le commerce de l'Algérie méridionale ; par M. E. Carette, accompagnées d'une notice sur la géographie de l'Afrique septentrionale et d'une carte, par M. Renou, membre de la Commission. 1 vol. in-8, avec 5 cartes sur papier de Chine.

III. *Recherches sur l'origine et les migrations* des principales tribus de l'Afrique septentrionale et particulièrement de l'Algérie ; par E. Carette, chef de bataillon du génie, etc. 1 vol. in-8.

IV et V. *Recherches sur la Kabylie* proprement dite, par E. Carette, capitaine du génie, membre et secrétaire de la Commission scientifique d'Algérie. 2 vol. in-8, avec une carte de la Kabylie.

VI. *Mémoires historiques et géographiques*, par E. Pellissier, membre de la Commission, consul de France à Souça.

VII. *Histoire de l'Afrique*, par Mohammed-el-Keïroani ; traduite par MM. Pellissier et Rémusat. 1 vol. grand in-8.

VIII. *Voyages dans le sud de l'Algérie* et des États barbaresques de l'ouest et de l'est, par Al-Aliachi-Moula-Ahmed, traduits par M. Adrien Berbrugger, membre de la Commission. 1 vol. in-8.

Il se publie en Algérie plusieurs journaux, dont le plus ancien est le journal officiel ou *Moniteur algérien*, qui paraît tous les cinq jours. Viennent ensuite : 1° *L'Akhbar*, qui paraît trois fois la semaine ; 2° le *Mobacher*, journal arabe-français publié par les soins de l'administration militaire, et paraissant deux fois par mois ; 3° l'*Africain*, la *Seybouse*, le *Zeramna* et l'*Echo d'Oran*, journaux hebdomadaires publiés à Constantine, Bone, Philippeville et Oran.

POPULATION EUROPÉENNE ET COLONISATION.

D'après les documents officiels publiés par l'administration, la population civile européenne s'élevait, au 31 décembre 1853, à 133,192 individus. En voici la répartition par province :

Alger.	62,440
Oran.	41,464
Constantine.	29,288

Par nationalité :

Français.	74,538
Espagnols.	56,613
Italiens.	7,573
Maltais.	5,966
Allemands.	4,663
Suisses.	1,656
Anglais et Irlandais.	450
Belges et Hollandais.	455
Portugais.	232

IX. *Recherches géographiques sur le Maroc*, par M. Renou, membre de la Commission scientifique ; suivies du Traité avec le Maroc, d'Itinéraires et de Renseignements sur le pays de Sous et de renseignements sur les forces de terre et de mer et sur les revenus territoriaux du Maroc. 1 vol. in-8, avec une carte du Maroc.

X à XV. *Précis de jurisprudence musulmane*, ou Principes de législation musulmane civile et religieuse, selon le rite malékite, par Khalil-ibn-Ish'ab, traduit de l'Arabe par M. Perron. Paris, 6 forts volumes grand in-8.

XVI. *Description de la régence de Tunis*, par E. Pellissier, membre de la Commission. 1 vol. in-8, avec une carte.

Polonais................. 263
Grecs...................   68
Divers.................. 695

Par sexe :

Hommes.................. 48,467
Femmes.................. 37,457
Enfants................. 47,268

Ces indications nous font voir : 1° combien est peu avancé encore le peuplement européen de l'Algérie ; 2° que les Français y sont maintenant un peu en majorité sur les étrangers, dont le nombre dépassait encore le leur à l'époque où s'arrêtent les Annales algériennes ; 3° que le nombre des femmes y est encore inférieur à celui des hommes ; ce qui maintient entre les naissances et les décès, parmi les Européens, une disproportion dont quelques personnes se prennent à tort au climat (1).

A ce chiffre de 133,192, le document officiel à qui nous l'empruntons ajoute 3,186 individus provenant des hospices, prisons, orphelinats, maisons d'éducation, etc., plus 3,000 transportés politiques, triste produit de nos dissensions intestines ; ainsi, la population totale européenne, tant active que passive, est de 136,378 individus. Dans ce nombre, la population agricole ne compte que pour 32,080 personnes, malgré les sacrifices énormes qu'a faits le Gouvernement pour implanter cet élément en Algérie.

Il serait sans intérêt de reproduire ici la liste des nouveaux centres de population créés en Algérie depuis que nous la possédons ; j'en ai donné ailleurs les noms, l'origine et la position. Je ne donnerai ici que la population des villes de quelque importance.

Alger. — 48,878 habitants, dont 30,403 Européens, et 18,475 indigènes.
Blida. — 8,619 habitants : Européens, 4,204 ; indigènes, 4,415.
Coléa. — 2,175 habit. : Europ., 876 ; indig., 1,299.
Médéa. — 6,750 habit. : Europ., 1,176 ; indig., 4,974.
Miliana. — 4,329 habit. : Europ., 1,385 ; indig., 2,944.

---

(1) Voyez le livre XLII.

Orléansville. — 1,366 habit.: Europ., 998 ; indig., 368.
Tenez. — 2,585 habit.: Europ., 1,385; indig., 1,201.
Cherchel. — 2.587 habit. : Europ., 1,119; indig. 1,468.
Dellis. — 1,755 habit. : Europ., 471 ; indig., 1,284.
Oran. — 30,258 habit.: Europ., 22,528; indig., 7,730.
Mostaganem. — 9,147 habit. : Europ., 5,720; indig., 3,427.
Mascara. — 4,915 habit.: Europ., 1,705; indig., 3,210.
Tlemcen. — 14,165 habit. : Europ., 2,892; indig.. 11,273.
Constantine. — 23,308 habit. : Europ., 2,364; indig., 20,944.
Bône. — 11,675 habit. : Europ., 7,740 ; indig., 3,935.
Philippeville. — 9,162 habit.: Europ., 7,863; indig., 1,299.
Bougie. — 1,838 habit.: Europ., 1,477; indig., 361.

On a vu ci-dessus que la population agricole européenne n'est que de 32,000 individus ; c'est tout ce qui constitue l'élément véritablement colonial. Ces travailleurs sont disséminés dans les divers villages et dans les banlieues des villes, cultivant les lots qui leur ont été concédés ou qu'ils ont acquis, ou bien sont employés dans quelques grandes exploitations qui ont survécu par-ci par-là à la débâcle des premiers essais. On cite, parmi les grandes exploitations de la province d'Alger, celle de M. Borelly-Lasapie, à Souk-Ali, près de Bouffarik ; celle de M. Billon, sur l'Oued-Corso, et celle de M. Bastide, à Beni-Mouça, près de l'Arba. Ce dernier a eu le premier prix d'intelligence agricole à l'exposition de 1852, et comme il est de plus avocat à Alger, il est à croire qu'il réserve pour le barreau une partie de ses facultés, ce qui ne rend que plus remarquable l'emploi du reste. Au surplus, les entreprises de spéculations agricoles que j'ai vues briller un instant, puis échouer en Algérie, les noms que les annales agronomiques ont recueillis une année, et qui sont tombés dans l'oubli l'année suivante, m'ont confirmé dans l'opinion que j'ai eue dès le principe, que le sol africain demande à être démocratiquement exploité par des cultivateurs propriétaires, là où il ne l'est pas par l'espèce de communisme agricole des Arabes (1).

---

(1) N'ayant pas visité l'Algérie depuis 1848, je n'ai cessé dans ces derniers temps de demander aux amis éclairés que j'y ai laissés, des renseignements et même des appréciations, afin de modifier, s'il y avait lieu, mes premières opi-

Peut-être la *Compagnie génevoise*, qui occupe en ce moment l'attention publique, est-elle destinée à réussir dans une carrière où d'autres ont échoué ; il est certain qu'elle présente des garanties de succès, et que le Gouvernement s'est armé de sages précautions. Cette vaste entreprise étant toute nouvelle, je ne puis mieux la faire connaître au lecteur qu'en mettant sous ses yeux ce qu'en dit le ministre de la guerre dans un récent Rapport déjà cité :

« Une tentative importante pour le peuplement et la mise en
« culture du pays a été faite en Algérie pendant l'année 1853, je
« veux parler de la Compagnie qui s'est fondée sous le patronage
« de plusieurs des hommes les plus considérables de la Suisse,
« pour la colonisation des environs de Sétif par des émigrants
« suisses.

« Permettez-moi de m'arrêter quelques instants sur cette en-
« treprise, qui me paraît destinée à trouver des imitateurs.

« Jusqu'au décret du 26 avril 1853, qui a fait concession à la
« Compagnie génevoise de 20,000 hectares dans les environs de
« Sétif, l'Etat avait été pour ainsi dire le seul entrepreneur de co-
« lonisation en Algérie. La connaissance imparfaite du pays, le
« défaut de sécurité qui, dans les premières années, devait éloi-
« gner les capitaux privés, tout contribuait à effacer et à absorber
« l'initiative individuelle à qui la France est redevable de tant de
« grandes entreprises.

---

nions, auxquelles je ne tiens qu'autant que je continue à les croire fondées sur la raison et la vérité. Or voici, sur la colonisation, un passage d'une lettre du 3 août de cette année, écrite par un homme, connu en France comme en Algérie, par son savoir et sa haute intelligence :

« J'augure bien de la colonisation européenne qui est enfin entrée dans sa
« véritable voie. Le plus beau village des environs, celui du *Fort de l'Eau*,
« s'est fait sans subsides officiels. Son succès a prouvé qu'avec de bons élé-
« ments de population on peut résoudre le problème. Ce que je dis de la colo-
« nisation doit s'entendre des *petits colons* et tout au plus des moyens. Les
« grands propriétaires se ruinent en général, s'ils font autre chose que *louer*
« *des terres aux travailleurs*. La main-d'œuvre est encore trop chère, et il
« n'y a de réussite que pour celui qui fait tout par lui-même. »

Le village du *Fort de l'Eau* a été fondé par des cultivateurs mahonnais, la meilleure espèce de colons que nous ayons en Algérie.

« Le moment est arrivé où cette situation anormale doit cesser.

« Aux termes des conventions intervenues entre l'Etat et la
« Compagnie génevoise, les 20,000 hectares affectés à la coloni-
« sation de Sétif sont divisés en dix sections de 2,000 hectares
« chacune. Sur chaque section, la compagnie s'engage à faire con-
« struire un village de cinquante maisons, sans pouvoir bénéfi-
« cier sur le prix de la maison, qui ne peut s'élever au-dessus de
« 2,000 francs.

« L'Etat abandonne à la Compagnie le choix des colons ; mais,
« avant de les diriger sur les villages dont les travaux d'utilité sont
« seuls à la charge de mon département, elle doit avoir reçu au
« moins la moitié du prix de leur maison, et, en outre, un dépôt
« de 2,000 francs qui est versé entre les mains de l'Etat pour être
« ensuite rendu aux colons au fur et à mesure de leurs besoins.

« De cette manière, chaque famille trouve, en arrivant, une
« maison construite ; elle peut immédiatement se mettre au tra-
« vail, et le dépôt de 2,000 francs qu'elle a effectué assure son
« existence jusqu'à la récolte suivante.

« Deux ans avaient été accordés à la Compagnie génevoise pour
« commencer les travaux des dix villages qui doivent être achevés
« en dix années, et cependant huit mois s'étaient à peine écoulés
« depuis la signature du décret de concession par Votre Majesté,
« qu'un premier village était non-seulement construit, mais en-
« core entièrement peuplé ; un second village était en voie d'exé-
« cution, et sous l'influence de renseignements fournis par les
« premiers colons arrivés, les demandes adressées à la Compa-
« gnie par des familles réunissant toutes les conditions voulues
« devenaient tellement nombreuses, qu'elle se voyait dans l'obli-
« gation d'en rejeter un grand nombre.

« Le succès qui a couronné cette entreprise paraît avoir déter-
« miné plusieurs compagnies tant françaises qu'étrangères, à sui-
« vre l'exemple de la Compagnie génevoise. Combien ne serait-il
« pas à souhaiter, cette première expérience faite, que les con-
« seils généraux reprissent un projet sur lequel mon département,
« de concert avec celui de l'intérieur, avait appelé leur attention,
« à savoir : la création de villages départementaux peuplés par
« des habitants d'un même département, et portant le nom de ce
« département.

« La réalisation d'un semblable projet, exécuté avec ensemble,
« serait digne de la France et aurait des résultats aussi profitables
« pour la métropole que pour l'Algérie (1). »

Le service spécial de la colonisation est fait par treize inspecteurs dits de colonisation, répartis dans les trois départements.

Se rattache essentiellement au service de la colonisation celui des *opérations topographiques* qui n'est autre que le cadastre dont il est parlé au livre XXVIII des *Annales algériennes*, et dont l'organisation a été modifiée par arrêté ministériel du 2 janvier 1846. Ce service se compose d'un chef par province, assisté d'un certain nombre de triangulateurs et de géomètres arpenteurs.

Il existe dans les quatre ports de débarquement de l'Algérie, savoir, Alger, Oran, Bône et Philippeville, des dépôts d'émigrants où les petits concessionnaires, les ouvriers des villes et des champs trouvent, à leur arrivée dans la colonie, un asile momentané. Ils y sont logés et nourris pendant quatre ou cinq jours. Ces dépôts reçurent en 1851 plus de 13,000 émigrants.

POPULATION ET ADMINISTRATION INDIGÈNE.

D'après le dernier recensement fait par les bureaux arabes, la population indigène de l'Algérie s'élevait, en 1851, à 2,323,855 âmes, et se partageait ainsi qu'il suit :

---

(1) Dans une lettre qui m'a été écrite de Sétif, se trouve le passage suivant sur la *Compagnie genevoise* : « A Sétif, où je n'ai encore séjourné que six semaines, nous expérimentons les colons suisses. Ceux-ci me paraissent avoir
« des chances de succès. Un village de 90 feux existe déjà, formant une po-
« pulation de 500 individus de bon aloi, suffisamment aisés et en louables
« dispositions. Quatre villages semblables sont en construction et doivent être
« achevés et peuplés à l'arrière-saison. Ces Suisses se livrent à des cultures
« perfectionnées, à l'élève du bétail, à la confection des fromages et autres
« industries domestiques. Toutefois les premiers venus n'ont pu jusqu'ici
« faire que du jardinage et *louer leurs lots de labour aux Arabes.* »

Cette location faite par des Européens à des Arabes de terres prises à ceux-ci est une chose fâcheuse, parce qu'elle ressemble à un impôt institué au profit de particuliers. Il ne faut pas se dissimuler que cela fait souvent faire d'amères réflexions aux indigènes.

Province d'Alger............	756,267
Province d'Oran.............	459,117
Province de Constantine.........	1,101,721
TOTAL......	2,323.855

Dans ce chiffre, la population saharienne compte pour 480,768 individus.

Telle est la masse d'indigènes en face de laquelle doit se développer la population européenne, qui est avec elle dans le rapport de 1 à 20 dans ce moment.

Les kaïds ou chefs des tribus indigènes sont placés sous les ordres des commandants militaires des provinces, subdivisions et cercles, soit directement, soit indirectement, au moyen d'un fonctionnaire intermédiaire indigène qui groupe sous sa main un certain nombre de tribus, et qui est, selon son importance, ou un agha, ou un bach-agha, ou un khalifa. Ces grands chefs nous ont été fort utiles dans les premiers temps de nos conquêtes intérieures; mais à mesure que nos établissements se développent, et que notre autorité se consolide, ils deviennent moins nécessaires. Aussi le nombre en diminue successivement, et les kaïds placés sous leurs ordres entrent dans la classe de ceux qui obéissent directement à nos chefs français de circonscriptions territoriales.

Il existe, ou il existait à la date du dernier rapport publié par le ministre sur cette matière, dans la province d'Alger, trois khalifas, cinq bach-aghas et vingt-aghas; dans celle de Constantine, trois khalifas, un agha et trois grands dignitaires, qui, sans avoir le titre de kalifa, en ont le pouvoir, et qui sont le chef de Ferdjioua, celui de Nemencha et le petit prince de Tugurth ; dans la province d'Oran, trois khalifas et vingt-deux aghas. Beaucoup de chefs arabes reçoivent des traitements fixes de l'Etat. Cet article de dépense, qui s'était élevé à 450,000 francs en 1847, n'a été que de 300.000 en 1851. Les khalifas touchent un traitement annuel de 12,000 francs, et ont des droits proportionnels sur la perception des impôts et des amendes. Ceux de la province de Constantine n'ont pas de traitement fixe, mais ils perçoivent des droits plus forts. Les bach-agha touchent 5,000 francs, et les aghas, divisés en trois classes, 1,200, 1,800 ou 3,000 francs selon la classe. Les kaïds n'ont pas de traitement ; ils perçoivent des droits locaux.

Les aghas, bach-agha et khalifas sont nommés par le ministre de la guerre, et les kaïds par les généraux commandant les provinces.

Les commandants militaires des circonscriptions territoriales exercent leur action sur les indigènes par le moyen des *directions* et des *bureaux* arabes, la plus utile des créations qui ait eu lieu en Afrique depuis que nous y avons mis les pieds. Ce que nous en avons dit dans les *Annales* doit avoir fait connaître au lecteur le mérite de cette institution, qui a prouvé que l'on peut trouver dans tous les rangs des officiers de notre armée, des hommes éminemment propres au gouvernement et à l'administration des pays conquis. Il existe une direction des affaires arabes par province, un bureau de première classe par subdivision, et un bureau de deuxième classe par cercle.

Nous retirons des Arabes l'impôt et le service militaire ; l'impôt est de trois sortes : l'*achour*, ou dîme sur les récoltes ; la *zekat*, qui est l'analogue de l'achour sur les troupeaux ; la *lezma*, qui est la contribution payée par les tribus du Sahara, et qui de temps immémorial est considérée par elles comme le prix de la liberté du commerce avec le Tell. Ces trois sortes de contributions sont évaluées et payées en argent, quoique l'achour et la zekat soient, dans leur origine, des impôts en nature. La base de l'achour est la valeur d'une mesure d'orge et d'une mesure de blé par zouidja ou djeba, mesure agraire du pays. L'*hokor*, qui est surtout connu dans la province de Constantine, n'est pas, à proprement parler, un impôt ; c'est le prix de la location de la terre, qui est en très-grande partie domaniale dans cette province. Il est fixé à 25 fr. par djeba (10 hectares). La même mesure agraire supporte aussi 25 fr. pour l'achour dans cette province, plus 5 fr. pour le droit du kaïd. Ainsi, les terres labourables sont grevées de 55 fr. par 10 hectares dans l'est de l'Algérie ; mais puisque l'hokor est le loyer de la terre, ne le comptons pas comme charge fiscale, et bornons-nous aux 25 fr. de l'achour, ce qui donnera 2 fr. 50 c. par hectare pour la contribution foncière, qui est en France de 2 fr. 47 c. ; on voit qu'il y a peu de différence.

Les Arabes ne sont point encore soumis à la loi du recrutement de l'armée ; ceux qui servent dans ses rangs le font à titre d'engagés volontaires, dans les corps réguliers spéciaux à l'Algérie, tels que spahis, zouaves, tirailleurs indigènes. Nous avons, de plus, les spahis irréguliers, qui forment ce qu'on appelle le *makhzen* dans chaque centre d'administration arabe. Enfin, les tribus soumises sont tenues de faire marcher leur *goum*, ou corps de cavalerie, lorsqu'elles en sont requises.

Les populations indigènes des villes et des villages des territoires civils sont administrées par les autorités civiles des départements ; cependant les différences de mœurs, de langue, d'habitudes et de besoins, ont empêché qu'elles ne fussent complétement assimilées à la population européenne. D'abord, tout ce qui concerne le culte et les écoles des Musulmans est resté, comme nous l'avons déjà dit, dans les attributions du ministre de la guerre, sans que celui des cultes et de l'instruction publique ait rien à y voir. On compte, en Algérie, 1,569 mosquées, dont 75 sur le territoire civil ; 5 de ces mosquées ont été construites sous l'administration française, à Philippeville, Dellys, Sétif, Batna et Guelma, les trois premières aux frais de l'Etat, et es deux dernières aux frais des tribus.

L'instruction publique tient de si près à la religion chez les Musulmans, que chercher à la modifier dans l'intérêt de notre politique et pour la propagation des idées qu'il nous convenait de répandre, parut longtemps une entreprise très-délicate. Cependant, comme il n'y a pas, à vrai dire, de clergé musulman ; que les ministres des mosquées, employés amovibles, sans caractère indélébile, en quoi ils diffèrent essentiellement de nos prêtres, sont, à l'égard de l'autorité politique, dans une dépendance incontestée, il n'y avait pas à craindre de ce côté une opposition bien tenace. L'obstacle ne pouvait venir que de la répugnance des familles, et quelquefois de leur apathie. Ces difficultés ont été vaincues en grande partie par les décrets du 14 juillet et du 30 septembre 1850, qui ont organisé l'instruction publique des indigènes. Les écoles primaires arabes-françaises établies dans plusieurs villes par le premier de ces décrets vont assez bien ; elles ont chacune un directeur français et un adjoint musulman. L'instruction y est gratuite, et de plus des récompenses en objets utiles, tels qu'effets d'habillement, sont données par l'administration aux élèves les plus méritants; enfin les écoles sont placées sous la surveillance d'un comité dont le muphti et le cadi font partie, ce qui éloigne chez les parents toute crainte de propagande religieuse. Les trois écoles supérieures ou medressas instituées à Constantine, Médéa et Tlemcen, par le décret du 30 septembre 1850, sont dans une position très-satisfaisante.

Les écoles de filles sont certainement une innovation heureuse chez les Musulmans; l'administration en a fait des écoles du Gouvernement par le décret du 14 juillet 1830; mais ce n'est pas à lui qu'en appartient l'initiative; elle est due à une Française, madame Luce, qui forma à ses risques et périls le premier établissement de cette nature, lequel reçut, du reste, des encouragements efficaces de M. le comte Guyot, qui était alors directeur de l'intérieur.

D'après les documents officiels les plus récents, 600 élèves fréquentent les écoles musulmanes du Gouvernement; il y a de plus, dans les villes, plusieurs écoles libres du premier et du second degré, sur lesquelles l'administration française prend action en distribuant des gratifications aux maîtres qui se sont distingués par leur zèle et leur bonne conduite. On avait compté dans les tribus, en 1852, jusqu'à 1,572 écoles fréquentées par plus de 20,000 élèves. De ces écoles, 1,145 étaient du premier degré et 425 du second (1).

L'assistance publique étend, en Algérie, sa sollicitude sur les indigènes comme sur les Européens; des asiles spéciaux ont de plus été ouverts à leurs malades et aux vieillards indigents, à Constantine et à Alger.

On sait que, d'après les dispositions du décret du 9 décembre 1848, les tribus ou fractions de tribus à tente, c'est-à-dire non sédentaires, quoique vivant sur le territoire civil, sont administrées par l'autorité militaire; c'est ce qu'on appelle les enclaves,

---

(1) Je venais d'écrire ces lignes sur l'enseignement public des indigènes, lorsque je reçus la visite d'un de mes plus anciens amis, le général Montauban, commandant la subdivision de Tlemcen qui, pour preuve des progrès faits par les jeunes Arabes, me montra une lettre fort bien tournée que lui écrivait, én notre langue, le fils d'un bach-agha, élève de l'école de cette ville.

qui présentent une population de 17,000 âmes, seulement dans la Metidja. Il est question en ce moment de rattacher cette population au département d'Alger; mais, comme on reconnaît que ses habitudes s'opposent à une complète assimilation, on cherche, pour pouvoir le faire sans inconvénients, un tempérament que l'on paraît avoir quelque peine à trouver.

Il existe, du reste, depuis quelques années, chez les Arabes, une disposition très-marquée à s'attacher au sol par des constructions permanentes. D'après les indications fournies par un Rapport du ministre de la guerre sur ce sujet, les maisons construites par eux en dehors des villes s'élevaient, en 1850, à 2,241, présentant un capital engagé de 2,528,846 fr. Il y a toute une révolution sociale dans cette substitution de la maison à la tente, révolution que les administrateurs de l'Algérie encouragent par tous les moyens possibles, mais qui ne peut être encore que bien partielle. Il y aurait de la témérité à tout attendre de la génération actuelle. C'est beaucoup de l'avoir mise à peu près sur la voie; le reste est une question de temps et de persévérance. Le temps ne manque jamais à un peuple; mais malheureusement la persévérance nous a quelquefois fait défaut.

En attendant que les Arabes se soient partout fixés au sol par des habitations permanentes, chacun peut reconnaître que, tels qu'ils sont, ils forment au bout du compte le véritable élément producteur de l'Algérie (1). Je crois devoir mettre sous les yeux

---

(1) Voici ce que m'écrivait récemment un de mes vieux amis d'Afrique, à qui j'avais demandé quelques renseignements sur l'état actuel de la colonisation. Après avoir répondu à mes demandes, il ajoutait : « Au bout de tout
« cela, croiriez-vous une chose, c'est que depuis que j'ai un peu parcouru la
« province de l'Est, je ne vois plus la nécessité de tant amener dans ce pays
« de colons d'outre-mer. Les cultures arabes sont admirables. Quand on tra-
« verse les environs de Sétif, les plaines des Abd-el-Nour, les Azel de Cons-
« tantine, on est forcé de se dire que jamais la main d'œuvre européenne ne
« fera mieux. Voici bien ces greniers de la vieille Rome si fort rabachés. Que
« gagnerons-nous à la transformation? Des prix plus élevés, des temps d'arrêt
« fâcheux, des insurrections et des remords de conscience. Mais c'est-là une
« opinion qui sent encore le fagot pour le quart d'heure. Aussi ne vous la lâ-

du lecteur, à ce sujet, un passage remarquable d'un Rapport sur les enclaves de la Métidja, fait par le général Charon au comité consultatif de l'Algérie, dans la séance du 7 juin 1853. Voici comment s'exprime cet officier général, qui a été en position de voir tant de choses dans l'Algérie, qu'il a gouvernée pendant deux ans, après y avoir été longtemps chef du génie militaire :

« Si cependant on examine attentivement et avec impartialité
« la situation de l'Algérie, si l'on apprécie à leur véritable valeur
« les progrès de notre établissement colonial, on est conduit à re-
« connaître que, du côté de ce peuple (les Arabes), sont les res-
« sources réelles, l'élément essentiel de cette civilisation qui est le
« but et doit être le prix glorieux des efforts de la France et des
« sacrifices qu'elle s'impose. Une population européenne, où l'élé-
« ment français domine à peine, et qui n'a pas encore atteint
« 140,000 âmes, est disséminée sur toutes les parties de ce vaste ter-
« ritoire algérien. Le plus grand nombre habite les villes ; la portion
« vraiment fixe de cette population compte à peine de 20 à 25,000
« individus, qui forment aujourd'hui tout son contingent agricole :
« c'est tout ce qu'a pu produire une possession de vingt-trois an-
« nées, restreinte, il est vrai, dans l'origine et soumise à toutes les
« vicissitudes de la guerre, mais paisible et assurée déjà depuis
« longtemps. Dira-t-on que le peuplement peut se faire plus rapide-
« ment? Mais, d'abord, il n'y a pas d'accroissement naturel dans la
« population européenne transplantée en Algérie ; l'expérience
« prouve malheureusement que le climat dévore encore aujour-
« d'hui plus qu'il ne produit. Quant à l'immigration, elle est lente
« dans ses progrès et limitée d'ailleurs par la force des choses.

« L'Algérie, en effet, n'est ni une Californie, ni une Australie ;

« cherai-je qu'en pensant, vous affirmant toutefois que beaucoup des esprits
« les plus sages de la haute administration partagent mon hérésie. »

Cette hérésie est aussi, dans une certaine mesure, la mienne; car, dans toutes les positions où je me suis trouvé, j'ai soutenu les droits des indigènes, non-seulement par esprit de justice, mais encore par ménagement pour l'élément producteur. Cependant la création d'une population chrétienne en Algérie me paraît être indispensable au triomphe définitif de notre cause, telle que nous l'avons comprise.

« ce n'est pas non plus un désert ouvert à tout venant, comme
« certains esprits à projets se l'imaginent : c'est un pays habité
« par deux à trois millions d'indigènes, où la propriété a ses droits
« écrits et traditionnels, où nulle parcelle du sol n'est sans maî-
« tre, et dont la France n'a pas entendu traiter les habitants
« comme des Peaux-Rouges, par le refoulement ou l'extermi-
« nation.

« Ce pays, il est vrai, est d'une admirable fertilité ; il produit
« des céréales en abondance, et il en produirait bien plus encore
« par de meilleurs procédés de culture : il peut, par conséquent,
« nourrir une population bien supérieure en nombre à celle qui
« l'habite aujourd'hui. Mais, remarquez-le bien, Messieurs, la
« race aborigène elle-même tend à s'accroître, et elle s'accroîtra
« sans aucun doute plus rapidement que la race européenne.
« N'est-ce pas l'effet naturel et inévitable de la paix et de la pro-
« spérité matérielle, dont le peuple arabe reçoit aujourd'hui le
« bienfait si longtemps inconnu ? Et, d'ailleurs, constatons bien ce
« fait, que l'Arabe est en ce moment le véritable et pour ainsi
« dire le seul producteur de céréales ; qu'il est en même temps le
« seul éleveur de bestiaux ; que c'est lui aussi qui nous fournit les
« chevaux et les mulets ; en un mot, que nos ressources agrico-
« les et militaires les plus précieuses nous viennent de lui.

« On peut donc dire avec raison que, dans la population indi-
« gène, résident aujourd'hui les forces vitales de notre établisse-
« ment algérien. Ces forces peuvent-elles se déplacer ? Je ne le
« crois pas. Nous n'y avons d'abord nul intérêt, car la colonisa-
« tion européenne n'aurait rien à y gagner. C'est dans les riches
« cultures industrielles du coton, du tabac, du mûrier, de l'oli-
« vier, de la cochenille, etc., que celle-ci doit se frayer sa voie,
« parce que c'est l'unique source de ces larges et rapides bénéfi-
« ces qu'elle recherche avant tout.

« Marchant ainsi dans deux routes distinctes, les deux popula-
« tions peuvent vivre côte-à-côte et s'unir d'intérêts sans se frois-
« ser et sans se nuire l'une à l'autre ; mais la population euro-
« péenne, qui s'intercale lentement au milieu de la population
« indigène et n'occupe sur le sol que des espaces restreints et
« disséminés, ne me paraît pas destinée à absorber l'autre. Le
« cantonnement des Arabes peut lui faire, sur certains points,

« une place plus ou moins large ; il ne saurait en résulter la
« prédominance réelle de l'élément européen sur l'élément in-
« digène. »

PRODUCTIONS SPONTANÉES.

Mines. — On n'avait, avant la prise d'Alger et dans les premières années qui la suivirent, aucune donnée positive sur les richesses métallurgiques de l'Algérie ; on savait vaguement que des mines de cuivre y avaient été exploitées dans les temps antiques ; car les écrivains ecclésiastiques des premiers siècles de notre ère parlent accidentellement de ces mines, où plusieurs martyrs chrétiens furent envoyés aux époques de persécution ; mais on ne savait rien de leurs gisements. L'expédition de Médéa nous fit bien connaître, dès 1830, l'existence de celle de Mouzaïa, mais on ne s'en occupa point autrement pour le moment ; et ce n'est qu'à partir de 1842 que le gouvernement porta son attention sur les mines de l'Algérie, où l'existence de plusieurs métaux utiles, d'une exploitation possible, fut constatée. En ce moment, trois mines de cuivre, une mine de fer et une mine de plomb argentifère sont exploitées dans la colonie.

Les mines de cuivre sont celles de Mouzaïa, de l'Oued-Merdja et de Tenez ; celle de fer est située auprès de Bone, et celle de plomb à Oum-Teboul, dans les environs de la Calle.

La mine de cuivre de Mouzaïa, concédée en 1844 par un arrêté ministériel régularisé en 1846 par une ordonnance royale, a eu quelques instants de prospérité ; elle employait alors jusqu'à quatre cents ouvriers : mais cette prospérité ne se soutint pas. Les travaux avaient complétement cessé en 1851, lorsqu'une nouvelle Compagnie industrielle, qui se substitua à l'ancienne, les fit reprendre pour quelque temps ; mais il ne paraît pas, à en juger par la coté des actions de Mouzaïa à la Bourse, que cette seconde entreprise puisse être beaucoup plus heureuse que la première. La mine de l'Oued-Merdja, dans la gorge de la Chiffa, n'est sérieusement exploitée que depuis 1850 ; elle promet. Celle de Tenez, située à l'Oued-Allélah, près de cette ville, fut concédée en 1849 ; elle est en voie de progrès, le minerai en étant riche et les sillons réguliers : le cuivre qui en provient est d'une qualité supérieure.

26.

La mine de fer de Bône, à Meboudja, fut concédée en 1843 ; mais les premiers concessionnaires, ayant fait de mauvaises affaires et ayant suspendu leurs travaux, furent mis en déchéance. La Compagnie qui leur a été substituée a repris l'exploitation, et a établi des hauts-fourneaux à Alélik, à peu de distance de Bône. Cet établissement paraît devoir prospérer ; le fer qui en provient peut rivaliser avec les plus beaux fers de Suède. Trois autres mines de fer, voisines de celle de Meboudjah, savoir, celle de Bou-Hamera, celle de Karesas et celle d'Aïn-Morka, avaient été également concédées en 1845, et les concessionnaires en avaient commencé l'exploitation qu'ils avaient ensuite suspendue. Il fut question de les frapper de déchéance ; mais ils firent agréer leurs excuses par le conseil d'Etat, qui les reconnut légitimes, et ils doivent reprendre les travaux.

La mine de Oum-Teboul, concédée en 1849, a produit, de 1850 à 1851, 18,654 quintaux métriques de minerai renfermant 7,431 quintaux métriques de plomb, 2,102 kilog. d'argent et 14 kilog. d'or.

Les minerais de cuivre de l'Algérie sont transportés et traités à l'établissement de Caronte, près de Marseille. Les concessionnaires ont la faculté d'en exporter en Angleterre des quantités limitées.

Plusieurs gisements métallifères, les uns seulement indiqués, les autres déjà explorés, existent en Algérie, indépendamment des mines exploitées. Ceux dont on s'est le plus occupé sont des gisements de cuivre dans la gorge de l'Oued-Kebir, près de Blida ; du même métal au cap Tenès et à l'Oued-Taffilès ; de fer dans le Trara, au mont Bou-Ksaïba, près de Jemmapes, à l'Oued-Aroug, près de la Calle ; d'antimoine, à Aïn-Babouche ; de fer oligiste, au cap Filfila ; de plomb, à Lalla-Maghrnia ; enfin on a parlé de l'existence d'une mine d'or près du village de Jemmapes (1).

L'administration des mines compte en ce moment, en Algérie,

---

(1) Deux ouvrages sur les richesses minérales de l'Algérie ont été publiés par le ministère de la guerre, de concert avec celui des travaux publics ; l'un est de M. Fournel, ancien ingénieur en chef en Algérie, l'autre de M. Ville, ingénieur des mines.

cinq ingénieurs ordinaires et huit gardes-mines. Des cinq ingénieurs, trois sont chefs de service, chacun dans un département.

Combustibles minéraux. — On a découvert des bancs de lignite dans le bassin de l'Isser, dans la province d'Oran, près de Tlemcen, et à Smendou, dans celle de Constantine ; mais on ne peut encore rien préjuger sur les résultats de cette découverte.

Sel Gemme. — Ce minéral existe dans plusieurs localités de l'Algérie, entre autres dans la vallée de l'Oued-Melah, à douze kilomètres d'Aïn-Temouchen, et dans celle de l'Oued-Riou. Le grand nombre de lacs salés ou Sebkah que l'on trouve dans tout le pays suffirait, du reste, pour en faire le grenier à sel de tout le bassin de la Méditerranée. Les salines d'Arzew, qui sont, je crois, les plus belles, ont été mises en exploitation en 1851 ; une partie des produits est consommée en Algérie, le reste est exporté à l'étranger.

Carrières. — Grand nombre de carrières ont été ouvertes en Algérie, dans ces dernières années, pour les nombreuses constructions qui ont eu lieu dans l'intérieur. On peut dire que presque partout la pierre et la chaux sont sous la main. Si des importations de pierre de taille s'effectuent encore pour les points du littoral, cela tient à l'imperfection du système de viabilité intérieure. Le service des mines a signalé des gîtes de pouzzolane dans l'île de Rachgoun et sur plusieurs points du bassin de la Tafna ; des gîtes d'albâtre dans celui de l'Isser ; un gîte de terre à porcelaine près de Lalla-Maghrnia ; un gîte de savon minéral dans la même localité ; enfin, une carrière d'onyx translucide près de Tlemcen. Le marbre de Numidie s'est retrouvé avec abondance dans les environs de Bône et de Philippeville ; le plus beau est celui du cap Filfila.

Eaux thermales. — Il n'est pas de contrée qui soit plus abondamment pourvue d'eaux thermales que l'Algérie, et, dans les nombreuses localités où l'on en trouve, presque toujours des ruines romaines attestent le parti que les anciens savaient en tirer. Nous commençons à les utiliser, à notre tour : on se bornera ici à citer les suivantes :

Hammam-Melouan, dans la gorge de l'Arach, sur le territoire des Beni-Moussa. L'analyse qui a été faite de ces eaux les met sur la même ligne que celles de Bourbonne.

Hammam-Righa, près de Miliana. Les eaux de cette source sont à la température de 45°; elles sont très-efficaces dans les affections articulaires.

Les *Bains-de-la-Reine*, entre Oran et Mers-el-Kebir, très-efficaces pour les débilités d'estomac, à 48°.

Hammam-Bou-Hadjar, non loin de Mizerghin.

Hammam-Meskhoutin, près de Medjez-Hammar. Bains célèbres dont la source principale est à la température de 95°. Ces eaux ont de l'analogie avec celles de Balarue, de Plombières et de Bagnères-de-Bigorre. Il y existe un service médical, ainsi qu'à Hammam-Melouan et Hammam-Righa.

On a reconnu en tout l'existence de 35 sources thermales en Algérie.

Forêts. — L'administration a officiellement signalé l'existence de 1,200,000 hectares de bois en Algérie ; mais elle fait remarquer avec raison qu'il ne faudrait pas juger de leur peuplement par leur étendue. En effet, laissés à l'abandon pendant des siècles, dévorés par le bétail, souvent incendiés par les Arabes, ils ne présentent, dans la plupart des localités, que des taillis assez clair-semés, à l'exception des véritables forêts, dont je fais mention au livre XXVIII des *Annales*, et auxquelles il convient d'ajouter quelques beaux bois de la lisière du Tell. On signale de magnifiques cèdres dans cette zone. Il est hors de doute que les forêts de l'Algérie, convenablement soignées et aménagées, ne soient, dans deux ou trois générations, dans un état de prospérité admirable ; dans celui de malaise où elles sont en ce moment, c'est déjà une chose bien digne de remarque que l'existence de 1,200,000 hectares de bois tels quels, dans un pays où tant de gens s'obstinaient à dire qu'il n'y en avait pas. Il est bon de faire observer que ces 1,200,000 hectares de bois appartiennent à l'État, qui n'en possède pas tout à fait autant en France : voilà ce que personne n'aurait osé croire il y a quelques années.

Corail. — Les pêcheries de la Calle ont produit, en 1853, environ 35,000 kilog. de corail, présentant une valeur de plus de 2 millions de francs. De nouveaux bancs de corail ont commencé à être exploités dans la province d'Oran.

AGRICULTURE.

L'Algérie se prête certainement à une grande variété de culture, et tous les essais en ce genre peuvent y être tentés et encouragés ; mais, comme au temps des Romains, les céréales et l'huile en sont encore les produits les plus assurés.

D'après les statistiques publiées par l'administration, les Européens établis en Algérie auraient récolté, comme fruits de leurs labeurs en 1852, environ 306,000 hectolitres de blé et 14,000 de seigle, ce qui ne couvre pas les besoins alimentaires de cette partie de la population, qui a produit, en outre, dans la même année, 272,000 hectolitres d'orge, 30,000 d'avoine et 22,000 entre fèves et maïs. Les indigènes des territoires où ils sont mêlés avec les Européens auraient produit, dans la même période, 365,000 hectolitres de blé, 4,000 de seigle, 590,000 d'orge et 24,000 entre fèves et maïs. Ainsi les deux populations juxtaposées ont produit, en graines farineuses :

　　Les européens. . . . .　644,000 hectolitres.
　　Les indigènes. . . . .　983,000

Les fonds producteurs sont évalués à :

　　47,891 hectares pour les cultures européennes.
　　107,727　—　pour les cultures indigènes.

Le rendement est donc à l'avantage des cultures européennes, dans le rapport de 2,27 à 1,52, dans les lieux où les deux races sont en contact immédiat. Mais c'est dans la zone que les Arabes occupent seuls que réside la véritable richesse de l'Algérie ; la production des céréales s'accroît là chaque année depuis 1848, et atteindra bientôt son antique et classique niveau, si elle ne le dépasse pas. On voit, dans le tableau du commerce de la France récemment publié, que notre pays, en 1853, a tiré de l'Algérie 613,623 hectolitres de blé évalués à 10,192,934 francs. Ce résultat est dû uniquement à la culture arabe, puisque, comme on vient de le voir, celle des Européens ne couvre pas leurs besoins. Pour bien juger de l'importance de ce chiffre, il faut savoir que, d'après les recherches de notre savant et spirituel économiste, M. Michel

Chevalier, l'Europe occidentale et centrale ne peut trouver annuellement sur le marché général du monde que 13 millions d'hectolitres de blé, du fait de l'ensemble des pays réputés producteurs, à des prix qui répondent à la cote moyenne des prix chez nous (1). C'est donc 1/23ᵉ de la masse que l'Algérie est venue ajouter au marché général, ce qui ne laisse pas que d'être très-appréciable. Il y a environ 1900 ans que César, revenant de son expédition d'Afrique, après avoir réduit en province romaine les Etats du roi Juba, qui comprenaient une grande partie de notre Algérie, annonçait au peuple qu'il pouvait retirer 2 millions de médimnes de blé de cette nouvelle possession, ce qui fait un peu moins de 1 million d'hectolitres. On voit que nous n'en sommes pas loin.

César dit aussi que la contrée soumise fournissait 3 millions de livres d'huile à la métropole (2). D'après les données fournies par l'administration, ce chiffre aurait été de beaucoup dépassé; car elle évalue, dans son Rapport du 20 mai déjà plusieurs fois cité, les exportations en huile à 2,914,450 kilog. pour 1853, quantité inférieure de près de moitié à celle de 1852.

Blé et huile, voilà les deux grands produits agricoles de l'Algérie. Les cultures industrielles, à l'exception de celle du tabac, n'y sont guère qu'à l'état d'essai. Nous allons les passer en revue.

Tabac. Le Gouvernement a beaucoup encouragé en Algérie la culture du tabac qui y est maintenant très-florissante. Depuis 1843 il entretient dans la colonie des agents spéciaux, chargés d'éclairer de leurs conseils les nouveaux producteurs et d'acheter le produit des récoltes pour le compte de la régie, à des prix convenables et fixés d'avance. La culture et la vente sont du reste parfaitement libres. En 1844, la régie ne put retirer que 23,469 kil. de l'Algérie au prix de 20,863 francs. En 1850 elle en retira 251,166 kil., au prix de 204,703 francs. On voit quel immense progrès fut fait en sept ans. Dans les premiers temps, les Arabes l'emportèrent sur les Européens pour la production du tabac;

---

(1) Je reproduis les paroles de M. Michel Chevalier.
(2) La livre romaine étant de 0ᵏ,337, cela fait 1,011,000 kilogrammes.

mais depuis, l'avantage est revenu à ces derniers. En 1851, sur 309,331 kil. fournis à la régie, 232,924 l'ont été par les Européens, et 76,407 kil. par les Arabes.

Coton. La culture du coton ne fut d'abord pratiquée que dans le jardin d'essai et de naturalisation du Gouvernement, mais elle le fut avec un succès qui détermina quelques colons à s'y livrer. Pour les encourager, l'administration s'engagea à acheter à des prix fixés d'avance leurs produits qu'elle revendait ensuite à nos manufacturiers, avec perte, sans doute; mais enfin ce système a eu pour résultat de faire naître en Algérie une nouvelle branche de richesse qui acquiert chaque année de la force. Les cotons algériens ont été particulièrement remarqués à l'exposition universelle de Londres où ils ont eu onze récompenses. Cela les a mis en réputation dans le monde industriel, et a donné une nouvelle impulsion à la production. Le Gouvernement, de son côté, a redoublé ses encouragements: un décret du 16 octobre 1853 a réglé que des graines continueraient à être fournies aux planteurs par l'administration, qui continuerait pendant trois ans ses achats officieux à partir de 1854. A l'expiration de ce terme et pendant deux ans, des primes seront accordées à l'exportation en France des cotons récoltés en Algérie, et pendant cinq ans, à partir de 1854, à l'introduction en Algérie de machines à égrener (1). Des prix provinciaux de 2,000 francs, 3,000 francs et 5,000 francs, sont accordés chaque année aux planteurs qui ont obtenu les meilleurs produits. Indépendamment de ces prix, un second décret de la même date que le précédent a affecté, sur les fonds de la liste civile, une somme de 100,000 francs pour être distribuée chaque année, pendant cinq ans, en prix d'encouragement de 20,000 fr. dit *prix de l'Empereur.*

Culture du mûrier et production de la soie. La culture du mûrier a fait, depuis quelques années, de grands progrès en Algérie où elle avait été très-florissante avant la domination turque. Le Gouvernement fait pour la soie ce qu'il fait pour le tabac et pour

---

(1) Jusqu'alors ces machines n'existaient que dans les établissements du Gouvernement où l'administration fait égrener le coton que lui livrent les planteurs.

le coton, c'est-à-dire qu'il achète les produits et les revend ensuite en France. En 1853, le seul département d'Alger a produit 14,000 kil. de cocons. L'Algérie entière n'en avait produit que 7,888 en 1850.

Garance. La garance, qui croît spontanément dans tout le nord de l'Afrique, commence seulement à être cultivée par nos colons. Ces cultures paraissent devoir être avantageuses.

Cochenille. On a pu lire au livre XIV des *Annales algériennes* quels furent les premiers essais tentés en Algérie sur la cochenille. Cette industrie a marché lentement; cependant des plantations de nopals ont eu lieu, et les produits, qu'achète l'administration, ont pris dans ces derniers temps une certaine consistance. La cochenille de l'Algérie a été classée par le commerce entre celle des Canaries et celle du Mexique.

Plantes textiles. Le chanvre et le lin viennent très-bien en Algérie; mais la culture de ces végétaux n'y a pas cependant un grand développement. Quelques plantes textiles plus rares sont cultivées à titre d'essais à la Pépinière centrale.

Pavot somnifère. La culture de ce végétal, dont on tire l'opium, existe sur une très-petite échelle en Algérie; mais c'est si peu de chose, que ce n'est guère la peine d'en parler.

Cultures diverses. L'arachide, le sésame, le ricin, l'indigo, le carthame, le coriandre, l'anis, sont en ce moment, de la part de nos colons, les sujets d'essais plus ou moins persévérants, mais dont les résultats ne présentent pas encore assez d'importance pour qu'il y ait autre chose à dire qu'à les indiquer.

Pépinières du Gouvernement. J'ai parlé au livre XIV des *Annales* de la fondation du *Jardin d'essai et de naturalisation*, excellent établissement dû à M. Genti de Bussy, situé à Hamma près d'Alger. L'institution dont ce jardin était le point de départ a pris, depuis 1833, de bien grands développements sous la dénomination de *Pépinières du Gouvernement.* Outre la *pépinière centrale* d'Alger, qui est l'ancien jardin de M. de Bussy, on compte en ce moment dans la colonie dix-neuf pépinières situées à Médéa, Miliana, Aumale, Orléansville, Misserghin, Mostaganem, Mascara, Tlemcen, Saint-Denis-du-Sig, Saint-Cloud, Tiaret, Constantine, Philippeville, Bône, Guelma, Sétif, Batna, Djidjelli, Biskara.

Ces pépinières, où les cultivateurs trouvent à des prix très-modérés tous les plants dont ils peuvent avoir besoin, ne constituent pas le Gouvernement en frais ; car, après quelque temps d'existence, ils finissent par rapporter plus qu'ils ne coûtent. Ainsi qu'il appert des comptes de l'administration, l'excédant des recettes sur les dépenses a été en dix ans, à la Pépinière centrale, de 919,195 fr. 61 c.

On voit, par tout ce qui précède, combien sont actifs et soutenus les secours accordés par le Gouvernement à la culture européenne. Certes, si la colonisation ne finit pas par prendre un essor proportionné aux encouragements qu'elle a reçus, ce ne sera pas faute de sacrifices pécuniaires et de soins de toute espèce. Il faudra en chercher la cause ailleurs.

Bétail. — Salluste définit le nord de l'Afrique sous le point de vue agricole : *Ager frugum fertilis, bonus pecori, arbori infecundus.* On a vu, par ce que nous avons dit des bois de l'Algérie, que cette dernière assertion n'est pas aussi exacte qu'on l'a cru longtemps. Les deux autres sont encore parfaitement vraies. J'ai parlé de la grande production de céréales de cette contrée : celle du bétail n'est pas moins remarquable et provient encore presque exclusivement du fait des indigènes. La cruelle guerre qui a si longtemps ensanglanté et dévasté le pays avait mis en grande souffrance cette branche de richesse, mais depuis qu'un calme relatif s'est rétabli, elle se relève admirablement. Ainsi, l'exportation de la laine, qui n'avait été que de 369,363 kilogrammes en 1847, s'est élevée à 4,354,490 kilog. en 1853. La même année, il a été exporté pour plus de deux millions de francs en peaux brutes.

Haras. — La race chevaline avait encore plus souffert de la guerre que le bétail. Le Gouvernement songea sérieusement à porter remède à cet état de choses en 1842. Un haras, qui reçut son organisation définitive en 1844, fut établi à Mostaganem. Depuis, des haras moins considérables, ou plutôt des dépôts d'étalons, ont été établis à Alélik, près de Bône, et à Coléa. Ce dernier a été transféré à Blida.

Exposition annuelle des produits agricoles. — Cette exposition a lieu depuis 1848 dans chaque province. On y distribue des médailles d'encouragement.

INDUSTRIE.

L'Algérie se trouve, en matière d'industrie, dans un état transitoire qui ne lui est point avantageux : en effet, elle a plus perdu de son ancienne industrie mauresque qu'elle n'a gagné en perfectionnements européens. Les indigènes font cependant encore des tissus de laine pour haïks et bournous, dont quelques-uns sont d'une grande finesse ; les plus estimés se fabriquent chez les Beni-Abbès. Les broderies d'or et d'argent d'Alger étaient fort recherchées dans le Levant, mais cette branche d'industrie a beaucoup souffert depuis la conquête ; elle n'existe presque plus à Mostaganem, où elle avait pris une grande extension. Il en est de même de la fabrication du maroquin, qui est considérablement réduite depuis 1830 sur tous les points où on s'y livrait autrefois. Les tissus de soie, soie et or, soie et argent, les mousselines brodées d'or, d'argent et de soie pour ceintures et écharpes, forment encore une branche d'industrie bien appauvrie depuis notre entrée en Algérie ; cependant cette fabrication, dont les produits sont agréables et assez recherchés par leur originalité, est loin d'avoir perdu toute vitalité. J'en dirai autant de la sellerie indigène, et surtout de la fabrication des tapis de laine, industrie précieuse qu'il convient d'encourager. On en faisait autrefois beaucoup à Oran, à Mostaganem, à Calah ; maintenant, la petite ville de Calah est à peu près le seul point où on en fabrique encore. L'art de la teinture était, en général, dans un état satisfaisant dans l'ancienne Régence : la petite ville de Dellys passait pour la localité où on l'entendait le mieux. Les essences de rose, et surtout celles de jasmin, sont encore des produits fort estimés de l'industrie indigène.

Cette industrie ne se développait nulle part sur une fort grande échelle ; il n'existait point de grandes manufactures dans le pays, point d'usines, à l'exception de quelques moulins à eau d'une construction grossière et fort simple ; nous en trouv à mesun assez grand nombre dans les environs de Tlemcen.

L'industrie européenne n'a encore créé ni pu créer aucun bien grand établissement en Algérie ; ses travaux sont encore à l'état d'essais et de recherches, mais ils lui ont déjà fait découvrir plus d'une source nouvelle de richesse. J'ai déjà parlé de ceux des mines, et je n'y reviendrai pas ; d'ailleurs, ils n'ont fait que suivre des traces déjà connues. Mais la fabrication du crin végétal tiré du palmier-nain est une invention nouvelle, qui a obtenu une médaille d'honneur à l'Exposition universelle de Londres. Une mention honorable a été accordée à l'inventeur d'un papier fait avec le même végétal. Depuis, une découverte plus importante a été faite, c'est l'emploi, pour la fabrication du papier, de l'espèce de sparte que les Arabes appellent alpha, qui, comme le palmier-nain, croît spontanément en Algérie avec une extrême abondance. Le papier fabriqué avec cette substance est de la meilleure qualité. Cet emploi de l'alpha peut être d'un immense avantage pour l'Algérie ; car, depuis quelque temps, l'industrie européenne, à qui le chiffon devient insuffisant pour la fabrication du papier, était en quête d'une substance qui pût le remplacer. L'alpha, comme les feuilles de palmier-nain, étant fort encombrant à son état naturel, a besoin d'être converti en pâte sur les lieux pour pouvoir être transporté à des prix qui en rendent l'usage possible aux fabricants de papier. Mais, dans cet état, il se trouve, par application de la législation douanière, frappé à l'entrée en France d'un droit exorbitant ; mais c'est là un obstacle passager que le Gouvernement s'occupe à faire disparaître au moment où j'écris ces lignes.

Le ministère de la guerre a institué à Paris une Exposition permanente des produits de toutes les branches de l'industrie algérienne agricole et manufacturière. Cet établissement mérite d'être visité avec soin, et en dit plus sur les richesses très-réelles de l'Algérie que tout ce qu'on peut en écrire.

Je dois signaler, en terminant cet article consacré à l'industrie, les nombreuses constructions de moulins à farine qui ont eu lieu dans ces dernières années, tant par les Européens que par les indigènes. Ces constructions sont de grands bienfaits pour les populations musulmanes ; elles tendent à délivrer les femmes des tribus du plus pénible des travaux domestiques, la manœuvre des petits moulins à bras.

COMMERCE.

Il résulte des dispositions de la loi du 11 janvier 1851, combinées avec les articles non abrogés de l'ordonnance du 16 décembre 1843, que (1) :

1° La France reçoit en franchise de droits de douanes les produits naturels de l'Algérie, et dans de larges limites ses produits industriels ;

2° L'Algérie reçoit en franchise les produits de la France, à l'exception des sucres raffinés qui sont tarifés ;

3° Il n'y a pas de droits de sortie entre la France et l'Algérie ;

4° Les marchandises étrangères sont taxées, en Algérie, d'après le tarif de France ; mais celles de ces marchandises qui intéressent la construction et la production agricole y sont reçues en franchise ;

5° Les produits prohibés à l'entrée en France sont admis en Algérie moyennant un droit *ad valorem*.

6° Sont affranchis de tous droits de sortie, les produits de l'Algérie exportés pour l'étranger, sauf un certain nombre d'exceptions.

Ce régime commercial et douanier est certainement avantageux à l'Algérie et ne peut que le devenir de plus en plus ; car la colonie, commercialement assimilée à la métropole, participera à tous les progrès que ne peut manquer de faire celle-ci dans l'application de la théorie du libre-échange. Les hommes habiles et expérimentés qui, depuis quelques années, dirigent les affaires de l'Algérie, en fondant cet état de choses et en le faisant triompher devant le pouvoir législatif, ont compris que la prospérité matérielle de cette contrée importe autant à la France que celle de toute autre partie de son territoire, et que ce serait de la démence que de craindre la concurrence agricole de l'Algérie, comme la rêvaient certaines gens.

Le commerce général de l'Algérie a été évalué, en 1853, à 132,528,454 francs, savoir :

---

(1) Voir l'analyse de la loi du 11 janvier à la page 347 de ce volume.

Importations.   99,079,531
Exportations. . . . .   33,448,923 (1).

On voit que la disproportion entre les importations et les exportations a beaucoup diminué depuis 1847. Du reste, elle est encore assez considérable pour étonner étrangement à la première vue. Je renvoie le lecteur à ce que j'ai dit dans le livre XLII pour chercher à expliquer ce phénomène économique.

La part de la France dans le commerce de l'Algérie est naturellement de beaucoup la plus considérable. En voici le tableau :

Importations.

Tissus de coton.	20,764,247 francs.
Tissus de lin ou de chanvre.	2,495,049
Vins.	11,215,274
Effets à usage.	6,980,633
Tissus de laine.	5,567,892
Tissus de soie.	5,647,491
Sucre raffiné.	2,800,549
Peaux ouvrées.	2,685,560
Papier, carton, livres et gravures. . . .	1,454,608
Huile de graines grasses.	1,138,778

---

(1) Les chiffres évaluatifs du commerce spécial présentent une légère différence avec ceux du commerce général. On sait que le *commerce général* à l'importation embrasse tout ce qui est arrivé de l'étranger, sans égard à l'origine première des marchandises où à leur destination ultérieure, soit pour la consommation ou l'entrepôt, soit pour la réexportation ou le transit. Le commerce spécial ne comprend que ce qui est entré dans la consommation intérieure du pays. A l'exportation le *commerce général* se compose de toutes les marchandises qui passent à l'étranger, sans distinction de leur origine. Le *commerce spécial* ne comprend que les marchandises nationales ou celles qui, nationalisées par le paiement des droits d'entrées, sont ensuite réexportées.

Dans les chiffres évaluatifs des importations, j'ai pris les valeurs *actuelles* et non les valeurs *officielles* de l'ordonnance du 27 mars 1827. L'emploi de ces dernières valeurs élèverait à près de 170 millions le commerce de l'Algérie, en 1853. C'est le chiffre que donne le *Tableau général du commerce de la France* dans le résumé analytique.

Outils et ouvrages en métaux..	2,052,868
Poterie, verres et cristaux.	1,094,282
Mercerie et boutons.	2,120,342
Peaux préparées.	1,640,316
Eaux-de-vie, esprits et liqueurs.	2,679,251
Soie et bourre de soie..	1,131,329
Savons ordinaires.	1,083,900
Matériaux à bâtir..	580,506
Acide stéarique ouvré..	554,982
Farine de froment..	1,336,927
Orfévrerie et bijouterie..	562,768
Parfumerie.	438,752
Fer, fonte et acier.	575,242
Fils de toute sorte.	293,305
Tabac fabriqué ou seulement préparé.	585,488
Médicaments composés..	507,004
Fromages.	689,212
Fruits de table et fruits oléagineux..	545,396
Bois communs.	365,083
Viandes salées..	537,259
Indigo.	177,405
Riz et grains.	201,814
Légumes secs et leurs farines.	215,095
Graisse de porc (saindoux)..	278,080
Beurre.	66,471
Froment.	31,967
Autres articles..	6,084,030
	86,597,135 fr.

Le lecteur aura pu remarquer dans cette nomenclature un article de près de 7 millions, intitulé *Effets à usage*. Ces effets, personnels aux individus qui les transportent, ne constituent pas des objets de commerce. Je soupçonne que les 6,084,030 francs, placés sous l'indication d'*Articles divers*, ont une origine analogue. Ce seraient donc 13 millions à retrancher du mouvement commercial algérien, tel que le donne l'administration des douanes, soustraction qui rapprocherait le chiffre des importations fourni par cette administration, de celui qui l'est par le ministère de la guerre dans son beau rapport du 20 mai.

APPENDICE.

Exportation.

Céréales (grains)................	11,810,377 francs.
Laines en masse................	5,905,745
Peaux brutes...................	2,153,150
Tabac en feuilles ou en cotes......	770,668
Huile d'olive..................	2,473,836
Légumes secs et leurs farines......	1,300,507
Béliers, brebis et moutons.........	719,896
Minerai de plomb...............	270,335
Minerais non dénommés...........	273,583
Futailles montées...............	118,032
Végétaux filamenteux............	314,857
Citrons, oranges et leurs variétés...	108,330
Os, sabots et cornes de bétail......	226,967
Joncs et roseaux................	21,297
Tabac fabriqué ou seulement préparé..	142,943
Cire non ouvrée, jaune et brune....	194,987
Suif brut.....................	234,604
Soies écrues, gréges.............	112,000
Minerai d'antimoine.............	85,444
Drilles.......................	83,150
Chevaux.....................	76,650
Liége brut....................	20,085
Sangsues.....................	154,440
Autres articles.................	1,301,850
Total.........	28,873,755

Le commerce de l'Algérie avec l'étranger est évalué à 12,482,346 francs pour l'importation, et à 4,575,170 francs pour l'exportation. Un peu plus de 4 millions de produits étrangers importés proviennent des entrepôts de France. Les pays étrangers avec lesquels l'Algérie a le plus de relations commerciales sont l'Angleterre et l'Espagne. Elle tire de la première surtout des tissus de coton et lui envoie de l'orge; elle tire de la seconde surtout des fruits et lui envoie autant de tissus de coton qu'elle en reçoit de l'Angleterre. Les contrées avec lesquelles le commerce algérien a le plus d'activité après ces deux-là sont : la Suède, l'empire d'Autriche, les Etats barbaresques et ceux d'Italie.

Il existe, en Algérie, des entrepôts à Alger, Arzew, Bône, Bougie, Cherchel, Dellys, Djidjeli, La Calle, Mers-el-Kébir, Mostaganem, Nemours, Oran, Philippeville et Tenez.

La banque d'Alger, créée en exécution de la loi du 5 août 1851, avec un capital de 1,250,000 francs, a escompté, en 1853, 17,369 effets s'élevant à la somme de 13,728,000 francs.

Le lecteur serait peut-être surpris, si je ne disais rien, dans cet article, du commerce du Soudan. On sait toutes les illusions que quelques personnes se sont faites dans un temps sur les relations de l'Algérie avec cette mystérieuse contrée. Il est certain que quelques-uns de nos centres sahariens reçoivent, de temps à autre, des marchandises du Soudan et même des esclaves, par les Oulad-Sidi-Chirk, les Larba, les Beni-Mezab et les Chamba ; elles leur arrivent de seconde main par les marchés de Tafilet, Touat, Ghadamès et Nefta. Mais tout cela est peu de chose. Il a été impossible jusqu'ici à l'administration d'avoir des chiffres précis sur la valeur de ce petit commerce ; mais d'après ce que j'ai vu et étudié pendant deux ans à Tripoli, qui est le plus riche marché par où arrivent les produits de l'Afrique centrale, je puis assurer que le mouvement commercial de tout le Soudan avec le bassin de la Méditerranée n'atteint pas les 5 à 6 millions qui représentent celui que font, en œufs de poule seulement, nos départements de la Normandie avec la Grande-Bretagne, et encore la plus forte partie de ce commerce consiste en esclaves.

TRAVAUX PUBLICS.

Les travaux publics exécutés en Algérie depuis 1830 sont considérables. Ils représentaient, à la fin de 1852, un capital engagé de 132,530,174 francs. Nous allons mettre successivement sous les yeux du lecteur les diverses catégories de ces travaux.

Fortifications et bâtiments militaires. La nouvelle enceinte d'Alger, dont j'ai parlé avec quelques détails dans le livre XLI des *Annales*, a fait de cette ville une place forte de premier rang. Les fortifications de toutes les autres places qui existaient sous la domination turque en Algérie ont été considérablement améliorées ; enfin, un très-grand nombre de points nouveaux ont été fortifiés.

D'après les derniers documents publiés par le département de la guerre, les casernes permanentes existantes en Algérie peuvent contenir 38,000 hommes et 9,000 chevaux. Les hôpitaux militaires permanents ont 10,000 places. Des établissements provisoires répondent aux besoins qui sont au-dessus de ces chiffres.

Les dépenses pour les travaux de cette catégorie se sont élevés à 75,711,058 francs.

Travaux maritimes. Le port d'Alger, qui n'est point encore terminé, mais qui a déjà une bien grande importance maritime et militaire, avait coûté, au 1er janvier 1852, depuis les premiers travaux, 18,098,000 francs. D'après le plan adopté le 16 août 1848, par décision du chef du Pouvoir exécutif, il restait à dépenser, pour l'achèvement de ce grand et magnifique ouvrage, 23,494,000 francs. Les autres travaux maritimes méritant d'être cités sont : la restauration du bassin romain du port de Cherchel, un bassin à Oran, des quais à Mers-el-Kébir, Bône et La Calle, des débarcadères à Bône, Mostaganem, Arzew, Dellys et Djidjelli, une jetée à Bône, enfin la construction de nouveaux phares.

Les dépenses pour travaux maritimes se sont élevées à 22,640,956 francs.

Routes. Les *Annales algériennes* ont souvent mentionné les travaux de route, qui ont une si grande influence sur la pacification et la prospérité du pays. Il existait déjà, au commencement de 1852, dans les trois provinces de l'Algérie, 3,679 kilomètres de voies de communication de toute classe, ayant coûté 15,928,334 francs. A cette somme il faut ajouter celle de 2,522,533 francs pour la construction de 115 ponts, ce qui porte à 18,440,867 francs les dépenses faites pour le système de viabilité.

Travaux de desséchement. L'administration évalue à 9,155 hectares la superficie des marais desséchés. Les dépenses pour cet objet se sont élevées à 2,020,192 francs.

Voirie urbaine. Les dépenses afférentes à ce titre sont évaluées à 2,787,276 francs.

Aqueducs, fontaines, égouts, lavoirs et abreuvoirs. Les travaux de cette catégorie figurent pour une somme de 1,123,501 francs.

Travaux concernant les pépinières du Gouvernement. Ces travaux se capitalisent en une somme de 601,625 francs ; mais cette dépense est plus que couverte par le produit des pépinières.

Bâtiments civils. Les travaux de cette nature ont été classés ainsi qu'il suit : 1° service de la justice ; 2° service de l'instruction publique ; 3° service des cultes ; 4° administration générale; 5° services municipaux; 6° services maritimes; 7° services financiers ; 8° administration arabe ; 9° établissements hospitaliers ; 10° Caravansérails et Fondouk : 11° lignes télégraphiques.

Sans entrer dans d'autres détails sur les travaux de cette catégorie, je me bornerai à signaler la construction de 37 édifices pour le culte catholique, 2 temples protestants et 3 mosquées, et à dire un mot du système télégraphique : En 1837, le génie militaire établit une ligne télégraphique entre Alger et Bouffarik ; mais ce ne fut qu'en 1842 que notre domination s'étendant dans l'intérieur du pays, eut pour conséquence l'adoption d'un système régulier et général de télégraphie. En ce moment des lignes télégraphiques aériennes relient Alger avec tous nos grands centres d'action et la plupart de ces centres entre eux. Bône, qui jusqu'à présent était restée en dehors du réseau, va y être rattachée par Constantine. On comprendra facilement que la télégraphie électrique soit, dans l'état actuel des choses, peu applicable à l'Algérie ; cependant, en 1853, une ligne électrique a été substituée à la ligne aérienne entre Oran et Mostaganem, et on établit une ligne semblable entre Constantine et Philippeville.

Les dépenses pour les travaux se rattachant au titre des Bâtiments civils se sont élevées à 1,725,126 francs.

Travaux de forage. Ils ont eu pour but soit la recherche d'eaux jaillissantes, soit celle de gîtes de minéraux utiles, et se sont élevés à 77,871 francs. Il est à remarquer qu'à l'exception d'un seul point situé dans un faubourg d'Alger, le second de ces buts n'a pas été atteint, même à Biskara, c'est-à-dire à l'entrée de ces régions sahariennes, où ce que nous appelons *puits artésiens* est connu de temps immémorial.

Travaux d'irrigation. Des travaux d'irrigation, tels que barrages, canaux de dérivation, etc., ont été exécutés en divers lieux ; mais je n'ai pu me procurer le chiffre des dépenses qu'ils ont occasionnées.

Les divers travaux que nous venons de passer rapidement en

revue sont exécutés par le génie militaire, le service des ponts et chaussées, celui des bâtiments civils et enfin celui des mines. Le génie militaire a tout fait dans les premières années avec les bras de nos soldats (1), et encore à présent, la nature des choses l'oblige de faire plus que ne l'exige sa spécialité, surtout sur les territoires militaires. Bien des constructions appartenant à d'autres services sont son œuvre, même depuis que ces services sont organisés en Algérie. On peut dire avec une vérité entière que c'est l'armée qui a fait la colonie, sous quelque point de vue que l'on considère l'établissement.

Le service des ponts et chaussées se compose d'un ingénieur en chef par département, et de douze ingénieurs répartis selon les besoins. Celui des bâtiments civils compte un architecte chef de service par département, et treize inspecteurs ou vérificateurs pour toute l'Algérie. Il a déjà été fait mention du service des mines.

MARINE ET NAVIGATION.

Le service de la marine est dirigé en Algérie par un contre-amiral résidant à Alger, assisté d'un chef d'état-major, d'un commissaire ordonnateur, chef du service administratif, et d'un inspecteur de la marine. Il y a des directeurs de port à Alger, Delys, Cherchel, Tenez, Mostaganem, Arzew, Mers-el-Kébir, Nemours, Bougie, Djidjelli, Philippeville, Bône, La Calle. Un bâtiment à voile fait le service de stationnaire à Alger ; un autre bâtiment à voile est chargé de la surveillance et de la pêche du corail ; enfin quatre bateaux à vapeur sont affectés au service de la correspondance sur le littoral.

Les communications entre la France et l'Algérie se sont faites, jusqu'au 1ᵉʳ janvier 1854, par des bateaux à vapeur de l'État, en concurrence avec ceux de compagnies industrielles. Mais à partir de cette époque, le service du Gouvernement et du transport des dépêches a été confié à une de ces compagnies.

---

(1) Le corps d'artillerie n'est pas resté étranger aux constructions. On lui doit entre autres la belle caserne de Kherghenta à Oran.

Le mouvement de la navigation a présenté, en 1853, les résultats suivants pour la totalité des ports de l'Algérie :

Avec la France.

		Navires.	Tonnage.
Entrée....	Français.	1049	117,834
	Étrangers.	»	»
Sortie....	Français.	957	103,466
	Étrangers.	10	826

Avec l'étranger.

Entrée....	Français.	383	26,670
	Étrangers.	1238	52,550
Sortie....	Français.	439	33,306
	Étrangers.	1153	48,057

La marine marchande propre à l'Algérie, c'est-à-dire appartenant à ses ports et non à ceux de France, n'est que de 105 navires dont 2 seulement dépassent 60 tonneaux. Ce ne sont guères que de petits bâtiments indigènes. L'exiguité de leur nombre indique que la population des côtes s'éloigne de plus en plus de la navigation. Il y avait cependant là, je crois, d'excellents éléments de recrutement maritime pour notre marine. M. Boufils, qui était, il y a une quinzaine d'années, lieutenant de vaisseau commandant la station de Bougie, adressa au Gouvernement, sur ce sujet, un mémoire dont je possède une copie, et qui m'a toujours paru rempli de vues très-sages et très-pratiques.

ARMÉE.

L'armée, qui a créé l'Algérie européenne, qui en est la force et la vie, se compose de deux éléments, savoir : de corps spéciaux à l'Afrique et de régiments envoyés de France pour un temps limité, régiments qui se relèvent successivement. De cette manière, l'Algérie a dans les corps spéciaux une force militaire qui lui est propre, qui conserve les traditions de guerre adaptées au pays, et qui sert de modèle et de guide, à leur début, aux troupes venues de France. La France, de son côté, trouve en Afrique une excellente école pour son armée, qui, même lorsqu'elle n'y combat pas, s'y forme aux habitudes d'une vie laborieuse et sévère.

Les corps spéciaux à l'Algérie sont: trois régiments de zouaves, qui n'ont plus d'indigène que le costume et le nom; trois bataillons de tirailleurs indigènes; un régiment de tirailleurs indigènes de création toute récente; trois bataillons de chasseurs d'Afrique; plus, les deux régiments de la légion étrangère, qui ont leur place naturelle en Algérie en temps ordinaire, mais qui sont en Orient dans ce moment: voilà pour l'infanterie. La cavalerie se compose de quatre régiments de chasseurs d'Afrique et de trois régiments de spahis.

On a pu lire, dans les *Annales*, l'origine de ces divers corps, qui ont rendu de si persévérants et de si glorieux services. Nous ne ferons ici que deux remarques: l'une, futile peut-être, qui est que l'uniforme de nos zouaves est en ce moment, dans le Levant, le seul costume oriental des armées combinées de la Turquie, de la France et de l'Angleterre; ce qui ne prouve rien contre, mais ce qui ne prouve pas non plus que les Turcs aient bien fait d'adopter nos vieilleries au moment où nous adoptions les leurs. La seconde remarque est que l'organisation primitive des zouaves en bataillons isolés a servi de type à celle des tirailleurs dits *de Vincennes*, dans les premiers temps de leur formation. Or, cette formation d'une partie de l'infanterie en bataillons isolés est un acheminement à la suppression des régiments, agglomérations coûteuses et inutiles. En rompant avant certaines habitudes administratives qui remontent au temps où les régiments étaient des propriétés, et qui sont illogiques dans le nôtre, on arriverait à la conviction que le régiment n'a plus aucune raison d'être.

DESIDERATA.

Nous venons de mettre sous les yeux du lecteur un tableau fidèle de la situation actuelle de l'Algérie, situation prospère dont l'administration qui dirige en ce moment les affaires de cette belle contrée est en droit de se féliciter. Mais plus cette administration est éclairée et amie du progrès, moins elle trouvera mauvais, nous l'espérons, que nous appelions son attention sur quelques vides, quelques *desiderata* que nous ont paru présenter les résultats obtenus jusqu'à présent.

Le 7 décembre 1848, une commission fut instituée sous la présidence de M. de Tocqueville, à l'effet de réviser les arrêtés et ordonnances régissant l'Algérie, et d'en faire une *Codification intelligente*. On ne voit pas que cette commission ait rien produit. En Algérie, le *Bulletin officiel du Gouvernement*, fils consubstantiel à son père, le colossal *Bulletin des Lois*, est en train d'atteindre son quatorzième volume. Il serait temps d'arrêter ce stérile développement par la *Codification intelligente* promise en 1848. Je dis stérile développement, car des actes en partie abrogés par un acte postérieur ne continuent pas moins à occuper une place dans la législation, parce que quelques-unes de leurs dispositions sont maintenues. Cela jette beaucoup de confusion dans l'étude du droit administratif et entrave la marche des affaires. Il serait à désirer que l'acte qui en modifie un précédent l'abrogeât complétement, en reproduisant dans sa rédaction celles des dispositions de l'acte abrogé que l'on voudrait maintenir; de cette sorte, on n'en aurait jamais qu'un à consulter sur chaque matière, et tout serait simplifié. Mais la formule *sont et demeurent abrogées toutes les dispositions contraires à celles qui précèdent* est une routine commode pour les rédacteurs, presque toujours pris parmi les légistes, qui, par nature, sont peu amis de ce qui est net et simple.

Dans cette même année 1848, des facilités furent données en Algérie aux étrangers qui voudraient se faire naturaliser Français; mais aucune disposition n'a été prise à l'égard des indigènes. Cependant ne serait-il pas convenable de faire passer à l'état complet de Français ceux d'entre eux qui s'en rendraient dignes, et qui voudraient vivre sous le régime de nos lois civiles? Il n'y a de conquêtes légitimes et durables que là où le peuple vainqueur élève à lui le peuple vaincu, de manière à ce que l'avenir amène une fusion complète. Il ne faut pas que nous restions campés en Afrique, comme les Turcs le sont en Europe; ce n'est pas, au surplus, par la seule communauté du régime social que la fusion peut s'établir; il faut aussi que le sang se mêle. Les mariages mixtes doivent donc être fortement encouragés; or, comme des liens indissolubles peuvent effrayer les Européens qui, en prenant des femmes indigènes, appréhendent de se lancer dans l'inconnu, peut-être conviendrait-il de leur donner la facilité de contracter ces mariages d'après la loi musulmane, tout en assurant aux enfants qui en proviendraient la qualité et les droits d'enfants légitimes. Il va sans dire que cette tolérance s'étendrait *à fortiori* aux musulmans devenus Français. Je suis loin, au reste, d'approuver l'instabilité du mariage chez les musulmans, car je suis persuadé qu'elle est plus nuisible à la femme, plus contraire à sa dignité que la polygamie elle-même. Aussi je n'en parle que comme un moyen de transition pour faciliter la formation de familles mixtes : le temps et la civilisation feraient ensuite le reste (1).

J'ai souvent exprimé le regret qu'il n'existât pas à Alger une Ecole de médecine ouverte aux Arabes; j'insiste sur ce point, parce que j'ai de plus en plus la conviction que c'est surtout par la médecine que l'on peut ramener cette race ingénieuse à son ancien goût pour les choses de l'esprit.

La publication du journal arabe le *Mobacher* exerce depuis huit ans une salutaire influence, à laquelle ajouterait beaucoup

---

(1) On est assez disposé à accuser d'utopisme les personnes qui, en traitant une de ces affaires que l'on appelle positives, sortent brusquement du sentier battu. Or, il n'est pas mauvais de rappeler à cette occasion que le Premier Consul, cherchant les moyens d'amener la fusion dans les colonies, avait trouvé que la *polygamie*, si contraire à nos idées, serait un de ces moyens. Voici ce qu'on lit dans le tome II des *Mémoires de Napoléon*, note IV, sur l'ouvrage intitulé : *Mémoire pour servir à l'Histoire de Saint-Domingue* : « Serait-il donc impossible d'autoriser la polygamie dans nos îles en res-
« treignant le nombre des femmes à deux, une blanche et une noire? Le Premier
« Consul avait eu quelques entretiens avec des théologiens pour préparer cette
« grande mesure. Les patriarches avaient plusieurs femmes ; dans les premiers
« siècles de la Chrétienté, l'Eglise permit et toléra une espèce de concubinage
« dont l'effet donne à un homme plusieurs femmes. Le Pape, les Conciles ont
« l'autorité et le moyen d'autoriser une pareille institution, puisque son but est
« la conciliation, l'harmonie de la société, et non d'étendre les jouissances de
« la chair ; l'effet de ces mariages serait borné aux colonies : on prendrait les
« mesures convenables pour qu'ils ne portassent pas le désordre dans l'état
« présent de notre société. »

celle de petits livres écrits dans le même idiome, dans le but de vulgariser nos idées sous une forme agréable.

J'ai déjà signalé l'abandon de la vie maritime de la part des populations du littoral algérien, et j'ai indiqué à ce sujet un bon travail d'un des officiers de notre marine. Il est à regretter que ce travail n'ait pas reçu l'accueil qu'il méritait, et que nous laissions s'éteindre un bon élément de recrutement nautique. Il suffirait, pour le conserver, d'admettre comme Français les Algériens sur nos navires du commerce, privilége dont les Maltais ont joui au temps des grands-maîtres.

Il y aurait bien encore à signaler peut-être d'autres *desiderata*, mais restons-en là.

MÉMOIRE

SUR

LES MOEURS ET LES INSTITUTIONS SOCIALES

DES

POPULATIONS INDIGÈNES DU NORD DE L'AFRIQUE.

L'humanité est une : les différences que l'on remarque entre les diverses sociétés qui la composent sont plus apparentes que réelles ; les formes varient, mais le fond est toujours le même ; soumis partout aux mêmes besoins essentiels, l'homme a partout les mêmes passions ; né pour vivre en troupe, il est doué d'un sentiment naturel de bienveillance pour ses semblables, sentiment sans lequel la société n'existerait pas un seul instant ; mais, né progressif, il a aussi celui de l'individualisme beaucoup plus développé que ne l'ont les animaux à association stationnaire. Deux instincts moraux, puissants, nécessaires, conséquences forcées de son organisation, dirigent donc ses actes : l'un, tout attractif, l'attire vers ses frères ; l'autre, plus personnel, le pousse à s'élever au-dessus d'eux. Enfin, pour que ces deux forces qui, abandonnées à elles-mêmes, pourraient le conduire à la négation du mouvement, le conduisent au contraire à l'accomplissement de sa destinée, il a été doué, à l'exclusion de tous les animaux, ce qui le met bien au-dessus d'eux, de la connaissance du premier principe et de la prévision d'un avenir sans bornes, dans un monde qui ne finira point.

Voilà ce qu'est l'humanité partout ; mais les différents milieux dans lesquels agissent ces trois forces produisent des modifications qui constituent ce qu'on appelle les mœurs ; du reste, ces variétés entre les habitudes des hommes sont souvent bien moins tranchées d'un peuple à un autre qu'entre les classes de citoyens d'un même peuple. L'homme du monde peut parcourir l'Europe et l'Amérique sans sortir de son milieu. Il y retrouvera, s'il le veut, à peu près les salons de Paris. En Perse, en Turquie, sous la tente même d'un cheik arabe de quelque importance, il retrouvera quelques-unes de ces manières aisées, qui distinguent partout, du plus au moins, les familles qu'une position élevée affranchit des préoccupations journalières de l'existence matérielle, tandis que, dans son pays même, il pourrait, en descendant un peu, arriver à une sphère bien plus étrangère à ses habitudes.

Néanmoins, il est certain qu'il existe entre les peuples des nuances sensibles, provenant, comme nous venons de le dire, des milieux où se passe leur existence ; et ces milieux, je les prends dans les circonstances qui ont présidé à leur formation, dans le sol et le climat qu'ils habitent, dans la forme qu'a prise la religion chez eux ; choses dont quelques-unes étant en même temps causes et effets, réagissent les unes sur les autres et font naître une masse d'idées traditionnelles qui constituent l'esprit public.

Dans ce que je vais dire des mœurs des habitants du nord de l'Afrique, c'est à l'étude de cet esprit public, à la manifestation qu'il affecte le plus habituellement, que je m'attacherai de préférence : quant aux petits usages extérieurs qui n'offrent qu'un assez mince intérêt de curiosité puérile ou, si l'on veut, pittoresque, je ne m'en occuperai qu'accidentellement ; j'avoue même qu'une assez longue habitude m'a tellement familiarisé avec ces usages, que c'est à peine si maintenant je m'aperçois qu'ils diffèrent des nôtres.

I.

L'organisation politique des Arabes est fort simple : c'est celle de la famille agrandie ; les termes qui s'y rattachent indiquent cette origine patriarcale. Chaque tribu (arche) porte un nom qui rappelle la souche commune d'où sont sortis ses membres. Tels sont, par exemple, les *Beni-Khalil*, les *Beni-Mouça*, les *Oulad-abd-Allah*, expressions qui, traduites à la lettre, signifient *les fils de Khalil, les fils de Mouça, les enfants d'Abd-Allah;* le chef de tribu s'appelle *le vieillard, Cheikh*, et tous ses membres se traitent entre eux de *frères* ou au moins de *cousins ;* cependant on ne peut établir d'une manière absolue que le nom collectif qu'ils portent soit toujours celui d'un ascendant commun : des tribus ont dû se former par l'agglomération d'individus séparés des autres par diverses causes, et alors elles auront pris le nom de leur premier chef. Enfin il en est dont le nom n'a rien de généalogique ; tels sont, par exemple, les Hadjoutes, les Haracta, les Senhadja et quelques autres.

L'autorité du cheikh est généralement assez bornée; mais, comme elle n'est limitée par aucune règle fixe, elle peut s'étendre plus ou moins selon le caractère et l'habileté de celui qui l'exerce. Chaque tribu est partagée en subdivisions qui portent le nom de Farca, lesquelles ont chacune à leur tête un cheikh inférieur, subordonné au cheikh principal qui, quelquefois, prend le titre de *Cheikh des Cheikhs;* enfin chacune de ces subdivisions est partagée en douars.

Le douar, unité élémentaire de la société arabe, est une réunion de familles vivant sous des tentes. Ces tentes, en tissus noirs ou bruns de grosse laine, sont disposées en cercle de manière à laisser dans le centre un grand espace vide, où l'on enferme la nuit les troupeaux, pour peu que l'on ait à craindre les voleurs ou les animaux de proie. Les chevaux sont entravés à des cordes tendues auprès de chaque tente; les armes et les selles sont toujours prêtes et sous la main, de sorte qu'en moins de cinq minutes tout le douar peut être à cheval. En cas d'alerte, pendant que les guerriers prennent les armes, les tentes et les bagages sont pliés et chargés sur les chameaux et sur les mules par les femmes, les enfants et les vieillards, et rien n'égale la promptitude avec laquelle toute la peuplade se met en marche pour fuir le danger, si elle ne se sent pas de force à y faire face.

Toutes les affaires de quelque importance que le cheikh ne peut régler seul sont débattues en assemblée générale de la tribu; c'est là que le cheikh est nommé à chaque vacance; mais très-souvent cette dignité est héréditaire, de sorte que l'on voit quelquefois le titre de Cheikh ou vieillard donné à un enfant. L'autorité est alors exercée en son nom par une espèce de régent, choisi habituellement parmi les membres de la famille. Du reste, c'est le jeune cheikh qui jouit des honneurs attachés au commandement et qui en porte les insignes. Il y a quelque chose de vraiment touchant dans la manière tendre et respectueuse dont il est traité par la tribu, dont il est le fils avant d'être le chef. Rien cependant ne consacre le droit héréditaire d'une famille à la dignité de cheikh; c'est un fait plutôt qu'un droit, fait qui découle des penchants aristocratiques des Arabes.

Telle est la tribu arabe dans son organisation primitive, là où elle forme encore une petite nation indépendante, tantôt unie à ses voisins par des conventions passagères, tantôt ayant recours aux armes pour régler ses différends avec eux. Mais cette organisation s'est un peu modifiée partout où les tribus ont été soumises à un pouvoir central, formé en dehors et au-dessus d'elles.

Dans le temps où le nord de l'Afrique faisait partie de l'empire des Califes, chaque province de ce vaste continent était administrée par un chef appelé ouali, à la nomination du gouverneur de l'Afrique qui résidait à Kairouan. Les provinces étaient subdivisées en arrondissements ou outhans, ayant à leur tête des kaïds nommés par l'ouali. Or, ces kaïds devinrent naturellement les chefs des tribus qui habitaient leur territoire. L'autorité des cheikhs s'affaiblit devant la leur, ainsi que la puissance des assemblées des tribus, surtout lorsqu'elles se fixèrent au sol par des habitudes agricoles. Les cheikhs prirent place, selon leur importance, dans la hiérarchie administrative qui, partant de Kairouan, se ramifiait, de subdivisions en subdivisions, jusqu'au douar le plus obscur. Cependant ils ne cessèrent point d'être, avant tout, les hommes de la tribu qui elle-même, quoique faisant corps avec l'Etat, continua à avoir une existence propre, analogue à celle des communes du moyen âge en Europe. Mais nos communes, se rattachant par leur origine et par leurs institutions au monde romain, se trouvaient naturellement animées d'un esprit de fixité et de civilisation. La tribu africaine, au contraire, dut conserver des premiers Arabes, dont la société imparfaite lui servit de type, cet esprit nomade contre lequel luttait le pouvoir central : ainsi les libertés municipales qui, par la seule différence des points de départ, ont fait sortir l'Europe de la barbarie, ont sans cesse tendu à y replonger l'Afrique. Mais la liberté est partout si attrayante, qu'il est naturel que les hommes l'acceptent sans trop calculer où elle conduit.

Lorsque le nord de l'Afrique se sépara des Califes, lorsque, plus tard encore, il se fractionna en divers Etats, les tribus ayant conservé et leurs formes et leurs traditions, se trouvèrent toutes prêtes à profiter de la décentralisation pour ressaisir leur indépendance. Les chefs de ces petits Etats, sans cesse en guerre les uns contre les autres, travaillaient réciproquement à les attirer à leur cause par diverses concessions. A mesure que ces princes se consolidaient, ils cherchaient bien à les remettre sous le joug ; ils y réussissaient quelquefois ; mais le moindre prétexte faisait naître de nouvelles révoltes; on peut même dire que depuis la chute des Almohades, c'est-à-dire depuis plus de six siècles, les tribus du Sahara ont été de fait toujours indépendantes ; celles du Tell, qui sont plus saisissables, ont obéi, tant bien que mal, aux rois de Tlemcen, de Bougie et de Tunis, et enfin aux Turcs. Mais une chose digne de remarque, c'est qu'à chaque chute de gouvernement, on a vu, jusqu'aux portes des villes, les vieilles tribus arabes reparaître avec leur ancienne organisation, leur esprit d'exclusion, qui fait que chacune d'elles se considère comme une nation distincte, et leurs vieilles rivalités ; et, partout, le premier usage qu'elles ont fait de l'indépendance momentanée que leur procuraient les circonstances a été de se battre entre elles. C'est ce que nous avons vu de nos jours après la chute de la domination turque à Alger. Cependant les troubles, l'anarchie, le défaut de sécurité, qui sont toujours résultés de cet état de choses, n'ont jamais manqué, au bout d'un certain temps, d'amener une réaction favorable au retour de l'ordre. Fatigués des excès d'une liberté orageuse, les Arabes, comme tous les peuples qui se sont trouvés dans le même cas, se prenaient alors à désirer le rétablissement d'un gouvernement central et fort ; c'est là tout le secret de la fortune d'Abd-el-Kader.

Il est résulté de ces passages successifs de l'indépendance à la soumission et de la soumission à l'indépendance, considérées comme correctifs l'une de l'autre, il en est résulté, dis-je, que la liberté et le pouvoir ont été chez les Arabes deux idées contradictoires. Leur organisation de tribu les fixant au sol moins que tous les autres peuples, ils s'y sont attachés comme à un moyen toujours existant de se soustraire à la tyrannie, au moins par la fuite ; et chaque fois qu'ils ont été las de révoltes et de courses vagabondes, ils se sont reposés dans le pouvoir absolu, sans concevoir d'alliance possible entre une liberté sage et un pouvoir tempéré.

Sous le gouvernement turc, les beys remplacèrent les ouali dans le commandement des provinces ; les fonctions de kaïd furent dévolues à peu près exclusivement à des Turcs. Cependant les tribus les plus puissantes, celles qui avaient pu mettre des conditions à leur soumission, relevaient directement des beys, sans interposition d'aucun kaïd. Celles-là avaient à leur tête, comme au temps de leur indépendance, de grands cheikhs pris dans leur sein, mais nommés par le Gouvernement. Au surplus, les Turcs, lorsque des raisons politiques ou la cupidité de leurs agents ne s'y opposaient pas, consultaient assez volontiers les convenances des tribus dans la nomination de leurs chefs, et accordaient même à la naissance cette préférence que l'habitude avait consacrée. J'ai connu des cheikhs élevés par eux à cette dignité dès l'âge le plus tendre, uniquement parce que leurs pères et leurs ancêtres en avaient été revêtus.

La justice est administrée, dans le nord de l'Afrique comme

dans tous les pays musulmans, par les cadis, et les muphtis, qui sont aussi revêtus, surtout les derniers, d'un caractère religieux. Il y a ordinairement un cadi par outhan pour les Arabes des campagnes; nous parlerons des villes plus tard. Ces cadis tiennent leurs audiences dans les marchés où les Arabes se réunissent une fois par semaine. Le kaïd doit s'y trouver avec ses cavaliers pour y faire régner l'ordre. Comme il a des droits à y percevoir sur les marchandises, il y manque rarement. S'il est forcé de s'en absenter, il se fait remplacer par son lieutenant. Ces réunions ont quelque chose de très-pittoresque, et méritent de fixer l'attention du voyageur. Les lieux où elles se tiennent sont choisis, autant que possible, sur un point central, près d'un cours d'eau ou d'une fontaine. C'est aussi là que s'élève la mosquée, s'il en existe une dans l'outhan. Le cadi et le kaïd s'y font dresser chacun une tente ou une baraque en ramée; là, assis sur un tapis, ils vaquent aux devoirs de leur charge. Un coup de fusil tiré de la tente du kaïd annonce l'ouverture et la fermeture du marché. Les Arabes de l'outhan, et même ceux des tribus voisines, s'y rendent pour y échanger leurs denrées et s'y procurer les étoffes et les objets de mercerie et d'épicerie qui leur sont apportés par les marchands des villes, surtout par les juifs; on y vend aussi du fer, du plomb, de la poudre à feu, des instruments aratoires, des harnachements; quelquefois il s'y fait d'assez grandes affaires en laine, en cuirs, en bétail et en grains. Un emplacement distinct est affecté à chaque espèce de marchandises. Celles qui se vendent en grandes masses, tels que les cuirs, les laines, les grains, etc., sont étalées sur le sol. Les merciers, les épiciers, les marchands d'étoffes, débitent les leurs dans de petites tentes rangées en ligne; ceux qui n'ont à vendre qu'un ou deux objets isolés, comme une arme, un bijou, un livre, les colportent dans le marché.

Aussitôt que le signal de fermeture est donné, les marchands abattent leurs tentes, chargent sur leurs mules ou leurs chameaux les marchandises qui leur restent, et chacun s'en retourne. C'est pendant le marché que le kaïd fait proclamer par un crieur public les ordres et les défenses de l'administration.

II.

Les Arabes du Tell se livrent à l'agriculture, aussi ne sont-ils qu'à demi nomades. Leurs douars se déplacent souvent, mais sans sortir des limites du territoire affecté à la tribu à laquelle ils appartiennent, à moins de quelques secousse politique qui les oblige d'émigrer au loin. On voit chez eux quelques propriétés privées qui forment le patrimoine des familles les plus puissantes ; le reste du sol est possédé en commun. Les kaïds et les cheiks en font chaque année la répartition ; chacun en prend ce qu'il peut et veut cultiver : il n'y a aucune difficulté à cela, vu la faiblesse de la population comparativement à l'étendue des terres cultivables. Ceux qui n'ont que de faibles moyens d'exploitation s'associent pour cultiver en commun. Chaque famille qui se fixe au sol par un établissement permanent, tel qu'une maison, un moulin, peut s'approprier, autour de la construction qu'elle a élevée, la quantité de terre qui lui est nécessaire et qu'elle met alors en culture permanente. Ce droit, proclamé par le Coran, est la récompense de ce que la loi appelle la vivification de la terre. Une administration sage ne saurait faire trop d'efforts pour encourager ces sortes d'établissements qui, en augmentant le bien-être des populations, les rendent aussi plus paisibles, plus stables, et par conséquent plus faciles à gouverner.

Dans un rayon plus ou moins étendu autour des villes, les propriétés privées, qui ailleurs sont l'exception, deviennent la règle. Là le commun des tribus se réduit à quelques pacages, quelques portions de bois et de marais, d'où les Arabes qui, dans ces localités, ont en partie abandonné l'usage de la tente, tirent les joncs dont ils forment la toiture de leurs chaumières ou gourbis. Cette modification de la société arabe se fait surtout remarquer dans la belle plaine de la Métidja ; le haouch fixe y a remplacé le douar nomade ; on a traduit ce mot par celui de ferme, qui lui convient assez. C'est en effet une propriété privée exploitée, soit par le propriétaire lui-même, soit par des fermiers, soit par des colons partiaires appelés Khamas, parce qu'ils ont le cinquième de la récolte en grains. Ils ont de plus le croît du bétail, et ne doivent au maître qu'une redevance en lait, et la moitié de la laine. Il y avait dans ces haouchs, à l'époque de la conquête, des familles de cultivateurs qui depuis un temps immémorial les exploitaient à ces divers titres. Le temps semblait tellement avoir consacré leurs droits à cette position, que les propriétaires ne se croyaient presque plus celui de les changer. Mais la plupart de ces haouchs ont passé dans les mains des Européens, que les mêmes considérations n'ont point retenus.

L'aspect de ces haouchs est agréable : ils forment dans la plaine de jolies oasis composées de jardins, de vergers, de bosquets d'assez beaux arbres ; les gourbis de cultivateurs sont pittoresquement groupés dans cette masse de verdure. Quelquefois il y a un corps de ferme composé de quatre faces de bâtiment en pierre disposées en carré, de manière à former une cour intérieure.

Les Djema ou villages ne diffèrent des haouchs que par leur étendue ; il y a souvent une zaouïa ou chapelle servant de mosquée au village et aux haouchs voisins. Dans les uns et dans les autres la vie intérieure des Arabes est, à peu de chose près, celle de nos paysans d'Europe, si ce n'est qu'elle est moins occupée, parce qu'ils demandent moins à la terre. Ils passent les moments où ils n'ont rien à faire dans les champs, accroupis à l'ombre de quelque grand arbre, ou dans une grande cabane commune qui leur sert de café. Les uns jouent aux dames, les autres font des contes merveilleux dont les Arabes ont conservé le goût. Les plus pauvres ou les plus laborieux, pour ne pas perdre leur temps, tressent des nattes, des paniers et des souaris pour leurs bêtes de somme.

Les mêmes habitudes se retrouvent, avec quelques nuances différentes, chez les Arabes à tentes et à douars. Ceux-ci sont généralement au-dessus des autres par l'audace, l'adresse et l'intelligence ; et cet avantage qu'ils ont sur leurs compatriotes à demeures fixes, ils l'ont aussi sur les paysans européens, et par la même raison. En effet, l'intelligence individuelle de l'homme a bien plus besoin de s'exercer dans les sociétés qui n'ont presque rien fait pour lui, que dans celles où tout a été prévu et réglé. Un paysan de nos départements de France sait d'avance ce qu'il a à faire ; il n'a presque jamais rien à chercher : des routes bien entretenues et faciles le conduisent sur les marchés ; il trouve des ponts sur toutes les rivières ; il sait à quelle porte il doit frapper pour se procurer ce qui lui manque ; il n'a presque pas à craindre les voleurs, et fort rarement l'ennemi ; il vit dans une atmosphère de sécurité qui lui paraît tout aussi naturelle que l'air qu'il respire. L'Arabe, au contraire, est sans cesse aux prises avec les difficultés de la vie : s'il veut voyager, il faut qu'il connaisse l'état des routes et qu'il se garde des brigands ; qu'il se prépare à ce qu'il doit dire, selon la rencontre qu'il peut faire. Dans son intérieur, il a peu de besoins, il est vrai, mais aussi il n'a guère que lui et sa famille pour les satisfaire ; il faut qu'il sache mettre la main à tout. Comme membre de la tribu, il a souvent à débattre des intérêts qui façonnent son esprit à toutes sortes d'affaires : si la tribu jouit d'une indépendance permanente ou seulement momentanée, il prend part à des débats d'une importance égale, toutes proportions gardées, à ceux de nos conseils de ministres. Il s'agit de paix, de guerre, de commerce, de finances, toutes choses aussi graves dans une fourmilière que dans un grand État. Même lorsque la tribu est soumise à un pouvoir central, il reste encore bien des affaires à débattre en commun, affaires de la nature de celles dont s'occupent nos conseils administratifs. Voilà, certes, bien des motifs pour qu'un Arabe, pris au hasard, ait une valeur intrinsèque supérieure à celle d'un Européen, pris au hasard également. Mais aussi tout est individuel chez ces peuples : les générations se succèdent sans rien léguer à leur postérité ; et, dans les luttes des peuples barbares contre les peuples civilisés, les premiers n'ont à opposer que des hommes à ces redoutables masses organisées, à la conduite desquelles une seule intelligence suffit.

III.

Les causes de guerre entre les tribus arabes sont nombreuses : une rixe particulière, l'enlèvement d'une femme, un vol dont la réparation n'a pas été obtenue, les prétentions sur une prise d'eau, les font souvent courir aux armes. Leurs guerres sont ordinairement peu sanglantes : elles se réduisent à des courses sur le territoire ennemi et à des coups de fusil tirés de plus ou moins loin ; rarement ils en viennent à l'arme blanche. Ils cherchent surtout à se surprendre et à piller leurs douars. Ces entreprises, appelées *razzia*, mot que nos guerres d'Afrique ont presque fait passer dans notre langue, ne sont que des actes de brigandage, accompagnés de moins d'excès cependant que n'en ont malheureusement commis quelquefois nos troupes dans des expéditions de même nature ; la vie des femmes et des enfants, la pudeur des premières, y sont toujours respectées.

Les expéditions des Arabes, la guerre effective, ne sont jamais de bien longue durée; mais il existe souvent de tribu à tribu de vieilles rancunes héréditaires, qui font que les hostilités se renouvellent périodiquement ; j'en ai vu de nombreux exemples, non-seulement en Algérie, mais dans tout le reste du nord de l'Afrique.

Il arrive assez souvent qu'au lieu de prendre les armes pour obtenir la réparation d'un tort, lorsque les réclamations sont insuffisantes, les Arabes ont recours à ce qu'ils appellent l'*Ouziga*. L'ouziga est une sorte de représailles par laquelle la partie lésée saisit une occasion favorable de s'emparer de quelque chose appartenant à des membres de la tribu de ceux qui ont commis le délit, ou aux délinquants eux-mêmes, s'il est possible. La restitution des objets enlevés est ensuite proposée en échange de la réparation du tort. L'ouziga s'exerce sur les personnes comme sur les biens, et elle manque rarement son effet (1).

Lorsque les tribus se sont assez battues, la paix est ordinairement rétablie entre elles par les marabouts; ces marabouts sont des hommes qui, ainsi que l'indique leur nom qui signifie *attachés*, se consacrent entièrement à Dieu et à l'exercice des bonnes œuvres. Ce sont des saints vivants, placés par l'opinion entre les

---

(1) Cette manière de procéder était en usage chez nous dans le moyen âge. On lit dans Olivier de la Marche, qu'en 1428, le seigneur de Granison pilla un château de Jacques de Chabannes, et s'empara de son fils encore enfant *et ce*, dit notre vieux auteur, *à la querelle et contrevange* (ouziga) *de plusieurs griefs, pilleries et prises faites sur ledit seigneur et sur ses amis parents et alliés, par Antoine de Chabannes comte de Damartin, frère dudit messire Jaques*. Je pourrais citer d'autres exemples, mais je me borne à celui-ci, parce qu'il appartient à une époque très-rapprochée des temps modernes.

hommes et les anges, des vases d'élection qui ont le privilége de voir Dieu en face dans leurs extases. Ce ne sont pas des prêtres, comme on l'a dit, car ils sont en dehors de la hiérarchie sacerdotale. Au reste, quoiqu'il soit difficile de dire précisément ce qu'ils sont, il le serait encore plus de dire ce qu'ils ne sont pas : car, lorsque leur réputation est bien établie, ils exercent sur les fidèles un empire presque absolu. Toute autorité pâlit devant la leur, et, chose remarquable, ils font en général un bon usage de cet immense pouvoir. Il est vrai que, s'ils voulaient l'exercer dans un but mondain, le prestige de leur sainteté disparaîtrait, et l'on ne verrait plus en eux que des hommes politiques attaquables par les moyens ordinaires.

La qualité de marabout est indélébile et se transmet de père en fils ; mais l'influence religieuse qui y est attachée doit s'acheter à chaque génération par les mêmes vertus et la même piété ; sans quoi elle disparaît, et il ne reste plus qu'un vain titre. Les vrais marabouts sont des hommes de bien, instruits en théologie, en législation et même en histoire ; amis de la paix, toujours disposés à faire régner la concorde entre les tribus, et bien moins fanatiques qu'on ne pourrait le croire.

Les marabouts morts en odeur de sainteté sont ensevelis en grande pompe ; on élève sur leurs tombes de petites chapelles où les croyants se rendent en pèlerinage. On voit dans le pays un grand nombre de ces édifices que les Arabes entretiennent avec soin et dont ils blanchissent les murs à la chaux, ce qui fait qu'on les aperçoit de très-loin. Ils portent le nom du marabout qui y est enseveli, précédé de la qualification de *Sidi*, que, du reste, les Arabes se donnent tous entre eux, et qui, pour cette raison, n'a pas plus de valeur que notre *Monsieur*.

IV.

Les Arabes sont polis et même cérémonieux ; ils ne s'abordent jamais sans un échange de longs compliments d'une monotonie souvent fatigante. Leurs lettres commencent aussi par des formules du même genre, véritable galimatias dont la traduction littérale est presque impossible ; mais leur style est fort simple et fort naturel dans le corps de la lettre ; il n'a rien de cette enflure que nous appelons orientale, et que, dans le commencement de nos relations avec eux, nous croyions devoir adopter, pour nous conformer à ce que nous supposions être de leur goût, de sorte qu'ils pouvaient à plus juste titre l'appeler l'enflure européenne. La politesse naturelle des Arabes les dispose à se conformer sans répugnance, dans les relations de la vie, aux habitudes des étrangers au milieu desquels ils peuvent se trouver momentanément transportés, et leur intelligence exquise leur rend la chose facile. Ils observent rapidement ce qui se fait autour d'eux et s'y conforment avec une aisance remarquable; la trempe délicate de leur esprit leur fait saisir les moindres nuances, et en cela ils se rapprochent beaucoup des Français.

A la politesse, qui est le respect pour autrui, les Arabes joignent la décence, qui est le respect de soi-même. Comme leurs institutions patriarcales laissent au chef de famille un grand pouvoir, ceux-ci, par un juste sentiment de leur importance, se maintiennent dans de bonnes habitudes de dignité personnelle, d'après lesquelles se forment les jeunes gens : aussi, on ne saurait croire à quel point ils poussent la réserve et l'horreur pour le cynisme. Il est presque impossible de les surprendre dans un état complet de nudité; dans les camps même, où les Européens mettent si peu de gêne à la satisfaction des plus humiliants besoins de l'organisation matérielle de l'homme, les Arabes trouvent le moyen de cacher cette fâcheuse nécessité. Toute conversation où la pudeur peut être offensée leur est ordinairement pénible; et cependant, par une contradiction que, du reste, on trouve en Europe, même chez les gens les mieux élevés, c'est à l'acte pour lequel la décence, le bon goût et même la volupté bien comprise, réclament le plus de mystère, qu'ils empruntent ces sortes d'interjections triviales que l'on jette quelquefois dans le discours.

Malgré leurs habitudes de décence, les Arabes n'en sont pas moins très-portés aux plaisirs des sens. Il n'est, je crois, pas de peuple sur qui l'amour physique ait tant d'empire; c'est même peut-être en partie à cela qu'il faut attribuer leur peu de goût pour les conversations trop libres : il semble qu'ils craindraient, en s'y livrant, de profaner par l'indiscrétion de la parole ces jouissances dont leur législateur leur a présenté la perpétuité comme une des récompenses de la vertu dans la vie future, tant l'ardeur de leur tempérament les leur rend nécessaires dans celle-ci. Loin de considérer la continence dans l'homme comme une perfection, ainsi que l'enseigne la doctrine chrétienne, ils comprennent à peine qu'elle puisse exister hors le cas d'impuissance physique. La plus grande mortification charnelle que puisse s'imposer à cet égard le marabout le plus austère ne va qu'à la privation des caresses préliminaires et à l'accomplissement pur et simple de l'acte dans les ténèbres, avec le plus de célérité possible et le moins d'attouchement que faire se peut ; et encore ces cas sont si rares, qu'on ne m'en a cité qu'un seul exemple.

Quant à la continence de la femme, les Arabes l'admettent et en font même un titre à la béatification céleste. J'ai rencontré dans mes voyages plusieurs tombeaux élevés à des saintes musulmanes avec la qualification de vierges : on voit à Tunis celui d'une de ces saintes qui, d'après la légende, défendit sa virginité en changeant en femme un téméraire qui voulait la lui ravir ; mais c'est là une perfection à laquelle aspirent très-peu de femmes musulmanes.

Les filles étant toujours mariées de fort bonne heure, n'ont presque jamais le temps de cesser d'être sages ; mais l'adultère est assez fréquent. La loi rend, dans ce cas, le mari maître de la vie de sa femme ; non-seulement il peut la tuer sur le coup, droit terrible que toutes les législations donnent à l'homme, mais encore il peut, après s'être donné le temps de calculer sa vengeance, l'envoyer froidement au supplice. Cependant, malgré tout ce qu'on a pu dire de la jalousie orientale, les tragédies domestiques ne sont guère plus fréquentes chez les Arabes que chez nous : le mari trompé se contente le plus souvent de renvoyer sa femme ; quelquefois même il la garde, après lui avoir administré une punition corporelle. Enfin, chose étrange ! on voit en Algérie une tribu tout entière, les Amer de Sétif, dont les femmes sont aussi publiquement adultères que l'étaient les grandes dames du siècle de Louis XV, et dont les hommes se résignent de fort bonne grâce à être ce qu'étaient les philosophiques maris de cette époque. Dans les premiers temps de notre occupation de Sétif, nos pauvres soldats se trouvèrent assez bien de cette facilité de mœurs ; mais arriva un nouveau kaïd qui y mit ordre.

Il existe à ce sujet une vieille légende qui attribue aux malédictions d'un marabout outragé les dispositions plus que galantes des femmes des Amer ; on va même jusqu'à dire qu'il y aurait quelque danger à repousser leurs avances, et qu'il s'en est vu qui, douées d'un pouvoir surnaturel, ont fait naître des amours monstrueuses dans les cœurs qui les avaient dédaignées.

Le lecteur aura probablement conclu de tout ce que nous venons de dire que les Arabes ne sont pas des maris plus terribles que d'autres; en effet, quoiqu'il soit de mode, en Occident, de beaucoup s'apitoyer sur le sort des femmes musulmanes, dont la position morale et civile est réellement inférieure à celle des nôtres, je ne vois pas qu'à le bien prendre leur existence matérielle soit pire.

D'abord, il faut se défaire de l'idée qui nous les présente entassées en grand nombre dans un harem, attendant avec une abnégation de prostituée qu'un mari dédaigneux leur jette le mouchoir. La polygamie est tolérée par la loi, qui encore la restreint à quatre femmes ; mais la moindre réflexion indique que ce n'est là qu'une faculté dont tout le monde est loin de pouvoir profiter: car enfin, pour prendre quatre femmes, il faut être en état de les entretenir ; et ce qui rend la chose encore plus difficile, c'est que, chez les Arabes, le mari, au lieu de recevoir une dot de sa femme comme chez nous, est obligé de l'acheter à ses parents et de lui assurer un douaire. Ainsi, qu'on reste bien persuadé que la polygamie n'est pas d'un usage général en Orient ; elle s'étend seulement autant qu'il le faut pour qu'il ne reste presque point de femmes sans maris. Or, ceci est certainement un avantage pour un sexe que les dures lois de la nécessité condamnent à ne rien rien être par lui-même (1), malgré les prétentions de quelques beaux esprits féminins de notre Occident. J'en appelle à toutes les femmes de bonne foi, et je ne crains pas qu'elles nient que la

---

(1) Quand je dis que la femme est condamnée à ne rien être par elle-même, j'entends dans l'ordre extérieur et politique, où elle n'a et ne peut avoir d'autre rang que celui de son mari. Dans l'ordre intérieur elle est tout ; et de là, elle agit indirectement, mais puissamment, sur la société, puisque c'est elle qui forme le cœur et souvent l'esprit des générations qui s'élèvent.

pire de toutes les conditions est pour elles l'isolement où les laisse un célibat définitif.

La manière dont les femmes sont traitées par les Arabes dépend, comme partout, de l'humeur des maris ; il serait téméraire de vouloir établir à cet égard des règles fixes. Quelques touristes, qui n'ont fait qu'entrevoir ces peuples, se sont hâtés de faire de sentimentales élégies sur la triste destinée à laquelle le beau sexe y est invariablement condamné selon eux : ayant vu dans les déménagements des douars des femmes chargées de fardeaux, tandis que le chef de la famille était majestueusement monté sur son cheval de guerre ; ayant rencontré quelques vieilles courbées par l'âge, ils en ont conclu que les femmes arabes sont réduites à la condition de bêtes de somme, et que les travaux excessifs auxquels on les soumet leur dévient de bonne heure la colonne vertébrale. La vérité, telle qu'on la voit lorsqu'on ne se laisse pas aveugler par les préventions et par l'amour des contrastes, la vérité, dis-je, est que l'homme et la femme, condamnés partout au travail et à la peine, ont dû, en Afrique comme ailleurs, se partager les maux comme les plaisirs de la vie. La femme a sa tâche et l'homme la sienne : à l'une les soins intérieurs du ménage, à l'autre les travaux de la guerre et des champs. J'avoue que ceux du ménage sont assez rudes pour les femmes arabes : il faut aller chercher le bois et l'eau quelquefois assez loin, tout comme au temps de Rébecca : mais il me semble que les femmes de nos paysans et de nos ouvriers ne passent pas plus qu'elles leur vie dans la mollesse ; elles ont à endurer, de plus que les femmes arabes, les excès monstrueux auxquels l'ivresse entraîne trop souvent leurs maris.

La mouture m'a paru être la partie la plus pénible du travail des femmes dans les tribus ; elles l'effectuent, au fur et à mesure des besoins, avec de petits moulins à bras, dont la manœuvre, qui leur prend souvent une portion de leurs nuits, est autrement rude que celle des innocents moulins à café de nos ménagères d'Europe. J'avoue qu'il m'est arrivé plus d'une fois, en entendant le bruit nocturne et triste des meules dans les douars arabes, de me sentir disposé à gémir sur la destinée des pauvres créatures qui les tournaient, tout autant que pourrait le faire le touriste le plus élégiaque ; mais bientôt la raison, me rappelant à d'autres mœurs et à d'autres maux, venait diminuer la compassion en la généralisant. Partout, en effet, chez tous les peuples, dans tous les climats, c'est chose dure et pénible que la vie terrestre, et je crois consciencieusement que, tout compte fait, il y a pour les masses moins de souffrance et surtout moins de tortures d'esprit chez les Arabes que chez nous.

Le Coran donne positivement au mari le droit de châtier sa femme avec le bâton ; il recommande seulement de n'en user qu'avec réserve, et seulement dans des cas très-graves. Chez nous, la loi ne s'explique pas aussi crûment ; mais chacun sait quels sont les usages matrimoniaux dans les classes les plus nombreuses de la société. Ces brutalités sont en horreur aux gens bien élevés, et elles sont tout aussi rares en Afrique dans les familles qui ont quelque distinction de rang et de naissance, malgré les termes précis de la loi.

Cette même loi rend les liens conjugaux très-faciles à dénouer en Orient, et c'est en cela, bien plus que dans la polygamie et dans les principes d'une subordination nécessaire, que consiste l'infériorité de l'état civil des femmes musulmanes. Il n'est pas rare d'en voir qui ont passé dans les bras de trois ou quatre maris encore vivants et qui en ont eu des enfants : or, l'être qui appartient à tant de familles n'appartient en réalité à aucune. Le mari peut répudier sa femme sans autre motif que le dégoût qu'il a conçu pour elle ; mais il y a une espèce de correctif à ce monstrueux abus dans l'obligation où il est de lui faire dans ce cas quelques avantages pécuniaires, ce qui l'empêche très-souvent d'user de son droit. Le divorce pour cause déterminée ou par consentement mutuel est plus fréquent ; la femme peut le provoquer pour des raisons qui pourront paraître fort étranges : ces naïves créatures prennent à la lettre le principe du partage entre les deux sexes des peines et des plaisirs de la vie. Le Coran, qui a eu soin de faire un devoir aux maris de ne point les priver de ceux du mariage, les rend intraitables à cet égard. Elles ne craignent pas d'aller confier au cadi les secrets de leurs couches, et de se plaindre, s'il y a lieu, de la froideur de leurs époux, et quelquefois, ce qui est bien plus rare, des exigences d'un tempérament hors d'harmonie avec le leur. Le cadi traite ces sortes d'affaires avec gravité et bonhomie ; mais sa balance, galamment partiale, penche presque toujours pour la femme. En général, dans tous leurs procès contre leurs maris, les femmes africaines ont toujours gain de cause devant la justice, quelque exorbitantes que soient leurs prétentions.

V.

La tendresse des parents pour leurs enfants est tellement dans la nature de l'homme et même des animaux les plus farouches, qu'il serait superflu de dire qu'elle existe dans le cœur des Arabes, si elle ne se trouvait pas au nombre des qualités qu'un esprit de dénigrement systématique se plaît à leur refuser. Les pères s'y livrent sans aucune de ces contraintes de fausse honte qui en gênent quelquefois la manifestation parmi nous. Il n'est pas rare d'en voir qui se produisent en public avec un tout petit enfant dans les bras, et un autre un peu plus grand qui les suit en s'attachant à leurs vêtements. La rude vie de la tente, la négligence des soins hygiéniques rendent la mortalité très-intense chez ces faibles créatures; mais la cruelle habitude du plus sensible des deuils ne parvient pas à émousser la sensibilité des parents. Quoique je sache fort bien qu'il ne faut jamais conclure du particulier au général, qu'il me soit permis de raconter à ce sujet la petite anecdote suivante : revenant un jour de Guelma avec deux spahis de la tribu des Merdès, dont un était marié à Bône, je rencontrai, à une lieue de cette dernière ville, quelques Arabes de la même tribu qui revenaient du marché. Pendant que je continuai ma route, mes deux spahis s'arrêtèrent avec eux, et bientôt je les entendis qui, après l'échange de quelques paroles, pressaient le pas pour me rejoindre. Lorsqu'ils furent près de moi, je m'aperçus que celui des deux qui était marié à Bône était tout en larmes; je lui en demandai le sujet avec intérêt, et il me répondit qu'il venait d'apprendre la mort d'un fils de quatre ans qu'il savait malade depuis quelques jours; je me hâtai de le congédier pour qu'il pût prendre les devants et se trouver plus tôt auprès de sa femme. Le lendemain, me promenant un peu après le lever du soleil hors de la ville dans les environs de la casbah, mes pas me conduisirent au cimetière des musulmans qui en est peu éloigné; je me trouvai bientôt derrière un homme et une femme assis près d'une fosse récemment couverte, et exprimant par des exclamations déchirantes la douleur la plus vivement sentie. Un mouvement de tête de l'Arabe me le fit reconnaître : c'était mon pauvre spahis pleurant avec sa femme l'enfant qu'ils avaient perdu, sur la tombe qui venait de le recevoir.

Quoique les tribus, partout où elles ne sont pas maintenues par l'action directe et vigoureuse d'un gouvernement central, se fassent fréquemment la guerre pour des sujets quelquefois fort légers, dans l'intérieur même des tribus, les actes de violence individuelle sont assez rares. Il s'y commet comme ailleurs des assassinats par intérêt ou par vengeance, mais bien moins qu'on ne pourrait le croire d'un peuple dont la vie est si rude et la police presque nulle. Le meurtrier doit être poursuivi par la famille de la victime, à qui la loi veut qu'il soit livré. Elle peut disposer de sa vie, ou en accepter une compensation en argent, c'est ce qu'on appelle la *Dia* ou prix du sang.

L'Arabe passe pour être très-enclin au vol ; mais à cet égard, il convient de s'entendre : entre membres d'une même tribu, le vol n'est pas fort commun, et les actes de filouterie le sont encore moins ; mais il l'est d'une tribu à l'autre. Il n'est point rare de voir des jeunes gens lier une partie de vol de bétail, comme on lie chez nous une partie de plaisir. L'adresse et l'audace qu'exigent ces sortes d'entreprises en ôtent la honte aux yeux des Arabes et leur donnent à cet égard les idées qui régnaient chez les Lacédémoniens. D'autres fois on conviendra d'aller voler ou au moins rançonner une caravane; mais cette action est considérée comme un peu plus blâmable ou au moins comme une espièglerie poussée trop loin, car tous ces actes de brigandage ne passent, au bout du compte, que pour des écarts de jeunesse plus ou moins excusables. La réputation n'en souffre que lorsque l'on continue à s'y livrer dans un âge qui veut des habitudes plus régulières. Tout cela doit nous paraître bien barbare, et l'est en effet. Mais rappelons-nous nos gentilshommes du moyen âge détroussant les passants sur les grandes routes, en vertu de cette belle excuse de Talbot que, si Dieu était gendarme, il serait pillard. Rappelons-nous encore que, dans un temps moins éloigné, nos jeunes seigneurs trichaient au jeu, et que le gracieux Hamilton a déployé tout son esprit pour nous raconter les aimables friponneries du brillant chevalier de

Grammont, dont de nos jours la police correctionnelle aurait fait justice.

Le voleur pris serait passible d'une peine corporelle et même de mutilation, d'après toute la rigueur de la loi; mais le plus souvent le volé se désiste de la plainte moyennant la restitution, et quelquefois une indemnité supplémentaire : après cela tout est dit, et le voleur et le volé restent bons amis.

Les Arabes, peuple enfant à bien des égards, sont assez généralement menteurs comme on l'est dans le jeune âge, c'est-à-dire menteurs plus négatifs qu'affirmatifs, je m'explique : un enfant qui a été battu court en pleurant auprès de ceux dont il attend protection et dit : *On m'a battu;* mais si les coups dont il se plaint ont été provoqués par quelque circonstance qui mette les torts de son côté, il se garde bien d'en parler. Il en est de même des Arabes qui déguisent la vérité, moins en avançant des faits faux qu'en taisant des faits réels. Il est facile, quand on les a fréquentés quelque temps, d'éviter le piége et de deviner ce qu'ils ne disent pas par ce qu'ils disent. Alors, après les avoir laissés parler tout à leur aise, on peut reprendre leur déclaration en sous-œuvre avec les correctifs nécessaires, et il est rare que leur embarras n'annonce pas qu'on a rencontré juste. Dans les demandes de renseignements, il faut surtout beaucoup d'adresse et de patience. Si l'on se borne à leur dire : *Racontez-moi ce que vous savez de telle route, de tel pays,* on n'obtiendra presque rien : d'abord parce que la chose les ennuie, ensuite par une habitude de méfiance qui les rend très-réservés. Il faut donc leur poser des questions catégoriques sur tout ce que l'on présume pouvoir être ou ne pas être, de manière à les mettre dans l'impossibilité de répondre autre chose que oui ou non. Si, malgré toutes ces précautions, il existe quelque circonstance en dehors de la série des questions ordinaires, on est à peu près sûr de ne rien en savoir, quelque remarquable qu'elle soit. C'est ainsi que, malgré le zèle de nos officiers topographes et l'habitude qu'ils ont acquise de la manière d'interroger les Arabes, chaque expédition nouvelle nous fait découvrir des choses que l'on ne présumait pas devoir exister. Quand ils demandent ensuite à un de nos donneurs de renseignements : *Pourquoi ne m'avais-tu pas dit cela?* notre homme répond avec beaucoup de flegme : *Tu ne me l'as pas demandé.*

Quoique les Arabes aient peu de besoin, ils sont assez avides d'argent, et aiment beaucoup à thésauriser. Cela tient à leur vie errante et à leur organisation politique, les richesses monétaires étant les plus faciles à transporter et à cacher au besoin. Ils ne sont pas toujours de très-bonne foi dans leurs transactions commerciales, surtout avec les Européens, qui du reste le leur rendent bien : ils craignent toujours de ne pas avoir fait d'assez bonnes conditions dans leurs marchés avec eux, de sorte que, lorsqu'ils voient qu'on leur accorde sans objection les prix qu'ils demandent, ils cherchent à se rétracter, disent qu'ils se sont trompés et en exigent de plus élevés. Quand ils doivent, ils ne nient pas la dette, quoiqu'il n'en existe souvent pas de preuves; mais ils retardent le paiement le plus qu'ils peuvent, et emploient pour cela mille subterfuges comme nos dandys sans argent aux prises avec leurs tailleurs.

Malgré leur amour pour le lucre, les Arabes ont conservé les habitudes hospitalières de leurs ancêtres. Le voyageur, quel qu'il soit, trouve gratuitement chez eux le couvert et la nourriture. On use de beaucoup de discrétion avec lui ; il est rare qu'on lui demande qui il est, d'où il vient ni où il va. La coutume est que les voyageurs accueillis sous une tente arabe mangent séparément de leur hôte qui, selon son rang, les sert lui-même ou veille sur les domestiques qu'il charge de ce soin. Il ne s'assied avec eux que sur leur invitation, et pour leur faire plaisir. Cette habitude de repas séparés s'étend du reste à l'intérieur de la famille : les hommes mangent entre-eux et les femmes entre-elles. Les Arabes sont assez sobres, et ne font pas habituellement une grande consommation d'aliments. Le fond de leur nourriture est le couscoussou, espèce de semoule qu'ils apprêtent au beurre ou à la graisse. Ils le servent dans de grands plats de bois, avec des morceaux de viande de boucherie ou de volaille saupoudrés de poivre. Mais cet accessoire de viande n'a lieu que dans les grandes occasions, ou chez les gens riches. Le plus souvent le couscoussou tout simple et quelques galettes constituent le repas de la famille. Aussi, lorsqu'il arrive des étrangers qu'on ne peut se dispenser de régaler un peu, tandis que le mari égorge un mouton en calculant en lui-même ce qu'il va lui en coûter, les femmes et les enfants, exempts de cette préoccupation, se réjouissent à la pensée d'en avoir leur part. Dans les grands repas donnés par les gens à l'aise, le couscoussou fondamental disparaît presque au milieu d'une confusion d'autres mets, dont quelques-uns sont fort bons.

L'instruction élémentaire ne m'a pas paru plus rare chez les Arabes que dans nos campagnes ; mais on voit peu d'hommes dont la science aille au delà, et encore le bagage littéraire de ceux-ci se borne le plus souvent à savoir à peu près par cœur le Coran, qu'ils ne comprennent pas toujours fort bien. Peu ont étudié leur langue par principes, et même parmi ceux qui l'écrivent purement, on n'en voit presque pas qui aient la moindre notion de grammaire : aussi est-il impossible d'apprendre à cet égard quelque chose avec eux autrement que par la routine de la conversation ; car on ne saurait leur faire analyser une phrase. Cependant il y a parmi les taleb (on appelle ainsi les savants, ou gens de loi), quelques hommes qui ne sont pas tout à fait plongés dans cette déplorable ignorance : on en voit même qui, à des connaissances littéraires et historiques, joignent quelque teinture des sciences et de la philosophie scolastique ; les marabouts les plus célèbres sont dans ce cas. Ils tiennent des écoles publiques, dernier asile des lettres dans cette terre redevenue barbare. Les ancêtres d'Abd-el-Kader avaient, à quelques lieues de Mascara, un établissement de ce genre.

Je ne répèterai pas ce qui a été dit tant de fois, peut-être même avec un peu d'exagération, sur les succès obtenus par les Arabes dans les sciences et la littérature au temps de leur splendeur ; chacun sait qu'ils ont apporté plus d'une pierre à ce magnifique édifice des connaissances humaines qui s'accroît chaque jour. Une suite de révolutions, toutes funestes au progrès, les a replongés dans la barbarie ; mais, si leur intelligence sommeille, il ne faut pas croire que le flambeau en soit éteint. Ils sont encore très-aptes aux travaux de l'esprit, et s'y livreraient avec succès, si la carrière leur en était ouverte.

Il est une science, la médecine, pour laquelle les Arabes ont surtout une grande vénération ; je suis persuadé que, par elle, on pourrait leur ouvrir la porte de toutes les autres et leur inoculer les idées qu'il serait bon de propager parmi eux. Quelques professeurs de médecine, sachant l'arabe et faisant des cours pub les dans cette langue, avanceraient prodigieusement nos affaires dans les trois provinces de l'Algérie.

VI.

Les différences de rang sont assez marquées chez les Arabes. L'illustration de la naissance y donne droit aux plus grands égards, et presque toujours au commandement. L'homme d'une naissance illustre est celui qui compte parmi ses ancêtres une longue suite de guerriers ou de marabouts : c'est la double noblesse de l'épée et du sanctuaire, bien concevable chez des peuples qui ont si souvent les armes à la main, et dont les principes religieux sont dans toute leur verdeur. Les Arabes de la tente font peu de cas des marchands de profession ; ils se servent comme nous de l'expression d'*épiciers* ou *marchands de poivre* pour désigner un homme dont les habitudes, les goûts et les idées, ne dépassent pas le comptoir. Les qualités guerrières sont les plus brillantes à leurs yeux, et en cela ils sont, il me semble, parfaitement d'accord avec tous les autres peuples. En effet, ceux mêmes dont les habitudes sont le moins militaires mettent instinctivement la gloire que l'on acquiert par les armes au-dessus de toutes les autres : le plus grand écrivain politique de notre siècle, M. de Tocqueville, remarque que c'est à elle que Jakson a dû sa popularité chez le peuple le plus mercantile de la terre (1).

Il existe, en Algérie et dans tout le nord de l'Afrique, des familles extrêmement anciennes, qui pourraient au besoin faire leurs preuves auprès du plus aristocratique chapitre de l'héraldique Germanie. Les nobles de race sont appelés *Djouad*; parmi eux, ou plutôt au-dessus d'eux, sont les nobles par excellence, les *cheurfa* (pluriel de chérif), qui sont les descendants du Prophète par sa fille Fatma. Au reste, toutes les familles nobles ne

---

(1) J'établis le fait, sans prétendre dogmatiser sur la préférence à donner à telle ou telle qualité de l'homme. Cependant il faut bien reconnaître que la gloire militaire est corrélative à la force, vertu cardinale sans laquelle les trois autres sont sans base.

vivent pas dans la grandeur et l'opulence ; il y a chez les Arabes, comme en Europe, bien des gentilshommes ruinés et déchus.

Les Arabes ont cette bravoure de passion qu'Homère a poétisée ; mais ils ont bien moins que nous celle du devoir, c'est-à-dire qu'ils ne savent pas combattre la peur: ils se battent tant que la passion les anime, et fuient sans honte lorsque la crainte devient la plus forte. Ceci est, du reste, tout à fait dans la nature de l'homme, et nous serions exactement comme eux sans notre forte organisation militaire où la discipline et les traditions du point d'honneur suppléent, sans cependant les exclure, les élans passagers de l'enthousiasme, auxiliaire capricieux sur lequel un général habile ne doit jamais trop compter.

La manière dont les Arabes nous ont fait la guerre dès le principe leur a acquis parmi nous une grande réputation de férocité; d'ailleurs, le pays qu'ils habitent rappellant à la pensée toutes les bêtes de proie, l'épithète féroce jointe au mot Africain paraît découler de la nature des choses, et forme une de ces images à la faveur desquelles circulent dans le monde des idées qui ne sont pas toujours fort justes. Mais, en allant au fond des choses, on ne voit pas que la guerre développe chez les Arabes des instincts plus sanguinaires que chez les Européens. Il est vrai que, dans les commencements, suivant l'impulsion que la politique turque avait cru devoir leur donner, ils ne faisaient point de prisonniers, égorgeant tout ce qui leur tombait dans les mains ; mais, à mesure qu'ils sont redevenus plus Arabes, qu'ils ont été rendus à leur nature, leurs habitudes se sont améliorées à cet égard. Au surplus, pour juger un peuple, il ne faut pas le considérer exclusivement dans les temps où ses passions sont excitées par des circonstances exceptionnelles: la haine de l'étranger, les préventions religieuses, les querelles politiques, conduisent quelquefois ceux mêmes dont les mœurs sont habituellement les plus douces à des excès fâcheux. La France de la Saint-Barthélemi et de 93 n'est pas la France de tous les jours, pas plus que les Arabes égorgeant les blessés de la Macta ne sont ceux que la froide raison doit nous montrer. C'est cette raison qu'il faut souvent consulter, dans nos relations de guerre ou de paix avec les habitants de l'Afrique. En admettant sans examen ces vieilles formules *d'Arabe perfide, d'Arabe féroce, d'Arabe que la terreur seule peut contenir*, on s'expose à méconnaître la voix de l'humanité, qui doit toujours être entendue d'un peuple ayant en main la noble cause de la civilisation. Il serait bien fâcheux, on en conviendra, qu'à force de s'exagérer l'âpreté de ces peuples, on se crût permis à leur égard des procédés pires que tous ceux qu'on peut leur reprocher.

Nous avons dit comment il a dû arriver que l'amour de la liberté, qui a été en Europe le plus puissant levier de la civilisation, ait fait persévérer les Arabes dans leur existence de tribu, qui exclut radicalement le progrès. Néanmoins leur histoire nous les montre souvent disposés à un autre genre de vie, quand ils ont cru pouvoir s'y livrer sans danger pour leur indépendance. Je ne dirai rien de ce qu'ils ont fait en Espagne; mais, en Afrique même, ils ont fondé ou repeuplé dans le moyen âge un grand nombre de villes dont plusieurs, constituées en républiques, n'ont perdu leur liberté que sous le gouvernement des Turcs.

Rien n'est plus opposé à l'Arabe des champs que le Maure ou Arabe des villes; j'ai déjà fait ailleurs la remarque que cette qualification de Maures que nous donnons aux habitants des villes n'est pas employée par les indigènes, qui les appellent *hadars*. Il est à croire qu'au temps où celui-ci jouissait de quelque liberté, la différence était moins tranchée; mais, depuis que le despotisme turc a pesé sur lui, le citadin est un être véritablement flétri, borné, pétri de préjugés misérables, sans énergie, sans force et sans pensée; du reste, il n'est point méchant, possède des vertus domestiques et peut se relever par les soins d'une administration sage et éclairée.

Au surplus, les habitants des villes de l'Afrique ne sont point tous d'origine arabe; cette population est un mélange d'Arabes, de Kbaïles, de Coulouglis, ou descendants de Turcs ou de renégats, de quelques Turcs encore, de descendants des colons romains et des anciens Maures, enfin des métis de toutes ces races. Mais, soumis au même régime, ils ont tous pris les mêmes mœurs, si ce n'est que les Turcs, et quelquefois les Coulouglis, ont un peu plus de dignité que les autres.

Les Maures, car c'est l'expression qui a prévalu parmi nous pour désigner les habitants des villes, bien qu'elle n'ait point cours dans leur langue, les Maures, dis-je, ont une existence très-nurée ; comme les animaux faibles et craintifs, ils ne sont à l'aise que dans leurs tanières. Là, bien isolés du monde extérieur, ils passent leur vie dans l'inaction la plus complète de corps et d'esprit, si la nécessité ne les force pas au travail. Quelquefois ils se réunissent dans les cafés et les boutiques de barbiers où ils fument, jouent aux dames et échangent de loin en loin quelques paroles insignifiantes. Les cafés et les barberies, sans être jamais très-vastes, ont cependant une étendue en rapport avec leur destination ; mais les autres boutiques ne sont que des cellules ou plutôt des niches ouvrant sur la rue. Le débitant y est assis à la manière orientale au milieu de ses marchandises, qui ne sont jamais en assez grand nombre pour qu'il ne puisse pas toutes les saisir seulement en étendant les bras. Le chaland n'y entre jamais ; il se tient en dehors devant la niche, dont le sol, exhaussé de quelques décimètres au-dessus de celui de la rue, sert au marchand de siége et de comptoir, et dont la devanture est abritée par un auvent. Ces boutiques sont tout à fait séparées des maisons auxquelles elles sont adossées. Les marchands, après y avoir passé la journée, les ferment par dehors le soir, d'assez bonne heure, et vont rejoindre leurs familles, qui habitent quelquefois un tout autre quartier.

Les ateliers d'arts mécaniques sont naturellement plus vastes que les cellules que nous venons de décrire ; mais, en général, il faut peu de place aux ouvriers maures pour travailler, car ils sont souples comme des chats et se replient sur eux-mêmes. Ils ne manquent ni d'adresse ni d'intelligence ; bien dirigés, ils seraient susceptibles de devenir très-habiles. L'habitude du travail les rend aussi moins apathiques au moral que les marchands et les oisifs ; on peut dire qu'ils forment la partie la plus saine de la population citadine.

Les villes sont commandées par des gouverneurs ayant titre de hakem ou de kaïd ; le gouverneur a sous lui un officier qui porte celui de cheick-el-medina, ou cheick-el-belad (cheick de la ville, cheick du pays), et qui est chargé de la police et des détails de l'administration. Chaque corporation industrielle a de plus un syndic, ou *amin*, qui a sur elle une sorte de juridiction consulaire. Un agent spécial appelé *mezouar* est chargé de la surveillance des prisons et des maisons de prostitution. L'entretien des fontaines est confié à un employé appelé amin-el-aïoun (syndic des fontaines); enfin, des agents subalternes ont dans leurs attributions la voirie et les marchés.

Chaque ville a un cadi et un muphti, souvent même deux, si les deux sectes des maleki et des hannefi y existent. Les indigènes sont maleki ; les Turcs seuls sont de l'autre secte. Cependant, au temps de leur domination, c'était le muphti hannefi qui avait la prééminence. Celui d'Alger portait le titre de cheick-el-islam ou chef de la religion, de l'islamisme. Maintenant, les muphtis et les cadis hannefis sont presque sans fonctions en Algérie.

Les cadis ont des assesseurs appelés adouls, qui n'ont que voix consultative ; ce sont les premiers qui prononcent seuls les jugements et qui forment à eux seuls le tribunal. On peut appeler de leurs arrêts au midjelès, sorte de cour supérieure composée des cadis, des adouls, et présidée par le muphti. Aux termes de la loi, les cadis sont juges au criminel comme au civil; mais les chefs politiques, surtout sous l'administration des Turcs, leur ont presque toujours enlevé la connaissance des crimes et délits, à l'exception de ceux où la religion était intéressée. A notre arrivée à Alger, nous la leur avons rendue dans les lieux soumis à notre domination, pour les causes n'intéressant que des Musulmans ; mais ils en ont été tellement embarrassés, l'administration de la justice criminelle a été si molle dans leurs mains, qu'il a fallu la leur ôter, et rendre dans les affaires criminelles les Musulmans justiciables comme les Européens des tribunaux français pour tous les cas. Il n'est resté aux cadis que la justice civile. Ces magistrats sont en même temps notaires, et font de plus tous les actes de juridiction volontaire attribués chez nous aux juges de paix.

La vie des Mauresques est moins dure que celle des femmes arabes; mais elle leur paraîtrait assez fastidieuse, si elles en connaissaient une autre. Au reste, elles sont rarement maltraitées et ne souffrent point. Une chose qui paraîtra un paradoxe et qui cependant est une vérité, si ce n'est en droit, du moins en fait, c'est qu'elles jouissent généralement dans leur intérieur de ce bonheur que la fée Urgèle mettait pour la femme au-dessus de tous les autres, celui de commander. Elles sont impérieuses, exigeantes, et leurs maris sont souvent plutôt leurs serviteurs que leurs maîtres. Il est difficile à ces pauvres Maures de se soustraire à cette nécessité, car, dans leur maison, tout ce qui est féminin, épouse, filles, mères, sœurs et servantes, est ligué contre eux.

L'obligation où sont les Mauresques de ne sortir que voilées, et fort rarement, ne leur paraît nullement une gêne imposée par la volonté de l'homme. Elles la considèrent comme un usage dont elles ne recherchent pas l'origine. Cela est si vrai que les courtisanes elles-mêmes s'y soumettent, et que les négresses libres qui veulent se donner l'apparence de la distinction prennent le voile.

Les mœurs sont loin d'être pures parmi les Maures, surtout parmi ceux du littoral. La décence extérieure, si chère aux Arabes, n'y est pas même toujours respectée. Les Turcs ont introduit en Afrique un spectacle obscène que l'on représente dans les cafés pendant le ramadan, qui cependant est une époque sainte. Ce sont des scènes d'ombres chinoises, dont le héros est un être fantastique appelé *Caragous*, semblable à notre polichinelle par son humeur battante, et à notre *Mayeux* par son impudence luxurieuse, dont il donne en présence du public les preuves les moins équivoques. Caragous a le droit de tout dire comme de tout faire. Il n'épargne pas même les autorités : c'est la liberté de la presse de l'Orient ; et il n'y a pas d'exemple que ses grossières épigrammes lui aient attiré de méchantes affaires. En Algérie, ses priviléges ont été respectés par l'administration française, dont il traduit souvent les agents à son satirique tribunal.

Une partie notable de la population des villes est formée par les Juifs, qui sont là ce qu'ils sont partout. On ne saurait croire jusqu'où va le mépris que les Musulmans ont pour eux, et le dédain avec lequel ils les traitaient. Sous la domination turque, il n'existait pas une disposition législative, sur quelque matière que ce fût, qui ne contînt pour eux une exception humiliante et vexatoire ; ce qui existe encore partout où les Musulmans sont les maîtres. Cela n'a pas empêché un grand nombre d'entre eux de faire d'immenses fortunes en Afrique. Mais, très-souvent aussi, ils s'en voyaient dépouillés par la brutale cupidité d'un gouvernement dont toute l'habileté consistait à prendre. Sous l'administration française, les Juifs, soustraits à cette tyrannie, sont devenus fort insolents envers leurs anciens oppresseurs, sans avoir contracté encore des habitudes dignes de la liberté qu'ils ont acquise. Leurs mœurs domestiques ont même empiré : à Alger, il est peu de maisons juives qui ne soient un lieu de prostitution ouvert à tout venant et, il faut le dire, à tous les genres de vice.

VII.

Nous avons parlé de l'Arabe des champs et de l'habitant des villes. Il nous reste à faire connaître les Kbaïles. Ces peuples, chassés des plaines par la conquête ismaléite, ont trouvé, dans l'âpreté des montagnes où ils se sont concentrés, un moyen plus efficace de conserver leur liberté que la nomadité des Arabes. Ils sont comme ceux-ci divisés en garoubas. Mais le douar mobile n'existe point chez eux. Ils habitent des villages appelés *dachour* dans leur langue. Ces villages, dont plusieurs sont assez étendus pour mériter le nom de ville, se composent de gourbis et de petites maisons en pierre, recouvertes en tuiles pour les plus riches. Leur constitution politique est la démocratie la plus radicale : c'est le peuple qui décide de tout. Les tribus ont rarement de grands cheiks permanents : elles n'en nomment le plus souvent que dans des circonstances graves, lorsqu'elles sont obligées d'unir leurs forces. Les fonctions de ceux-ci ne durent alors qu'autant que la circonstance qui les a fait naître. Les Kbaïles sont essentiellement agricoles. Le sol est chez eux très-morcelé et fort bien cultivé. Ils se livrent aussi à quelques branches d'industrie manufacturière ; ils travaillent les métaux, font des armes, des tapis, des étoffes. C'est de leurs mains que sort presque toute la poudre à feu qui se vend dans le pays. Le besoin d'ordre que font naître leurs habitudes laborieuses, et l'influence des marabouts, paraissent balancer suffisamment chez les Kbaïles les éléments dissolvants du régime démocratique poussé à ses plus extrêmes limites. Aussi il n'est pas de peuple qui se montre plus attaché à son pays et à ses institutions. On en voit beaucoup qui, dans leur jeunesse, vont pendant plusieurs années travailler dans les villes du littoral ; d'autres se mettent à la solde de puissances barbaresques. Mais presque tous, aussitôt qu'ils se sont amassé un petit pécule, retournent dans leurs montagnes vivre libres et heureux à leur manière.

La simplicité de leurs goûts semble dénoter des mœurs douces ; cependant les guerres locales sont aussi fréquentes entre les Kbaïles qu'entre les Arabes. D'un autre côté, une méfiance farouche contre les étrangers les rend souvent cruels et quelquefois perfides envers eux ; mais, après tout, c'est à ce prix qu'ils ont conservé leur indépendance. Il est difficile au voyageur étranger le plus inoffensif de pénétrer chez les Kbaïles, s'il n'a eu soin de se placer sous la protection et la sauvegarde de l'un d'eux. Cette sauvegarde ou *anaya* est manifestée par un objet quelconque, que le protecteur remet au protégé, et dont l'exhibition est une garantie que l'on ne pourrait violer sans faire un outrage mortel à celui dont l'anaya serait ainsi dédaignée. Mais on concevra facilement que l'efficacité de l'anaya est en raison directe de l'importance de celui qui l'accorde. La plus sûre, quant à la forme, est une lettre, ou la compagnie d'un serviteur du garant.

Les Kbaïles professent la religion musulmane, à laquelle beaucoup mêlent de vieilles superstitions fétichiques. Leur langue diffère totalement de l'arabe. Tout porte à croire que c'est l'ancien idiome punique, qui était encore parlé dans les campagnes au temps de saint Augustin. Quoique répandus dans presque toutes les chaînes de montagnes de l'Algérie, ce n'est guère que dans celles de Bougie et dans l'Aurès que les Kbaïles sont restés complétement indépendants.

Nous allons terminer ce que nous avions à dire d'eux par le résumé de la constitution politique des Beni-Abbès, une de leurs plus puissantes tribus, en suivant les renseignements qui nous ont été donnés par des députés qu'ils envoyèrent à Alger, à une époque où ils croyaient leur indépendance menacée par Abd-el-Kader.

La tribu des Beni-Abbès est divisée en sept fractions ou garoubas, dont chacune a à sa tête un cheick qui est nommé par ceux qu'il doit administrer. Ses fonctions n'ont pas de durée déterminée, mais en tout temps un membre quelconque de la garouba peut provoquer sa destitution, et il faut que l'assemblée en délibère, quand même la proposition ne serait soutenue que par son auteur.

Les sept cheicks de garouba nomment un grand cheick qui réside dans la forte ville de Kalab, capitale de cette petite république ; celui-ci veille aux intérêts journaliers et généraux de la tribu, en prenant l'avis des sept cheicks qui forment son conseil. Lorsqu'il s'agit d'une affaire grave qui exige acte de souveraineté, c'est le peuple réuni en assemblée de garouba qui en décide.

La justice est administrée par des cadis nommés par le conseil des cheicks ; la rébellion contre ses jugements devenus définitifs est punie de l'expulsion. La maison du rebelle est rasée, sa famille est bannie avec lui ; le pays semble lui dire : *Puisque mes lois ne te conviennent pas, va vivre ailleurs.*

Dans ce que je viens d'écrire sur les mœurs des indigènes du nord de l'Afrique, j'ai dit ce que j'ai vu, ce que j'ai observé. J'ai rendu fidèlement au lecteur les impressions que j'ai reçues. S'il lui arrive de rencontrer des oppositions un peu tranchées entre mes observations et celles de personnes qui ont pu étudier les Arabes d'aussi près que moi, je le prie de considérer qu'en général le champ des études de ces personnes a été bien plus resserré que le mien, qui s'est étendu de la Cyrénaïque au Maroc. Du reste, je n'attaque en rien leur véracité ni leurs intentions, tout en regrettant qu'elles aient fourni, à leur insu, un aliment aux préventions haineuses de certains Européens. Pour moi, sans dissimuler que j'ai toujours eu pour but d'affaiblir ces préventions, je proteste que j'ai constamment dit la vérité telle que je l'ai vue. C'est donc avec la plus entière conviction, la plus complète bonne foi, que j'établis les conclusions suivantes :

Les Arabes ne sont ni meilleurs, ni pires que les Français ; mais le mal et le bien sont plus inégalement répartis chez les seconds que chez les premiers ; ce qui fait que notre civilisation présente des types plus tranchés dans la vertu comme dans le vice que la leur. Il en est de même dans le domaine de l'intelligence : les masses en ont plus chez eux, mais il n'y a pas de grands foyers. Quant au bonheur, je suis persuadé, autant qu'on peut l'être, que la multitude souffre moins en Afrique qu'en Europe. Du reste, la civilisation occidentale suit ses destinées en cherchant à s'étendre ; elle est condamnée à l'action, et cette action amènera peut-être un jour dans ce monde un bien-être réel, et non, comme jusqu'à présent, une assez stérile multiplication des besoins et des moyens de les satisfaire, multiplication qui laisse toujours le même rapport entre ces deux termes. D'ailleurs, la lumière peut brûler l'homme sans doute, mais elle l'éclaire, l'agrandit et lui ouvre plus sûrement que l'ignorance les voies aux divines transformations de l'autre vie, seul but des vraies et solides espérances. Propageons donc la civilisation occidentale ; mais ne nous irritons pas contre les obstacles qu'elle rencontre, car les avantages matériels et immédiats qu'elle présente peuvent être contestés.

DE L'ISLAMISME

CONSIDÉRÉ PRINCIPALEMENT DANS LE NORD DE L'AFRIQUE

ET DANS SON ACTION

Sur les mœurs des peuples qui le professent.

On a souvent répété que le Coran s'oppose radicalement aux progrès de l'esprit humain et rend nécessairement stationnaires les peuples qui en suivent la doctrine. Cette assertion est fausse dans un sens, mais elle a quelque chose de vrai dans un autre. Rien dans ce livre ne s'oppose formellement aux investigations scientifiques, ni au libre développement de l'intelligence. Il admet sans doute certaines explications vulgaires de faits physiques, dont les théologiens musulmans peuvent s'armer contre les découvertes de la science. Mais à cet égard nos livres canoniques n'ont aucun avantage sur lui, et chacun connaît l'abus qui en fut fait à diverses époques. Ce ne sont là que de faibles obstacles que la science persévérante surmonte facilement, même sans sortir de l'orthodoxie, et que l'on rencontrera dans toutes les religions positives. Quant à la brutale réponse d'Omar qui amena la destruction de la bibliothèque d'Alexandrie, déjà décimée par un autre fanatique, elle n'est qu'un fait isolé, même en l'admettant comme authentique, ce qui est fort contestable. Elle s'efface d'ailleurs devant la création de milliers de bibliothèques fondées par les Arabes au temps de leur puissance, et surtout devant la publication d'ouvrages d'une philosophie assez hardie, dus à des écrivains de cette ingénieuse nation.

Mais le Coran n'est pas seulement un code religieux ; il est encore code civil et code politique. Or dans ce mélange intime du spirituel et du temporel, peut résider en effet un principe très-réel de résistance au progrès des sociétés musulmanes. Car l'idée de progrès implique celle de changement, et le dogme religieux étant immuable de sa nature, son union avec les choses temporelles tend évidemment à immobiliser celles-ci et par conséquent à les soustraire au progrès. Le même livre qui enseigne aux Musulmans à aimer et à craindre Dieu, qui l'initie aux belles et consolantes vérités de la vie future, le dirige dans les détails les plus minutieux de l'existence d'ici-bas. Tout étant réglé par le Coran, jusqu'aux soins de la propreté corporelle, tout peut paraître également respectable, également immuable aux âmes ferventes ; car tout se rattache à la religion.

Cependant, quoique les Musulmans aient infiniment plus de soumission aux prescriptions de la loi que les Chrétiens n'en ont généralement à celles de la leur, il ne faudrait pas conclure de ce que nous venons de dire qu'individuellement ils ne s'en écartent jamais. Mais ces transgressions particulières ne sont que de la licence et ne sauraient constituer un principe de progrès. Qu'on se garde bien de s'y méprendre : le Musulman qui boit du vin et qui viole le Ramadan n'est pas plus près de la civilisation qu'un autre. Une nation ne progresse pas par de petits actes de révolte individuelle contre ses usages et ses croyances, actes qui sont presque toujours le résultat de passions mauvaises, et que très-souvent le repentir fait tourner un peu plus tard au profit de la superstition. La voie du progrès ne lui est ouverte que quand elle possède la faculté de se donner successivement des lois qui rendent légitime ce qui est devenu désirable, selon les temps et les circonstances; or c'est précisément cette faculté que l'on peut dire que le Coran enlève à l'homme. Tout étant écrit de la main de Dieu dans ce livre, qui a la prétention de tout prévoir, tout doit être rendu stationnaire par ce code universel; car il n'appartient pas à l'homme de modifier ce que Dieu a établi.

L'explication de deux faits, constatés par l'histoire, découle peut-être de là : le premier est que la société musulmane, en sortant des sables de l'Arabie, a promptement atteint son apogée, puisqu'elle s'est arrêtée, et qu'enfin son inaction l'a livrée à un courant rétrograde; le second est que les gouvernements ne pouvant faire de lois constitutives sans courir le risque de se heurter contre l'immobilité du Coran, ont opéré par l'arbitraire et la violence, mais toujours par actes isolés. De là ce mélange de despotisme et d'anarchie qui a désolé tant de riches et belles contrées. Cette influence du Coran a eu d'autant plus d'action, qu'elle a d'abord opéré sur des populations préparées à la recevoir. En effet, une foule de faits fournis tant par les sciences ethnographiques que par les sciences naturelles, et corroborés par les plus antiques traditions, placent en Asie le berceau de l'espèce humaine. Or les sociétés primitives que cette terre a dû produire, dès l'origine des choses, n'étaient que des familles dont la constitution fut un fait naturel et non une combinaison discutée par l'esprit, admise par une conciliation d'intérêt. La famille qui compta dans son sein le plus de membres braves et vigoureux exerça sur ses voisines plus faibles une action oppressive et se développa à leurs dépens. Mais, si l'on veut aller au fond des choses et ne pas se laisser éblouir par la renommée de ces fantastiques empires de l'Orient, on verra qu'en réalité il n'y eut nulle part d'autre constitution sociale que celle de la famille, ni de lien commun politique autre que la force matérielle. Or, comme celle-ci ne pouvait avoir d'action continue, le despotisme et l'anarchie marchaient déjà de pair, avant que le Coran fût venu rattacher ce fait déplorable à la métaphysique théologique. Il en résulta cette série monotone de faits sans portée humanitaire périodiquement renouvelés, cet amalgame nauséabond de crimes et de faiblesses qui rend si fatigante et si confuse la lecture de l'histoire des peuples orientaux. Les essaims détachés de ces ruches primitives de l'humanité formèrent au contraire en Occident des sociétés plus rationnellement organisées ; car les émigrations qui les constituèrent étant des entreprises où des conventions arrêtées entre ceux qui y prirent part devenaient nécessaires, un nouvel ordre d'idées dut se produire et servir de germe à la science sociale, dont il est facile de suivre le développement en Occident. Nous ne nous arrêterons pas davantage sur cet aperçu, qui pourrait servir de thème à tout un livre. Il nous suffit d'avoir indiqué que le principe d'immobilité, qu'il est impossible de ne pas voir dans le Coran, existait de fait avant lui au sein des sociétés orientales.

Comme c'est principalement sous le rapport de son influence sur le génie des peuples qui professent l'islamisme que nous nous proposons de parler de cette religion, nous avons dû débuter par les considérations que l'on vient de lire. Elles dominent toute la question, et nous paraissent donner une première idée assez nette de la nature de l'empire exercé sur une grande partie du genre humain par le livre célèbre auquel elles se rapportent. Nous allons maintenant faire connaître avec quelques détails les dogmes religieux qu'il proclame, le culte qu'il prescrit et les devoirs moraux qu'il impose. Nous devons dire avant tout que le Coran n'est pas tout à fait l'unique source des croyances des Musulmans : ceux de l'empire ottoman et ceux de l'Afrique, que nous avons surtout en vue, admettent la sounah ou loi orale émanée des paroles et des actions du prophète, conservée d'abord par la tradition et mise ensuite en écrit. Les *hadit*, traditions, moins authentiques que la sounah, ont cependant un très-grand poids. Abou-Abdallah-Mohammed-ben-Ismaël-el-Bokari, le plus célèbre des théologiens musulmans, en fit, dans le 3ᵉ siècle de l'hégire, un recueil, que les Arabes d'Afrique vénèrent presque à l'égal du Coran.

I.

Les cinq fondements de l'islamisme sont, d'après les docteurs de cette loi, la foi, la prière, l'aumône, le jeûne du ramadan et le pèlerinage de La Mecque.

La foi consiste à croire en Dieu, aux anges, aux prophètes, au jugement dernier, aux livres inspirés et au décret divin; ce qui fait six articles de foi.

Les idées des Musulmans sur la Divinité sont belles et philosophiques. Le Coran en parle en termes sublimes, et la prohibition complète des images a maintenu, même chez les masses les plus grossières, la pure croyance de sa spiritualité. Dieu est unique, tout-puissant, éternel dans le passé et dans le futur; créateur, conservateur, rémunérateur, vengeur; il est partout, voit tout, entend tout. Quoique les Musulmans soient pénétrés du sentiment de son immensité, que le Coran dise que sept océans d'encre ne suffiraient pas à tracer ses merveilles, ils ont fait une nomenclature de ses attributs, mais seulement pour rendre hommage à ses perfections, et non dans la pensée qu'il puisse être limité, même par l'imagination. Ces attributs ont ouvert la porte à quelques arguties scolastiques: il s'agit de savoir s'ils sont ou non distincts de l'essence divine; question oiseuse qui, du reste, n'a jamais eu un bien grand retentissement.

Au résumé, à l'exception de la Trinité que le Coran repousse en termes formels, les Musulmans et les Chrétiens ont sur Dieu les mêmes idées. La doctrine de l'amour divin est également la même dans les deux religions. Les mystiques musulmans sont aussi tendres, aussi passionnés que les nôtres. Sainte Thérèse, Fénélon, Mme Guyon, ne sont pas allés plus loin qu'eux dans cette carrière glissante, en travers de laquelle Bossuet eut tant de légitimes motifs de jeter le puissant obstacle de sa mâle raison. Mais il ne suffit pas à la foi chez les Musulmans, non plus que chez nous, de croire en Dieu et de l'aimer par-dessus toute chose: il faut encore être toujours prêt à le confesser. Sans cela, la foi est une lettre morte sans utilité pour le salut.

La croyance en des créatures intermédiaires entre Dieu et l'homme est encore un dogme commun aux deux religions. Les Musulmans admettent plusieurs ordres d'anges. Tous sont, avec des fonctions diverses, les ministres des volontés divines. Les plus élevés sont les chérubins. Leur nom, dont le mot français est dérivé, indique leur rapprochement du trône de Dieu. Gabriel est chez les Musulmans, comme chez nous, le plus connu des anges. On retrouve aussi chez eux la douce et poétique croyance aux anges gardiens. Le Coran dit, en parlant de l'homme, verset

12. Sourate XIII, intitulé : *Le Tonnerre : Il a des anges qui se succèdent devant et derrière lui, et qui le gardent par ordre de Dieu.* Ailleurs, au verset 4, Sourate LXXXVI, intitulé : *Le Voyageur nocturne*, il dit : *Chaque âme a un gardien.*

Les démons chassés du ciel pour leur orgueil et leur rébellion ne sont autre chose que des anges déchus. Leur chef est Belis sans cesse occupé à tendre des pièges aux hommes.

Les Musulmans admettent un grand nombre de prophètes que Dieu, dans sa bonté, a envoyés aux hommes à diverses reprises pour les remettre dans la voie de la vérité, à mesure qu'ils s'en écartaient. Chaque nation a eu le sien et même plusieurs; mais ils n'ont pas toujours été écoutés. Parmi ces envoyés, sont tous ceux que reconnaissent nos écritures, et enfin Jésus, fils de Marie, Aïssa-ben-Mariam, le plus grand de tous. Le Coran confesse sa naissance surnaturelle et les miracles qui signalèrent son passage sur la terre, et attestèrent sa mission. Mais l'islamisme, étranger au mystère du sacrifice de l'Homme-Dieu pour la rémission des péchés des hommes, nie que les Juifs l'aient mis à mort. Dieu, au moment où le crime allait être consommé, enleva Jésus au ciel, et lui substitua un vain fantôme que les Juifs crucifièrent à sa place. Voici comment s'exprime le Coran à ce sujet, au verset 156 de la Sourate IV, intitulée : *Les Femmes.*

« Leurs paroles sont : Nous avons tué le messie Aïssa, fils de
« Marie, l'envoyé de Dieu. Cependant ils ne l'ont pas tué, ils ne
« l'ont pas crucifié; ils ont tué une vaine ressemblance. Ceux
« qui ont disputé à son sujet étaient dans le doute. Ils n'ont eu
« là-dessus aucune certitude, et n'ont fait que des conjectures.
« Ils ne l'ont point tué réellement. Dieu l'a élevé vers lui. »

Le Coran qualifie de blasphémateurs ceux qui disent que le fils de Marie est Dieu, et l'on sait qu'à l'époque où ce livre a paru, la moitié de la chrétienté était dans les mêmes sentiments. Cependant il en parle en termes si magnifiques qu'on dirait qu'il veut en faire quelque chose de plus qu'un homme. Il l'appelle le Verbe, le souffle de Dieu. Il ordonne de croire à sa seconde venue, qui sera le signe certain de l'approche du jugement. Que le lecteur ne perde pas de vue ce passage sur lequel nous reviendrons.

L'islamisme exalte l'excellence de Marie, mère de Jésus, autant que le christianisme lui-même. Les docteurs musulmans l'appellent la mine et la source de toute pureté. Le Coran dit qu'elle conserva sa virginité intacte et qu'elle naquit purifiée. Beaucoup de commentateurs ont cru voir dans ce passage la proclamation formelle de l'immaculée conception de la Vierge, qui, quoique admise par beaucoup de Chrétiens, ne constitue point cependant chez nous une croyance obligatoire. Ainsi les Musulmans seraient allés plus loin que les Chrétiens eux-mêmes dans leur admiration pour Marie.

L'apparition de tant de prophètes, celle de Jésus-Christ même et ses miracles n'ayant pu dégager complétement la vérité des erreurs dont Satan ne cesse de l'envelopper, Dieu suscita Mohammed, qu'il envoya aux Arabes pour prêcher un peuple qui n'avait point encore eu d'apôtre, afin qu'il ouvrît les yeux à la lumière (*Sourate* XXVIII, *verset* 46). Mohammed parle de lui-même en termes assez modestes dans le Coran ; mais les docteurs mystiques en font une sorte de créature à part, contenant en sa personne toutes les perfections créées et incréées, et dont Dieu eut le type en vue avant toute création. Il est certain que Mohammed est un des hommes les plus extraordinaires qui aient paru : il a propagé de grandes et utiles vérités chez un peuple qui ne les connaissait point encore, et qu'il a tiré, au moins pour un temps, de la barbarie ; il a fait des Arabes, sans lien avant lui, une nation constituée, dont la puissance s'étendit en peu d'années sur un tiers de l'ancien continent ; il a amélioré chez ce peuple le sort des femmes, celui des esclaves, et constitué la famille sur des bases plus morales ; enfin, sa parole puissante règne encore en souveraine depuis les Indes jus'qu'à l'océan Atlantique, des steppes de la Tartarie jusqu'aux rives brûlantes du Niger.

A moins de se déclarer Musulman, il est difficile d'admettre la nature des rapports que Mohammed prétend avoir eus avec Dieu ; mais il est possible qu'il se soit cru de bonne foi chargé d'une mission divine, et que n'espérant pas faire comprendre à ses contemporains le caractère purement métaphysique de son inspiration, il ait cru pouvoir l'expliquer par le fait d'une révélation matérielle, consistant dans la descente du ciel des feuilles mêmes du Coran. Au surplus, s'il est vrai que Dieu, lorsqu'il veut ouvrir une voie nouvelle aux hommes, en choisisse d'abord un parmi eux, qu'il anime de son esprit et qu'il charge de les y conduire, et que ce soit là ce qu'on appelle un prophète, Mohammed a mérité ce nom.

Nous n'entreprendrons pas de retracer ici l'histoire si connue de ce grand homme ; ses biographes musulmans y mêlent à la vérité historique quelques miracles qui ne sont pas admis comme articles de foi ; car il résulte de plusieurs passages du Coran qu'il ne s'est jamais donné comme ayant la faculté d'en faire. La tradition en conserve bien quelques-uns; mais, en définitive, les Musulmans n'ont jamais beaucoup insisté sur ce point. La seule circonstance miraculeuse de la vie de Mohammed qu'ils paraissent regarder comme authentique est son fameux voyage au ciel, dit El-Mesra, qu'il fit dans la nuit que les Arabes appellent par cette raison la nuit de l'Ascension, sur la jument *El Barak*, l'éclair, et encore beaucoup d'entre eux ne l'admettent que comme vision prophétique. Le lecteur qui désirerait connaître cette espèce d'apocalypse la trouvera dans la *Vie de Mohammed*, d'Ismaël-Abou-el-Feda, ou mieux encore dans la légende que Savary a mise en tête de sa traduction du Coran, ouvrage plus facile à se procurer.

Le grand principe de Mohammed était de ne repousser aucune des religions établies, à l'exception cependant de l'idolâtrie, pour laquelle il était implacable ; c'est pour cela qu'il a admis la mission des divers prophètes, disant que la sienne était de compléter et non de détruire leurs œuvres. Admettant les prophètes, il admit aussi les livres sacrés des Juifs et des Chrétiens, livres que, d'après la foi musulmane, le sien, c'est-à-dire le Coran, a résumés et absorbés. Le Coran est l'œuvre directe de Dieu qui a choisi Mohammed pour le communiquer aux hommes. Le prophète arabe affecte à toute occasion de se dire complétement illettré : ainsi, comment aurait-il pu faire le Coran, qui est un livre si parfait, même sous le rapport purement littéraire ? Cette perfection du Coran, mise en regard de sa propre ignorance, est, selon lui, la preuve la plus convaincante de la vérité de sa mission et de l'origine céleste du livre : aussi tous les versets du Coran sont autant de signes, de miracles, et en ont pris le nom en arabe, *aïat*. Ces versets ont été successivement apportés au prophète par l'ange Gabriel. Après la mort de Mohammed, Abou Bekr les réunit dans l'ordre où nous les voyons maintenant ; mais cet ordre est, pour dire vrai et parler le langage de la critique, une confusion réelle qui rend très-pénible la lecture d'un livre qui contient cependant d'admirables choses et de grandes et incontestables vérités ; pénible surtout pour des Occidentaux chez lesquels l'harmonie des périodes n'est point une compensation suffisante du désordre des idées. Abou-Bekr mit l'exemplaire primitif du Coran entre les mains d'Hafissah, fille d'Omar, une des veuves du Prophète. On y recourait pour corriger les copies, comme à une règle invariable ; malgré cela, il y a eu diverses éditions du Coran, qui diffèrent par le nombre des versets, mais on assure que, dans toutes, il y a invariablement le même nombre de mots et de lettres.

On a longtemps et chaudement discuté chez les Musulmans la question de savoir si le Coran est créé ou incréé ; enfin, après bien des paroles et des écrits, et même quelques persécutions, El-Metouakel, dixième khalife abasside, déclara que la chose étant indifférente pour le salut, chacun pouvait croire à cet égard ce qui lui paraîtrait convenable. Longtemps après, El-Ghazali, le meilleur des philosophes arabes, donna une solution fort simple et fort logique de la question : le Coran, selon lui, est coéternel à Dieu, et par conséquent incréé quant aux vérités de principe ; il est créé quant à sa forme littéraire et aux vérités de relation.

Les dogmes religieux du Coran sont simples et inattaquables, à moins qu'on ne pousse l'incrédulité jusqu'à l'athéisme. Les chrétiens peuvent trouver qu'il n'en dit pas assez, mais non que ce qu'il dit est faux, puisque tout se réduit en définitive à l'unité de Dieu, à l'immortalité de l'âme et aux peines et récompenses de l'autre vie. La morale qu'il enseigne est irréprochable, bien que ce livre soit loin de satisfaire, de pénétrer, de toucher le cœur et l'esprit à un aussi haut degré que l'Evangile. Otez Mohammed du Coran, et vous aurez un livre qui aurait été orthodoxe au temps de la primitive Eglise : car, en l'ôtant, vous en ôtez aussi tout ce qu'il a fait successivement descendre du ciel pour les besoins de sa politique et même de son repos domestique, comme, par exemple, les versets relatifs à l'innocence suspecte d'Aïcha.

Le Coran enseigne que l'islamisme est la religion primitive ; ainsi, d'après sa propre doctrine, Mohammed n'en est pas le fondateur ; il n'en est que le restaurateur. Cependant, maintenant qu'il a paru, il ne suffirait pas, pour être Musulman, de l'être comme l'étaient les patriarches : il faut encore reconnaître et confesser la mission de Mohammed ; aussi cette formule célèbre : *Il n'y a de Dieu que Dieu, et Mohammed est l'envoyé de Dieu*, est la base de la foi musulmane. Ces deux propositions sont ce que les Arabes appellent les témoignages, les confessions ; il suffit de les prononcer avec conviction pour devenir Musulman. La circoncision n'est pas, comme le vulgaire le pense parmi nous, le signe matériellement caractéristique de cette religion : c'est un usage emprunté des premiers Arabes, usage d'institution divine, si l'on veut, puisque Dieu le prescrivit à Abraham, mais dont le Coran ne dit pas un mot, et que, pour cette raison, beaucoup de docteurs ne regardent pas comme indispensable (1). Cependant les Africains y tiennent extrêmement ; aussi l'ancien gouvernement algérien, qui recevait souvent du Levant des soldats incirconcis, avait soin de les faire circoncire à leur arrivée.

Nous avons dit que la croyance au jugement dernier est le cinquième article de foi de l'islamisme ; il comprend tout ce qui est relatif à la vie future. L'islamisme, admettant nos Écritures, a sur la création et la chute de l'homme la même doctrine que nous. On lit dans le Coran, verset 170 de la sourate VII, intitulée *El-Araf* :

« Lorsque ton Seigneur fit sortir des fils d'Adam, de leurs
« reins, leurs descendants, et qu'il les fit témoigner contre eux-
« mêmes, il leur dit : Est-ce que je ne suis pas votre Seigneur ?
« Ils répondirent : Oui, nous l'avouons. Cela fut fait de peur qu'au

---

(1) Quelques Musulmans font remonter jusqu'à Adam l'usage de la circoncision ; ils disent que ce premier homme, désespéré d'être chassé du paradis par suite de sa faiblesse pour sa femme, voulut se défaire de la partie de son corps qui donnait à celle-ci tant d'empire sur lui ; mais que, par les conseils d'un ange, il se décida à n'en sacrifier que cette portion dont se débarrassent encore les Juifs et les Musulmans. Cette indécente opinion pourrait passer pour une plaisanterie à la Voltaire, mais les Musulmans ne plaisantent jamais sur de tels sujets.

« jour du jugement ils ne disent : Nous étions ignorants sur
« cela ! »

Des commentateurs expliquent ce passage en disant que Dieu
fit voir à Adam tous les hommes qui devaient descendre de lui,
qu'il les réunit dans une immense plaine, et que là ils s'engagèrent à adorer toujours le Seigneur. Il y a dans cette manière de
présenter l'humanité comme une seule unité une pensée fort
belle qui, en effaçant l'individualisme, se prête merveilleusement
à la solidarité de l'espèce humaine, et par suite au dogme du péché originel : aussi, en la rapprochant de ce qui a été dit plus
haut sur l'immaculée conception de la Vierge, on pourrait en
conclure que ce dogme est admis par l'islamisme, si le Coran ne
disait pas formellement qu'Adam se réhabilita lui-même par son
repentir.

Ceux qui, par leur foi et leurs actes, auront mérité le salut
éternel, goûteront des plaisirs sans fin dans le paradis. Mohammed explique la nature de ces plaisirs d'une manière matérielle
qu'on lui a souvent reprochée : il peint de frais jardins, de beaux
fleuves qui les arrosent, et surtout ces ravissantes houris qui
enivreront les élus d'amour et de volupté; mais le Coran ajoute
que ce ne sont là que des paraboles qui pourront scandaliser les
infidèles, mais dont les croyants comprendront bien le sens. Voici
ce passage, qui fait suite au premier où Mohammed parle des
houris :

« Dieu ne rougit pas de prendre pour sujet d'une parabole un
« moucheron ou quelque chose de plus relevé. Ceux qui sont
« croyants savent que la vérité vient de leur Seigneur ; mais les
« infidèles disent : Que veut dire Dieu avec cette parabole ? »
Verset 24 de la Sourate II, intitulée : *la Vache*.

Ceci me paraît assez clair; mais il n'en est pas moins certain
que par ces images matérielles des plaisirs sensuels Mohammed
a voulu parler à la chair chez un peuple singulièrement enclin à
l'amour physique. Le correctif est à l'adresse des sages et des critiques. Au demeurant, en admettant, comme le fait le Coran, la
résurrection de la chair, il faut bien un peu songer à sa satisfaction. Aussi on ne voit pas trop ce que nos élus feront de leurs
corps dans le paradis des chrétiens, qui ne promet que des plaisirs intellectuels. Pour qu'on n'accuse pas celui de Mohammed

de n'être qu'un lupanar, nous devons ajouter que ceux de l'esprit n'en sont pas exclus ; car en tête des félicités de l'autre vie se trouve la contemplation éternelle de la sagesse divine.

L'enfer, lieu de tourments destiné aux réprouvés, est aussi décrit par le Coran au moyen d'images matérielles ; mais les feux allégoriques de ce séjour redoutable étant de toutes les religions, nul n'a songé à formuler à cet égard la moindre accusation de matérialisme contre Mohammed. Au surplus, la plus grande peine de l'enfer est, d'après les Musulmans comme d'après le christianisme, toute morale : c'est la séparation d'avec Dieu, *Fark*. Les Musulmans disent qu'il y a sept étages ou sept degrés de tourments en enfer : le plus terrible est réservé aux hypocrites.

Entre l'enfer et le paradis, les Musulmans placent un séjour intermédiaire destiné aux âmes qui ne sont envoyées ni dans l'un ni dans l'autre : ils l'appellent *araf*. Comme le Coran s'exprime assez vaguement à cet égard, les uns en font un purgatoire comme le nôtre ; les autres des limbes, où ils envoient les justes qui ont vécu dans l'ignorance de l'islamisme.

La fin du monde, la résurrection et le jugement dernier, sont expliqués par les Musulmans à peu près comme par les chrétiens.

Il est assez difficile, dans toutes les religions qui enseignent le jugement dernier et universel, de se rendre parfaitement compte de ce que devient l'âme dans le temps qui doit s'écouler entre sa séparation d'avec le corps et ce jugement. Nous admettons que le paradis, l'enfer ou le purgatoire lui sont immédiatement ouverts ; mais la nécessité du jugement dernier en est nécessairement amoindrie. Le Coran dit simplement qu'à la mort l'âme est portée devant l'Éternel. A défaut de paroles plus explicatives, les théologiens musulmans pensent que chaque homme, après son décès, sera examiné et interrogé par les deux anges *Menkir* et *Nekir*, et que, selon son état, l'âme, attachée dans tous les cas au tombeau jusqu'au grand jour de la résurrection, sera dans la gloire ou dans les ténèbres, sorte d'anticipation à son sort définitif réglé par le jugement. Cette interprétation, fort embrouillée du reste et très-peu satisfaisante, se prête merveilleusement à la croyance aux revenants et aux vampires, qui, en effet, est très-répandue en Orient.

C'est ici le lieu de relever une erreur qui, quoique réfutée bien des fois, ne laisse pas d'être encore en crédit chez le vulgaire parmi les chrétiens occidentaux, savoir, que le Coran ne fait pas participer la femme à la vie future : ce livre présente des passages saillants qui prouvent le contraire très-formellement. En voici quelques-uns :

« Ils entreront dans les jardins d'Eden avec leurs pères, leurs
« femmes et leurs enfants qui auront été justes. » —Verset 23 de la Sourate XIII, intitulée : *le Tonnerre*.

« Les Musulmans et les Musulmanes, les croyants et les croyan-
« tes, les obéissants et les obéissantes, les pieux et les pieuses, les
« patients et les patientes, les humbles des deux sexes, ceux et
« celles qui font l'aumône, les jeûneurs et les jeûneuses, les con-
« servateurs et les conservatrices de la chasteté, ceux et celles
« qui se souviennent souvent de Dieu, Dieu leur promet le par-
« don et une grande récompense. » — Verset 35 de le Sourate XXXIII, intitulée : *les Confédérés*.

« Quiconque aura fait le bien, homme ou femme, et qui sera
« croyant, entrera dans le paradis. » — Verset 43 de la Sourate XL, intitulée : *le Croyant*.

En voilà assez, je pense, pour démontrer la fausseté de l'assertion que nous réfutons ; néanmoins, il faut avouer que la position spirituelle de la femme a pu paraître équivoque, même à des Musulmans. On raconte à ce sujet qu'un jour le Prophète, étant entré dans une tente d'Arabes, y trouva une vieille femme tout en pleurs, et que, lui ayant demandé la cause de son chagrin, elle répondit qu'on venait de lui lire les versets du Coran relatifs aux houris, et qu'il lui paraissait manifeste, d'après ces passages, que les vieilles femmes ne trouveraient pas place pour elles dans le paradis. Le Prophète répondit qu'en effet il en serait ainsi, et la pauvre femme redoubla ses pleurs ; alors il reprit en souriant : « Rassurez-vous, ma mère : il est vrai que les vieilles femmes
« n'entreront pas en paradis, mais c'est parce qu'elles redevien-
« dront jeunes avant d'y entrer. » En effet, les docteurs pensent que les femmes ressusciteront toutes avec l'âge de seize ans ; quant aux hommes, ils en auront tous trente-trois.

Nous voici arrivés au plus redoutable des articles de foi de l'islamisme, celui du décret de Dieu *cada* et *cader*, *cada*, lorsqu'il est seulement en Dieu, et *cader* lorsqu'il se manifeste par l'événement. Ce n'est pas sans raison que je l'appelle redoutable, car il touche de bien près à la prédestination absolue, dogme glacial et terrible qui, une fois admis, ôte toute moralité aux actions de l'homme et toute activité à son intelligence. La conciliation du libre arbitre de l'homme avec la puissance, la prescience et la bonté de Dieu, a fait et fera toujours le désespoir des philosophes et des théologiens. Le grand saint Augustin, dont le nom se présente tout naturellement à la mémoire lorsqu'on veut aborder cet effrayant sujet, semble parfois vous faire toucher au but; son éloquence entraînante, son raisonnement puissant vous saisit, vous élève : on croit arriver, puis on sent que la parole manque à votre guide; on ne fait qu'entrevoir la solution, et l'on retombe dans l'abîme de doute d'où l'on croyait pouvoir sortir. Mais que dis-je, doute? disons plutôt impossibilité de démonstration, car le phénomène ontologique existe bien réellement. Il est impossible que l'homme ne soit pas libre, et il est impossible que Dieu ne soit pas la toute-puissance, la toute-science et la toute-bonté, comme il est impossible que l'azimptote rencontre jamais l'hyperbole, bien qu'il soit impossible qu'elle n'en approche pas toujours: c'est l'identité des contradictoires d'Hégel.

Nous ne reproduirons pas ici, même succinctement, la controverse des docteurs musulmans sur le libre arbitre et la prédestination. Ces deux dogmes contraires peuvent être également soutenus avec des passages du Coran, qui est loin d'être d'accord avec lui-même à ce sujet; voici, je crois, comment cette confusion peut être expliquée : Mohammed, comme prince et chef de parti, voulant exalter le courage des siens, se mit à prêcher le fatalisme, au moins en ce qui concerne le moment de la mort. Le Coran dit :

« Le terme de la vie de tous les hommes est fixé ; ils ne peu-
« vent en avancer ni en reculer l'heure. »—Verset 32 de la Sourate VII, intitulée : *El Araf.*

Cela posé, le Prophète fut logiquement conduit à étendre ce fatalisme aux événements de la vie temporelle, et enfin à la destinée des âmes dans la vie future. Mais là il fut souvent obligé de revenir sur ses pas, effrayé des conséquences de sa doctrine. Ce passage désespérant de la Sourate II, verset 284 : *Dieu pardonne à qui il lui plaît et il frappe qui il lui plaît*, ce passage, dis-je, dut être adouci par d'autres qui le mitigent ; mais il en reste encore de si terribles en faveur de la prédestination, que, d'après une ancienne tradition, Mohammed aurait dit lui-même que la lecture de ces passages lui avait fait devenir les cheveux blancs avant l'âge. Pour nous résumer, nous dirons que le dogme de la prédestination est loin d'être généralement reçu par les Musulmans de nos jours, et que même dans aucun temps il n'a réuni toutes les opinions. Le tableau de l'empire ottoman, de Mouradja d'Osson, cite un fétoua du muphti de Constantinople qui le repousse en termes formels. Quant au fatalisme que j'appellerai terrestre, celui qui règle les événements ici-bas, les Musulmans le professent très-positivement ; il est pour eux, sans aucun doute, une cause puissante de stagnation, mais aussi il est la source de la plus admirable résignation dans le malheur. Cette résignation, cette patience, cette aptitude pour la douleur est un des beaux côtés de l'islamisme, qui même en a pris son nom (1). Le Coran est rempli à ce sujet de fort beaux passages dont la lecture est vraiment consolante dans l'adversité. J'avoue n'avoir jamais lu sans en être vivement touché cette salutation des anges aux justes à leur arrivée dans le paradis : *Salut sur vous, parce que vous avez souffert avec patience.*

Tels sont les six articles de foi de l'islamisme : celui qui les admet est Musulman. Nous n'avons rien dit de quelques croyances métaphoriques, telles que la balance dans laquelle Dieu pèse les actions des hommes, et le sirat, pont étroit comme le tranchant d'un sabre, sur lequel il faut s'engager pour arriver en paradis, mais que les justes franchissent seuls, tandis que les coupables, qui n'y peuvent conserver l'équilibre, sont précipités dans l'enfer ouvert au-dessous. Quelques intelligences grossières prennent à la lettre ces allégories.

---

(1) Ce mot signifie obéissance, soumission, résignation.

II.

Les quatre fondements de l'islamisme qu'il nous reste à considérer constituent la partie de la religion *abada* que les Musulmans appellent le culte *Din*, dont la première prescription est la prière, second fondement de l'islamisme, la foi, dont nous venons de parler, étant le premier :

« Fais la prière, car la prière éloigne de ce qui est honteux.
« Fixer ses idées dans le souvenir de Dieu est une chose im-
« portante. » — Verset 44 de le Sourate XXIX, intitulée : l'*A-raignée*.

Tel est, en effet, le caractère de la prière, laquelle est plutôt un acte d'adoration et de recueillement qu'une demande adressée à l'Etre tout-puissant, qui a la science pour connaître nos besoins légitimes et la bonté pour les satisfaire, sans que nous les lui demandions. C'est dans ce sens qu'en parle Jésus-Christ, c'est dans cet esprit qu'il a composé l'Oraison dominicale, la première, la plus belle, la plus philosophique des prières.

Il est d'obligation pour tous les Musulmans de prier cinq fois par jour ; l'acte que l'on accomplit en priant s'appelle *salah*. La salah se compose toujours d'un certain nombre de *ricat* ; on appelle ainsi une série de formules, d'attitudes de corps et de prosternations qui se reproduisent toujours de la même manière, et qui, bien loin d'élever à Dieu le vulgaire de ceux qui s'y soumettent, sont admirablement propres à le plonger dans l'odieux bourbier du bigotisme, contrairement aux intentions de Mohammed, si dignement exprimées dans les paroles que nous avons rapportées plus haut. Le fidèle se place d'abord debout, les mains élevées, puis il abaisse les mains le long des cuisses, puis il fait une inclination, ce qu'on appelle proprement *ricat* ; il se redresse, et ensuite fait une prosternation la face contre terre, *sedjed* ; il se redresse de nouveau, mais seulement sur les genoux ; il fait une seconde prosternation et enfin se relève, ce qui est la fin de cet admirable exercice. Dans ces diverses attitudes, il récite de courtes formules religieuses que nous jugeons inutile de reproduire et qui sont appelées *tebkir, tesbiah, sena, taous, lermi* et *tahmed*. On commença par le *Fatah* (introït), qui est la première Sourate du Coran, dont le fidèle doit réciter un autre passage à son choix, mais contenant au moins trois versets. Voilà à peu près ce qui constitue un ricat ; mais il existe des variantes selon les sectes, dont les rituels diffèrent un peu.

Il n'y a que des hommes vraiment supérieurs dont l'intelligence puisse résister à ce système de niaiseries renouvelé cinq fois par jour : aussi un dévot musulman est, en général, la honte de l'humanité sous le rapport intellectuel. Il n'existe pas de pratique plus radicalement abrutissante dans aucune religion.

Les heures canoniques de la prière sont : 1° le matin, *sebah*, depuis l'aurore jusqu'au lever du soleil ; 2° midi, *dzor ;* 3° l'après-midi, *asser*, lorsque l'ombre du cadran est double de la hauteur du style ; 4° le coucher du soleil, *moghrab* ; 5° la fin du crépuscule, *acha*. Il y a encore une salah de la nuit appelée *cheba-ouiter*, mais elle n'est pas aussi obligatoire. Quand elle est pratiquée, on la fait habituellement immédiatement après l'acha, afin d'avoir la nuit libre. C'est ainsi que, dans nos campagnes, nos bons curés chantent les vêpres à leurs paysans tout de suite après la messe.

L'heure de prier est indiquée du haut des minarets par des ministres du culte appelés *moueddin*. L'appel à la prière, *aden*, est ainsi conçu : *Dieu est grand : j'atteste qu'il n'y a de Dieu que Dieu; j'atteste que Mohammed est le prophète de Dieu. Venez à la prière, venez au temple du salut. Dieu est très-grand. Il n'y a de Dieu que Dieu. Mohammed est le prophète de Dieu.* A l'appel de l'aurore, on ajoute : *La prière est préférable au sommeil.* Les moueddin ont une manière de psalmodier l'aden qui lance leurs paroles à des distances prodigieuses. Dans le silence de la nuit, dans ces moments qui précèdent le réveil de la nature, rien n'est plus majestueux que ce religieux appel qui convie tout un peuple à se réunir dans un acte d'adoration devant l'Etre des êtres : c'est autrement imposant que nos cloches.

La salah peut se faire en particulier, mais il est préférable, quand on le peut, de la faire en commun dans les temples. Il y a obligation de faire ainsi celle du Dzor du vendredi, qui est le jour saint des Musulmans, à moins qu'on ne soit trop éloigné de la mosquée pour pouvoir y aller et revenir coucher chez soi. Les temples sont des mesdjid ou des djama, plus considérables que les mesdjid. Parmi les djama, on distingue celles qu'on appelle khotaba, qui répondent à nos paroisses. C'est là que se fait, le vendredi, la khotba, espèce de prône qui se termine par des prières pour le souverain.

Outre les prières des heures canoniques, les Musulmans zélés en font de surérogatoires. Ils doivent prier aussi avant et après les repas, et en général avant tout acte de quelque peu d'importance, mais en peu de paroles, par une formule uniforme qui est le bism Allah, *au nom de Dieu clément et miséricordieux*, formule qui est pour les Musulmans ce que le signe de la croix est pour les chrétiens. Après le repas ils disent : *Grâce à Dieu, maître de l'univers!* Il y a encore des prières que l'on doit faire lors d'événements extraordinaires, tels, par exemple, que les éclipses ou quelques catastrophes de la nature. Les Musulmans ont presque tous des chapelets, tesbiah, dont ils roulent les grains dans leurs doigts en marmotant les quatre-vingt-dix-neuf noms qualificatifs de Dieu, noms qui correspondent à ses attributs. On conçoit tout ce qu'un pareil exercice, presque continuel chez des dévots oisifs, a d'engourdissant pour l'esprit.

On se prépare à la prière pour les ablutions *oudouou*, dont l'ordre et la forme sont réglés par les rituels. On se lave les pieds jusqu'à la cheville, les bras jusqu'au coude, le visage, la bouche et la tête, en prononçant certaines paroles consacrées. Le but matériel de ces ablutions est tout simplement la propreté, mais il y entre aussi une idée vague de purification morale. Les catéchismes musulmans font plusieurs divisions des diverses souillures qui rendent les purifications nécessaires, tellement que, si le cas se présente après les ablutions terminées, mais avant ou pendant la prière, il faut tout recommencer, soit que la souillure ait eu lieu sur le corps ou sur les habits, soit qu'elle ait eu lieu sur l'emplacement qu'a choisi le fidèle pour prier. Toutes les sécrétions du corps, à l'exception des larmes et de la mucosité du nez, souillent ; il en est de même de l'attouchement d'un cadavre, de celui d'une femme qui a ses menstrues, du coït même légal et non suivi d'émission, etc. Les souillures majeures exigent une lotion complète du corps. Les femmes y sont surtout obligées après leurs menstrues et après leurs couches. Les rubriques musulmanes entrent sur tout cela dans les détails les plus minutieux et les plus ridicules; elles disent même comment on doit procéder à un acte de propreté qui chez nous n'a paru se prêter à la didactique qu'au drôlatique héros de Rabelais. Tels sont les pitoyables écarts de l'esprit humain, lorsqu'il rabaisse la religion à de puérils détails : l'islamisme, où la chair paraît toujours dominer l'esprit, devient un manuel de baigneur; le christianisme, où c'est le contraire, une espèce de code de malpropreté. Je me rappelle avoir lu une vie de sainte, où on la louait grandement d'être arrivée jusqu'à l'âge de quatre-vingts ans sans s'être jamais lavée. L'horreur de l'eau est encore de nos jours un signe caractéristique de nos dévotes. A défaut d'eau, les ablutions légales peuvent se faire avec du sable ou de la terre. Il y a aussi des dispenses qui sont de droit, tant pour le nombre et la longueur des prières que pour les ablutions en faveur des voyageurs, des militaires en campagne, des malades, etc., etc. Cette liste des dispenses s'est tellement accrue, qu'on peut dire que les Musulmans qui font régulièrement la salah ne forment plus qu'une très faible minorité; il en est même beaucoup qui ne sauraient pas la faire. Les gens pieux, mais raisonnables, ont cru trouver un accommodement : c'est de réunir toutes les prières en une ou en deux au plus, le matin et le soir. Sans l'espèce de tolérance qui s'est introduite à cet égard, le monde musulman ne serait composé en entier que d'ascétiques idiots.

Les morts sont lavés avec soin avant d'être ensevelis; ce n'est qu'après cette purification qu'on peut les porter à la mosquée, où l'on prie pour eux. Le cercueil est porté par les assistants, auxquels se joignent les passants, car Mohammed dit que celui qui porte un mort seulement quarante pas obtient la rémission d'un péché.

Les cimetières des villes sont en dehors de leur enceinte, mais en général beaucoup trop près; on y voit des tombeaux quelquefois somptueux. Les cimetières des tribus arabes ou kbaïles n'offrent pas le même luxe de sépulture; mais cependant la plus humble tombe y est marquée au moins par quelques pierres qui indiquent aux familles la place qu'occupent ceux qu'elles ont perdus.

Les Musulmans croient que les prières pour les morts leur sont utiles dans l'autre vie; que l'intercession des saints est surtout très-efficace devant Dieu, ce qui prouve encore une fois qu'ils sont loin d'avoir des idées bien arrêtées sur la prédestination. Cette confiance dans l'intercession des saints, qui est commune aux Musulmans et aux catholiques, n'a rien qui, au point de vue religieux, puisse choquer trop ouvertement la raison. Elle découle naturellement de cette belle doctrine de l'unité de la race humaine, d'après laquelle on peut admettre que Dieu pèse dans la balance de sa justice le bien et le mal général, plutôt que le bien et le mal particulier, tant que le coupable ne s'est pas volontairement et violemment séparé par l'égoïsme du crime du grand tout dont il faisait partie.

Les ministres du culte musulman n'ont point le caractère sacré de ceux de la plupart des autres cultes ; ils ne sont même revêtus d'aucun caractère particulier qui les distingue spirituellement de la foule. Ils n'ont ni ordination ni institution canonique ; ce sont moins des prêtres que des fonctionnaires nommés et révocables par le pouvoir temporel. Ces fonctionnaires sont, en commençant par les moins élevés :

1° Les mekaïm, sorte de bedeaux chargés des soins matériels du temple ;

2° Les moueddin ou crieurs, chargés d'appeler les fidèles à la prière ;

3° Les imam, qui, dans l'ordre hiérarchique, répondent à nos desservants. Ce sont ceux qui dirigent la salah quand elle se fait en commun, qui assistent aux funérailles, aux circoncisions, aux mariages, etc.;

4° Les khatib, chargés dans les mosquées khoteba de faire le prône dont nous avons déjà parlé ;

5° Les cheikhs, chargés du ministère de la parole et des saintes lectures ;

6° Enfin les muphti, qui, par le rang, répondent à nos évêques.

Il n'y a de muphti que dans les villes d'une certaine importance, et ils sont attachés aux grandes mosquées, dites royales, qui sont les cathédrales des Musulmans. Dans les capitales, le muphti porte le titre de cheikh-el-islam, mot à mot chef de l'islamisme ; sa plus auguste, sa plus importante fonction est de prononcer sur les questions douteuses de théologie et de jurisprudence qui lui sont soumises. Ses décisions, appelées *fetoua*, doivent être toujours précises, courtes, exprimées autant que possible par un oui ou par un non, et mises par écrit à la suite de la demande. Ces *fetoua*, qui ont souvent une immense influence en politique et en administration, sont réunis en recueil dans les grands siéges et forment jurisprudence.

Dans les petites mosquées il n'y a que des imam et des moueddin. Cette qualification d'iman se donne au reste à tous ceux qui dirigent la prière commune : car il faut bien remarquer que ce droit n'appartient pas exclusivement aux imam des mosquées. D'abord, il est avant tout droit régalien, et le souverain peut l'exercer soit par lui-même, soit par ses délégués. Tous les ministres du culte placés au-dessus des imam ordinaires, ainsi que les cadis qui en font aussi partie, quoique spécialement chargés de l'administration de la justice, peuvent, quand il leur convient, se constituer imam. L'imam ordinaire peut, de son côté, se faire remplacer par un fidèle quelconque pour cause d'empêchement ou de quelque souillure qu'il viendrait à contracter au moment de la prière; enfin, à défaut d'imam de mosquée, les fidèles réunis pour la prière commune désignent un d'eux pour remplir ces fonctions. Les femmes ne sont nullement exemptes de la prière, quoique quelques personnes l'aient cru parmi nous. Il est vrai que les jeunes ne doivent pas fréquenter les mosquées, parce qu'il pourrait en résulter des désordres de mœurs, ou au moins des distractions pour les hommes, et qu'ensuite elles pourraient s'y trouver dans une période d'impureté; mais, lorsque l'âge a écarté ces deux inconvénients, les mosquées leur sont ouvertes.

L'intérieur des mosquées (1) est toujours fort simple, quelle que soit d'ailleurs la magnificence architecturale de l'édifice. Au fond est le *mihrab* qui tient la place de l'autel. Ce n'est qu'une niche dont l'unique destination est d'indiquer la direction de La Mecque, point vers lequel tous les fidèles doivent être tournés dans leurs prières. Cette direction sainte est ce que les Arabes appellent leur *kiblah*. A droite du mihrab est le siége du cheikh;

---

(1) Le mot français mosquée vient de l'arabe *medjid* en passant par l'espagnol *mezquita*.

à gauche la tribune des moueddin, et un peu plus en dedans de la nef la chaire ou *member*. Le sol de la mosquée est couvert de nattes et de tapis. Des cierges sont à côté du mihrab, et des lampes sont suspendues aux voûtes. Des inscriptions tirées du Coran couvrent ordinairement les murs.

Les ministres du culte musulman n'ont point de costume particulier, même dans l'exercice de leurs fonctions. Cependant, comme ils appartiennent au corps des eulema ou docteurs de la loi, ils portent ordinairement l'énorme turban blanc qui distingue ceux-ci.

Il y a à chaque mosquée des fontaines et des bassins pour les ablutions, et une salle de lecture appelée *maksoura*. C'est là que le muphti siége, quand il y en a un. On appelle *medressa* les colléges où l'on enseigne la théologie et le droit, sciences presque inséparables chez les Musulmans. C'est de là que sortent les eulema. Tous ces établissements sont entretenus par les revenus des biens-fonds qui y sont inaliénablement attachés. On les appelle habous en Barbarie, et ouakef dans le Levant, mots qui ont la même signification et veulent dire engagé, lié, arrêté, ce qui en indique la nature. L'étude de la législation des babous est la partie la plus compliquée et la plus difficile du droit musulman. Non-seulement les mosquées et les colléges, mais toute corporation et tout établissement d'utilité publique, ont ou peuvent avoir des habous.

Nous n'avons point compris dans la hiérarchie cléricale les marabouts, qui en effet n'en font point essentiellement partie, et dont nous parlons ailleurs. Ils peuvent y occuper un rang comme tout autre; mais ceci est indépendant de leur qualité, qu'ils ne doivent qu'à leur réputation de sainteté ou à leur naissance. Les femmes mêmes peuvent mériter ce titre : car, si les Musulmans ont leurs saints, ils ont aussi leurs saintes qu'ils ne vénèrent pas moins. Parmi les chapelles ou couba de marabouts qui couvrent le sol du nord de l'Afrique, on en voit un grand nombre qui appartiennent à des saintes, surtout dans la régence de Tunis. Ceci est encore une preuve que l'islamisme n'a pas eu la grossièreté stupide et impie de refuser une âme à la femme et de rendre ainsi l'humanité boiteuse.

Outre les marabouts, qui sont en général des gens graves et

considérables, on voit par-ci, par-là, dans le nord de l'Afrique, quelques-uns de ces fanatiques à folie réelle ou feinte que l'on appelle *fakir* ou *derouiche*. Ce sont les saints de la canaille, sorte de cyniques mystiques qui peuvent se permettre impunément les plus monstrueuses énormités, et même, chose étrange! les plus manifestes transgressions à la loi religieuse. L'opinion est que Dieu, en les appelant plus particulièrement à lui, les a déchargés de toute obligation et a sanctifié d'avance tous leurs caprices. On m'en a cité un qui, à Tunis, accolait les femmes en pleine rue. Les passants le couvraient respectueusement de leurs bournous pendant l'accomplissement de cet acte édifiant. Ces excès, tout terrestres, découlent cependant de la doctrine exagérée de l'extase, de l'amour mystique de Dieu, l'achak. L'histoire de toutes les religions en fournit des exemples. Morale commode qui établit que, lorsque l'âme s'est bien intimement liée à Dieu par l'amour, elle n'a plus à s'embarrasser des turpitudes du corps, guenille misérable qui n'a plus dès lors aucune action sur elle.

Les derouiches du nord de l'Afrique sont des individus isolés qui ne vivent pas en communauté comme ceux du Levant. Mais ils s'entretiennent comme eux d'aumône et de gueuserie. Il y a cependant dans le nord de l'Afrique une association qui ressemble assez aux communautés de derouiches du Levant. C'est celle des aïssaoua, ou disciples d'Aïssa. Cet Aïssa, qu'il ne faut pas confondre avec Aïssa, fils de Marie, était un marabout dont les prédications attiraient toujours une foule nombreuse avec laquelle il errait de tout côté. Un jour qu'il avait conduit son auditoire dans une contrée qui n'offrait aucune ressource pour la vie, tous voulaient l'abandonner. Mais il leur dit : — Mangez ce que vous trouverez ; tout vous sera nourriture. — Aussitôt ils se mirent à manger de la terre, des pierres, des feuilles épineuses de cactus, des serpents, des scorpions, etc. Depuis ce temps ils forment une congrégation dont les membres ont la faculté de dévorer les substances les moins propres à l'alimentation. Voilà la légende. Dans le fait, ce sont de très-habiles jongleurs qui font des choses vraiment surprenantes. Leurs exercices sont effrayants. Une musique à mesure précipitée et une danse convulsive les mettent d'abord dans un état de fureur qui, s'il n'est pas naturel, est au moins fort bien joué. C'est alors que leur cheikh, après les avoir rendus dociles par l'apposition des mains, leur présente ce qu'il veut leur faire dévorer ou lécher. Ils broient et avalent du verre, des feuilles de cactus hérissées d'énormes épines, des reptiles vénimeux, etc. Ils manient et lèchent du fer rouge, et jouent avec des serpents, comme les Psyles qui, dans l'antiquité, habitaient les mêmes contrées, et dont ils paraissent avoir conservé les traditions. Je crois même qu'on pourrait voir en eux les héritiers directs et sans interposition de ces mêmes Psyles, et considérer comme un mythe le fameux marabout Aïssa, malgré les circonstances très-précises que l'on raconte de sa vie.

Il y a des aïssaoua dans les principales villes du nord de l'Afrique. Ils vivent de ce que leur donnent les curieux et les dévots qui assistent à leurs exercices appelés *hadra*. Ils sont souvent mandés dans les maisons particulières pour le soulagement des malades, car on croit que leur musique infernale et leurs contorsions éloignent les mauvais génies, auxquels les Africains attribuent une grande partie des maladies.

Outre l'association des aïssaoua, il existe dans le nord de l'Afrique une foule de confréries religieuses assez semblables à ces confréries de pénitents dont les niaiseries ont souillé et souillent encore le catholicisme dans le midi de l'Europe. Elles ont toutes pour patron un marabout, dont elles suivent la doctrine, et adoptent ce qu'elles appellent la rose. Notre honorable collaborateur (1), M. E. de Neveu, a publié sur ces confréries une brochure fort intéressante intitulée : *Les Khouan* (frères), *ordres religieux des Musulmans de l'Algérie*. Nous y renvoyons le lecteur. Les liens qui unissent les khouan ne sont que de misérables exercices de bigoterie. Cependant ces confréries peuvent tirer des circonstances une certaine importance politique, quand il s'agit de courir sus aux Chrétiens. Pour ce qui est de leur influence morale, elle est généralement des plus abrutissantes. Le Musulman de bonne foi, je n'entends pas le rusé et le politique, qui s'affilie à une rose, fait un pas de plus vers cet état d'imbécillité

---

(1) De la Commission scientifique d'Algérie.

complète, résultat infaillible de la dévotion outrée, plus chez eux encore que chez nous.

Il existe cependant un ordre qui ne mérite pas ces reproches, et qui nous a paru différer en tout de ceux dont parle M. E. de Neveu. C'est celui des medania. D'après les renseignements que j'ai pu recueillir, ces khouan tireraient leur origine des fameux Wabites de l'Arabie par un certain Sidi-el-Arbi qui, depuis la dispersion de cette secte par les troupes de Méhemet-Ali, se réfugia dans le Maroc avec quelques-uns de ses compagnons. A sa mort, qui arriva peu d'années après, la petite église qu'il avait fondée se voyant tracassée par la police du pays, se mit à errer à l'aventure dans le nord de l'Afrique, sous la conduite d'un certain Mohammed-el-Medani. Après bien des aventures, elle trouva, en 1830 ou 1831, à Mezurate, dans la régence de Tripoli, le repos qu'elle cherchait. Mohammed-el-Medani, son chef, s'y établit, et c'est en partant de là que ses disciples travaillent depuis vingt-trois ans à propager les principes de la secte:

Ces principes sont le déisme pur, mais un déisme moins froid que le déisme philosophique ; car les medania admettent le culte, qui est pour eux celui des mahométans, mais sans esprit d'exclusion. Ce n'est guère que par une espèce de concession qu'ils veulent bien prononcer le *Mohammed Resoul Allah*, après l'avoir fait précéder de *Allah ila Allah*, répété quatre-vingt-dix-neuf fois, afin de bien établir la différence entre le principal et l'accessoire. Du reste, ils mettent avant la foi les bonnes œuvres, qu'ils pensent suffire au salut, sans acception de religion, et prêchent la fraternité et l'égalité entre tous les hommes, quelle que soit la croyance religieuse. Tels m'ont paru être les medania d'après les déclarations de tous ceux que j'ai interrogés, et d'après l'opinion que l'on a d'eux dans tous les pays où on en trouve; mais, pour être bien fixé à cet égard, il faudrait interroger le cheik Mohammed-el-Medani, ce que je n'ai pas eu occasion de faire. J'ai seulement vu son fils, qui, étant de passage dans une ville où je me trouvais, vint me faire une visite pour me remercier des sympathies que, dans plusieurs circonstances, j'avais témoignées pour la secte.

Il y a beaucoup de medania dans les États de Tripoli et de Tunis ; ils commencent à s'introduire en Algérie, où l'administration française fera sagement de bien les accueillir; car, s'il y a un germe de rénovation au sein du monde musulman, ce dont je doute encore, c'est à coup sûr là qu'il faut le chercher.

Les Musulmans n'ont que deux fêtes dans l'année : la première, dite petite fête, se célèbre à la fin du Ramadan qu'elle termine; elle tombe, par conséquent, au premier jour de choual. La durée canonique n'en est que d'un jour, mais le peuple la célèbre pendant trois. La seconde est la grande fête, dite aussi fête du sacrifice, parce que, ce jour-là, tout chef de famille est tenu d'offrir un sacrifice; c'est ordinairement un mouton qu'on immole. Les gens peu aisés peuvent se réunir jusqu'au nombre de sept pour l'offrir en commun. La grande fête tombe le 10 du mois de Dhou-el-Hadja, et par conséquent soixante-dix jours après la petite; elle dure quatre jours. Ces deux fêtes sont connues des Européens sous le nom de petit et grand Beiram, qui est l'expression turque. Outre le sacrifice obligatoire, les musulmans ont des sacrifices surérogatoires et des sacrifices votifs, selon la dévotion de chacun. Tous se font hors des mosquées, dans des jardins ou des maisons particulières, ou enfin en plein champ. Celui qui offre le sacrifice est lui-même le sacrificateur : une partie de la victime doit être distribuée aux pauvres, le reste est mangé par la famille. Rien n'est brûlé, la part des pauvres étant censée celle de Dieu. La fête du sacrifice fut instituée en commémoration de celui d'Abraham. En 996 de l'hégire, 1588 de J. C., l'empereur des Turcs Mourad III institua la fête de la naissance de Mohammed, le *miloud*. On la célèbre le 12 du mois de rabi-el-oual, mais elle est plus civile que religieuse.

Les Musulmans ont dans l'année sept nuits qu'ils appellent benies, et qui exigent des actes particuliers de dévotion de la part des fidèles.

La première, qui est celle du rabi-el-oual, est la nuit de la naissance de Mohammed;

La deuxième est celle de sa conception, *el-regaïb;* elle tombe au premier vendredi de radjeb;

La troisième, qui est celle du 27 de ce même mois de radjeb, est la nuit du voyage céleste de Mohammed; nous en avons déjà parlé;

La quatrième est dite *lila Beraouat :* dans cette nuit, les anges gardiens renouvellent les livres où ils inscrivent les actions des hommes, et l'ange de la mort prend celui où sont inscrits les noms de ceux qu'il doit frapper dans l'année ; elle tombe au 15 du mois de chaban ;

La cinquième nuit, terrible et mystérieuse, est celle du 27 de Ramadan ; on l'appelle la nuit du décret. Il doit s'y passer des choses épouvantables, mais on ne sait pas trop quoi ;

La sixième et la septième nuit sont celles qui précèdent la grande fête et la petite.

III.

Le troisième fondement de l'islamisme est, avons-nous dit, l'aumône : l'aumône est pour les Musulmans, non-seulement une bonne œuvre, mais encore une œuvre obligatoire. C'est un impôt sacré dont la loi religieuse règle jusqu'à la quotité. De nos jours, la philosophie critique, qui n'a rien épargné, a aussi voulu analyser la charité ; elle y a trouvé un encouragement à la paresse, et, par suite, un obstacle au progrès et au développement de l'industrie. Des écrits certainement fort ingénieux ont été publiés à ce sujet ; nous sommes loin de nous plaindre de cet empiétement du froid raisonnement sur le domaine du cœur et de l'intuition ; car il en est résulté, pour tout esprit droit, la conviction que, dans la donnée de l'inégalité des conditions qui est inhérente à la société humaine, la charité, c'est-à-dire la bienveillance active du supérieur pour l'inférieur, du fort pour le faible, du riche pour le pauvre, est le seul moyen de sécher bien des larmes, de prévenir ou de réparer bien des infortunes. Avant de proscrire la charité, il faudrait organiser une société où elle ne fût pas nécessaire. Mais Dieu le voudrait-il ? Entre-t-il dans ses vues que les vertus du cœur deviennent inutiles ici-bas, qu'il n'y ait désormais dans la plus noble de ses créatures que quelques froids et suspects raisonnements de statistique vulgaire ? La charité a ses abus sans doute ; mais Dieu considère la main qui donne et non celle qui reçoit.

Tout Musulman est tenu de faire l'aumône, appelée légale, *zekat*, sur son argent, son bétail, ses marchandises et ses récoltes. Elle est fixée annuellement à 2 1/2 pour 100 sur les trois premiers objets; mais l'obligation ne commence que lorsque l'on possède une certaine quantité de biens. C'est la valeur de 20 pièces d'or ou de 200 d'argent pour les espèces, les bijoux et les marchandises. Quant au bétail, il faut avoir, pour être soumis à la zekat, 5 chameaux, 30 bœufs ou 40 moutons, sur quoi on doit donner en bétail la valeur jugée représentative du 2 1/2 pour 100. Par exemple, 1 mouton sur 40, 1 mouton pour 5 chameaux. Les récoltes doivent le dixième ; c'est ce qu'on appelle *achour* ou dîme.

Maintenant, il est à remarquer que les gouvernements musulmans perçoivent eux-mêmes la zekat ; de sorte qu'ils ont converti en impôt l'aumône légale, se fondant sur ce que cette institution ayant pour but l'utilité générale, c'est à eux, comme représentants de la société, à en régler l'application; et comme l'État est le premier pauvre, c'est à lui, en définitive, que l'on fait l'aumône. Tous les autres impôts sont d'institution humaine, et les historiens arabes citent avec de grands éloges plusieurs princes qui se sont fait un scrupule d'y recourir, ne croyant pas pouvoir exiger autre chose que la zekat.

Il y a à faire sur ce sujet une remarque qui nous paraît être de quelque importance : c'est que la zekat, quoique devenue impôt direct, ayant toujours un caractère religieux chez les Musulmans, il est dans la nature des choses qu'ils aient une répugance de conscience à la payer aux gouvernements étrangers à leur religion, sous la domination desquels ils se trouvent placés par la conquête. Quelle que puisse être leur soumission, leur résignation même, il est impossible qu'après s'être acquittés de cette charge ils en éprouvent, comme compensation morale, la satisfaction qui résulte de l'accomplissement d'un devoir religieux à la sainteté duquel on croit ; ils peuvent même ne pas se croire libérés aux yeux de Dieu. Ce n'est pas, certes, que l'islamisme défende de faire l'aumône aux infidèles ; mais l'aumône légale devenue impôt n'est plus cela : elle s'applique à l'État, à l'état chrétien, à cet être collectif qui résume pour les musulmans toutes les antipathies religieuses, sans qu'aucun sentiment d'affection individuelle vienne les affaiblir. On fera bien l'aumône à un chrétien, mais on ne voudrait pas la faire au christianisme. La conclusion à tirer de ceci, c'est qu'il serait prudent, dans tous les pays musulmans conquis par des puissances chrétiennes, de changer l'assiette et la dénomination des impôts basés sur la zekat (1).

Outre la zekat, les Musulmans doivent faire, après le Ramadan, des aumônes extraordinaires; enfin les aumônes libres y sont recommandées comme le meilleur moyen de salut. Aussi les musulmans ne sont point dépourvus de charité ; mais c'est une charité un peu fastueuse, comme celle du Pharisien. Il y a loin de là à la modeste et pudique tendresse pour le pauvre du véritable chrétien.

Les Musulmans riches sont généralement portés à faire, soit de leur vivant, soit par testament, des fondations qui ont pour but le soulagement des pauvres et l'utilité publique, tels que hôpitaux, fontaines, etc.; une partie notable des revenus des mosquées a cette destination. Un établissement qui s'étend sur la totalité des pays musulmans mérite surtout de fixer l'attention : c'est la vaste dotation des villes saintes, La Mecque et Médine. Partout où l'islamisme est professé, ces deux cités sont propriétaires d'habous, dont une partie des revenus est affectée aux pauvres des localités où ils se trouvent. Le surplus est envoyé aux villes saintes et sert à l'entretien des temples et à celui des chérifs, qui y sont très-nombreux. Il y a, dans les grands centres de population, des administrateurs généraux de ce domaine sacré ; ils sont nommés par les souverains dont ils sont sujets, et ont sous leurs ordres des oukils, ou procureurs, et tous les agents nécessaires à leur gestion.

Les distributions de secours ne se font pas indistinctement à tous les nécessiteux qui se présentent ; il faut, pour y avoir part, être inscrit d'avance sur une liste où l'on ne doit porter que ceux qui ont des droits réels à la commisération de l'administration. Il y a sans doute des abus comme dans tout ce que font les hommes, mais tel est le principe, lequel, comme on le voit, est le même que celui qui est admis dans nos bureaux de charité en France. Le Gouvernement fait porter d'office, sur la liste dont nous venons de parler, pour des sommes qu'il détermine, ceux de ses anciens

---

(1) M. le maréchal Bugeaud y avait songé. Voir le livre XLI des *Annales*.

serviteurs que l'âge ou les infirmités ont éloignés de l'activité, ce qui leur constitue une pension de retraite.

Le *Bit-el-Mal*, chambre des biens, est un établissement à peu près de même nature, mais purement local. Cette chambre se compose d'un directeur ou président appelé Bit-el-Madj, d'un cadi et d'un certain nombre d'assesseurs. Elle est chargée de la saisine et de l'administration des successions vacantes, jusqu'à la réunion définitive au domaine de l'État, de la perception des droits de succession, quand il y a lieu, et de la curatelle des successions dévolues aux absents. Les recettes sont divisées en deux parties; l'une est versée au trésor public, l'autre est destinée aux pauvres et aux frais de sépulture des pauvres et des étrangers. Bien entendu que, pour le Bit-el-Mal, ainsi que pour La Mecque et Médine, les frais d'administration sont avant tout prélevés.

Le quatrième fondement de l'islamisme est le jeûne. Durant tout le mois de Ramadan, qui est le neuvième de l'année, les Musulmans sont assujettis à un jeûne extrêmement sévère, puisqu'il consiste à ne prendre aucune espèce de nourriture, soit solide, soit liquide, depuis le lever jusqu'au coucher du soleil. L'usage du tabac, soit fumé, soit pris en poudre, leur est également interdit dans ce temps d'abstinence. Il en est de même des parfums. Un musulman ne peut non plus se livrer aux plaisirs amoureux pendant le jour, même avec sa femme légitime. La simple fornication et, à plus forte raison, l'adultère, sont considérés dans ce saint temps comme des énormités sacrilèges ; les femmes les plus galantes ont souvent elles-mêmes des scrupules à cet égard.

L'année musulmane étant lunaire, ainsi que chacun le sait, les mois n'y suivent pas, comme dans l'année solaire, l'ordre des saisons. Ils parcourent tous les signes du zodiaque dans une période de trente-trois ans ; par conséquent, le Ramadan peut tomber en été comme en hiver, ce qui fait que la durée du jeûne n'est pas uniforme, puisqu'elle suit celle du jour, qui varie d'après la saison et l'élévation de la latitude. Au delà du cercle polaire, il deviendrait matériellement impossible, si l'on voulait rester dans les prescriptions littérales de la loi, qui évidemment n'a considéré que l'Arabie, où il y a peu de différence entre la durée du jour et celle de la nuit, quelle que soit la saison.

Aux yeux de la raison absolue, la pratique du jeûne n'a rien qui puisse constituer un mérite pour l'homme auprès de la Divinité ; mais, comme exercice de lutte contre la chair, à laquelle il est évident que l'homme doit savoir résister au besoin, pour remplir dignement le double rôle que lui assigne sa double nature, on conçoit que plusieurs codes religieux aient pu le prescrire. En le considérant sous ce point de vue, l'esprit même le plus froid et le plus positif doit parvenir aisément à le dégager de l'enveloppe de superstition, avec laquelle il se présente d'abord à l'examen philosophique. L'argument voltairien, qu'un estomac vide ne peut pas être ni plus ni moins agréable à la Divinité qu'un estomac plein, n'est plus alors qu'une plaisanterie plus ou moins avouable par le bon goût.

Les Musulmans sont observateurs très-scrupuleux du Ramadan ; ce n'est même que lorsqu'ils ne peuvent faire autrement qu'ils ont recours aux dispenses légales accordées aux voyageurs et aux malades. La dispense n'est du reste jamais absolue, car le dispensé est tenu, dès qu'il le peut, à jeûner pendant un nombre de jours égal au temps pendant lequel il a rompu le jeûne. Celui qui viole le Ramadan, sans être dans le cas d'exemption prévu par la loi, doit un jeûne expiatoire de soixante jours, plus les jours de remplacement.

Le jeûne du Ramadan n'a rien de bien pénible pour les gens riches, qui peuvent en éluder la rigueur en faisant du jour la nuit et de la nuit le jour ; souvent même ils passent cette nuit en débauches, bien que la religion, pour prévenir cet abus, impose aux fidèles, pour toutes les nuits du radaman, une fort longue prière appelée *teraoui*. C'est dans le mois de ramadan que les versets du Coran commencèrent à être révélés.

Chacun sait que la chair du pourceau, les jeux de hasard, le vin et toutes les liqueurs fermentées, en général, sont sévèrement interdites aux Musulmans. Cette prohibition est parfaitement observée pour la chair du pourceau, qui leur inspire une véritable horreur ; quant aux vins et aux liqueurs fermentées, les esprits forts parmi eux ne se font pas grand scrupule d'en boire ; quelques personnes pensent même que Mohammed n'a voulu défendre que l'excès. Il paraît que cette interprétation a prévalu dans un temps parmi les Arabes d'Espagne.

Les Musulmans doivent encore s'abstenir de toute espèce de

reptile et du sang des animaux. D'après cette dernière défense ils ne doivent manger que de la viande d'animaux égorgés, dont le sang par conséquent a été répandu. Il faut que la bête ait été tuée par un Musulman, ou au moins par un *kitabi*, homme du livre, c'est-à-dire par un Juif ou un Chrétien, ainsi désignés à cause de leurs livres saints, que les Musulmans admettent ; cependant l'habitude qu'ont les Européens d'assommer les bœufs fait que les Musulmans répugneraient à se pourvoir de viande dans des boucheries chrétiennes, non à cause de la religion du boucher, mais à cause du mode d'abatage.

Il y a dans les observances légales relatives à l'alimentation de l'homme établies par les codes religieux des prescriptions dont l'explication peut se trouver sans doute, soit dans l'hygiène appliquée aux climats où ces codes ont été promulgués, soit dans des considérations d'ordre et de police ; mais toutes ont l'énorme inconvénient de tracer, entre les sectaires et le reste du genre humain, la ligne de démarcation la plus sensible pour les esprits les plus vulgaires et par conséquent pour le plus grand nombre. Presque toujours un aliment nouveau offert aux besoins du peuple réveille en lui je ne sais quelles idées de souillure et d'impureté ; la pomme de terre elle-même, dont il fait actuellement une si grande consommation, a assez longtemps excité ses répugnances en France : il semblait qu'elle n'était pas digne de son estomac. Les gens du commun, transportés dans les pays étrangers, se font beaucoup plus difficilement que ceux d'un rang plus élevé à la nourriture du pays. J'ai vu en Afrique, dans les premières années de l'occupation, des domestiques européens s'indigner de ce qu'on leur servait du couscoussou, ce mets fondamental des Arabes, quoique leurs maîtres vinssent d'en manger à leurs yeux (1). Or, si à ces répugnances stupides viennent se

---

(1) Tout ayant sa raison d'être, la répugnance de l'homme pour les aliments nouveaux doit avoir la sienne. Tous les animaux éprouvent une répulsion instinctive pour les substances vénéneuses, quand elles ne sont pas déguisées. L'homme n'est pas dans ce cas, mais il serait possible que la nature ait voulu lui donner, comme équivalent, l'horreur de tous les aliments encore inconnus.

joindre des idées religieuses, l'homme à qui on voit manger ces mêmes substances que la religion prohibe paraît tout aussitôt aussi impur qu'elles ; ce n'est pas de la haine, ce n'est pas de l'aversion, c'est plus que cela, c'est du dégoût qu'il inspire.

Il ne faut pas chercher ailleurs que dans les prohibitions alimentaires le maintien dans les Indes de ce monstrueux système des castes, qui est un si énorme obstacle au progrès. C'est à la même cause que doit être attribuée la perpétuité de la secte juive, qui, au sein de l'Europe, présente l'affligeant spectacle d'une réunion d'hommes étrangère à la société au milieu de laquelle elle vit, même dans les États où des lois indulgentes lui offrent une fraternité qu'elle repousse.

Nous voici arrivés au dernier des fondements de l'islamisme, qui est le pèlerinage de La Mecque. Ce pèlerinage est bien antérieur à Mohammed ; car de tout temps le temple de La Mecque a été en grande vénération chez les Arabes ; le Coran en fait une obligation une fois dans la vie à tout Musulman, à qui sa santé et sa fortune le permettent. Ceux qui ne le peuvent faire doivent y suppléer par des aumônes proportionnées à leurs facultés. Le Musulman qui a accompli le saint pèlerinage porte toute sa vie le titre de *hadji*, pèlerin, titre qui est en grande estime. Le pèlerinage au tombeau de Mohammed, à Médine, n'est pas obligatoire ; cependant la plupart des pèlerins l'accomplissent en revenant du premier.

Les Musulmans font aussi de fréquents pèlerinages aux tombeaux de leurs marabouts. Plusieurs de ces saints ont, comme les nôtres, de certaines spécialités : l'un donne la pluie, l'autre le beau temps ; celui-ci procure des maris aux filles, celui-là rend les femmes fécondes, etc. En général, on retrouve dans les basses régions de l'islamisme les mêmes superstitions que dans nos campagnes : les femmes ont surtout, chez les Musulmans comme chez nous, beaucoup de ferveur pour les saints ; elles leur brûlent des cierges, leur font des vœux, tout comme nos dévotes.

Tel est l'ensemble des dogmes, du culte et de la discipline de l'islamisme. Cette religion a ses hérésies comme la nôtre : la scission la plus marquée est celle qui existe entre les sounnites et les chiites. Ces derniers rejettent la sounnah et regardent comme illégitimes les trois khalifes qui ont précédé Ali, gendre du Prophète. Les sounnites, ainsi nommés de la sounnah, qu'ils admettent, se considèrent comme les seuls orthodoxes. Dans le fait, ils ont sur leurs adversaires l'avantage d'une transmission non interrompue, avantage de même nature que celui que les Catholiques ont chez nous sur les Protestants.

Les sounnites se subdivisent en quatre sectes ou écoles, toutes quatre reconnues pour orthodoxes. Ce sont celles des docteurs Habou-Hanifah-ben-Tabet, Abou-Abdallah-Malek-Ben-Ans, Ahmed-Ben-Hanbal, et Abou-Abdallah-ben-Edris dit Chaffei. Elles ne diffèrent que sur quelques points secondaires de théologie, de culte et de discipline, trop peu importants pour que nous nous en occupions ici. Les Musulmans de l'empire ottoman sont sounnites. Les Turcs suivent la secte d'Hanifah, qui est celle du Grand-Seigneur; mais les indigènes du nord de l'Afrique sont de la secte de Malek.

IV.

Les Musulmans sont, en général, fort attachés à leur religion. Ils pensent même généralement que la foi seule met à l'abri des peines éternelles, et que le vrai croyant, quelle qu'ait été sa conduite, ne fera en enfer qu'un séjour plus ou moins long, mais toujours limité. Cette doctrine, que quelques passages du Coran nous semblent condamner, tandis que quelques autres l'appuient, est volontiers admise par le vulgaire, dont elle flatte les passions et la vanité religieuse. Elle diminue nécessairement la force que donne aux principes moraux la crainte des châtiments de l'autre vie, bien qu'après tout un enfer même temporaire soit chose assez redoutable. Mais le mal n'est pas là exclusivement ; il consiste principalement en ce que la morale est mise au-dessous de la foi, c'est ce qui ouvre la porte en même temps à la superstition et aux actions mauvaises. Dès les premiers temps de l'islamisme, les motazélites ou séparatistes, qui repoussaient déjà la prédestination, s'élevèrent également contre cette doctrine pernicieuse. Dans le nord de l'Afrique, les Beni-Mzab et les habitants de l'île de Djerba sont de cette secte, de l'école de Bou-Ali-Mohammed-Ben-Abd-el-Ouhab, dont les descendants existent encore dans le Mzab, où ils sont en grande considération. On les appelle aussi

Khouamès, parce que, voulant rester étrangers au principal sujet de dissidence entre les chiites et les sounnites, ils rejettent les quatre premiers khalifes, et ne commencent qu'au cinquième la série légitime du khalifat. Leurs principes, relativement à l'excellence de la morale, sont si bien connus, que les autres Musulmans disent d'eux : *Ils caférisent pour cause de péché*, c'est-à-dire qu'à leurs yeux le malhonnête homme, le pécheur non repentant n'a aucun avantage sur l'infidèle, Cafer. C'est déjà beaucoup que de mettre la morale au moins sur la même ligne que la foi. Aussi, il est à remarquer que les Khouamès forment la population la plus honnête du nord de l'Afrique, tandis qu'il est impossible de méconnaître un grand affaissement du sens moral partout où le principe contraire prévaut, non-seulement chez les Musulmans, mais encore chez ceux des Chrétiens où les abus des pratiques extérieures ont dénaturé dans l'esprit des masses les divins enseignements du Christ.

Les règles de morale tracées par le Coran sont, au reste, fort belles et fort pures. Ce sont, à tout prendre, celles de l'Evangile, de sorte que nous n'avons rien de particulier à dire à ce sujet (1). Cependant, comme le Coran n'est, dans bien des cas, que l'expression des besoins politiques de son auteur, qui était encore plus

---

(1) D'Herbelot donne une analyse fort curieuse d'un ouvrage de morale musulmane. L'auteur de ce livre, prenant pour texte ces paroles du Coran : « Dieu a étendu les mers sur la terre et donné aux hommes le génie de construire des vaisseaux pour qu'ils puissent les traverser », dit qu'il y a dans ce passage, outre le sens littéral, un sens mystique ; que les mers sont les maux et les passions de la vie, et que les vaisseaux sont les vertus. Il en compte cinq principales, savoir :

La confiance en la Providence, avec laquelle on traverse la mer des soins de la vie et l'on se met l'esprit en repos ;

La résignation à la volonté de Dieu, avec laquelle on traverse la mer des afflictions pour arriver au rivage de la joie ;

La modération, qui fait traverser la mer de l'ambition et de l'avarice et conduit à la terre de la sagesse et de l'austérité ;

La prière, qui sert à franchir la mer ténébreuse de l'ignorance et conduit l'âme au séjour de la lumière et de la vraie science ;

La contemplation de l'unité de Dieu, qui conduit celui qui a longtemps

chef de parti que moraliste, il fait des appels continuels à la force, prêche la guerre contre les infidèles, et établit cette doctrine sauvage, d'après laquelle les Musulmans regardent en principe comme ennemis tous les peuples qui ne pensent pas comme eux en matière de religion. Mohammed fut conduit là par les persécutions qui lui furent suscitées. Il ne fit qu'accepter, nous le croyons bien, les conditions d'existence que les circonstances lui créèrent. Aussi, ce que nous disons est moins une accusation que nous portons contre lui qu'un fait que nous constatons ; fait qui mettra toujours la doctrine toute de douceur et d'amour de l'Evangile bien au-dessus du belliqueux Coran.

Le Musulman pur, tel qu'il était endoctriné pour la conquête, tel qu'il sortit pour envahir le monde des rochers et des sables de l'Arabie, ne devait faire que deux contrées de la terre : il appelait l'une la *maison de l'islamisme;* c'était tout ce qui était au pouvoir des Musulmans ; l'autre, composée de tout le reste du genre humain, était pour lui *la maison de la guerre*. Musulmans ou ennemis, voilà le principe dans toute sa brutalité. D'après cela, la guerre contre les infidèles, le *Djead*, est sainte et obligatoire. Les croyants qui y succombent sont martyrs (1), et les portes du paradis leur sont ouvertes, le martyre effaçant toutes leurs fautes. La guerre ne doit se faire que pour la propagation de la foi. Cependant on ne doit pas contraindre d'une manière absolue les infidèles à embrasser l'islamisme, car il faut que la conversion soit sincère pour être agréable à Dieu. Par conséquent, on doit laisser un milieu entre l'extermination et l'islamisme. Ce milieu est la soumission et l'acquittement du tribut. On ne doit jamais commencer une guerre sans sommer l'ennemi d'embrasser l'islamisme ou de payer ce tribut. S'il accepte la première condition, il passe sur-le-champ de la *maison de la guerre* à la *maison de l'islamisme*, et aucune différence n'est faite entre lui et les an-

---

erré sur la mer de la multiplicité des êtres au port où ils seront tous réunis en un.

Tout cela est beau, on ne peut le nier ; mais le lecteur remarquera qu'il n'y a pas un mot sur les vertus sociales.

(1) Ce mot signifie proprement témoin, comme le mot grec martyr.

ciens Musulmans. Si, sans vouloir embrasser l'islamisme, il se soumet cependant, il devient sujet *raya*, et moyennant le tribut *kharadj*, il conserve sa liberté individuelle et ses biens. S'il repousse également l'islamisme et le tribut, les armes en décident. La guerre doit continuer jusqu'à sa soumission ou son extermination. On peut néanmoins lui accorder des trèves, mais jamais de paix définitive. Dans tous les cas, la parole donnée doit être scrupuleusement observée.

Ce fut d'après ces principes que les Arabes firent leurs conquêtes. Du reste, ils déployèrent dans leurs guerres de la grandeur et de la générosité. On a souvent cité l'ordre du jour d'un de leurs premiers khalifes, lequel contient des prescriptions très-humaines, aussi propres à conserver la moralité des troupes qu'à prévenir la dévastation des pays conquis.

La guerre contre l'infidèle est donc formellement prescrite par Mohammed, qui a prononcé ces terribles paroles : *Tuez les associants partout où vous les trouverez*,—verset 5 de la sourate IX, intitulée *le Repentir*.

Dans ce passage il est manifeste cependant, d'après ce qui précède et ce qui suit, que Mohammed, par le mot *associants*, ne désigne que les Arabes idolâtres avec lesquels il était alors en guerre. Il les appelle associants, parce qu'ils donnaient des associés à Dieu, puisqu'ils étaient polythéistes. Mais les Musulmans regardent aussi les Chrétiens comme associants, à cause du dogme platonique de la Trinité que ceux-ci ont adopté. De sorte que l'anathème du Prophète arrive jusqu'à eux, sinon directement, au moins indirectement. Néanmoins, plusieurs passages du Coran semblent établir, d'une manière irréfragable, que les Chrétiens et même les Juifs peuvent être sauvés dans leurs lois. Sur quoi il est bon de remarquer qu'à l'époque où toutes les questions de la nature de celle-ci étaient traitées chez nous du point de vue de la théologie chrétienne, les uns se sont basés sur ces passages pour faire à Mohammed un reproche d'indifférentisme religieux, et que d'autres ont cherché à les expliquer de manière à le laver de ce reproche; tant l'esprit d'exclusion paraissait alors être de la nature de toutes les religions positives. Quoi qu'il en soit, voici ces passages que nous mettons sous les yeux du lecteur :

« Ceux qui ont cru, ceux qui suivent la religion juive, les **Chré-**

« tiens, les Sabéens, quiconque aura cru en Dieu et au jour
« dernier, et qui aura fait le bien, tous ceux-là en recevront la
« récompense de leur Seigneur. Ils seront sans crainte et sans
« affliction. »—Verset 59 de la sourate II, intitulée la *Vache*.

« Point de haine en matière de religion. » — Verset 254 de la même sourate.

« Que le peuple de l'Évangile soit jugé conformément à ce que
« Dieu a fait descendre dans l'Évangile. Ceux qui ne jugeront pas
« d'après ce que Dieu a fait descendre seront prévaricateurs. »—
Verset 51 de la sourate V, intitulée *la Table*.

Lorsque l'on cite ces passages à des Musulmans, ils sont d'abord ébranlés, et j'en ai vu même plusieurs sur lesquels ils produisaient beaucoup d'effet. Mais plusieurs aussi, sans pouvoir les récuser, ne paraissaient pas convaincus cependant de la tolérance philosophique de leur prophète, et ils avaient raison ; car voici un passage décisif que leurs docteurs ne manquent pas de citer :

« Quiconque suit un autre culte que l'islamisme, ce culte ne
« sera pas admis de Lui (Dieu), et celui-là sera, dans l'autre
« monde, au nombre des perdants. »—Verset 79 de la sourate III, intitulé *la Famille d'Amran*.

Nous avons déjà fait observer que le livre de Mohammed fourmille de contradictions. Les premiers passages que je viens de citer, mis en regard du dernier, en sont une preuve bien convaincante. En voici une autre : Le Coran admet le Pentateuque et l'Évangile comme livres inspirés. Il semble, d'après cela, que l'on pourrait en invoquer l'autorité en discutant contre les Musulmans. Eh bien ! point du tout : cette autorité, ils la déclinent en disant que nous avons corrompu les textes, et des passages du Coran leur en donnent le droit.

Quelle que soit cependant l'implacable rivalité des religions, elles offrent toutes l'espérance d'une fusion complète dans l'avenir. D'après une croyance propagée d'abord par les chiites, mais généralement admise par les sounnites, Jésus-Christ doit reparaître avant la fin du monde pour terrasser le Génie du mal et réunir en un seul faisceau tous les peuples et toutes les sectes. Il sera accompagné, dans cette auguste mission, du prophète Élie et du mystérieux Mohammed-Abou-Cassem, le douzième imam. Pour bien comprendre ceci, il faut savoir que, dans toute la ri gueur des principes, l'imamat, c'est-à-dire la réunion des deux souverainetés temporelle et spirituelle, ne devrait appartenir qu'à un descendant d'Ali par Fatima, fille du Prophète. Ali fut kalife, ainsi que son fils Hassan, qui abdiqua ; mais la descendance d'Ali par Hussein, son second fils, en laquelle résidait la légitimité de l'imamat, ne parvint pas au pouvoir ; elle fut même souvent persécutée par les kalifes régnants : enfin cette branche s'éteignit avec Mohammed-Abou-Cassem, le douzième imam, qui disparut de ce monde à l'âge de douze ans. Mais la tradition porte qu'il ne mourut pas, et que sa mère le cacha dans une caverne inconnue, où, miraculeusement conservé, il attend le moment de reparaître aux yeux des hommes pour assister Jésus-Christ dans sa seconde mission.

Il y a dans toute cette légende quelque chose d'élevé et d'humanitaire qui la rend respectable. Laissons, laissons aux peuples ces croyances consolantes qui leur font espérer que les barrières que des haines insensées, de vaines disputes ont élevées entre eux, seront un jour renversées. Après tout, qui peut dire que ce ne soit pas là la vérité? Et alors qu'importe la forme?

Depuis que les Musulmans, complétement débordés par la puissance et la civilisation chrétiennes, se sont vus contraints à reconnaître en tout la supériorité de l'infidèle, ils ont bien été forcés de modifier dans la pratique leur superbe droit des gens. Mais il ne faut pas se dissimuler que la religion, comme ils l'entendent, entretient toujours dans le fond de leurs âmes cette vieille pensée, que la guerre contre les non-Musulmans est pour eux un devoir. Cependant il ne faut pas non plus s'exagérer la force de ce préjugé, qui, dans bien des cas, cède à l'intérêt, à des considérations politiques dominantes, et même aux affections personnelles ; car enfin, quelle que soit la puissance des préventions religieuses, des relations d'amitié sincère ne sont pas impossibles entre Chrétiens et Musulmans. Toutes ces causes font qu'à diverses époques on a vu quelquefois les deux drapeaux réunis. De nos jours, des parties considérables du monde musulman sont placées sous la domination chrétienne. Si les belliqueux habitants du Caucase luttent avec acharnement contre celle de la Russie, on ne peut dire que la religion en soit l'unique cause, car d'autres populations musulmanes non moins guerrières se sont complétement assimilées à ce vaste empire, qui en a tiré d'excellents régiments. Dans l'Inde, l'Angleterre compte plusieurs millions de sujets de cette religion complétement soumis. Enfin, en Algérie, si la France a éprouvé de vives résistances partielles, il n'en est pas moins vrai que de nombreux exemples prouvent que les répugnances ne sont pas invincibles. A toutes ces considérations il convient de joindre la doctrine du fatalisme, qui, si le monde chrétien et progressif continue d'empiéter, comme il est évident que c'est sa tendance actuelle, sur le monde stationnaire de l'islamisme, disposera merveilleusement les Musulmans à se soumettre à la volonté divine manifestée par la décomposition incontestable de leur existence politique. Alors les hommes à nature molle, à intelligence engourdie, comme le sont généralement ces misérables Maures des villes de l'Afrique, se concentreront en eux-mêmes, s'engloutiront plus que jamais dans leur nullité, éloignant d'eux toute pensée d'action ; mais les hommes d'énergie et d'activité chercheront à prendre place dans le nouveau régime qui leur sera ouvert, et alors bien des choses qui paraissent des utopies deviendront réalisables.

Aux croyances que les Musulmans puisent dans le Coran et dans les traditions ils joignent souvent des superstitions que la religion condamne, ou au moins ne sanctionne pas. C'est le sort de tous les peuples. Pour ne parler ici que des habitants du nord de l'Afrique, nous dirons qu'ils ont beaucoup de confiance dans la vertu des talismans, *telasem*, qu'ils appellent *Heurs*, et dans les prédictions de la sorcellerie. Ce sont ordinairement des femmes qui donnent la bonne aventure ; on les appelle *Gouzana*. Elles appartiennent généralement à une confrérie, ou plutôt à une race connue dans le pays sous le nom de Béni-Addès. Je n'ai pu l'étudier avec assez de soin et de suite ; mais tout ce que j'en ai vu me porte à croire qu'elle se rattache essentiellement à ce que nous appelons en Europe bohémiens, gitanos, zingari, dont elle a les mœurs et les mystérieuses industries.

Les Africains croient encore aux revenants ; ils croient surtout qu'ils affectionnent les salles de bains, et ils pratiquent des exorcismes pour les en éloigner. Les sorts, les mauvais regards, les malices du diable, qu'ils croient déjouer par l'empreinte d'une main ouverte contre les murs des maisons ; les miracles des saints qui ont fendu des rochers immenses d'un coup de sabre, sauté à cheval des vallées entières, etc., etc., en un mot, toutes les superstitions vulgaires de notre monde se retrouvent dans celui-ci. J'avais formé le projet de faire un petit recueil des légendes des marabouts, mais je me suis aperçu que ces merveilles se trouvent textuellement pour la plupart dans nos Vies des saints, et je n'ai pas voulu empiéter sur le domaine des Bollandistes.

Une croyance tout à fait propre aux Musulmans, et surtout aux Arabes, est celle aux génies, *Djenoun*, où notre littérature du moyen âge paraît avoir puisé sa gracieuse mythologie des fées. Elle est, du reste, autorisée par le Coran. Ces génies, qu'il faut bien se garder de confondre avec les anges, descendent, d'après la tradition, d'Adam comme nous, mais non de la même manière. Je vais tâcher de me faire comprendre : Adam, après sa faute, resta longtemps séparé d'Ève ; ce fut un châtiment que Dieu lui infligea. Sans cesse occupé du souvenir de sa compagne, brûlant d'amour et de désirs, il la retrouvait dans des songes consolateurs où rien, rien que la coopération de la femme, ne manquait aux suites ordinaires de la volupté. De ces embrassements incomplets, où Adam ne pressait dans ses bras qu'un fantôme créé par son amour, naquirent les génies. Ils ont un corps extrêmement subtil et habituellement invisible ; ils sont divisés en deux sexes, comme la race humaine dont ils ont les formes, et doivent à leur origine toute d'amour un tempérament de feu. Ils vivent auprès des hommes, dans leurs maisons, sous leurs tentes, mais il n'est pas donné à tout le monde de les voir ; on y parvient par certains procédés dont on peut bien penser que je n'ai pas le secret. Mais l'épreuve est dangereuse ; car la surprise que cause leur vue est telle, que très-souvent on en meurt ou on en devient fou. Celui qui résiste à cette secousse peut passer une vie fort heureuse avec ces êtres enchanteurs. Si un génie femelle vient à se prendre d'amour pour lui, la brûlante sylphide le comble des plus exquises voluptés, sans qu'il se donne le moindre souci. Mais deux inconvénients sont attachés à cette félicité : d'abord, la fille de l'air est extrêmement jalouse ; au premier indice d'infidélité ou même de froideur, elle tord le cou à son terrestre mari ; ensuite on ne peut vivre de bien longues années dans cette union trop ardente : c'est Titon dans les bras de l'Aurore, avec une mort prématurée en perspective au lieu d'une vieillesse anticipée, mais au moins éternelle. Les génies masculins honorent aussi les femmes de leurs faveurs, mais c'est plus rare.

Les Africains sont tellement entêtés de leurs Djenoun ou génies, qu'il y en a qui m'ont juré en avoir vu. Un de mes voisins, à Alger, qui vivait d'une manière très-solitaire et sans moyens d'existence connus, passait dans tout le quartier pour être uni à une de ces merveilleuses créatures. Enfin cette croyance est jusqu'à un certain point contagieuse pour les Européens, car un d'eux, qui paraissait jouir de toute sa raison, m'a dit être persuadé de l'existence des Djenoun, et m'a paru croire en avoir des preuves. De plus, un disciple de Saint-Martin a fait le voyage de l'Algérie uniquement dans le but de se mettre en relation avec eux. Je ne sais s'il y a réussi; mais, ce qu'il y a de certain, c'est que cette croyance, tout extravagante qu'elle paraît, répond cependant à un besoin du cœur et même de l'esprit. Pourquoi, en effet, l'échelle progressive des êtres créés et intelligents s'arrêterait-elle à nous? Pourquoi n'y aurait-il rien au delà? Pourquoi, après être parvenus, au moyen d'un appareil tout matériel de verres grossissants, à percevoir des êtres organiques de l'existence desquels nous n'avions aucun soupçon, pourquoi, dis-je, après cela nierions-nous *à priori* celle de certaines intelligences supérieures? A le bien prendre, l'absurde ne commence en cette matière que quand on sort de la théorie pour entrer dans l'application; comme pure hypothèse, les Djenoun, si chers à l'Afrique, ne sont pas plus ridicules que tant d'autres choses.

V.

Nous avons cherché avec impartialité et bonne foi, dans l'analyse que nous venons de faire de la religion musulmane et à mesure que le sujet nous y amenait, quelle était l'action morale que tel ou tel point de cette croyance devait exercer sur les sectaires. Nous avons d'abord reconnu le principe d'immobilité qui résulte de l'universalité du Coran, tout à la fois code religieux, civil et politique. Nous avons trouvé, dans ce mélange du sacré et du profane, un obstacle immense au progrès, provenant de ce que la doctrine religieuse, immuable de sa nature, a communiqué par son contact son immuabilité aux choses humaines, qui ne peuvent progresser qu'en se modifiant. Entrant ensuite dans un examen plus approfondi, nous avons fait ressortir les inconvénients qui résultent, pour l'intelligence des Musulmans, de l'excès des pratiques extérieures, pour sa moralité, de la prééminence généralement accordée à la foi sur les œuvres, et pour ses rapports avec les peuples d'une autre croyance, de ce superbe esprit d'exclusion qui est le caractère le plus distinctif de l'islamisme. Comme correctif, nous n'avons trouvé que des considérations puisées dans la nature de l'homme pris individuellement : nous n'avons pu en tirer aucune de l'organisation sociale des Etats musulmans : aussi sommes-nous persuadé que les races soumises à l'islamisme ne peuvent être régénérées que par le joug de la conquête des Européens, c'est-à-dire en cessant d'avoir des gouvernements musulmans. Il ne faut pas se faire illusion à cet égard, malgré les réformes apparentes qui ont eu lieu en Egypte et dans l'Empire ottoman, tout Etat mahométan qui sera fort, qui se le croira seulement, sera ennemi plus ou moins déclaré des chrétiens et de leur civilisation ; celui qui sera faible dissimulera avec eux, leur empruntera peut-être quelques améliorations matérielles dans l'espoir de se fortifier, mais le fond restera le même. Chez celui-ci, le sentiment de sa faiblesse amoindrira nécessairement ce stupide mépris que professent généralement les Musulmans pour les chrétiens ; mais ce sera au profit de la haine, qui n'en sera que plus intense.

Dégageons maintenant le Coran de son caractère religieux, et considérons-le simplement comme constitution politique et corps de lois civiles et criminelles. L'autorité absolue qu'il assura à Mohammed, en sa qualité de prophète et d'envoyé de Dieu, fut d'abord transmise à ses premiers successeurs dans toute son étendue. Le titre de khalife ou lieutenant, que prirent ceux-ci, indiqua par sa modestie même que le pouvoir suprême, continuant après la mort du prophète à résider cependant en lui, ne pouvait être ni modifié, ni amoindri. Un despotisme intense, quoique souvent éclairé, fut la conséquence nécessaire de cette proclamation de principe. Lorsque, plus tard, l'unité du khalifat fut brisée, les chefs des divers Etats indépendants qui s'élevèrent sur les ruines du grand empire n'hésitèrent pas à attribuer à la puissance royale, dont ils s'emparèrent, le même degré d'extension. Les populations musulmanes elles-mêmes ne l'ont jamais comprise autrement : lorsque le joug leur a paru trop lourd, elles ont changé de maître ou ont cherché, dans la constitution primitive de la tribu, dans l'anarchie même, un refuge contre les excès du despotisme ; mais jamais il ne leur est venu dans l'esprit que le pouvoir royal pût être constitutionnellement et légalement limité. Ainsi donc, les Musulmans ne peuvent trouver l'unité que dans le despotisme, et la liberté que dans le morcellement et l'anarchie, extrémités également funestes au développement de la civilisation.

Les prescriptions de législation civile qui se trouvent éparses dans le Coran, et qui servent de base au droit musulman, ne devant être considérées ici que sous le rapport de leur action sur les mœurs, se divisent naturellement en deux grandes catégories: celles qui sont relatives à la constitution de la famille, et celles qui sont relatives à la constitution de la propriété, ces deux fondements de la société civile.

Il est incontestable que Mohammed a considérablement amélioré la constitution de la famille orientale ; avant lui, la polygamie était sans limites, la femme sans droits et la puissance paternelle sans bornes. D'après le Coran, un homme ne peut avoir que quatre femmes légitimes ; il est vrai qu'il peut, sans transgresser, jouir de ses esclaves, si celles-ci y consentent. Ceci paraît être cependant une part encore trop large faite aux appétits charnels et à l'inconstance des sens ; mais il ne faut pas perdre de vue que, dans la pratique, la monogamie est la règle et la polygamie l'exception, ainsi que nous en avons fait la remarque dans un précédent Mémoire. Ensuite, pour ceux qui ne s'arrêtent pas aux mots, mais qui veulent pénétrer au fond des choses, il est manifeste qu'en réalité la pluralité des femmes existe pour le moins autant dans le monde chrétien que dans le monde musulman; seulement, n'y étant pas sanctionnée par les lois, elle y est moins décente et beaucoup plus féconde en désordres. Il y a surtout pour l'homme dans cet état de choses un inconvénient des plus graves : c'est un amoindrissement forcé de dignité, résultant des petites ruses, des petits mensonges qu'il est obligé d'employer pour cacher ses faiblesses à sa famille légale. Chez les Musulmans, rien de semblable ; personne n'a le droit d'entrer dans les secrets de sa couche ; il légalise ses inconstances par un nouveau mariage, par l'achat d'une jeune esclave, et nul n'a de compte à lui demander. Il demeure grave et digne à ses propres yeux et à ceux du public. Sans doute, il faut savoir résister à l'entraînement et à l'inconstance des sens; mais comme il est malheureusement manifeste que les choses ne se passent pas toujours ainsi, la dignité personnelle gagne à un régime où ces sortes de faiblesses ne peuvent être ni précédées, ni suivies de circonstances plus ou moins dégradantes. Aussi la gravité du chef de famille, la considération et le respect dont il convient qu'il reste entouré, sont, en général, plus solidement établis chez les Musulmans que chez nous. Cet état de choses lui permet d'exercer autour de lui un contrôle moral, une sorte de magistrature patriarcale qui supplée en bien des cas à l'imperfection des institutions sociales.

Avant Mohammed, le sort des femmes était horrible chez les Arabes, et leur malheur commençait avec leur vie. Le père avait le droit de mettre à mort les filles qui lui naissaient et qu'il ne voulait pas élever. Ces tristes créatures étaient enterrées vivantes. Le Coran fit disparaître cet usage atroce. Sans diminuer l'autorité légitime du chef de famille, il la fit cependant entrer dans les bornes de l'humanité. Les femmes furent appelées à l'hérédité du sang, dans une proportion moindre, il est vrai, que les hommes; mais sous un régime où, grâce à la faculté de polygamie, toute fille est à peu près assurée de se marier, ce désavantage est compensé par le douaire que le mari est obligé de constituer à sa femme. Enfin, la femme a une part légale à la succession du mari, ce qui n'a pas lieu chez nous, où l'on voit quelquefois de pauvres veuves livrées à la discrétion d'enfants ingrats, ou laissées complétement sans ressources par d'impitoyables collatéraux. Le douaire dont la femme conserve toujours la propriété et que le mari doit lui escompter en cas de répudiation est un correctif utile à cette brutale faculté accordée à l'homme de renvoyer une épouse, même chaste et exempte de toute faute. Ce droit sauvage, bien autrement avilissant et funeste pour la femme que la polygamie, se trouve ainsi considérablement gêné dans son exercice.

La séquestration des femmes, quoiqu'un peu exagérée par nos

peintres de mœurs orientales, et presque nulle chez les nomades, a cependant assez de réalité pour donner à elle seule à l'existence des Musulmans cette teinte morne et ennuyée qui lui ôte une grande partie de son activité. Mais il ne faudrait pas en accuser le Coran, car elle existait en Orient de temps immémorial.

Maintenant, que conclure de la constitution de la famille et de l'état de la femme dans le monde musulman, sinon qu'ils assurent à l'homme, considéré comme chef de famille, une position infiniment plus importante que chez nous, mais qu'ils nuisent essentiellement au développement général?

Passons à la constitution de la propriété. Quoi qu'on ait pu dire et écrire dans ces derniers temps sur ce sujet à l'occasion de l'Algérie, il n'en est pas moins vrai qu'en droit elle ne diffère pas essentiellement de ce qu'elle est chez nous. Seulement, les habitudes nomades d'une grande partie des populations musulmanes, les abus du despotisme, la rendent infiniment moins solide et beaucoup plus vague dans la pratique, surtout pour les propriétés foncières. La propriété immobilière étant de nature à se soustraire plus facilement à ces inconvénients, est aussi celle à laquelle les Musulmans s'attachent le plus. Mais c'est précisément celle-là qui offre l'aliment le plus séduisant à cette passion antisociale par ses instincts égoïstes qu'on appelle l'avarice. Chez nous la science du crédit public et de l'action des capitaux est parvenue à utiliser cette vile passion elle-même. Nos avares ne thésaurisent plus, ils placent. Mais chez les Musulmans, la loi proscrivant en termes formels non-seulement ce que nous appelons l'usure, mais encore toute espèce d'intérêt, les capitaux accumulés restent improductifs, disparaissent même souvent, ou ne servent qu'à satisfaire des penchants individuels.

Quant aux lois criminelles, elles punissent, comme partout, les attentats contre les personnes et les propriétés; mais elles sont dominées par un principe funeste : la société musulmane ne prend pas, comme chez nous, l'initiative de la répression des crimes particuliers. Elle laisse aux individus lésés le soin d'en poursuivre la vengeance. Ils peuvent, à leur choix, appeler sur la tête du coupable la rigueur des lois ou se contenter d'une compensation pécuniaire.

Ainsi, tout dans les lois musulmanes tend à exagérer l'individualisme aux dépens de la sécurité, de l'ordre et du développement des masses. Il est impossible qu'une société ainsi constituée ne soit pas absorbée par celle où le principe contraire prévaut ; sera-ce un bien, sera-ce un mal ? N'importe, l'arrêt est porté. Au surplus, l'absorption peut se faire de plusieurs manières : quand je dis plus haut que les Musulmans ne peuvent être régénérés que par la conquête, c'est en admettant que les Gouvernements qui les régissent voudraient rester Musulmans ; il n'en serait peut-être pas de même, s'ils cessaient de l'être. Qu'arriverait-il, par exemple, si le sultan de Stamboul adoptait la religion de la majorité de ses sujets d'Europe ? Il est à présumer que l'empereur de Russi et le roi Othon seraient les premiers à le savoir.

MÉMOIRE SUR L'ÉGLISE D'AFRIQUE

ET SUR LES CAUSES

De l'extinction du Christianisme en Barbarie.

De toutes les contrées chrétiennes conquises par le sabre des Musulmans, la Barbarie est la seule d'où le christianisme ait complétement disparu. Sous la domination des Arabes il se maintint en Espagne, non-seulement dans la partie de la population qui conserva son indépendance politique, mais encore dans les provinces soumises au joug, du reste assez doux, des émirs. Il existe encore en Egypte, en Syrie et dans les autres parties de l'empire, des Osmanlis. Si donc il a disparu de la Barbarie, cela n'a pu tenir qu'à des causes particulières agissant en dehors des lois générales qui, partout ailleurs, ont réglé l'action de l'islamisme vainqueur sur le christianisme vaincu. La recherche de ces causes est le but principal de ce mémoire. Mais nous devons la faire précéder de quelques études sur l'ancienne Église d'Afrique. Peut-être y trouverons-nous en germe quelques éléments de la solution du problème.

Le berceau de l'Église d'Afrique, qui fut si brillante de foi et de science, est entourée de ténèbres comme son tombeau. On ne sait si le christianisme arriva dans cette belle contrée par Rome, ou s'il y fut directement apporté de la Judée par ceux des habitants de l'Afrique qui, ainsi que le rapporte saint Luc, assistèrent aux prédications des Apôtres (1). Cette dernière opinion est la moins suivie. Le savant Morcelli (2) se range de la première et rejette celle de quelques auteurs grecs, qui donnent Simon Zelotes pour apôtre aux Africains (3). Quoi qu'il en soit, il est certain que le christianisme pénétra de bonne heure en Afrique, puisque, dès le IIe siècle, il y avait des Chrétiens jusque chez les Gétules (4). Sous le règne de l'empereur Philippe, c'est-à-dire vers le milieu du siècle suivant, il y eut à Lambèse un concile de quatre-vingt-dix évêques, concile qui condamna un hérésiarque nommé Privat (5). Cette grande quantité d'évêques dénote les progrès qu'avait faits le christianisme à cette époque. Malheureusement, l'indiscrète curiosité des Chrétiens les poussant sans cesse à des investigations pour le moins oiseuses, l'Église avait déjà été plus d'une fois forcée de prendre parti dans des questions irritantes et délicates. La plupart de ces questions auraient pu être laissées dans l'ombre sans danger pour la foi (6); mais, dès l'instant qu'elles étaient

---

(1) *Actes des Apôtres*, ch. 2, v. 10.

(2) *Africa christiana*. c. 1.

(3) Tertullianus, *ad Judœos*, c. 7.

(4) Les Arabes disent que ce fut saint Mathieu. El-Kairouani, *Histoire de l'Afrique*.

(5) Saint Cyprien, lettre 59.

(6) Saint Augustin, quoique assez porté aux subtilités théologiques, semble être lui-même de cet avis, car, après avoir parlé de certaines questions ardues dans sa 169e lettre, il ajoute : « Nam, si propter eos solos Christus mortuus est qui certâ intelligentiâ possunt ista discernere, penè frustrà in Ecclesiâ laboramus. »

agitées, une solution devenait nécessaire, et c'était évidemment à l'Église réunie en concile qu'il appartenait de la donner. Il en résulta que le dogme se compliqua et que les hérésies se constituèrent, car ceux qui avaient avancé des propositions hasardées se soumettaient rarement aux décisions des conciles.

Ces luttes de Chrétiens à Chrétiens, combinées avec celles qu'ils avaient tous ensemble à soutenir contre le paganisme, donnèrent naissance à des ouvrages de polémique fort remarquables. Parmi les puissants athlètes qui combattirent avec le plus de vigueur les ennemis du christianisme, brilla, au premier rang, Quintus Septimus Florens Tertullianus, né à Carthage vers l'an 145 ou 150 de l'ère chrétienne, d'un centurion des troupes proconsulaires. Il étudia toutes les sciences avec succès, et passait pour l'homme le plus éloquent de son temps dans la langue latine. Il fut d'abord païen et mena une vie assez licencieuse; mais, depuis sa conversion, il fut un modèle de régularité. Il parvint bientôt à la prêtrise. Le meilleur des nombreux ouvrages qu'il composa est, sans contredit, son Apologétique. Il y manie avec un égal succès le raisonnement et le sarcasme. Aussi spirituel et presque aussi amusant que Lucien, quand il attaque les divinités du paganisme, il s'élève quelquefois jusqu'au sublime, quand il expose et défend la doctrine chrétienne, qui est bien belle sous sa plume philosophique et éloquente.

Il est à présumer que les hérésies que Tertullien combat dans plusieurs de ses autres ouvrages avaient des sectateurs en Afrique. La vivacité de l'attaque indique, en effet, que ses antagonistes devaient être près de lui; il aurait employé moins de force contre des adversaires éloignés. Ainsi on peut, sans crainte de se tromper, admettre, je crois, que les doctrines hétérodoxes de Basilide, de Valentin, d'Appelle, et surtout de Marcion, avaient cours en Afrique de son temps.

Basilide et Valentin admettaient une succession de principes parmi lesquels le Dieu des Juifs et des Chrétiens, le Démiourgos, l'être créateur, n'occupait qu'un rang subordonné. Les Eons de Valentin sont célèbres dans l'histoire de la philosophie mystique. Jamais le délire d'une imagination brillante et sans règle n'a été plus loin. Basilide et Marcion niaient l'existence réelle du corps de Jésus-Christ, et prétendaient que, durant son séjour parmi les hommes, le Verbe n'avait eu qu'une forme fantastique ; ils rejetaient, par conséquent, l'incarnation. Le Coran dit aussi que ce fut un fantôme, une apparence que les Juifs mirent en croix. Valentin et Appelle ne niaient pas l'incarnation réelle ; mais ils enseignaient que le corps de Jésus-Christ était d'une chair particulière prise on ne sait où, et qu'il ne devait rien au sein qui l'avait porté. Tertullien combat ces deux systèmes dans son *Traité de la chair de Jésus-Christ* et dans celui de la *Résurrection de la chair*.

Marcion, contre lequel Tertullien a écrit un traité spécial, admettait les deux principes, et était ainsi le précurseur des Manichéens dont saint Augustin adopta le système dans sa jeunesse.

Tous ces hérésiarques appartenaient à l'Église d'Orient ; mais Hermogène, peintre et philosophe stoïcien, appartenait à celle d'Afrique. Il soutenait que la matière est éternelle et incréée, que les démons seraient un jour réunis à la matière, et que le corps de Jésus-Christ est dans le soleil. Il était contemporain de Tertullien, qui a composé un traité contre lui.

Tertullien était d'un caractère ardent et emporté. Il le dit lui-même dans son *Traité de la Patience*, vertu qu'il reconnaît ne point posséder. Les hommes de cette trempe sont extrêmes en tout. Aussi Tertullien, dont la jeunesse avait été fort dissipée, devint plus tard d'une rigidité sombre. Il adopta les principes outrés des montanistes. Ainsi, celui qui avait combattu avec tant de force Marcion et Hermogène devint hérétique à son tour. Cependant l'Église, reconnaissante pour ses services, semble avoir fermé les yeux sur ses erreurs, et son nom, toujours cité avec respect, fait autorité en bien des cas. Ces montanistes, dont Tertullien avait embrassé la doctrine, furent ainsi nommés de leur chef, Montanus, eunuque asiatique, qui se disait prophète envoyé pour accomplir l'œuvre de Jésus-Christ. Il prêchait la continence la plus complète, et par conséquent la plus opposée aux lois de la nature, faisant ainsi un devoir à autrui de ce qui était pour lui une nécessité malheureuse. On ignore l'époque de la mort de Tertullien, mais on sait que vers la fin de sa vie il se sépara même des montanistes, et qu'il fut le chef d'une secte qui porta son nom, et ne se réunit à l'Église catholique que du temps de saint Augustin.

Tertullien est le personnage le plus remarquable et le mieux connu de la primitive Église d'Afrique ; mais sa gloire ne saurait faire oublier celle de deux courageuses femmes, qui scellèrent de leur sang les vérités qu'il défendit avec sa plume. Vivia Perpetua et Félicité, l'une femme d'un rang distingué, l'autre pauvre esclave, souffrirent le martyre sous le règne de Sévère, dans l'amphithéâtre de Carthage, avec cette douce et touchante résignation, cette énergie pudique et modeste qu'on ne saurait trouver que dans ce sexe né pour la douleur et pour l'amour. Les actes des martyrs contiennent un attendrissant petit écrit de Perpetua sur les événements qui précédèrent son supplice, écrit complété jusqu'à sa mort par une main pieuse et amie. Je ne connais rien de plus saisissant que ces quelques pages. L'Église honore la mémoire de Perpetua et de Félicité, dont Dupuis, dans son scepticisme pédantesque, a voulu nier jusqu'à l'existence.

Sous le règne de Décius, l'Église, qui avait joui de plusieurs années de repos, fut de nouveau violemment tourmentée. Saint Cyprien était alors évêque de Carthage. Il se mit par la fuite à l'abri de la persécution, et, lorsqu'elle cessa, il reparut sur son siége. Sa conduite n'avait sans doute rien de canoniquement répréhensible; cependant son autorité en fut affaiblie. Les Chrétiens qui, moins prudents que lui, avaient souffert pour la foi, se prévalurent de cet avantage. Les martyrs et les confesseurs, s'exagérant les mérites de leurs souffrances plus qu'il ne convenait à l'humilité chrétienne, crurent qu'ils pouvaient les transmettre à ceux qui, plus faibles, avaient apostasié: en conséquence, ils leur délivraient souvent des billets de réconciliation sans qu'ils se fussent soumis à la pénitence publique, ainsi que le voulaient les lois de l'Église. C'était empiéter ouvertement sur les droits de l'épiscopat. Saint Cyprien s'éleva contre cet abus. On discuta avec véhémence de part et d'autre, et enfin un prêtre du diocèse de Carthage, appelé Félicissime, leva contre son évêque l'étendard de la révolte et constitua un schisme qui fit succéder à la persécution de violents orages dans l'Église d'Afrique. A Rome, saint Corneille venait d'être élevé au pontificat. Novat, prêtre de Carthage, ayant été envoyé par les schismatiques d'Afrique aux Chrétiens d'Italie, ne trouva pas de meilleur moyen de justifier la conduite des premiers que de la faire imiter par les autres. Il se lia avec un certain Novatien, prêtre de Rome, dont la conduite pendant la persécution avait été équivoque, et l'engagea à élever autel contre autel : c'est ce que fit celui-ci, car il parvint à se faire élire pape par une partie du clergé. Le désordre fut alors à son comble dans les Églises d'Occident, qui se trouvèrent partagées en deux camps ennemis.

Plusieurs conciles condamnèrent Novatien ; sa conduite pendant la persécution fut rappelée. Alors, pour prouver l'ardeur de son zèle apostolique, il se mit à professer les maximes les plus outrées contre les apostats qu'il condamnait sans rémission. Ainsi ce schisme, qui avait eu pour prétexte la sévérité de saint Cyprien, aboutit à la dureté hypocrite de Novatien.

Saint Cyprien eut une autre lutte à soutenir au sujet du baptême conféré par des hérétiques. En se plaçant au point de vue chrétien, il est évident que le baptême, étant indélébile, l'hérésie ne l'efface point; et comme ceux qui l'ont reçu peuvent le donner, le baptême d'un hérétique est valable. Cependant Agrippin, un des prédécesseurs de saint Cyprien, et Tertullien, avaient soutenu l'opinion contraire, que saint Cyprien adopta. En conséquence, cet évêque voulait qu'un hérétique baptisé par un autre hérétique fût rebaptisé pour rentrer dans le sein de l'Église catholique. Un concile de soixante et onze évêques, tenu à Carthage, confirma cette doctrine. Saint Etienne, qui était alors pontife de Rome, la rejeta. Mais en 255, un second concile de Carthage, composé de quatre-vingt-un évêques, la proclama de nouveau. A cette époque, l'autorité des papes n'était pas incontestée, comme elle l'a été depuis. Saint Cyprien, dans son discours d'ouverture de ce concile, se plaignit, même en termes assez peu voilés, des prétentions tyranniques de l'évêque de Rome (1).

La querelle entre Rome et Carthage sur la question du baptême n'occasionna, du reste, point de schisme ; seulement, chacun resta dans son opinion. La question fut plus tard résolue dans le sens de Rome par le premier concile général de Nicée.

---

(1) Saint-Cyprien, *Conc. Carth.*, lettres 72, 73 et 74.
Fleury, *Hist. ecclés.*, liv. 17.
Morcelli, *Africa christiana*.

Saint Cyprien termina par le martyre sa carrière agitée, martyre que ses ennemis lui reprochaient d'avoir trop souvent évité : il fut décapité à Carthage, le 14 septembre 258, pendant la persécution suscitée par Valérien, et mourut en homme de foi et de cœur. Le diacre Poncius a écrit sa vie ; ses noms étaient Thascius Cœcilius Cyprianus. Il avait d'abord été païen, et ne prit qu'après sa conversion le nom de Cecilius, qui était celui du chrétien qui le convertit. On croit que ce Cecilius est le même que l'interlocuteur de ce nom dans le dialogue de Minucius Felix, intitulé *Octavius*.

Les ouvrages de saint Cyprien nous sont parvenus ; ils consistent en quatorze traités et quatre-vingt-trois lettres ; le plus estimé de tous ses écrits est son traité de l'*Unité de l'Eglise*. Dans son *Exhortation au martyre*, il a réuni contre l'idolâtrie tous les passages de l'Ancien Testament qui, d'après les impitoyables lois de Moïse, appellent la mort sur les idolâtres. Il semble dire, ou plutôt il dit en effet aux chrétiens : *Ce sont vos adversaires qui méritent la mort pour croire ce que vous refusez de croire*. Ainsi, il consacre le principe des persécutions religieuses. C'est un malheur pour sa mémoire, et c'en fut un pour l'Eglise, qui se prévalut trop souvent de son autorité, lorsque, de persécutée qu'elle avait été, elle devint persécutrice à son tour. Tertullien, plus philosophe, avait écrit à Scapula, proconsul d'Afrique : « Nous connaissons
« la vérité de vos prétendus dieux ; cependant chacun a le droit
« d'adorer qui bon lui semble. La religion d'un homme ne peut
« être ni utile, ni nuisible à un autre homme ; mais la violence
« ne convient à aucune d'elles : une religion doit être embrassée
« par conviction et non par crainte. »

Saint Cyprien, malgré cette fâcheuse erreur, n'en est pas moins un des écrivains les plus distingués de l'Eglise. L'Afrique en produisit plusieurs dans ce siècle, tels que Minucius Felix, dont nous avons déjà parlé, qui était un des premiers orateurs du barreau de Rome, où il s'était établi ; Arnobe de Sicca, dont il nous reste sept livres *contre les gentils*, et son disciple Lactance, dont il convient que nous disions quelques mots.

L. C. Firmianus Lactancius ayant étudié à Sicca, on le regarda généralement comme Africain, quoique on ne connaisse pas le lieu de sa naissance. Il fut professeur de rhétorique à Nicomédie et chargé ensuite de l'éducation de Crispus, fils de Constantin. Il mourut à Trèves vers l'an 325. Ses Institutions divines sont son principal ouvrage; ce livre, écrit avec pureté et élégance, est un exposé de la doctrine chrétienne et une réfutation sensée et chaleureuse du paganisme. Les théologiens y ont signalé quelques erreurs de foi, ce qui, pas plus que la négation des Antipodes, ne l'empêche d'être un des plus précieux monuments des premiers siècles de l'Eglise. Les écrivains de cette époque ont généralement une manière philosophique et élevée de présenter les dogmes du christianisme, qui les fait admettre sans trop de répugnance par la raison. Ils vous font entrer sans effort dans un ordre d'idées où tout se classe et s'explique à la satisfaction de l'esprit et en même temps de ce besoin de mysticisme que, quoi qu'on en puisse dire, tous les hommes éprouvent plus ou moins. Ceux qui les ont suivis se sont rarement maintenus à leur hauteur.

Depuis la mort de saint Cyprien jusqu'à la grande persécution de Dioclétien, il ne se passa rien dans l'Eglise d'Afrique qui mérite d'être rapporté. Cette persécution fut la plus terrible de toutes; il semblait que le paganisme, près d'expirer, eût redoublé de fureur, comme le lion blessé. Les chrétiens d'Afrique eurent beaucoup à souffrir et déployèrent généralement un courage que la rage de leurs ennemis ne faisait qu'accroître. Plusieurs allèrent au devant du martyre, excès de zèle qui fut blâmé par Mensurius, alors évêque de Carthage. Quelques-uns cependant se montrèrent faibles et livrèrent les livres saints, dont le gouvernement avait ordonné la destruction; de ce nombre fut l'évêque de Cirtha, qui devait un peu plus tard s'appeler Constantia : enfin la persécution cessa, et la religion chrétienne triompha avec Constantin.

Peu de temps après, Mensurius partit pour l'Italie, où l'appelaient quelques affaires, et mourut dans le voyage. On procéda à son remplacement à Carthage; le diacre Cécilien fut élu; il manifesta l'intention de réclamer certain dépôt d'objets précieux appartenant à l'Eglise, lequel, pendant la persécution, était tombé entre des mains infidèles. Les coupables, effrayés, résolurent de le prévenir: ils s'entendirent avec deux prêtres qui avaient été les concurrents de Cécilien pour faire déclarer son élection illégale. Les évêques de Numidie, qui n'y avaient pas été appelés, se rangèrent du côté des mécontents; ils se rendirent à Carthage au nombre de soixante-dix, et citèrent devant eux Cécilien, qui refusa de comparaître. Alors ils déclarèrent son élection nulle, et nommèrent évêque de Carthage un certain Majorin, simple lecteur, domestique de Lucila, femme riche et intrigante, ennemie de Cécilien. Telle fut l'origine du célèbre schisme des donatistes, qui furent ainsi nommés de Donat des Cases-Noires, leur avocat le plus actif, et d'un autre Donat, qui succéda à l'intrus Majorin (1). Cécilien ne céda pas comme ses ennemis l'espéraient ; un concile tenu à Rome lui donna gain de cause et condamna ses adversaires; mais ceux-ci parvinrent à faire entendre à Constantin qu'on leur avait ôté leurs moyens de défense, et ils obtinrent que l'affaire serait jugée de nouveau. Elle le fut dans un concile tenu à Arles, où les donatistes furent encore condamnés; ils ne se tinrent pas pour battus et en appelèrent à l'empereur lui-même, qui les condamna définitivement à Milan, où il réunit les principaux d'entre eux. Peu se soumirent à cette décision, et le schisme s'enracina en Afrique, où, dès ce moment, il y eut double Eglise presque partout. A Constantine, les donatistes s'emparèrent par violence de la basilique des catholiques, qu'on leur laissa. A la fin, comme les troubles augmentaient en Afrique à cause d'eux, et qu'ayant été condamnés, il semblait que ce fût à eux à céder le Gouvernement prit des mesures de rigueur: on leur ôta leurs temples et leurs lieux de réunion ; Sylvain, leur évêque de Constantine, fut exilé; mais ensuite Constantin le rappela. Ce prince, craignant probablement de s'engager dans la voie des persécutions religieuses, rendit toute liberté aux donatistes, laissant chacun maître de s'attacher à l'évêque qu'il voudrait.

Nous ne connaissons les donatistes que par les écrits de leurs adversaires, qui les traitent fort mal. Saint Optat, évêque de Mi-

---

(1) On peut consulter, pour ce qui concerne les donatistes : saint Optat, qui a écrit leur histoire ; saint Augustin, dans plusieurs de ses ouvrages, notamment dans la lettre 185, intitulée *de Correctione donatistorum*, les lettres 53, 66, 100, 105, 134, 139; et les actes de la conférence de Carthage; l'*Africa christiana* de Morcelli; l'*Histoire ecclésiastique* de Fleury, liv. IX, XI, XII, XV, XVI, XVII, XIX, XX, XXI, XXII, XXIII.

leum, a écrit en six livres l'histoire de ce schisme, que saint Augustin combattit toute sa vie. On reproche aux donatistes leurs dispositions à la violence, et comme les accusations portées contre eux sont accompagnées de faits très-précis, il est présumable qu'elles ont quelque chose de fondé. Vers l'an 329, il se forma parmi eux une secte de radicaux, connus dans l'histoire sous le nom de *Circoncellions*, qui prêchaient l'égalité et se disaient les défenseurs de la justice; ils parcouraient en armes les bourgades et les marchés, mettant en liberté les esclaves, déchargeant de leurs dettes les gens obérés et menaçant de la mort les créanciers récalcitrants. Ils avaient à leur tête Maxida et Fasbir, deux hommes qui, à en juger par leurs noms, devaient appartenir à la race indigène, et qui prenaient le titre de chefs des saints. Les masses étaient malheureuses en Afrique, comme dans le reste du monde romain ; les habitants de la campagne étaient serfs, et le christianisme n'avait encore que faiblement adouci la dureté de l'esclavage domestique : il est donc à croire que les *Circoncellions* étaient des hommes qui, fatigués d'un joug trop lourd, cherchaient à le secouer. Les écrivains ecclésiastiques ne nous ont présenté que le mauvais côté de leur histoire ; mais la moindre réflexion suffit pour les classer à côté des compagnons de Spartacus et des Jacques du moyen âge. Du reste, nous ne nions ni ne justifions les actes de violence qu'on leur reproche, actes inséparables de toute réaction de l'opprimé contre l'oppresseur. De même que ces actes sont dans la nature des choses, il est aussi dans la nature des choses que les classes qui se trouvent bien du régime existant fassent taire les dissentiments qui peuvent régner entre elles pour se liguer contre les novateurs. C'est ce qui arriva en Afrique à l'égard des Circoncellions : les évêques donatistes et catholiques les livrèrent au bras séculier ; le Gouvernement fit marcher des troupes, et un grand nombre de ces misérables fut tué à Octavense. La secte les honora comme des martyrs ; mais elle modéra son zèle réformiste, sans cependant cesser d'exister. L'empereur Constant, après le concile de Sardique, envoya, sur la demande de Gratus, évêque de Carthage, deux commissaires en Afrique pour examiner les causes des troubles qui agitaient ce pays ; mais leur présence ne fit que les accroître. Les Circoncellions reprirent les armes, et le sang coula à Bagaie, où une rencontre eut lieu entre eux et les troupes. Il y eut à cette même époque un concile à Carthage, présidé par Gratus ; on l'appelle le premier concile de Carthage, non qu'il ait été véritablement le premier, mais parce qu'il est le premier dont on ait textuellement les canons. Ce concile régla plusieurs points de discipline et se prononça contre le second baptême, erreur capitale des donatistes ; les évêques de cette secte furent exilés.

Pendant le règne de Julien, les donatistes présentèrent requête pour le rappel de leurs évêques ; on le leur accorda, ainsi que la restitution de leurs églises : mais, comme les catholiques, qui avaient pris possession de ces édifices, refusaient de les rendre, il fallut employer la violence pour que force restât aux ordres de l'empereur. Le sang coula sur plusieurs points, entre autres à Lemelle et surtout à Tipasa de Mauritanie, où le peuple catholique fut chargé par les troupes ; des femmes et des enfants périrent dans ce tumulte. Dans la suite, Gratien força les donatistes de rendre à leurs adversaires les églises dont ils s'étaient emparés ; mais la lutte continua entre les deux partis ; elle était plus acharnée que jamais, lorsque saint Augustin vint à paraître.

Aurelius Augustinus naquit à Tagaste, ville de la Numidie, d'un père païen et d'une mère chrétienne ; il étudia d'abord les lettres à Madaure, patrie d'Apulée, et ensuite à Carthage, où il adopta les principes des manichéens. Lorsqu'il eut terminé ses études, il enseigna la rhétorique successivement à Tagaste, à Carthage et à Milan. Ce fut dans cette ville qu'il reçut le baptême et qu'il abandonna la doctrine des manichéens. Résolu de consacrer à la religion le reste de sa vie, Augustin retourna en Afrique ; il y administra l'Église d'Hippone, d'abord comme coadjuteur de Valérius, prélat infirme et fort âgé, puis comme évêque à la mort de ce dernier.

Je ne pense pas qu'aucun de ceux qui ont étudié avec quelque soin la vie et les principaux écrits de saint Augustin se refuse de reconnaître dans cet illustre évêque une des plus puissantes organisations de la race humaine : amour constant de l'étude, érudition profonde et variée, travail facile, style pur, toujours approprié au sujet et ne se ressentant pas trop des défauts de son siècle, tel est le savant et l'homme de lettres. Connaissance parfaite du cœur humain, hauteur de vues, esprit d'analyse, et à côté de cela, cette animation poétique indispensable à l'exposition des vérités intuitives, tel est le philosophe et le théologien. Amour ardent de l'humanité, désintéressement de tous les instants, charité parfaite, bienveillance pour les hommes, alors même qu'il attaquait leurs principes, tel fut le chrétien. Enfin, amour du pays, dignité personnelle, politesse des manières, caractère ferme, doux, enjoué même, tel fut le citoyen, l'homme privé et l'homme public.

Mais saint Augustin vécut dans un temps et se trouva dans des circonstances où tant de rares qualités ne purent s'appliquer qu'à des objets infimes. La religion chrétienne était triomphante, et les mesquines querelles des diverses sectes qui la partageaient n'avaient rien de la sublimité de la lutte qu'elle avait soutenue contre les vieilles croyances du polythéisme. La barbarie commençait à étendre son voile sur le monde romain; la patrie n'avait plus même de nom et la société plus de lien : le déchirement de l'empire par les hordes du Nord ne laissait plus qu'une idée commune aux Romains dégénérés, la crainte.

Les écrits de saint Augustin se ressentent un peu, malgré la hauteur de son génie personnel, de cet affaissement général; on y voit trop souvent des germes de cette modification de l'esprit religieux, qui a reçu un nom que nous laissons au lecteur le soin de mettre au bout de notre phrase, car nous n'osons le prononcer après celui d'un tel homme.

Saint Augustin se fit d'abord connaître dans le monde chrétien par ses controverses avec les manichéens, dont la doctrine l'avait séduit dans sa jeunesse. Cette secte, très-répandue alors en Afrique, avait pour dogme fondamental, comme chacun sait, les deux principes du bien et du mal empruntés de la Perse, qui en avait été le berceau. L'évêque d'Hippone combattit aussi les pélagiens; cette dispute célèbre a eu un long retentissement dans l'Eglise, car on l'a vue se reproduire dans les deux derniers siècles au sujet du jansénisme. Pélage était un moine de la Bretagne, qui niait la nécessité de la grâce pour le salut. Il était établi à Rome à l'époque de l'invasion d'Alaric; il se réfugia à Carthage qu'il quitta bientôt pour la Palestine; mais il laissa dans cette ville son disciple Celestius. Celui-ci, ayant cherché à propager sa doctrine, fut condamné par un concile tenu à Carthage; cependant son maître Pélage trouva protection en Palestine, où un concile, tenu à Diospolis, ne fit pas difficulté de l'admettre à la communion de l'Eglise (1), ce qui n'empêcha pas le pape Innocent Ier de le condamner. Zozime, successeur de ce pontife, ne se montra pas d'abord aussi sévère ; mais, voyant ensuite que la doctrine de Pélage avait été de nouveau censurée par deux autres conciles tenus en Afrique (2), il l'abandonna entièrement. Les pélagiens furent définitivement condamnés au concile œcuménique d'Ephèse. Ce fut par suite de cette dispute théologique que saint Augustin composa son traité de la grâce et celui du péché originel ; il combattit aussi l'arianisme, qui devait après lui opprimer l'Eglise catholique en Afrique ; mais ses efforts les plus constants furent dirigés contre les donatistes.

Les donatistes, protégés par l'usurpateur Gildon, s'étaient tellement multipliés que, lorsque saint Augustin commença à écrire contre eux, ils avaient plus de quatre cents évêques ; mais ils étaient divisés en plusieurs sectes. Comme sur les questions de foi ils ne différaient pas, ou différaient fort peu des catholiques, un rapprochement parut possible à l'évêque d'Hippone. Il ne s'agissait, en effet, pour rétablir l'unité de doctrine, que de reconstituer celle de l'épiscopat ; afin d'atteindre ce but, un concile, tenu à Carthage en 403, décréta, sur la proposition de saint Augustin, que, dans chaque diocèse, les donatistes seraient juridiquement sommés de nommer des commissaires pour travailler de

---

(1) Le concile de Diospolis n'adopta pas les erreurs reprochées à Pélage : il l'admit à la communion, parce qu'il donna des explications qui parurent satisfaisantes. Pélage s'en prévalut ensuite pour faire croire que les Pères de Diospolis avaient approuvé sa doctrine telle que la prêchait Célestin.

(2) L'un à Mileum et l'autre à Carthage, en 418. Saint Augustin fut l'âme de ce dernier. On anathématisa ceux qui professaient : 1° qu'Adam avait été fait mortel ; 2° qu'il ne faut pas baptiser les nouveau-nés, parce que ces enfants ne pourraient avoir d'autre péché que le péché originel, et que celui-là n'existe pas ; 3° que la grâce ne sert que pour les péchés déjà commis et pour aider à n'en plus commettre ; 4° que la grâce nous aide à ne point pécher seulement en ce qu'elle nous ouvre l'intelligence des commandements, et non en nous donnant directement l'amour et le pouvoir du bien ; 5° que le libre arbitre peut se tourner vers le bien sans la grâce.

bonne foi avec des commissaires catholiques à la grande œuvre de la réunion. Mais les donatistes s'y refusèrent et même se portèrent sur plusieurs points à des actes de violence contre les catholiques, surtout à Calama, dont l'évêque catholique, Possidius, ami intime de saint Augustin, dont il a écrit la vie, fut horriblement maltraité.

L'année d'après, le concile qui se tenait annuellement à Carthage depuis quelque temps résolut d'implorer le secours du Gouvernement contre les violences des donatistes. Quelques Pères voulaient qu'on demandât à l'empereur une loi qui proscrivît formellement leur culte; mais la majorité, dont saint Augustin faisait partie, fut plus modérée. Lorsque les députés du concile arrivèrent à Rome pour cette affaire, ils la trouvèrent terminée. L'empereur Honorius, déjà instruit des troubles qui agitaient l'Afrique, et surtout indigné d'un attentat dont l'évêque catholique de Bagaia avait été récemment victime, venait de rendre, à la date de la veille des ides de mars, sous le consulat de Stilicon et d'Anthémius (12 février 405), un rescrit qui défendait sous des peines sévères toute réunion aux manichéens et aux donatistes, en un mot, qui faisait ce qu'avait souhaité la minorité du concile de Carthage, et, par conséquent, plus que ne demandait la majorité (1). A en croire les écrivains ecclésiastiques, cette mesure aurait eu de bons résultats, et grand nombre de donatistes se seraient ralliés; cependant la secte n'en fut pas sensiblement affaiblie, car, après la mort de Stilicon, on vit reparaître les donatistes plus violents que jamais; ils pensaient que la mort de Stilicon abrogeait de droit la loi rendue contre eux sous son consulat : mais l'empereur, loin de l'abroger, la confirma par un nouveau rescrit. Cependant ce même prince s'adoucit bientôt dans la crainte qu'ils ne prissent le parti d'Atale, qu'Alaric avait élevé sur le trône impérial. Lorsqu'il fut délivré de ce sujet de crainte, il revint à ses premières dispositions et les rendit même encore plus rigoureuses, car les réunions d'hérétiques furent prohibées sous peine de mort. L'empereur ordonna en même temps que tous les évêques, tant catholiques

---

(1° 450. *Cod. Theod. de Hær.*

que donatistes, se réuniraient pour conférer ensemble sur le rétablissement de la paix de l'Eglise d'Afrique.

La conférence ordonnée eut lieu au mois de juin 411 ; deux cent quatre-vingt-six évêques catholiques et deux cent soixante-dix évêques donatistes se réunirent à Carthage. La cause fut jugée par le tribun Marcellin, délégué de l'empereur, et débattue par sept évêques de chaque côté. Saint Augustin proposa que tous les évêques indistinctement se démissent de leurs fonctions, et qu'il fût procédé à de nouvelles élections. C'était le moyen le plus noble et le plus convenable de tout terminer ; mais il fallait pour cela un concours impossible de désintéressements individuels. La proposition, assez faiblement appuyée par la majorité des catholiques, fut repoussée par leurs adversaires : les donatistes furent condamnés, et il fut déclaré que les lois contre les hérétiques leur seraient appliquées. Plusieurs se soumirent, mais la masse persévéra dans le schisme. Quelques prélats pensaient qu'après avoir proscrit l'exercice public de leur culte et les avoir mis dans l'impossibilité de troubler celui des catholiques, il serait bon de les laisser en repos ; mais saint Augustin, qui s'était jusque-là montré si modéré, fut d'un autre avis. Il écrivit à ce sujet au comte Boniface, gouverneur d'Afrique, une lettre qui est un véritable traité d'intolérance. On voudrait pouvoir douter de l'authenticité de cette pièce, qui est la 185ᵉ du recueil des lettres de ce célèbre évêque. C'est là que se trouve l'interprétation forcée du *Cogite intrare* dont l'Eglise catholique a si tristement abusé dans des temps calamiteux.

Saint Augustin mourut à Hippone le 28 août 430, à l'époque de l'invasion des Vandales, et pendant le siége qu'ils avaient mis devant cette ville. Il n'est pas de point de théologie que ce savant prélat n'ait traité. Ses œuvres forment à elles seules toute une bibliothèque pour cette science ; ses *Confessions* et son grand ouvrage *de Civitate Dei* s'y font particulièrement distinguer. Ses lettres sont de précieux documents, non-seulement pour l'histoire de l'Eglise, mais encore pour l'étude de la géographie ancienne du nord de l'Afrique et celle de la colonisation romaine dans cette contrée.

Les Vandales, qui étaient ariens très-fervents, et dont les dévastations sont devenues proverbiales, traitèrent avec une extrême rigueur l'Eglise catholique pendant leur domination en Afrique. L'histoire de cette persécution a été écrite par Victor, évêque de Vite, auteur contemporain. On en trouve aussi quelque chose dans Procope. Genséric défendit aux catholiques de nommer des évêques, de sorte qu'au bout d'une vingtaine d'années tous les siéges furent vacants, à l'exception de trois. Hunéric, successeur de Genséric, leva par la suite cette défense. Il désirait attirer les catholiques par la persuasion. Mais ce moyen ne lui ayant pas réussi, il exila tous les évêques, et notamment saint Eugène, évêque de Carthage. Il leur fit même l'application des lois d'Honorius sur les hérétiques. Ainsi les orthodoxes virent tourner contre eux-mêmes les armes qu'ils avaient forgées contre leurs adversaires. Gontamond, neveu et successeur d'Hunéric, fit cesser la persécution. Saint Eugène et les autres exilés furent rappelés ; les églises furent rouvertes. Trasamond, qui succéda à Gontamond, son frère, renouvela aux catholiques la défense qui leur avait été faite, sous Genséric, de nommer des évêques. Il exila en Sardaigne saint Fulgence, évêque de Ruspe, et quelques autres qui avaient été élus malgré cette défense. Ces bannis furent rappelés par Hildéric, successeur de Trasamond. Ce prince accorda toute liberté de conscience aux catholiques. Mais Gélimer, qui le détrôna, recommença la persécution. Enfin, en 533, les conquêtes de Bélisaire et la chute de la domination des Vandales firent triompher l'Eglise catholique en Afrique.

Les ariens niaient la divinité de Jésus-Christ. Quoique condamnée sous Constantin, au fameux concile œcuménique de Nicée, leur doctrine s'était tellement répandue, qu'à l'exception de l'empereur et de notre roi Clovis, tous les monarques chrétiens étaient ariens. Il est à présumer qu'avant les querelles d'Arius et de ses adversaires, le vulgaire ne se rendait pas bien compte de ce qu'il devait croire touchant l'essence de Jésus-Christ, de sorte qu'il me semble assez difficile de dire si la doctrine d'Arius fut une innovation ou le symbole d'une croyance déjà existante. Quoi qu'il en soit, il est certain que la manière absolue dont le concile de Nicée trancha la question n'eut pas l'assentiment de la majorité des masses; si l'arianisme a disparu depuis, ce n'est pas, comme le croient les catholiques, parce qu'il a dû subir la loi morale qui condamne l'erreur à s'effacer tôt ou tard devant la vérité, mais bien parce qu'il s'est fondu dans le mahométisme, auquel il avait préparé les voies.

La chute de Gélimer n'entraîna pas celle de l'arianisme en Afrique; seulement, il y fut persécuté au lieu d'y être persécuteur. En 535, une loi de Justinien interdit aux ariens de tenir des assemblées, d'ordonner des évêques et des clercs, et les exclut des charges publiques. Les mêmes mesures furent prises à l'égard des donatistes. L'Eglise catholique triompha matériellement, mais sa gloire avait été ensevelie avec saint Augustin. Cependant saint Fulgence se fit encore remarquer par des écrits qui lui ont fait prendre rang parmi les Pères de l'Eglise; un autre évêque, appelé Facundus, fit aussi paraître un petit ouvrage qui, d'après le savant Fleury (1), est ce qui a été écrit de mieux sur l'affaire des trois chapitres. Cette affaire, une des plus puériles qui aient agité le sein de l'Eglise, était une vaine dispute soulevée sous le règne de Justinien, au sujet de trois auteurs ecclésiastiques morts depuis longtemps. Quelques évêques d'Afrique, entre autres Victor Tunensis, dont nous avons une chronique, furent envoyés en exil à cette occasion.

Le pape saint Grégoire dit le Grand s'occupa beaucoup de l'Eglise d'Afrique, à laquelle il parla toujours en souverain spirituel et absolu. Dominius, évêque de Carthage de 584 à 604, lui montra la plus constante soumission. L'Afrique fut la première terre chrétienne qui reconnut complètement la suprématie des évêques de Rome, quoiqu'à d'autres époques elle eût repoussé des prétentions auxquelles elle se soumit alors, non-seulement sans murmure, mais avec empressement. Cette dépendance fut telle que l'on peut dire qu'au moment de l'invasion des Arabes il n'y avait véritablement qu'un évêque en Afrique, celui de Rome. Peu de temps avant ce grand événement, plusieurs conciles furent tenus dans cette contrée au sujet de l'hérésie des monothélites. Le schisme des donatistes existait encore, ainsi que nous l'apprend une lettre de saint Grégoire à l'empereur Maurice.

La conquête de l'Afrique, commencée par Abd-Allah-beu-Saad, en 647, sous le kalifat d'Othman, ne fut terminée que dans les

---

(1) *H. E.*, liv. 55.

premières années du siècle suivant par Mouça-ben-Noceir, sous celui de Welid-ben-Abd-el-Meleck. Il fallut donc plus d'un demi-siècle aux califes pour soumettre cette contrée à leur empire; mais, chose singulière, ils lui imposèrent plus facilement leur religion que leur joug : c'est un phénomène curieux dont l'histoire ne présente peut-être que cet exemple.

On sait que le dogme religieux est extrêmement simple chez les Musulmans. Il n'y a qu'un Dieu, et Mohammed est son prophète : en voilà la formule, réduite à deux propositions fort simples elles-mêmes. La première est incontestable ; quant à la seconde, la raison humaine peut l'admettre sans beaucoup d'efforts ; il lui suffit pour cela de considérer comme prophètes tous ceux que la Providence à destinés à propager chez les hommes de grandes vérités. Or, Mohammed, qui avait ramené au dogme de l'unité une nombreuse nation, était évidemment une de ces créatures privilégiées. Ainsi, la laconique profession de foi des Musulmans n'avait rien de choquant pour l'esprit. L'immortalité de l'âme, les peines et les récompenses de l'autre vie qui en découlent sont des croyances communes à toutes les religions. L'islamisme offrait de plus des points de contact particuliers avec le christianisme ; il admettait les écritures, reconnaissait Jésus-Christ, confessait même le miracle de sa naissance surnaturelle, et, s'il mêlait à cela quelques erreurs, elles étaient partagées à cette époque par un nombre immense de chrétiens. Les ariens, par exemple, avaient à l'égard de Jésus-Christ exactement la même croyance que les Musulmans. Aussi l'islamisme, à son apparition, fut moins considéré comme une religion nouvelle que comme une secte du christianisme.

En Afrique, les donatistes, qui étaient nombreux, étant persécutés par le Gouvernement, durent éprouver pour les Arabes cette sympathie que les opprimés ressentent toujours pour ceux qui les vengent de leurs oppresseurs. Les ariens étaient dans le même cas, et, de plus, l'analogie de croyances les rapprochait, ainsi que nous venons de le dire, des Musulmans. Quant aux catholiques, l'empire absolu qu'exerçait directement sur eux depuis quelque temps l'évêque de Rome les avait réduits à se considérer comme les diocésains du pape. Lorsque la guerre eut interrompu les relations entre l'Afrique et l'Italie, ils ne surent pas retrouver un centre ; chaque Eglise resta isolée, se dirigeant d'après ses lumières ou ses intérêts, sans s'occuper de l'ensemble. Les vacances dans l'épiscopat ne furent pas remplies, les ordinations de prêtres diminuèrent, et, pour me servir d'un langage approprié à mon sujet, le troupeau, étant sans pasteur, se dispersa. Il n'en était pas de même en Syrie et en Egypte ; là, les Eglises, ralliées aux patriarches indépendants de Jérusalem et d'Alexandrie, continuaient à former un tout compacte et à diriger les fidèles dans les circonstances difficiles où ils se trouvaient placés.

Une autre cause contribua à affaiblir celle d'Afrique : les faveurs du Gouvernement ayant été exclusivement réservées aux catholiques, c'était parmi eux que se trouvaient les hommes les plus riches. Ceux-ci émigrèrent à l'arrivée des Arabes et se répandirent en Espagne, en Italie et même jusqu'en Allemagne, entraînant avec eux ceux dont l'existence était attachée à la leur (1). Ainsi, les rapides progrès que fit l'islamisme en Afrique s'expliquent, d'un côté, par la fusion des hérétiques, de l'autre, par l'émigration d'une partie des catholiques et par l'isolement de ceux qui restèrent.

Voici encore une autre considération : le gouvernement gréco-romain avait été fort dur pour les habitants des campagnes, en Afrique. Une loi de Justinien avait décidé que l'enfant d'un *adscriptitius*, ou colon-serf attaché à la glèbe, et d'une mère libre, suivrait la condition de la mère (2). En 557, les possesseurs de terres se plaignirent à Théodore, préfet d'Afrique, des dispositions de cette loi, dont le résultat, disaient-ils, était de dégarnir les campagnes de cultivateurs ; car les hommes déclarés libres quittaient les terres auxquelles ils étaient attachés, et tellement atta-

---

(1) Morcelli, *Africa christiana*.
(2) *Cod. Just.*, lib. XI, tit. 47, l. 24. Cette loi, tout en prenant les intérêts des enfants, regardait cependant comme illégaux les mariages des *adscriptitii* avec des femmes libres ; elle suppose qu'ils n'avaient pu être contractés que par fraude. Elle permet au maître de châtier le mari, de lui retirer sa femme, et le prévient que, s'il ne le fait pas, sa négligence tournera à son détriment. Quant à l'enfant d'un homme libre et d'une femme *adscriptitia*, il suivait également la condition de la mère, c'est-à-dire qu'il était esclave. On peut voir sur ces sortes de mariages la novelle XXII, cap. 27.

chés qu'on ne pouvait les admettre dans le clergé sans l'autorisation de ceux dont ils dépendaient. Ils ajoutaient que Justinien lui-même avait modifié cette loi en faveur de la province d'Illyrie, en décidant que les fils de mères libres et de pères *adscriptitii* seraient bien libres avec leurs choses, mais qu'ils resteraient colons de la glèbe, et qu'ils ne pourraient quitter les terres où ils étaient nés pour aller en cultiver d'autres. Ces plaintes furent transmises à l'empereur Justin, qui les accueillit et appliqua à l'Afrique l'exception accordée par son prédécesseur aux propriétaires d'Illyrie (1). Il paraît cependant que le rescrit de Justin, au sujet des colons d'origine mixte, ne fut pas observé, car, sur les plaintes nouvelles des propriétaires, l'empereur Tibère en renouvela les dispositions (2). Or, ces plaintes furent transmises par Publianus, évêque de Carthage, en 581. On voit, d'un autre côté, le

---

(1) Voy. la loi 2 du titre VII du petit recueil intitulé : *Aliæ aliquot constitutiones*, dans le corps de droit romain.

(2) Voici le texte du rescrit de Tibère, qui se trouve après celui de Justin dans le recueil précité :

« Consuetum et peculiare nostræ mansuetudinis remedium necessitatibus subjectorum nostrorum imponere cupientes, suggestionem viri beatissimi Publiani, antistitis Carthaginiensium civitatis et possessorum ejusdem Africanæ proconsularis provinciæ, libenter suscepimus, per quas pragmaticam sanctionem divæ memoriæ patris nostri pro conditione sobolis ab adscriptitio patre et ingenuâ matre ad Theodorum tunc præfecturam tuam agentem ante tempus emissam firmam illibatamque nostris etiam affatibus constitui supplicaverunt, ut cultura terrarum permaneat, nullâ lege vel machinatione et ab ea separari valitura. Consulentes itaque collatoribus Africani tractus sancimus, eamdem pragmaticam sanctionem et ejus dispositionem omnibus modis ex quo data est suas vires habere, et incertam ei auctoritatem universis dominis terrarum opitulari, ut liberi procreati a matre ingenuâ et patre adscriptitio vel colono rusticitatem paternam cognoscant, et operibus suis consuetos reditus his, quibus suppositi sunt, subministrent, deterioris quidem conditionis alieni, ipsius autem cespitis, ubi nati sunt, recedere, et in aliis quibuscunque locis degere non permissuri, Theodore parens carissime atque amantissime. Illustris igitur et magnifica auctoritas tua hanc pragmaticam sanctionem in æternum valituram edictis propositis omnibus habitatoribus Africanarum partium innotescat, ut omnibus pateat qualem pro utilitate eorum providentiam gerimus.

pape saint Grégoire (1) remercier Gennadius, préfet d'Afrique, d'avoir fait rentrer sur les terres que l'Eglise de Rome possédait dans cette province les colons qui les avaient abandonnées. Ainsi, le clergé, en Afrique, méconnaissant l'esprit si évidemment démocratique du christianisme, se prononçait pour le fort contre le faible. Les Musulmans se présentaient avec des idées plus libérales, lesquelles durent leur faire de nombreux partisans parmi ces pauvres cultivateurs qui, d'esclaves de la glèbe, pouvaient devenir libres et les égaux en tout des Arabes, seulement en adoptant leurs croyances religieuses. L'esclavage domestique même n'a jamais eu, chez les Musulmans, cette dureté que l'on reproche avec raison à la société romaine; chez eux, non-seulement le fils d'une femme esclave et d'un père libre est libre, mais encore toute esclave qui conçoit du fait de son maître acquiert sa liberté par cela-même. Un régime comparativement aussi doux était une immense amélioration offerte par les conquérants à ces populations misérables, courbées sous le joug de fer de la servitude de la glèbe, et qui voyaient parmi leurs oppresseurs les ministres mêmes de la religion qu'ils étaient invités à abandonner. Ensuite la langue latine était peu répandue dans les campagnes où la langue punique dominait, et celle-ci était si peu étudiée par les classes supérieures, qu'on voit par plusieurs passages de saint Augustin qu'il était fort difficile de trouver des prêtres qui la connussent et qui fussent, par conséquent, en état de desservir les campagnes. Aussi, il est à croire que les paysans n'avaient sur le christianisme que des idées très-confuses (2), et qu'ils étaient hors d'état de distinguer en quoi il différait de l'islamisme. Les avantages matériels que leur offrait celui-ci restèrent donc sans contrepoids moral.

On voit par ce qui précède que bien des causes se réunirent pour faire triompher l'islamisme, au sein même des colonies romaines et surtout parmi les populations lybiennes des campagnes. Mais une autre race s'était étendue depuis longtemps dans le

---

(1) Lettres de saint Grégoire, liv. I, ép. 75.
(2) A cette époque, beaucoup d'autres populations étaient dans ce cas.

nord de l'Afrique. Je veux parler des Maures. Ces peuples, ainsi nommés par les Romains, étaient d'origine arabe. On sait que dans des temps fort reculés les Arabes envahirent l'Egypte. La série des princes de cette nation qui y régnèrent forme ce que les historiens de l'antiquité appellent la dynastie des Rois-Pasteurs, expulsée d'Egypte après une domination de trois siècles par Thoutmosis, roi de la Thébaïde. Les Arabes, battus sur les bords du Nil par les troupes de ce prince, qui leur coupèrent la retraite sur l'Asie, furent contraints de se jeter vers l'Occident. Sous la conduite de Malek-Afriki-ben-Kis-el-Carnin, ils errèrent longtemps sur ce vaste continent et finirent par s'établir entre la Mulucha et l'Océan (1). Bien des siècles s'écoulèrent avant qu'ils songeassent à sortir de leurs limites (2). Mais au temps de la décadence de l'empire romain, ils les franchirent et poussèrent leurs incursions jusque dans la Cyrénaïque. Les Vandales et les Romains de la seconde occupation eurent de nombreuses guerres à soutenir contre eux. Ces peuples avaient conservé les mœurs, la langue et toutes les habitudes de leurs pères. Ils pratiquaient même la circoncision et la polygamie, quoique plusieurs d'entre eux se fussent faits chrétiens. On conçoit toutes les facilités que cette communauté d'origine, de mœurs et de langue, dut donner aux Arabes pour implanter chez eux l'islamisme.

Ainsi donc, les musulmans trouvèrent partout en Afrique un terrain disposé à recevoir les semences du Coran. Nulle part la résistance qu'ils éprouvèrent n'eut pour mobile la religion. Dans la première invasion, celle d'Abd-Allah-ben-Saad, ils n'eurent affaire qu'aux troupes régulières du patrice Grégoire. Dès qu'ils

---

(1) Nous avons rattaché au sujet de cette émigration des Arabes dans le nord de l'Afrique le récit des écrivains de l'antiquité touchant les pasteurs conquérants de l'Egypte, à ce que racontent les historiens Arabes de Melek-Afriki, particulièrement Ben-el-Raquiq dans Marmol, Léon l'Africain, Ben-Kaldoun et El-Kairouai déjà cité.

(2) Les Romains donnaient le nom de Mauritanie au pays situé à l'orient de la Mulucha, comme à celui qui était situé à l'occident, avant que les Maures eussent franchi cette rivière, parce que la partie orientale avait été donnée par eux au roi maure Bocchus après la chute de Jugurtha.

les eurent vaincus, le pays se soumit et leur paya tribut. Le général arabe, qui n'avait pas d'ordre pour occuper la contrée et dont l'armée était d'ailleurs affaiblie par les maladies, retourna en Egypte chargé de richesses. Après son départ, le gouvernement de Constantinople, indigné du tribut que l'Afrique avait payé aux Arabes, voulut l'en punir en la frappant d'une contribution égale. Mais la province, indignée à son tour de cette prétention, provoqua elle-même le calife à s'emparer définitivement du pays. La conquête marcha d'abord rapidement; mais une insulte faite par Okba-ben-Nefih, général des Arabes, à Kessilah, puissant chef indigène qui avait embrassé l'islamisme, amena une révolte dont les suites furent la défaite des Arabes et la mort d'Okba. Son successeur, Zahir-ben-Kis-el-Belaoui, défit et tua Kessilah. Mais il fut ensuite vaincu et tué lui-même par des troupes envoyées en Afrique de Constantinople. Hassan-ben-Numan, qui remplaça Zahir, défit les Grecs et s'empara de Carthage. Il fut moins heureux contre les indigènes que les Arabes appelaient Berbers. Ceux-ci, réunis sous le commandement d'une femme, la célèbre Kahina, le chassèrent du pays où pendant cinq ans cette héroïne régna en souveraine absolue. Au bout de ce temps, Hassan reparut à la tête d'une puissante armée. La lutte recommença, et Kahina vaincue périt les armes à la main. Enfin la conquête fut terminée, comme nous l'avons déjà dit, par Mouça-ben-Nocéir. Dans toutes ces révoltes des indigènes, on ne voit pas que le prétexte de la religion ait jamais été invoqué. Kessilah était musulman. Kahina, avant de livrer sa dernière bataille, pressentant le sort qui lui était réservé, avait envoyé ses enfants à Hassan-ben-Numan, les recommandant à sa générosité et le priant de leur tenir lieu de père, ce qu'elle n'aurait certainement pas fait, si la religion eût armé son bras. Ses enfants embrassèrent l'islamisme et eurent des commandements importants.

Cependant il resta encore quelques chrétiens en Afrique. Quoique les généraux arabes eussent favorisé de tout leur pouvoir les conversions que les diverses circonstances que nous avons rapportées rendaient faciles, ils n'employèrent jamais la violence. Les chrétiens qui voulaient persévérer dans leur foi en étaient quittes pour un tribut double de la dîme payée par les musulmans. Il y a plus : mille familles cophtes, et par conséquent chrétiennes, furent envoyées d'Egypte à Tunis, cette ville s'étant trouvée dépeuplée par suite des événements de la guerre (1). C'est, sans aucun doute, cette particularité qui fournit un prétexte au patriarche jacobite d'Alexandrie pour envoyer des évêques en Barbarie, comme nous l'apprend Georges-el-Macin, abréviateur et continuateur d'El-Tabari. C'était à une époque où il n'existait entre cette contrée et l'Europe que des relations hostiles. Plus tard, les républiques commerçantes de l'Italie, telles que Pise, Amalfi, Gênes, Vénise, en ayant établi de pacifiques, Rome put se mettre en rapport avec les débris de l'Eglise africaine. Il existe deux lettres de Léon IX, à la date du 17 décembre 1053, adressées à trois évêques d'Afrique, où il n'en restait que cinq. Ce pontife leur recommanda de reconnaître celui de Carthage pour leur métropolitain. Le 5 septembre 1073, première année de son pontificat, Grégoire VII écrivit au clergé et au peuple chrétien de Carthage une lettre de reproches sur ce qu'ils avaient porté devant les autorités arabes un différend survenu entre eux et Cyriaque leur évêque. En 1076, le même pape nomma au siège d'Hippone un certain Servandus, élu par les chrétiens de cette ville et recommandé par l'émir arabe (2), qui écrivit à cette occasion au pape en lui envoyant des présents et quelques captifs chrétiens. On voit, par la lettre écrite au clergé par Grégoire VII, qu'il ne se trouvait pas alors en Afrique trois évêques pour en ordonner un quatrième. Grégoire écrivit aussi à l'Emir pour le remercier de la protection qu'il accordait aux chrétiens et le prier de la leur continuer. Ces deux dernières lettres prouvent que, quoique le christianisme allât toujours en s'affaiblissant en Afrique, il n'y était pas persécuté. Cependant nous n'avons rien de bien précis sur l'état des chrétiens en Barbarie dans le moyen âge, car les documents que nous venons de citer ne contiennent à cet égard que des généralités. Mais leur position devait être dans cette contrée ce qu'elle était en

---

(1) *Histoire de l'Afrique* d'El-Kairouani.

(2) El-Nacer-ben-Mohammed-ben-Hammad, souverain de Bougie, de la dynastie des Beni-Hammad, la première des rois de Bougie.

Espagne. Or voici la seule persécution, si toutefois on peut lui donner ce nom, que les chrétiens eurent à supporter dans ce pays de la part des musulmans.

Un chrétien de Cordoue, appelé Parfait, s'étant mis, dans un excès de faux zèle, à blasphémer publiquement contre Mohammed, eut la tête coupée. A cette époque, on brûlait vifs les hérétiques dans le monde chrétien. Ainsi la modération était encore du côté des Arabes, même dans cette circonstance. La mort de saint Parfait ayant poussé les chrétiens à une émulation indiscrète, les invectives publiques contre l'islamisme se renouvelèrent. Les autorités musulmanes engagèrent d'abord les coupables à plus de circonspection; mais n'ayant rien pu obtenir et craignant une révolte des chrétiens, elles se décidèrent à sévir. Ce fut ainsi qu'un certain Isaac fut mis à mort. Cet homme s'était présenté devant le cadi en lui demandant de l'instruire dans sa religion. A peine celui-ci eut-il commencé à parler qu'Isaac vomit des torrents d'injures contre le Prophète. Le cadi irrité le frappa. Les musulmans présents lui dirent qu'une pareille conduite envers un accusé était indigne d'un ministre de la justice. Le cadi reconnut ses torts, et renvoya l'affaire au kalife qui condamna Isaac à mort. Plusieurs autres chrétiens furent mis à mort de la même manière, ainsi que le raconte saint Euloge, prêtre espagnol qui a écrit l'histoire de cette prétendue persécution, et qui fut lui-même au nombre des martyrs. Tout cela avait, du coté des Arabes, un caractère politique et non religieux, et de celui des chrétiens un caractère de nationalité. Fleury le reconnaît. « C'étaient deux nations distinctes, » dit-il, « comme les Turcs et les Grecs (1). « Sainte Flore, qui fut décapitée à cette époque, était de race musulmane, mais chrétienne par sa mère. Comme les autres, elle invectiva Mohammed. Un nommé Aurélius, né d'un musulman et d'une chrétienne, eut le même sort. Dans un de ces jugements du cadi, un moine nommé Georges fut absous parce qu'il n'avait pas injurié Mohammed. Il l'injuria pour être condamné, et il le fut. Quel était le plus fanatique du juge ou de l'accusé? Sainte Digne, sainte Colombe, sainte Pompose, pauvres religieuses fanatisées, couru-

---

(1) *Histoire ecclésiastique,* liv. 49.

rent au martyre en invectivant Mohammed, car on ne l'obtenait qu'à ce prix, ce qui met une grande différence entre l'intolérance des musulmans et celle des chrétiens du moyen âge.

Saint Euloge, qui s'est fait l'historien de tous ces martys, répond dans son ouvrage aux objections de plusieurs Chrétiens qui ne voulaient pas qu'on les reconnût pour tels. « D'abord, « disaient ces Chrétiens modérés, ceux qui les mettent à mort « ne sont pas des idolâtres, mais des Musulmans qui recon- « naissent le même Dieu que nous et détestent l'idolâtrie. En- « suite, ils s'exposent d'eux-mêmes à la mort en outrageant une « religion dont les sectateurs leur laissent le libre exercice de la « leur. » Fleury trouve que les réponses de saint Euloge à ces objections sont faibles; il dit que l'ancienne discipline de l'Église n'approuve pas ceux qui se présentent d'eux-mêmes, qu'elle défend d'outrager publiquement et sans nécessité la religion établie. Mais il ajoute que, puisque l'Église a reçu au nombre des saints les martyrs de Cordoue et leur historien Euloge, c'est qu'elle avait sans doute de bonnes raisons pour faire une exception en leur faveur. Au surplus, Euloge explique fort bien que, quoique les Chrétiens fussent tolérés par les Musulmans, ils était exposés parmi eux aux plus pénibles humiliations. L'espoir d'être tôt ou tard secourus par leurs frères des provinces chrétiennes les empêchait de se laisser abattre par ces humiliations. Mais en Afrique, où aucun espoir de cette nature ne pouvait exister, il est à croire que bien des Chrétiens cherchèrent dans l'apostasie un moyen de s'y soustraire.

Il y avait encore des Chrétiens en Barbarie dans le XIIe siècle. Lorsque les Siciliens, en 1148, s'emparèrent de Maheddia, qu'ils appelaient Africa, ils en trouvèrent dans cette ville, où ils installèrent un un évêque qui alla se faire consacrer à Rome (1). Gibbon (2) pense que le christianisme et la succession des pasteurs furent définitivement abolis en Afrique par les Almohades, qui chassèrent les Siciliens des lieux dont ils s'étaient rendus maîtres. Cependant, en 1237, le pape Grégoire IX nomma un évêque à

---

(1) Guillaume de Nangis, *Chr.*, an 1449; Cardonne, *Histoire de l'Afrique*.
(2) Gibbon, liv. 51.

Maroc, qui fut le frère Agnel, de l'ordre des frères mineurs, non un évêque *in partibus*, mais un évêque réel qui prit possession de son siége (1). A cette époque, les souverains de Maroc avaient dans leurs troupes un grand nombre d'aventuriers chrétiens, et peut-être le troupeau du frère Agnel n'était composé que de ces soldats. Cet évêque étant mort, le pape Innocent IV lui donna pour successeur, en 1246, un autre frère mineur appelé Lopez-Fernandès Daïn (2). Il écrivit en même temps au souverain de Maroc pour recommander le nouveau prélat à sa bienveillance. Il désirait que ce prince donnât des places de sûreté aux Chrétiens qui étaient dans ses Etats; mais celui-ci s'y étant refusé, il lui écrivit une seconde fois pour le menacer de défendre à tout Chrétien d'entrer à son service. Il ne paraît pas que ces menaces aient jamais été suivies d'aucun résultat, car les places de sûreté ne furent pas données, et l'on continua à voir des Chrétiens au service du prince infidèle.

Les traces historiques de l'existence du christianisme en Barbarie ne dépassent pas le XIIIe siècle. Il est à croire que le peu de Chrétiens qui y restaient encore, concentrés dans les villes maritimes, passèrent peu à peu en Europe avec les marchands italiens qui fréquentaient ces côtes. Quelques missionnaires zélés tentèrent, à diverses époques, de rallumer dans le nord de l'Afrique le flambeau éteint du christianisme, mais ce fut sans succès. Comme ils n'avaient guère plus de circonspection que les martyrs de Cordoue, dont nous avons parlé plus haut, la plupart eurent le même sort. De ce nombre fut le célèbre Raymond Lulle, massacré par le peuple de Bougie, en 1315.

Les établissements des Portugais et des Espagnols en Barbarie furent complétement stériles pour la propagation de la foi chrétienne. Les évêchés institués par eux n'eurent d'autres diocésains que leurs soldats et leurs marchands. Sur les points qu'ils n'occupaient pas, il n'y avait d'autres Chrétiens que les esclaves que la piraterie répandait dans le pays. Les Espagnols ont eu

---

(1) Fleury, liv. 80.
(2) *Id.*, liv. 82.

très-souvent des tribus arabes dans leur alliance, et c'est à peine si, dans près de trois siècles, leurs prêtres ont opéré trois conversions. Haedo parle d'un Arabe de Tlemcen, venu jeune à Oran, qui se convertit et eut pour parrain le comte d'Alcaudète. On l'appela Martin Forniel depuis sa conversion. Pris par les Turcs à la défaite de Mazagran, il fut reconnu et mis à mort après avoir refusé de revenir à l'islamisme. En 1569, un autre indigène qui se trouvait dans le même cas fut enseveli vivant dans le mur du fort qu'Achali-Pacha faisait dans ce moment bâtir hors de la porte Bab-el-Oued (1). Son nom chrétien était Géronimo. Ces deux hommes furent ainsi traités à cause de leur qualité primitive de Musulmans, car les Turcs, pas plus que les Arabes, n'ont jamais usé de violence pour obliger les Chrétiens à changer de religion.

En 1838, on a institué un évêché à Alger. Les besoins religieux de la population européenne que les conquêtes des Français ont attirée en Algérie l'exigeaient, sinon impérieusement, au moins assez pour justifier la mesure. Mais je ne pense pas que nos prêtres puissent raisonnablement espérer d'être plus heureux que les Espagnols, leurs devanciers, en fait de conversions d'indigènes. En matière de religion, les hommes passent facilement du composé au simple, mais jamais du simple au composé. Or, il est manifeste que le dogme chrétien est infiniment plus compliqué que le dogme musulman.

---

(1) Les reliques de ce martyr ont été découvertes dernièrement à la démolition de ce fort.

TABLE DES MATIÈRES

CONTENUES DANS LE TROISIÈME VOLUME.

LIVRE XXXIII.

Pages.

Le général de Rumigny en Afrique.—Mohammed-ben-Abdallah-Oulad Sidi-Chirk se révolte contre l'Émir.— Occupation de Tlemcen.—Le général Lamoricière à Mascara.—Soumission de tous les pays situés entre Mascara et la mer.—Expédition de Frenda. — Soumission des tribus du Chélif inférieur.— Guerre du général Bedeau contre Abd-el-Kader dans l'arrondissement de Tlemcen. — Pacification de cette contrée que l'Émir est obligé d'abandonner. — Administration du général Bedeau à Tlemcen.—Expédition du général Lamoricière à Sfide. — Expédition de Toriche. — Expédition de Godjilah. — Expédition de Taguin.—Abd-el-Kader incendie El-Bordj.—Affaire de Loha.—Courses chez les Flitta. . . . 1

LIVRE XXXIV.

Opérations militaires dans la province d'Alger.—Mort héroïque du sergent Blandan. —Soumission de plusieurs tribus. —Affaire de Titteri et pacification de la contrée.— Expédition vers l'Ouenseris et combat sur l'Oued-Fodda.—Expédition contre les Kbaïles de l'est. — Expédition sur les Beni-Ouragh.—Affaires de la province de Constantine. — Expédition de Tebessa. — Affaires de Sétif. —Affaires de Bône.—Affaires de Bougie. 31

LIVRE XXXV.

Pages.

Insurrection dans la vallée du Chélif et chez les Beni-Menacer. — Expéditions diverses pour la comprimer. — Fondation d'Orléansville.—Occupation de Tenez, de Boghar, de Teniet-el-Had et de Tiaret. — Dispersion de la Smala d'Abd-el-Kader. — Combat de Sidi-Rached. — Surprise du camp d'Abd-el-Kader. — Excursion au Sahara.—Défaite et mort de Ben-Allal. — Abd-el-Kader se retire sur les terres de l'empire de Maroc. 55

LIVRE XXXVI.

Le général Baraguey-d'Hilliers à Constantine.—Mort de Zerdoude.— Expédition de Collo.—Soumission des Hanencha. —Le général Sillègue à Sétif.— Le duc d'Aumale prend le commandement de la province de Constantine. — Création de plusieurs villages Européens et nouveaux essais de colonisation. — Examen de divers actes administratifs. 89

LIVRE XXXVII.

Nouvelle expédition contre les Kbaïles de l'est de la province d'Alger. — Occupation de Dellys. — Troubles sur les frontières du Maroc. — Habiles intrigues d'Abd-el-Kader. — Occupation de Sebdou et de Lella-Mahgrnia.—Le gouvernement marocain envoie des troupes sur la frontière.—Le duc d'Aumale à Constantine.—Expédition des Ziban et occupation de Biskara.—Expédition des Oulad-Sultan.—Coup de main de Mohammed-bel-Hadj-el-Sghir sur Biskara.—Expédition d'El-Aghouat. 107

LIVRE XXXVIII.

Guerre du Maroc. — Combat de Sidi-Aziz.— Combat de Sidi-Mohammed-Ouirsini. — Djama-Ghazouat. — Le prince de Joinville sur les côtes du Maroc.—Intrigues des agents anglais. — Bombardement de Tanger. — Bataille d'Isly. — Bombardement de Mogador. — Traité de paix. — Expédition contre les Kbaïles de l'est de la province d'Alger.— Situation d'Abd-el-Kader à la fin de 1844. 127

LIVRE XXXIX.

Nouvelles tentatives d'Abd-el-Kader sur l'Algérie. — Marche du colonel Géry dans le Sahara. — Abd-el-Kader rentre dans le Maroc. — Apparition de Bou-Maza. — Insurrection du Dhara, de la vallée du Chélif et de l'Ouenseris.—Elle est comprimée.—Troubles dans l'est de la province d'Alger. — Expédition du Mont-Aurès dans celle de Constantine. — Réapparition de Bou-Maza. —Nouvelle invasion d'Abd-el-Kader.—Sinistre de Sidi-Ibrahim. 157

LIVRE XL.

Diverses mesures pour comprimer l'insurrection.—Le général Lamoricière chez les Trara. — Événements de Mascara. — Retour du gouverneur général. — Son expédition dans l'Ouenseris. — Il en sort pour se porter vers l'Ouest. — Abd-el-Kader y pénètre à son tour.— Il en est chassé et tente un coup de main sur l'est de la province d'Alger où le gouverneur général arrive en suivant ses traces.—Encore obligé de fuir il se maintient quelque temps dans le Djebel-Amour et chez les Oulad-Naïl.—Il est contraint d'en partir, et rentre dans le Maroc vivement poursuivi. — Massacre de nos prisonniers. —Événements de la province de Constantine.—Pacification générale.. 185

LIVRE XLI.

Analyse et examen de divers actes administratifs. — Modifications au régime financier. — Création d'une direction générale des affaires civiles. — Dissentiment du gouverneur général et du ministère à ce sujet.—Travaux publics.—Bâtiments civils.— Administration des indigènes.. 221

LIVRE XLII.

Population européenne en Algérie.—Colonisation. — Concessions de terre.—Commerce.—Spéculation sur les propriétés.—Ordonnances du 1ᵉʳ octobre 1844 et du 21 juillet 1846.— Constructions urbaines. — Crise financière. — Décrépitude anticipée du nouvel Alger................ 247

LIVRE XLIII.

Abd-el-Kader dans le Maroc. — Nouvelle entreprise de Bou-Maza.—Expéditions auxquelles elle donne lieu.—Reddition de Bou-Maza. — Expéditions dans le sud de la province d'Oran. — Soumission de plusieurs tribus des environs de Sour-el-Ghuzlan et de Bougie. — Expédition du maréchal Bugeaud dans la Kabylie.—Expédition du général Bedeau contre les Kbaïles de Djidjeli.—Nouvelles expéditions dans le sud de l'Algérie.—Le maréchal Bugeaud quitte le gouvernement de l'Algérie.—Il est remplacé par le duc d'Aumale. — Conflit entre Abd-el-Kader et le gouvernement marocain. — Désastre d'Abd-el-Kader. — Il est rejeté en Algérie par les troupes marocaines.— Il se rend aux troupes françaises.—Il est envoyé en France avec sa famille. . 279

APPENDICE

AUX ANNALES ALGÉRIENNES.

Résumé historique des événements politiques et militaires qui se sont produits en Algérie depuis la chute d'Abd-el-Kader. 311

Résumé de l'histoire administrative de l'Algérie de 1848 à 1854................................... 333

Constitution de la propriété foncière............. 358

Tableau général de la situation de l'Algérie en 1854..... 373

Mémoire sur les mœurs et les institutions sociales des populations indigènes du nord de l'Afrique............ 426

TABLE DES MATIÈRES.

Pages.

De l'islamisme considéré principalement dans le nord de l'Afrique et dans son action sur les mœurs des peuples qui le professent. 457

Mémoire sur l'Église d'Afrique et sur les causes de l'extinction du Christianisme en Barbarie. 503

FIN DU TROISIÈME ET DERNIER VOLUME.

www.ingramcontent.com/pod-product-compliance
Lightning Source LLC
Chambersburg PA
CBHW071935240426
43669CB00048B/1614